智慧物业管理与服务系列

时代华商物业管理策划中心
组织编写

物业管理
服务部门指导手册

- 客户服务
- 安全管理
- 保洁绿化
- 工程维保

化学工业出版社
·北京·

内容简介

《物业管理服务部门指导手册：客户服务·安全管理·保洁绿化·工程维保》一书由四部分组成。第一部分：客户服务，包括部门职能与职责、服务控制标准、工作流程、作业指导、管理制度和管理表格；第二部分：安全管理，包括部门职能与职责、服务标准、工作流程、作业指导、管理制度和管理表格；第三部分：工程维保，包括部门职能与职责、质量标准、工作流程、作业指导、管理制度和管理表格；第四部分：保洁绿化，包括部门与职位说明、服务标准、工作流程、作业指导、管理制度和管理表格。

本书采用图文解读的方式，让读者在轻松阅读中了解物业管理与服务的要领并学以致用。本书注重实操性，以精确、简洁的方式描述重要知识点，满足读者希望快速掌握物业管理相关知识的需求。

本书可作为物业公司基层培训的教材，物业公司也可运用本书内容，结合所管辖物业的实际情况，制定具有本公司特色的物业服务工作标准。

图书在版编目（CIP）数据

物业管理服务部门指导手册：客户服务·安全管理·保洁绿化·工程维保/时代华商物业管理策划中心组织编写．—北京：化学工业出版社，2024.1
（智慧物业管理与服务系列）
ISBN 978-7-122-44338-0

Ⅰ.①物⋯ Ⅱ.①时⋯ Ⅲ.①物业管理-商业服务-手册 Ⅳ.①F293.33

中国国家版本馆CIP数据核字（2023）第200356号

责任编辑：陈 蕾 夏明慧 　　　装帧设计：溢思视觉设计／程超
责任校对：宋 夏

出版发行：化学工业出版社（北京市东城区青年湖南街13号　邮政编码100011）
印　　装：三河市双峰印刷装订有限公司
787mm×1092mm　1/16　印张25$\frac{1}{2}$　字数506千字
2024年2月北京第1版第1次印刷

购书咨询：010-64518888　　　　　售后服务：010-64518899
网　　址：http://www.cip.com.cn
凡购买本书，如有缺损质量问题，本社销售中心负责调换。

定　　价：128.00元　　　　　　　　　　　　　　版权所有　违者必究

前言
Preface

随着城市化进程的不断加快与深入,居民社区、写字楼、大型商场、公共基础服务设施、工业园区、学校、医院、景区等都对物业管理有着极大的需求。但是,不同等级的物业标准又对物业管理提出了相应的规范。现代高水平的物业管理正有向智能化发展的趋势,打造一个便捷、舒适、高效、智能的物业管理氛围是现代物业管理不断探索的目标。

目前,物业管理行业不仅需要强化各项信息化手段在现代物业管理中的应用力度,还应促进现代物业管理向着智能化方向发展。具体来说,要突出现代物业管理的智能化内涵,满足现代化社区对物业管理的要求,为居民提供更加智能化、人性化的服务,推动物业服务向更高质量发展。

《关于推动物业服务企业加快发展线上线下生活服务的意见》明确指出,要推进物业管理智能化,推动设施设备管理智能化。在物业管理行业逐渐进入泛智慧化的新阶段,设施设备作为物业管理领域中的重点和难点,同时也是融合新技术进行价值赋能最好的试验田,成为各物业公司的"必争之地",其中,以建设智能化为抓手进行数字化转型已成为发展智慧物业的主要落脚点之一。

智慧物业借助智慧城市、智慧社区起步发展,正逐步实现数字化、智慧化。智慧停车、智慧安防、智慧抄表、智能门禁、智能会议等智能化应用,在一定程度上提高了物业管理企业的态势感知、科学决策、风险防范等能力,在激烈的市场竞争中为降本增效提供了充分的技术保障,进而增强了企业的数字化治理能力。数字化治理是新时代下智慧物业管理的鲜明特征，将引领物业管理行业管理方式的深刻变革，推动智能化的智慧物业迈向新高度。

现代物业管理既面临着机遇又面临着挑战，因此，物业服务企业要重视各类专业的智能化管理技术，从劳动密集型向技术密集型转变，不断学习更新管理服务技术，紧跟科技潮流，向着更广阔的发展前景迈进。

基于此，我们组织相关职业院校物业服务专业的老师和房地产物业咨询机构的老师，根据《中华人民共和国民法典》《物业管理条例》及物业管理实践与理论研究的新趋势和新经验编写了本书。

《物业管理服务部门指导手册：客户服务·安全管理·保洁绿化·工程维保》一书由四部分组成。第一部分：客户服务，包括部门职能与职责、服务控制标准、工作流程、作业指导、管理制度和管理表格；第二部分：安全管理，包括部门职能与职责、服务标准、工作流程、作业指导、管理制度和管理表格；第三部分：工程维保，包括部门职能与职责、质量标准、工作流程、作业指导、管理制度和管理表格；第四部分：保洁绿化，包括部门与职位说明、服务标准、工作流程、作业指导、管理制度和管理表格。

本书在编写过程中引用的范本和案例，大都来自知名物业企业，但范本和案例是解读物业服务企业标准化实操的参考和示范性说明，概不构成任何广告。

由于编者水平有限，书中难免出现疏漏，敬请读者批评指正。

编　者

目录
Contents

第一部分　客户服务

第一章　部门职能与职责　　2
一、客户服务中心的职能　　2
二、客户服务中心组织架构　　2
三、客户服务中心各岗位职责　　3

第二章　服务控制标准　　5
一、客服人员仪容仪表标准　　5
二、客服人员工作行为标准　　6
三、客户服务检查标准　　7

第三章　工作流程　　9
一、客服中心整体运作流程　　9
二、客服中心每日工作流程　　10
三、入住手续办理流程　　11
四、钥匙管理流程　　12
五、住户证办理流程　　12
六、装修手续办理流程　　13
七、通电工作流程　　14
八、燃气改管手续办理流程　　15
九、装修单位加班手续办理流程　　15
十、装修单位临时动火证办理流程　　16
十一、装修物品放行手续办理流程　　16

十二、施工人员出入证办理流程	17
十三、租户迁入手续办理流程	17
十四、业主物品放行手续办理流程	18
十五、租户迁出手续办理流程	18
十六、客户咨询工作流程	19
十七、客户求助工作流程	19
十八、客户请修受理流程	20
十九、预算外项目处理流程	21
二十、物业管理员巡查工作流程	21
二十一、巡楼与装修巡查工作流程	22
二十二、公共场地使用申请流程	22
二十三、急、特、难任务处理流程	23
二十四、紧急事件处理流程	23
二十五、客户关系维护管理流程	24
二十六、客户调研流程	25
二十七、客户接待管理流程	26
二十八、拜访客户流程	27
二十九、客户回访管理流程	28
三十、客户满意度管理流程	28
三十一、客户满意度测评流程	29
三十二、客户投诉处理流程	29
三十三、对小区设计、建设、设施投诉的处理流程	30
三十四、对小区机电设备投诉的处理流程	30
三十五、业主对室内水、电、气、电器等设施维修投诉的处理流程	31
三十六、对小区公共卫生投诉的处理流程	31
三十七、对小区公共区域绿化投诉的处理流程	32
三十八、对员工服务质量投诉的处理流程	32
三十九、对小区安全、消防设施投诉的处理流程	33
四十、对装修工程投诉的处理流程	33

第四章 作业指导   34

一、业主入住作业指导	34
二、装修管理作业指导	35
三、受理客户请修作业指导	37
四、收费管理作业指导	39
五、受理投诉作业指导	40

六、客户放行条办理作业指导　　41
　　七、车位租赁业务作业指导　　42
　　八、用户水牌制作服务指导　　43
　　九、为业主或用户出具场地证明作业指导　　43
　　十、用户租借会议室作业指导　　44
　　十一、住户IC卡办理作业指导　　44
　　十二、办理货梯使用手续作业指导　　45
　　十三、拾遗或遗失物品作业指导　　45
　　十四、客户意见征询作业指导　　46
　　十五、客户回访作业指导　　47
　　十六、业主/住户资料整理作业指导　　48
　　十七、装修费收取作业指导　　50

第五章　管理制度　　51
　　一、客户服务中心工作人员服务规范　　51
　　二、管理处档案管理制度　　54
　　三、客户服务中心交接班制度　　56
　　四、钥匙管理制度　　57
　　五、小区文化建设管理办法　　58
　　六、投诉接待、处理、回访制度　　60

第六章　管理表格　　62
　　一、业主入住登记表　　62
　　二、房屋交接验收表　　63
　　三、装修施工申请表　　65
　　四、装修管理巡检表　　65
　　五、管理处装修结果验收表　　66
　　六、客户请修登记表　　66
　　七、客户请修流程单　　67
　　八、业主投诉记录表　　67
　　九、住户搬出/入登记表　　68
　　十、放行条　　68
　　十一、IC卡领取登记表　　69
　　十二、社区文化活动记录表　　69
　　十三、公司水牌申请表　　70
　　十四、出具业主（用户）证明申请书　　71

十五、租户场地证明 … 71
十六、临时租借会议室申请书 … 71
十七、会议室使用工作安排 … 72
十八、专用货梯使用申请表 … 72
十九、失物认领表 … 73
二十、车位使用费催收通知单 … 73
二十一、业主欠费情况月报表 … 74
二十二、费用催收通知单 … 74
二十三、服务及回访记录表（客户） … 75
二十四、客户走访情况登记表 … 75
二十五、客户意见征询表 … 76
二十六、客户意见征询情况统计表 … 77

第二部分　安全管理

第七章　部门职能与职责 … 80
一、安全管理部的职能 … 80
二、安全管理部的组织架构 … 81
三、安全管理部各岗位职责 … 82

第八章　服务标准 … 86
一、安管人员行为标准 … 86
二、安管人员执勤用语标准 … 86
三、安管人员在岗工作标准 … 92
四、安全保卫服务检查标准 … 93

第九章　工作流程 … 97
一、安保管理整体流程 … 97
二、安保主管工作流程 … 98
三、班长日检查工作流程 … 99
四、保安工作督导流程 … 100
五、门岗安管员工作流程 … 100
六、巡逻岗安管员操作流程 … 101
七、停车库（场）岗位工作流程 … 102
八、业主（用户）搬运物品操作流程 … 103

九、外来人员出入管理流程 104

十、业主（用户）临时存放物品管理流程 104

十一、停车库（场）收费管理流程 105

十二、停车库（场）车辆异常情况处置流程 106

十三、车辆冲卡处置流程 107

十四、可疑人员开车出停车场处置流程 107

十五、突发事件处理流程 108

十六、应急救援响应流程 109

第十章　作业指导　110

一、安管主管工作指导 110

二、安管班长工作指导 110

三、门岗值班工作指导 111

四、大堂岗工作指导 113

五、巡逻岗工作指导 115

六、车管岗工作指导 116

七、监控岗工作指导 119

八、突发事件应急处理工作指导 121

九、小区内交通管理作业指导 128

十、安管员交接班作业指导 129

第十一章　管理制度　130

一、安管员培训规定 130

二、安管员仪容仪表规定 131

三、安管员服式及着装规定 132

四、安管员宿舍管理规定 133

五、安管队监控管理办法 134

六、安管员紧急集合方案 137

七、重大事件报告制度 138

八、安管员巡逻签到制度 139

九、安管设施设备管理规定 140

十、安全监控管理制度 141

十一、安全防范管理制度 144

十二、消防管理规定 145

十三、停车场管理办法 147

十四、物品出入管理规定 149

第十二章　管理表格　150
　　一、小区外来人员"临时出入证"样本　150
　　二、小区来访人员登记表　150
　　三、物资搬运放行条　151
　　四、巡逻员值班记录表　151
　　五、保安巡逻签到卡　153
　　六、停车场巡查记录表　153
　　七、小区巡逻记录表　154
　　八、空置房巡查记录表　155
　　九、监控录像带使用记录表　156
　　十、监控录像机运行保养记录表　156
　　十一、营业性停车场无卡车辆离场登记表　157
　　十二、机动车出入停车场登记表　157
　　十三、临时动火作业申请表　158
　　十四、消防控制中心值班记录表　158
　　十五、消防器材检查表　159
　　十六、消防设备巡查表　159
　　十七、消防电梯检查表　160
　　十八、消防疏散灯检查表　161
　　十九、消防巡查异常情况记录表　161
　　二十、消防检查整改通知书　162
　　二十一、消防隐患整改月度汇总表　162
　　二十二、应急预案演练记录表　163
　　二十三、重大事件报告表　164

第三部分　工程维保

第十三章　部门职能与职责　166
　　一、设备工程部的职能　166
　　二、设备工程部的组织架构　167
　　三、各岗位的职责　168

第十四章　质量标准　176
　　一、工程维保人员仪容仪表标准　176
　　二、工程服务标准　177

三、工程维护服务检查标准　　　　　　　　　　　　　　185

第十五章　工作流程　　　　　　　　　　　　　　193

一、维修保养指令执行流程　　　　　　　　　　　　193
二、工作单流转流程　　　　　　　　　　　　　　　193
三、业主专有物业维保流程　　　　　　　　　　　　194
四、共享设备设施维保流程　　　　　　　　　　　　195
五、业主装修报批流程　　　　　　　　　　　　　　196
六、基础设施和工作环境管理流程　　　　　　　　　197
七、设备正常检修流程　　　　　　　　　　　　　　198
八、设备紧急抢修流程　　　　　　　　　　　　　　198
九、机电设备管理流程　　　　　　　　　　　　　　199
十、消防报警信号处理流程　　　　　　　　　　　　200
十一、电梯故障处理流程　　　　　　　　　　　　　200
十二、恒压变频生活供水系统故障处理流程　　　　　201
十三、低压变配电设备维修保养流程　　　　　　　　202
十四、业主房屋自用部位及设施设备报修（保修期内）流程　　203
十五、业主房屋自用部位及设施设备报修（保修期外）流程　　204
十六、房屋共享部位及公共区域设施设备报修（保修期外）流程　　205
十七、房屋共享部位及公共区域设施设备报修（保修期内）流程　　206
十八、房屋主体设施修缮流程　　　　　　　　　　　207
十九、工程报修处理流程　　　　　　　　　　　　　208
二十、日常维修工作流程　　　　　　　　　　　　　209
二十一、维修接待语言标准　　　　　　　　　　　　210
二十二、上门维修语言标准　　　　　　　　　　　　210
二十三、水管爆裂或突发跑水事件应急处理流程　　　211
二十四、小区停水应急处理流程　　　　　　　　　　212
二十五、小区停电应急处理流程　　　　　　　　　　213
二十六、给排水系统故障应急处理流程（排水系统故障）　　213
二十七、给排水设备故障应急处理流程（生活水泵故障）　　214
二十八、中央空调系统故障应急处理流程（冷水机组）　　215
二十九、中央空调系统故障应急处理流程（水泵）　　215
三十、中央空调系统故障应急处理流程（电机故障）　　216
三十一、中央空调系统故障应急处理流程（水塔穿底漏水）　　216
三十二、中央空调系统故障应急处理流程（水塔溢漏）　　217
三十三、中央空调系统故障应急处理流程（空调机房内管网漏水）　　217

- 三十四、中央空调系统故障应急处理流程（空调机房内伸缩节破裂） 218
- 三十五、中央空调系统故障应急处理流程（400毫米管道漏水） 218
- 三十六、中央空调系统故障应急处理流程（水平管道漏水） 219
- 三十七、公共区域分体空调运行管理流程 219
- 三十八、燃气泄漏排险流程 220

第十六章 作业指导 221

- 一、供配电设备设施安全操作规程 221
- 二、供配电设备设施运行管理规程 222
- 三、供配电设备设施维修保养规程 224
- 四、给排水设备设施操作规程 226
- 五、给排水设备设施运行管理规程 227
- 六、给排水设备设施维修保养规程 228
- 七、二次供水管理规程 231
- 八、柴油发电机运行管理规程 233
- 九、柴油发电机操作规程 235
- 十、柴油发电机维修保养规程 236
- 十一、电梯运行管理规程 238
- 十二、电梯日常维修保养规程 240
- 十三、电梯故障维修规程 243
- 十四、电梯困人救援规程 245
- 十五、中央空调操作规程 246
- 十六、中央空调运行管理规程 246
- 十七、中央空调维修保养规程 248
- 十八、消防系统运行管理规程 252
- 十九、消防系统维修保养规程 254
- 二十、弱电系统维修规程 256
- 二十一、正压风机维修保养规程 258

第十七章 管理制度 260

- 一、设备房管理办法 260
- 二、用水、供水管理规定 264
- 三、设备管理规程 264

第十八章 管理表格 272

- 一、故障转呈单 272
- 二、外委维修保养申请表 272

三、设备停用/封存/报废审批表	273
四、设备维修记录	274
五、操作票	274
六、采购设备验收表	275
七、用户维修服务单	275
八、公共设施维修单	276
九、Ⅲ级设备保养、检查记录表	277
十、机电设备统计表	277
十一、设备保养计划表	278
十二、水池（箱）加药记录表	279
十三、维修供方监控评价表	279
十四、建筑物和构筑物防雷接地电阻检测记录	281
十五、低压配电设备设施日常保养记录表	281
十六、低压配电设备设施一级保养记录表	282
十七、低压配电设备设施二级保养记录表	284
十八、配电房运行记录	285
十九、给排水设备设施日常保养记录表	285
二十、给排水设备设施一级保养记录表	287
二十一、给排水设备设施二级保养记录表	289
二十二、中央空调日常维修保养记录表	291
二十三、中央空调一级保养记录表	293
二十四、中央空调二级保养记录表	296
二十五、水泵房巡查记录	299
二十六、水池（箱）清洗消毒记录表	300
二十七、发电机运行记录表	300
二十八、电梯运行故障记录	301
二十九、中央空调系统运行记录	301
三十、监控室值班记录	302
三十一、消防系统月维护保养记录表	302
三十二、消防系统年（季）维护保养记录表	304
三十三、柴油发电机月保养记录表	305
三十四、正压风机日常保养记录表	306
三十五、正压风机一级保养记录表	307
三十六、正压风机二级保养记录表	308
三十七、监控设备月保养记录表	309
三十八、消防水泵日常保养记录表	310

三十九、消防水泵一级保养记录表　　311
四十、消防水泵二级保养记录表　　314

第四部分　保洁绿化

第十九章　部门与职位说明　　318
一、环境管理部的职能　　318
二、环境管理部组织架构　　318
三、各岗位职责　　320

第二十章　服务标准　　324
一、保洁绿化人员行为标准　　324
二、保洁绿化服务检查标准　　325

第二十一章　工作流程　　329
一、清洁管理流程　　329
二、绿化管理流程　　330
三、保洁、绿化、消杀外包控制流程　　331
四、消杀工作管理流程　　331
五、绿化管理流程　　332
六、清洁服务不合格处理流程　　333
七、绿化服务不合格处理流程　　334
八、清洁、绿化主管检查流程　　335

第二十二章　作业指导　　336
一、天面清洁作业指导　　336
二、地面清洁作业指导　　336
三、标准层保洁作业指导　　337
四、地下室保洁作业指导　　338
五、写字楼保洁作业指导　　339
六、洗手间保洁作业指导　　339
七、游泳池保洁作业指导　　340
八、人工湖保洁作业指导　　341
九、喷泉保洁作业指导　　341
十、瓷砖（片）保洁作业指导　　342

十一、大理石、云石、花岗岩、人造石保洁作业指导 … 342
十二、木地板保洁作业指导 … 343
十三、地毯保洁作业指导 … 344
十四、玻璃门窗、幕墙保洁作业指导 … 345
十五、不锈钢制品保洁作业指导 … 346
十六、皮革保洁作业指导 … 346
十七、雨天保洁作业指导 … 347
十八、保洁用品使用作业指导 … 347
十九、保洁设备使用作业指导 … 349
二十、卫生消杀作业指导 … 351
二十一、固体废弃物管理作业指导 … 353
二十二、化粪池管理作业指导 … 354
二十三、草坪养护作业指导 … 355
二十四、乔木、灌木养护作业指导 … 356
二十五、花卉养护作业指导 … 357
二十六、藤本植物养护作业指导 … 360
二十七、浇水、施肥作业指导 … 361
二十八、病虫害防治作业指导 … 363
二十九、整形修剪作业指导 … 365
三十、防台风作业指导 … 367
三十一、园艺肥料使用作业指导 … 368

第二十三章　管理制度　370

一、环境卫生管理办法 … 370
二、消杀管理办法 … 371
三、园林绿化管理规定 … 373
四、环境服务业务外包监督管理办法 … 374

第二十四章　管理表格　379

一、主要清洁设备设施表 … 379
二、主要清洁材料（月用量）记录表 … 379
三、垃圾（固体废弃物）清运登记表 … 380
四、工具、药品领用登记表 … 380
五、消杀服务记录表 … 380
六、消杀服务质量检验表 … 381
七、保洁员工作质量检查表 … 382

八、垃圾清运服务质量记录表　　384
九、园林绿化养护工作日记录表　　385
十、绿化现场工作周记录表　　385
十一、绿化工作周、月检查表　　387
十二、绿化养护春季检查表　　387
十三、绿化养护夏季检查表　　388
十四、绿化养护秋季检查表　　389
十五、绿化养护冬季检查表　　390

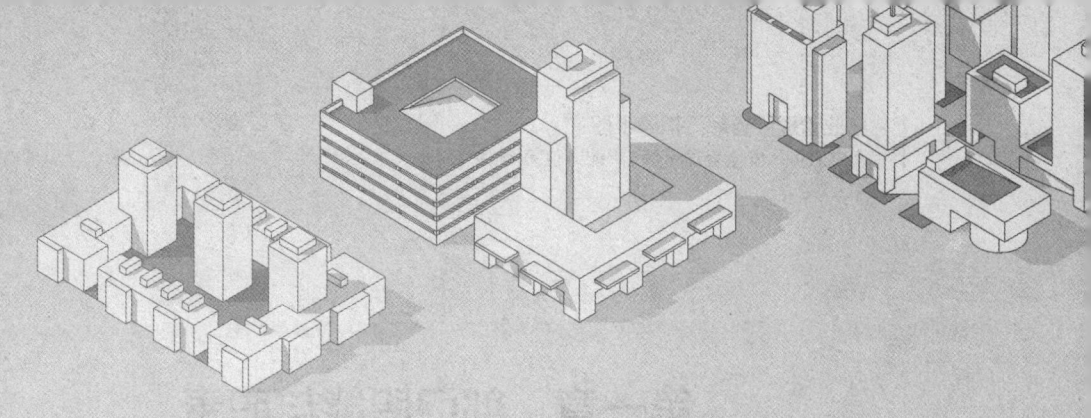

第一部分　客户服务

第一章　部门职能与职责

一、客户服务中心的职能

客户服务中心（简称客服中心）的主要职能是，24小时为业主服务，倾听业主的意见、建议，处理业主的投诉，为业主办理收楼手续、装修许可证，催收各种费用。具体任务与要求为：

（1）遵循"业主至上，服务第一"的原则，以"严格要求、自觉奉献"的工作精神全心全意为业主（住户）服务，及时、有效地处理业主（住户）的投诉、求助和咨询。

（2）热情接待、礼貌服务（敬语服务、微笑服务、站立服务）。接听电话时响铃不得超过三声；填写业主（住户）报修、求助、咨询、投诉记录时要规范、简明、清晰；各种记录要及时登记、处理和妥善保管。

（3）负责办理业主入伙手续，管理业主钥匙，整理业主资料，跟踪整改房屋质量问题。

（4）负责办理业主（住户）的房屋装修手续，负责办理装修出入证（包括收费、登记、填表、结算等）。

（5）负责接听电话，填写客户服务中心工作记录，将维修单下发给工程部相关人员，跟踪落实相关事宜，将信息及时反馈给业主（住户）。

（6）负责填写客户服务中心值班记录和交接班记录以及来访业主投诉及建议记录，并按公司规定及时做好回访工作。

（7）负责受理及处理业主（住户）电话、邮件与网站投诉。

（8）负责定期回访业主（住户），征求意见。

（9）负责办理小区车位出租手续。

（10）负责办理小区业主（住户）物品搬出放行手续。

（11）负责管理费、装修押金、车位租金等费用的收取。

（12）负责小区外来人员的管理。

（13）负责小区社区文化活动的策划、实施，营造良好的社区文化氛围。

（14）为小区业主（住户）提供各种特色、特约服务，满足业主（住户）的需要。

二、客户服务中心组织架构

基于客服中心的职能，其组织架构如图1-1所示。

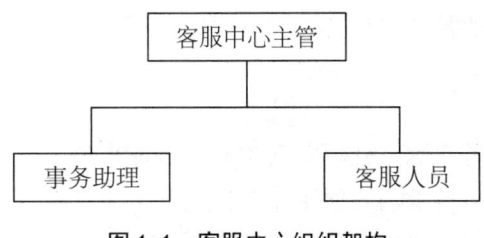

图 1-1 客服中心组织架构

三、客户服务中心各岗位职责

（一）客服中心主管

（1）在物业管理处经理的领导下，负责服务中心的管理工作。

（2）根据管理处的近期、远期目标与统一部署，建立客户服务体系，制定、修改、完善服务中心各项管理制度与工作流程，并组织实施。

（3）负责服务中心日常事务的处理与协调。充分发挥服务中心的调度与指挥职能，协调好与各部门的关系，确保为业主与租户提供高质量的服务。

（4）负责按照物业管理处的部署，完成部门的经营目标。

（5）负责按流程为客户提供特约服务，并让客户满意。

（6）负责社区文化的策划、组织、实施，营造良好的办公文化氛围。

（7）与客户保持良好关系，定期走访客户，征求客户意见，掌握客户意向和需求，及时将信息提供给物业管理处经理，并配合其制定应对方案。

（8）负责定期对服务中心收集的信息进行必要的分析，并形成报告上报物业管理处经理。急、特、重大情况及时向物业管理处经理汇报。

（9）负责监督辖区清洁绿化工作，督促分包商按要求做好服务工作。

（10）负责监督客服档案的建立，并将客服档案移交物业管理处资料室。

（11）完成领导交办的其他工作。

（二）事务助理

（1）负责对辖区公共建筑、共享设施、公共区域进行巡查，发现问题及时报告客服中心主管，并按流程处理。

（2）负责社区文化活动的组织实施。

（3）负责对清洁绿化分包商的工作情况进行跟踪，并实施考核。

（4）负责对服务中心受理的投诉情况进行回访。

（5）负责将相关法律法规向客户进行解释与宣传。

（6）负责将客户通知进行打印、分发和存档。

（7）完成领导交办的其他工作。

（三）客服人员

（1）负责按客户服务流程，处理服务中心的日常事务。

（2）负责服务中心与各部门之间工作的协调。

（3）负责对日常的投诉进行处理，将难以解决的投诉上报客服中心主管，将重大投诉上报管理处经理。

（4）负责服务中心文件、资料的收发、整理、归档及保管。

（5）负责将相关法律法规、政策向客户进行解释、宣传。

（6）负责接待外来人员。

（7）为客户办理装修手续，为装修人员办理装修出入证，并提请工程部对装修申请进行审批，同时办理装修结束后的退款事宜。

（8）对客户的日常报修做好记录，及时开具工作联系单，通知工程部进行维修，并对维修效率和维修质量进行跟踪、回访。

（9）对于客户物品的搬出，按照有关规定开具物品搬迁放行通知。

（10）随时解答客户提出的各种疑问及咨询，遇到问题及时向客服中心主管报告。

（11）规范接听电话，做好工作记录，认真填写客户服务中心工作记录表，并通知相关人员处理。

（12）听取客户意见和建议，及时向相关部门反映。

（13）为管理处与客户沟通架起桥梁，为客户提供服务的窗口。

第二章　服务控制标准

一、客服人员仪容仪表标准

客服人员仪容仪表标准如表 2-1 所示。

表 2-1　仪容仪表标准

部位	男性	女性
整体	自然、大方、得体，符合工作需要及安全规则，神采奕奕，充满活力，整齐干净	
头发	头发要经常梳洗，保持自然色泽，切勿标新立异	
发型	前发不过眉，侧发不盖耳，后发不触后衣领	发长不过肩，长发应束起或盘成发髻
面容	脸、颈及耳朵保持干净，每日刮胡须	脸、颈及耳朵保持干净，可化淡妆，不得浓妆艳抹和在办公室化妆
身体	注意个人卫生，身体、面部、手部保持清洁，勤洗澡，无体味。上班前不吃有异味食物，保持口腔清洁。上班时不在工作场所吸烟、饮酒	
饰物	领带平整、端正，长度要盖过皮带扣，领带夹在衬衣自上而下第四个扣子处，注意细节；头巾要围好；内衣不能外露；上班时间不佩戴夸张的首饰及饰物	
衣服	（1）工作时间着本岗位制服，非因工作需要，外出时不得穿着制服 （2）制服应干净、平整，无明显污迹、破损 （3）着装按照公司内务管理规定执行，不可擅自改变制服的形式，不私自增减饰物，不敞开外衣，不卷起裤脚、衣袖 （4）制服外不得显露个人物品，衣、裤口袋平整，切勿鼓起 （5）西装制服纽扣按规范扣好，衬衣领、袖整洁，纽扣扣好，衬衣袖口可长出西装外套袖口 0.5～1 厘米	
裤子	裤子要烫直，折痕清晰，长及鞋面	
手	保持指甲干净，不留长指甲及涂有色指甲油	
鞋	鞋底、鞋侧保持清洁，鞋面要擦亮，以黑色为宜，无破损，上班时间禁止着露趾凉鞋	
袜	应穿黑色或深蓝色、不透明的短中筒袜	着裙装时应着肉色袜，禁止穿带花边、通花的袜子，袜子无破洞，袜筒根不露在外
工牌	工作时间按规范统一佩戴工作牌，一般佩戴在左胸显眼处，挂绳式工作牌应正面向外挂在胸前，保持清洁、端正	

二、客服人员工作行为标准

客服人员工作行为标准如表2-2所示。

表2-2 工作行为标准

项目	规范礼仪礼节
客户来访	（1）客户来访时，应面带微笑，起身主动问候："您好，有什么可以帮您？" （2）与客户沟通时，应起身站立、身体略微前倾、眼望对方、面带微笑，并点头示意表示认真倾听 （3）对所有客户应一视同仁、热情亲切 （4）办事讲究方法，做到条理清晰，不急不躁 （5）与客户道别时主动说"先生/小姐，再见！""欢迎您再来"等
客户电话咨询	（1）严格遵守电话接听礼仪 （2）口径一致，避免不同的工作人员对同一问题给予客户不同的解释
客户投诉	（1）接到客户投诉时，应首先站在客户的角度思考问题，急客户之所急，想客户之所想，尽量考虑周到 （2）与客户约定好的服务事项，应按时执行，言行一致 （3）不轻易对客户许诺，一旦许诺就必须按约定期限解决；不能解决的，应立即向上级或相关部门反映，并及时跟踪进展情况，直到问题解决 （4）处理问题时，如客户觉得不满意，要及时道歉，请求对方谅解，同时要采取适当的补偿行为 （5）对客户的表扬要婉言感谢
办理各类收费业务（如门禁、会员卡、停车卡等）	（1）熟悉业务操作规程，办事迅速，工作认真细致，不忽视任何影响服务质量的细小环节 （2）及时提出改善工作流程的办法，提高部门的服务层次 （3）礼貌地请客户出示所需的证件，"请""您"二字不离口 （4）为客户准备好笔和表格，耐心细致地引导客户填写 （5）向客户解释清楚相关的收费标准 （6）请客户交费，将开具的发票以双手奉上，同时微笑注视客户，等客户确认无误后，向客户表示感谢
收取拖欠的物业管理服务费	（1）首先电话预约客户，约定交费的时间，并在电话中清楚地告诉客户其拖欠的款项和数目 （2）特殊情况如需上门收费时，要尊重客户的生活习惯和个人喜好，因工作而对客户造成打扰应诚恳道歉，同时不能对客户家庭有任何评价 （3）工作时精神饱满，充满自信，不卑不亢，有高度的责任心，积极主动，尽职尽责，任劳任怨 （4）如收费中碰到投诉，对态度不好的客户要理智冷静，自己不能处理时，予以记录，并及时报告上一级领导 （5）对客户的意见应虚心接受 （6）客户交费时，要及时向其出具相关费用的明细表，如客户有疑问，要做好相关的解释工作 （7）客户交费后，将开具的发票双手奉上，同时微笑注视客户，等客户确认无误后，向客户表示感谢

三、客户服务检查标准

客户服务检查标准如表2-3所示。

表2-3 客户服务检查标准

类别	序号	检查标准
客户满意度调查	1	规章对客户满意度调查有明确规定(调查频次、样本比例、问卷回收率)
	2	样本比例、问卷回收率、调查频次对结果起到有效支持作用,并能满足物业管理项目的需要
	3	操作方法(送达方式、问卷回收、统计口径等)科学合理
	4	最近一次客户满意度调查的样本比例符合规定
	5	最近一次客户满意度调查报告对数据进行了详细、客观的分析
	6	最近一次客户满意度调查报告的结果真实,达到了质量目标
	7	最近一次客户满意度调查报告对客户不满意项提出了改进措施
	8	改进措施及时有效
	9	将客户在问卷中填写的投诉性意见和建议纳入客户投诉处理程序
	10	对客户在问卷中填写的投诉性意见和建议进行了有效沟通与回访
	11	现场拜访重点客户,了解其对物业管理服务的评价
	12	总部组织的客户满意度调查结果达到相关的质量目标
客户投诉处理	1	规章对客户投诉处理有明确规定(记录、处理时限、沟通和回访等)
	2	客户服务人员或相关岗位员工熟悉客户投诉处理程序
	3	对客户投诉在规定时限内进行处理,因故不能及时处理的,与客户进行了沟通
	4	客户投诉处理完毕后,按照规定进行回访和沟通
	5	投诉信息获取渠道完整(如社区网站投诉),投诉记录完整无遗漏
	6	制定了客户群诉紧急预案或处理程序
	7	无客户向政府、新闻媒体和总部进行的有效投诉,无新闻媒体曝光和集体群诉
	8	无客户对服务质量的有效投诉
	9	无客户对投诉处理结果不满意而引发对同一问题的再次投诉,或不存在未及时采取有效措施而使投诉事件扩大化、严重化的情况
	10	投诉人对接待人员的态度、处理结果和及时性满意(根据记录信息进行现场访谈)

续表

类别	序号	检查标准
客户管理	1	规章对客户档案资料管理有明确规定
	2	按照规定真实、完整地建立客户档案资料
	3	客户清册随时更新（随机抽查，现场核对）
	4	客户入住/迁出信息完整、准确
	5	客户服务人员了解本项目客户，尤其是重点客户的基本情况
社区文化活动与客户沟通	1	规章对社区文化活动有明确规定
	2	按规定开展社区文化活动
	3	社区文化活动的记录真实、完整（计划、文字或图片、声像记录、总结等）
	4	规章对客户沟通有明确规定（如沟通形式、记录、沟通频次、覆盖率等），并体现出主动性
	5	按规定开展客户沟通工作
	6	向客户公布各类服务电话
	7	设定24小时服务电话，并向客户公布
	8	对客户服务需求及时记录，信息及时有效传递，并进行合理性识别
	9	客户合理的服务需求得到有效满足，客户对服务效果满意
	10	按照规定定期公布各类账目
	11	及时发布各类服务提示（如防盗、防火、防台风等）
	12	与客户签订了业主公约或租户公约，就双方权利与义务作出详细约定
	13	按规定成立业主委员会
	14	与业主委员会或业主签订物业服务合同，就双方权利与义务作出详细约定
服务态度和礼仪	1	客户，尤其是重点客户对员工服务态度满意（现场访谈）
	2	客户投诉记录中无对员工服务态度的有效投诉
	3	前台、会所、客服人员岗位礼仪符合礼仪手册规定
	4	维修人员岗位礼仪符合礼仪手册规定
	5	安全人员（保安员）岗位礼仪符合礼仪手册规定
	6	保洁、绿化员工岗位礼仪符合礼仪手册规定
	7	司机、家政、食堂服务人员岗位礼仪符合礼仪手册规定

注：本表中的"客户"，包括业主和非业主使用人。

第三章　工作流程

一、客服中心整体运作流程

客服中心整体运作流程如图3-1所示。

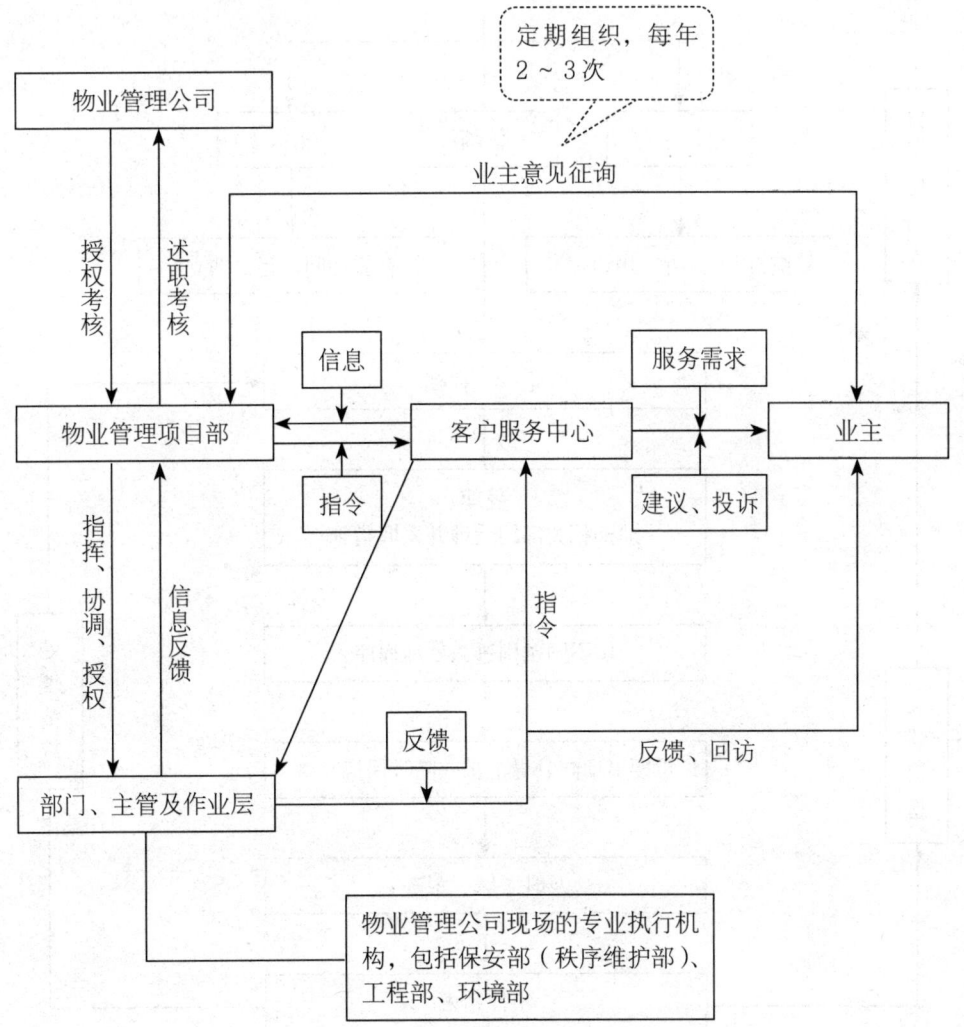

图3-1　客服中心整体运作流程

二、客服中心每日工作流程

客服中心每日工作流程如图3-2所示。

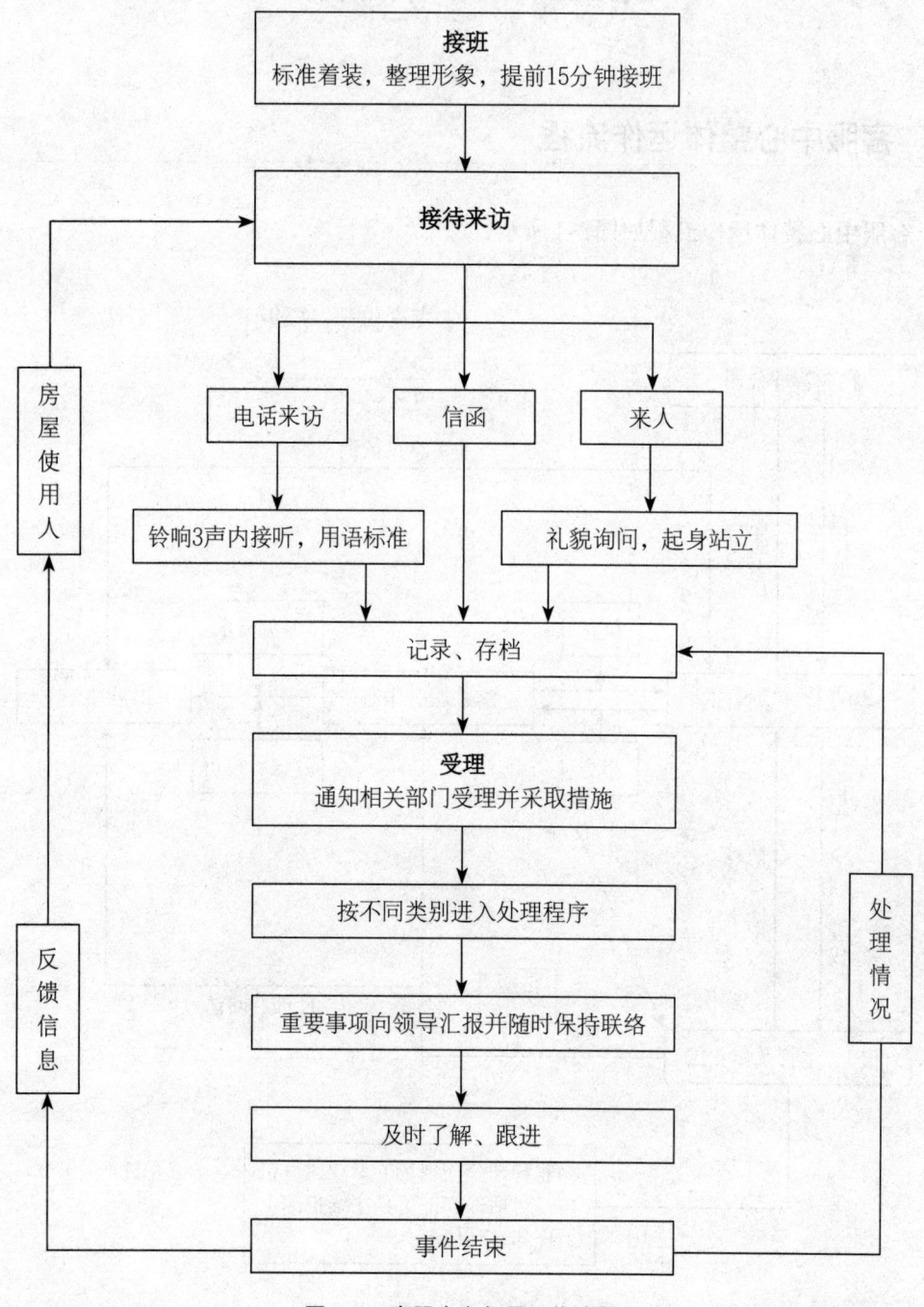

图 3-2 客服中心每日工作流程

三、入住手续办理流程

入住手续办理流程如图3-3所示。

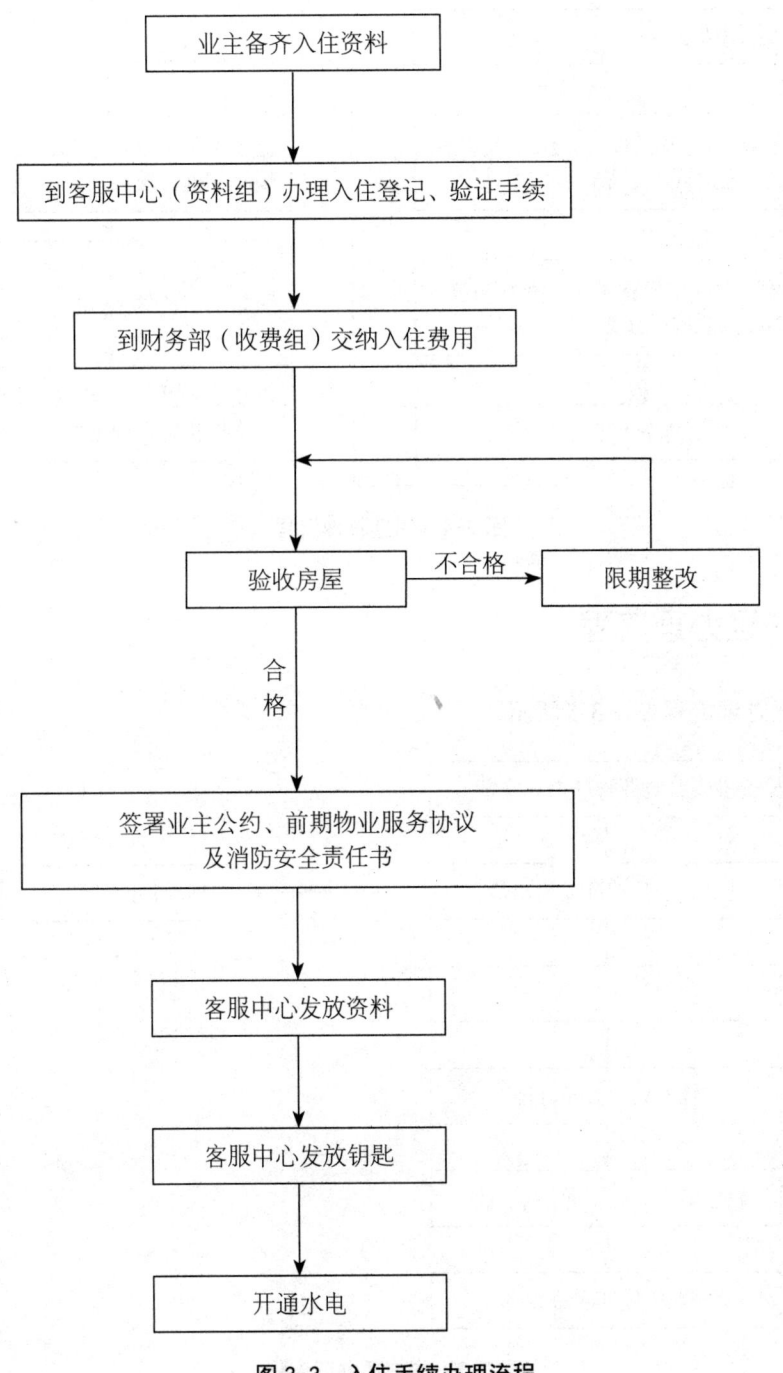

图3-3 入住手续办理流程

四、钥匙管理流程

钥匙管理流程如图 3-4 所示。

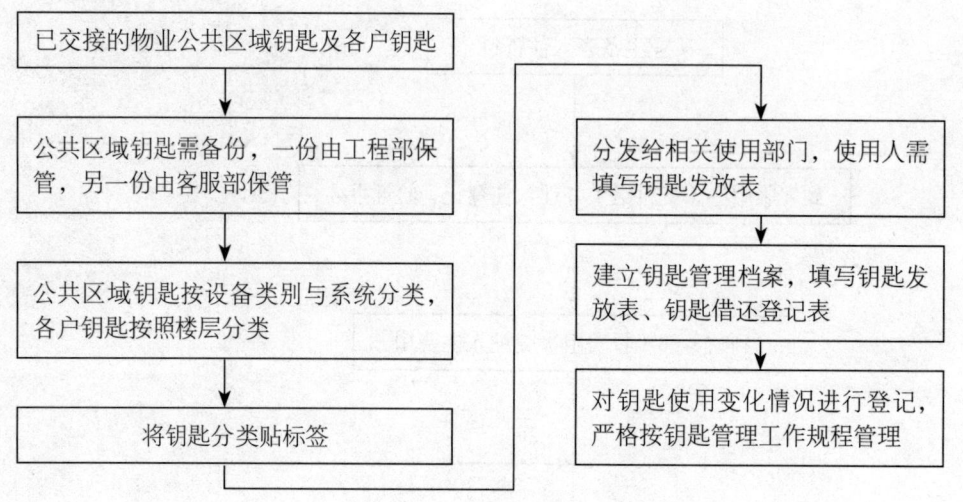

图 3-4　钥匙管理流程

五、住户证办理流程

住户证办理流程如图 3-5 所示。

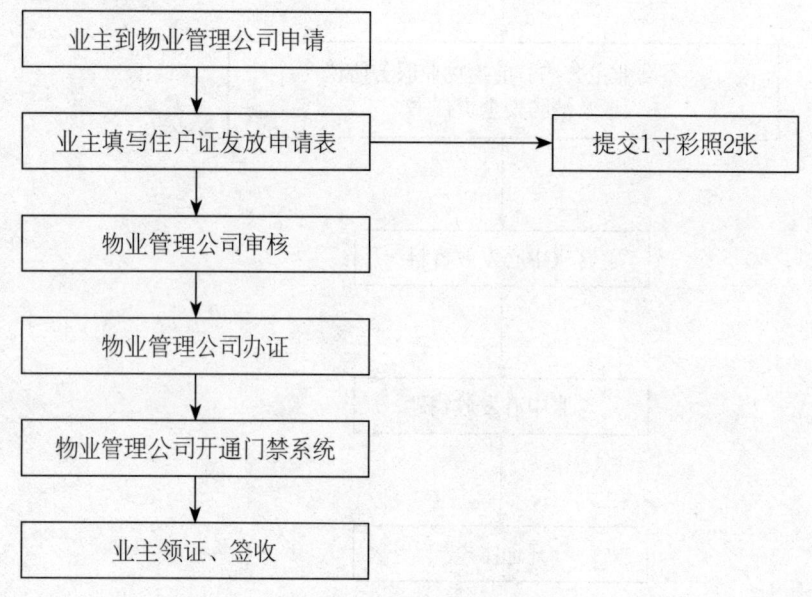

图 3-5　住户证办理流程

六、装修手续办理流程

装修手续办理流程如图3-6所示。

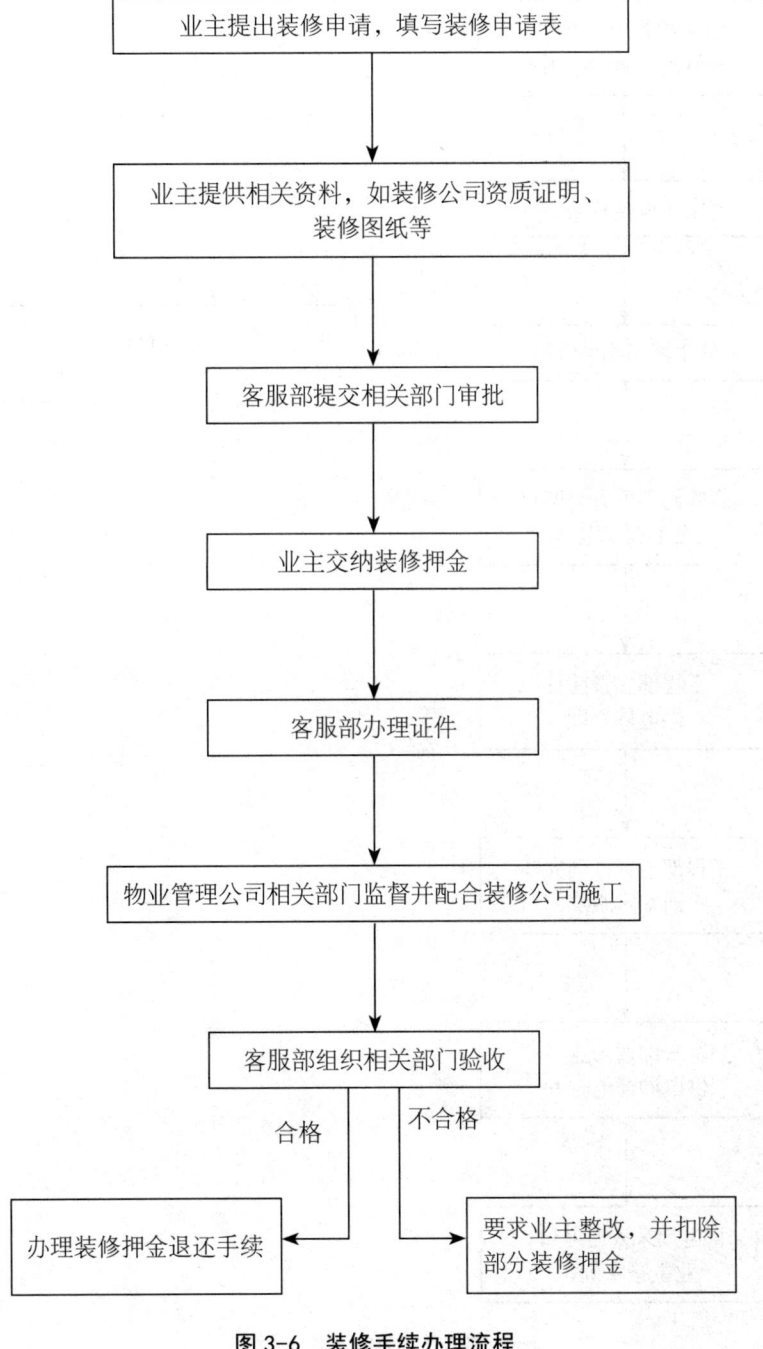

图3-6 装修手续办理流程

七、通电工作流程

通电工作流程如图3-7所示。

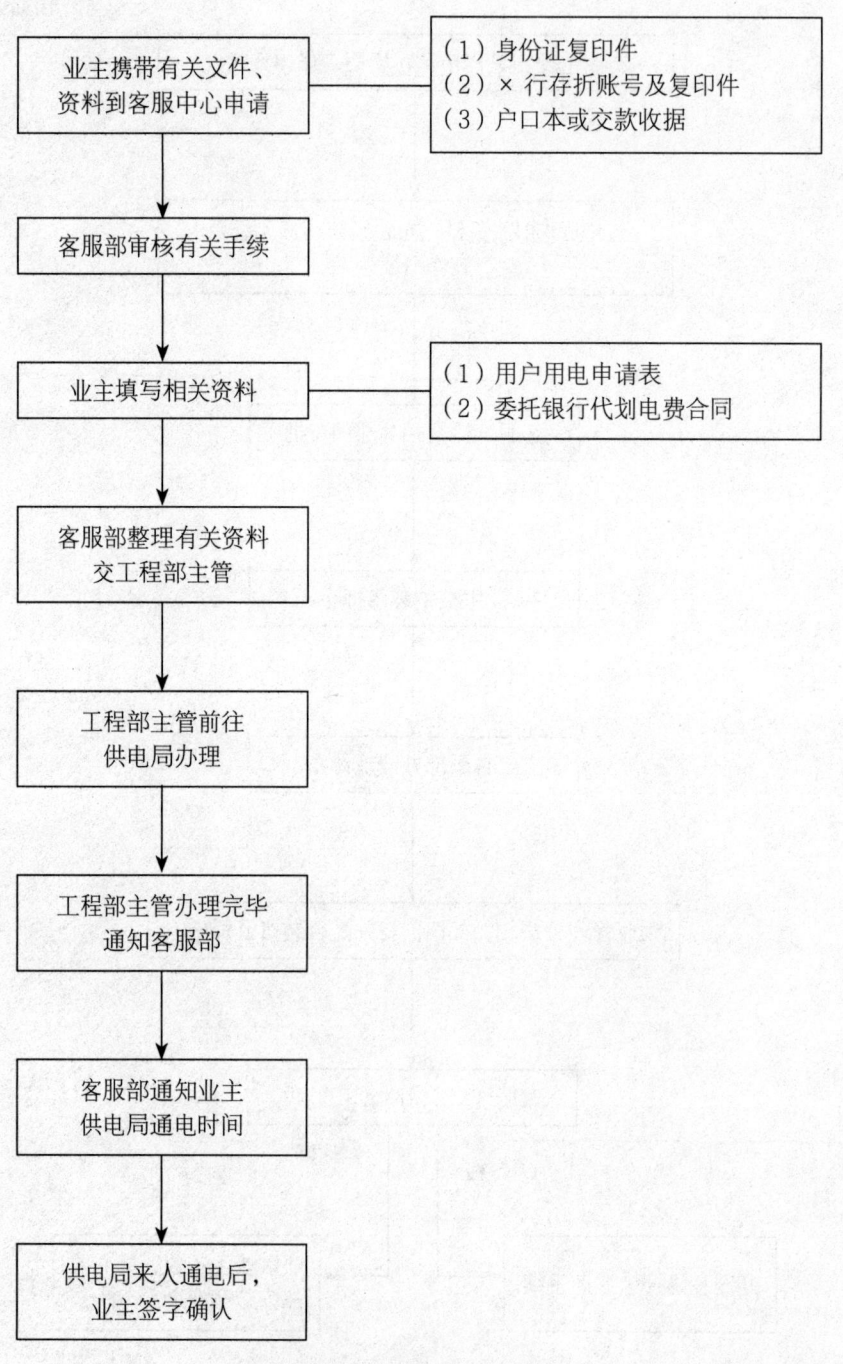

图3-7 通电工作流程

八、燃气改管手续办理流程

燃气改管手续办理流程如图3-8所示。

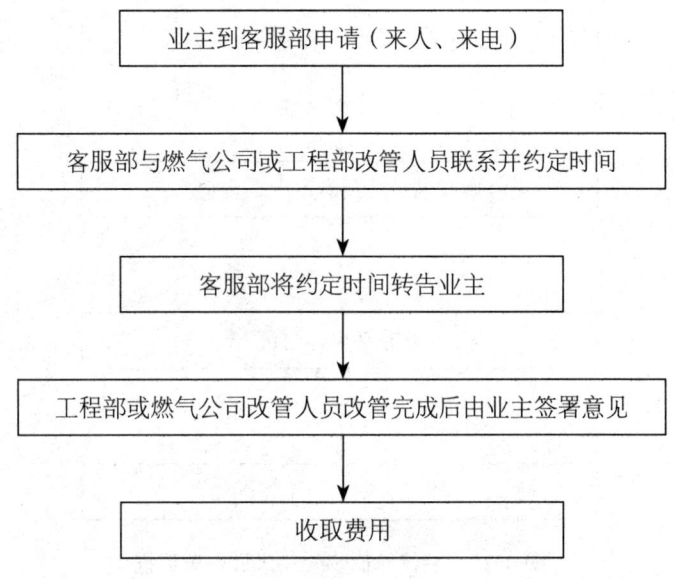

图3-8　燃气改管手续办理流程

九、装修单位加班手续办理流程

装修单位加班手续办理流程如图3-9所示。

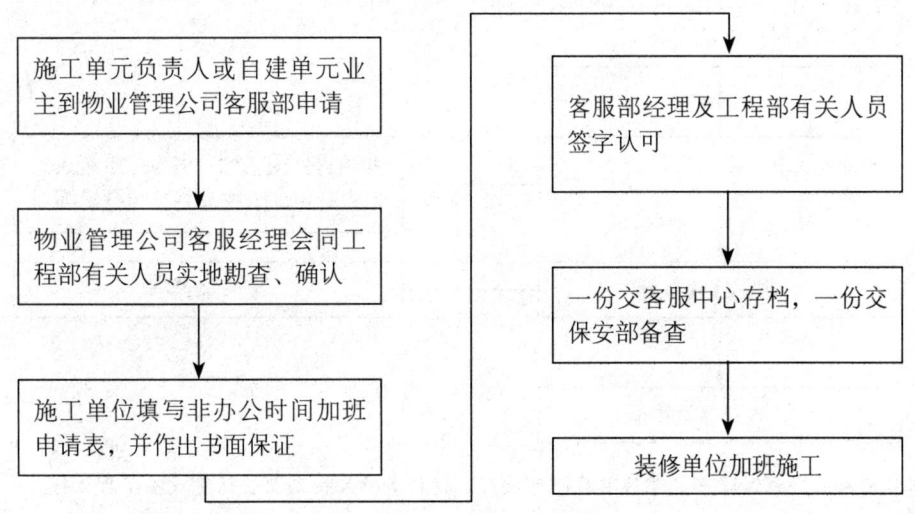

图3-9　装修单位加班手续办理流程

十、装修单位临时动火证办理流程

装修单位临时动火证办理流程如图3-10所示。

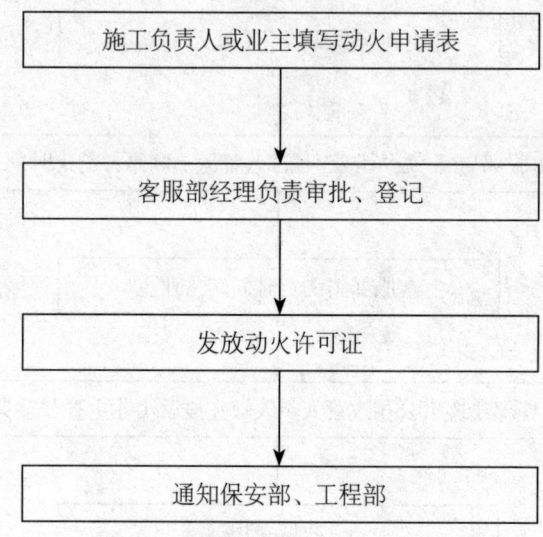

图 3-10　装修单位临时动火证办理流程

十一、装修物品放行手续办理流程

装修物品放行手续办理流程如图3-11所示。

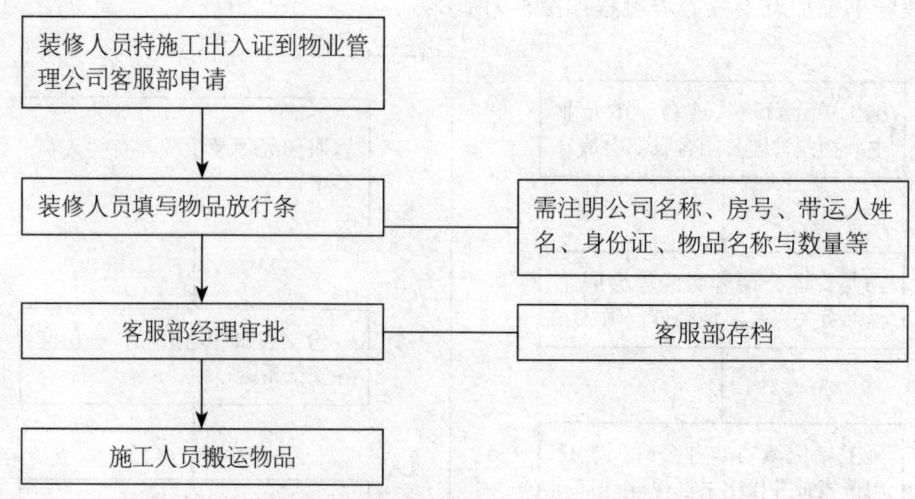

注：工具类物品得到客服部经理核准后即可放行，材料类物品得到业主认可或签字后放行。

图 3-11　装修物品放行手续办理流程

十二、施工人员出入证办理流程

施工人员出入证办理流程如图3-12所示。

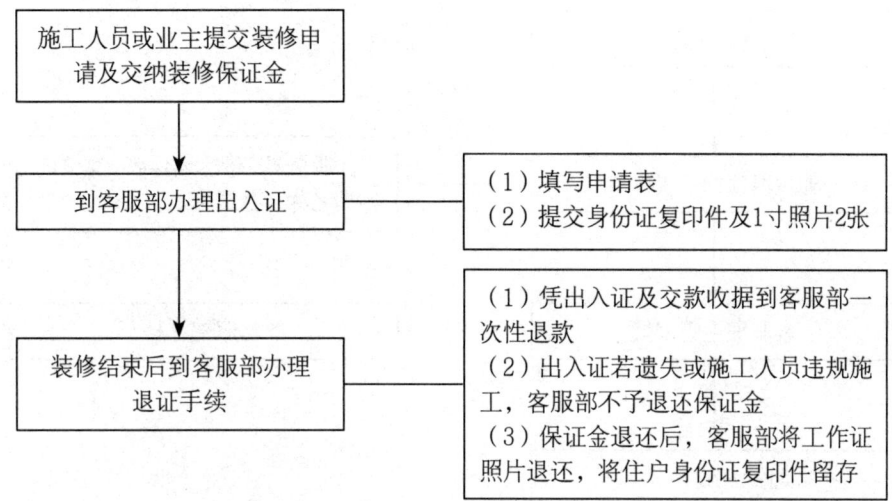

图3-12　施工人员出入证办理流程

十三、租户迁入手续办理流程

租户迁入手续办理流程如图3-13所示。

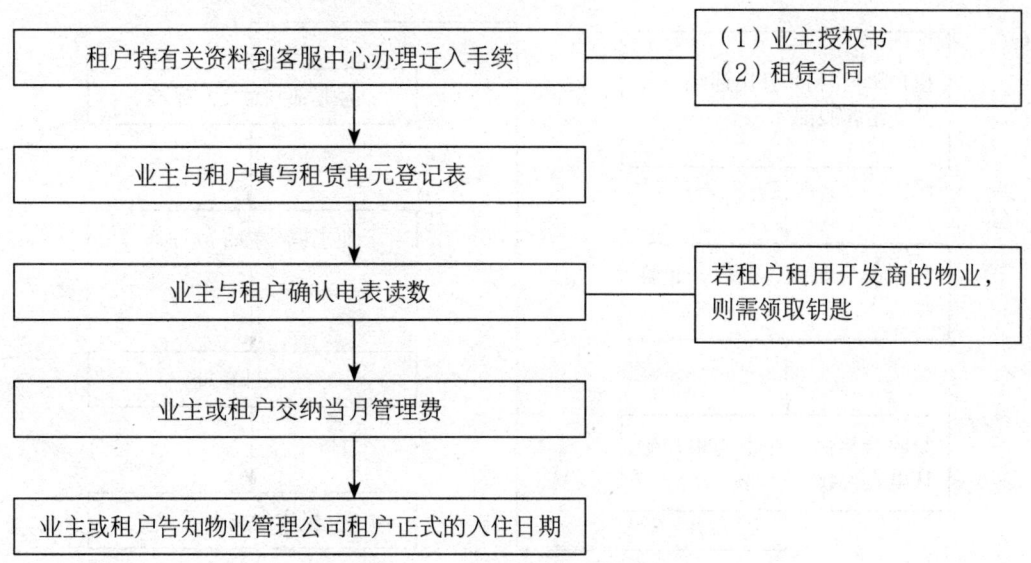

图3-13　租户迁入手续办理流程

十四、业主物品放行手续办理流程

业主物品放行手续办理流程如图3-14所示。

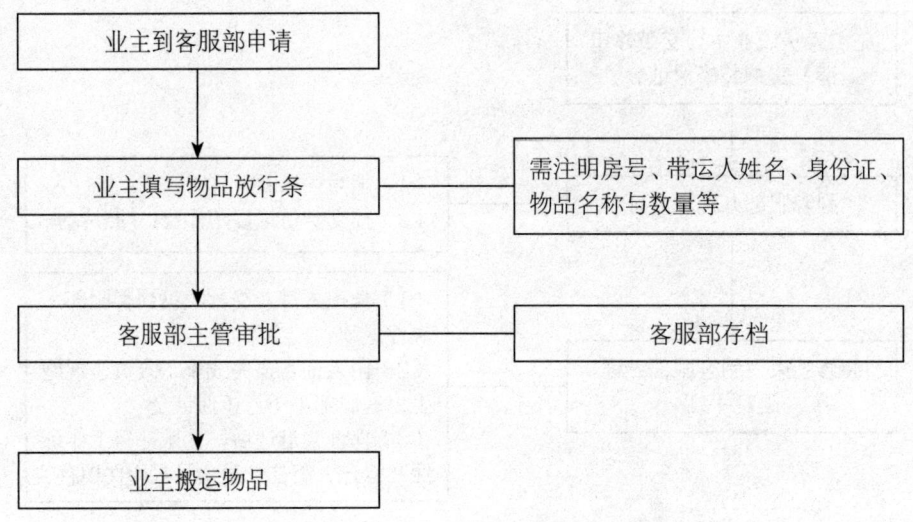

图 3-14　业主物品放行手续办理流程

十五、租户迁出手续办理流程

租户迁出手续办理流程如图3-15所示。

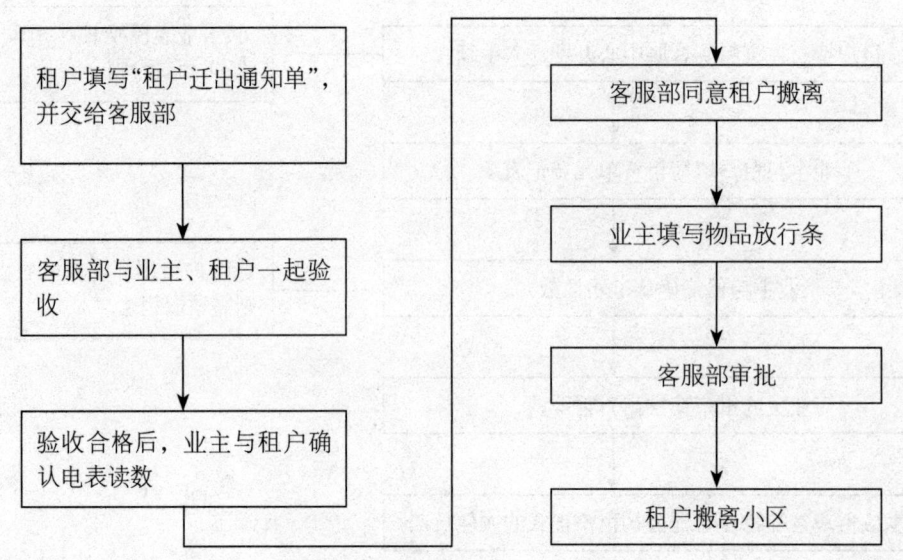

图 3-15　租户迁出手续办理流程

十六、客户咨询工作流程

客户咨询工作流程如图3-16所示。

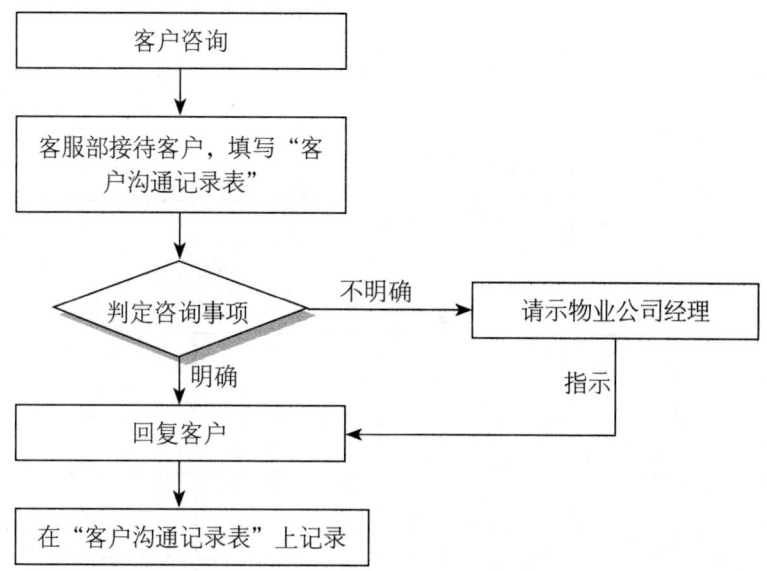

图 3-16　客户咨询工作流程

十七、客户求助工作流程

客户求助工作流程如图3-17所示。

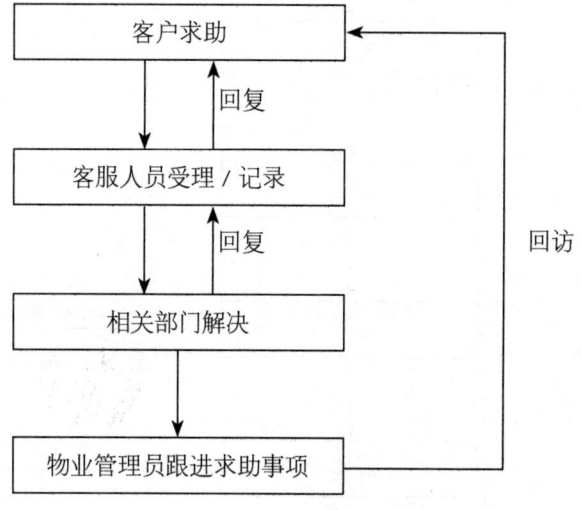

图 3-17　客户求助工作流程

十八、客户请修受理流程

客户请修受理流程如图3-18所示。

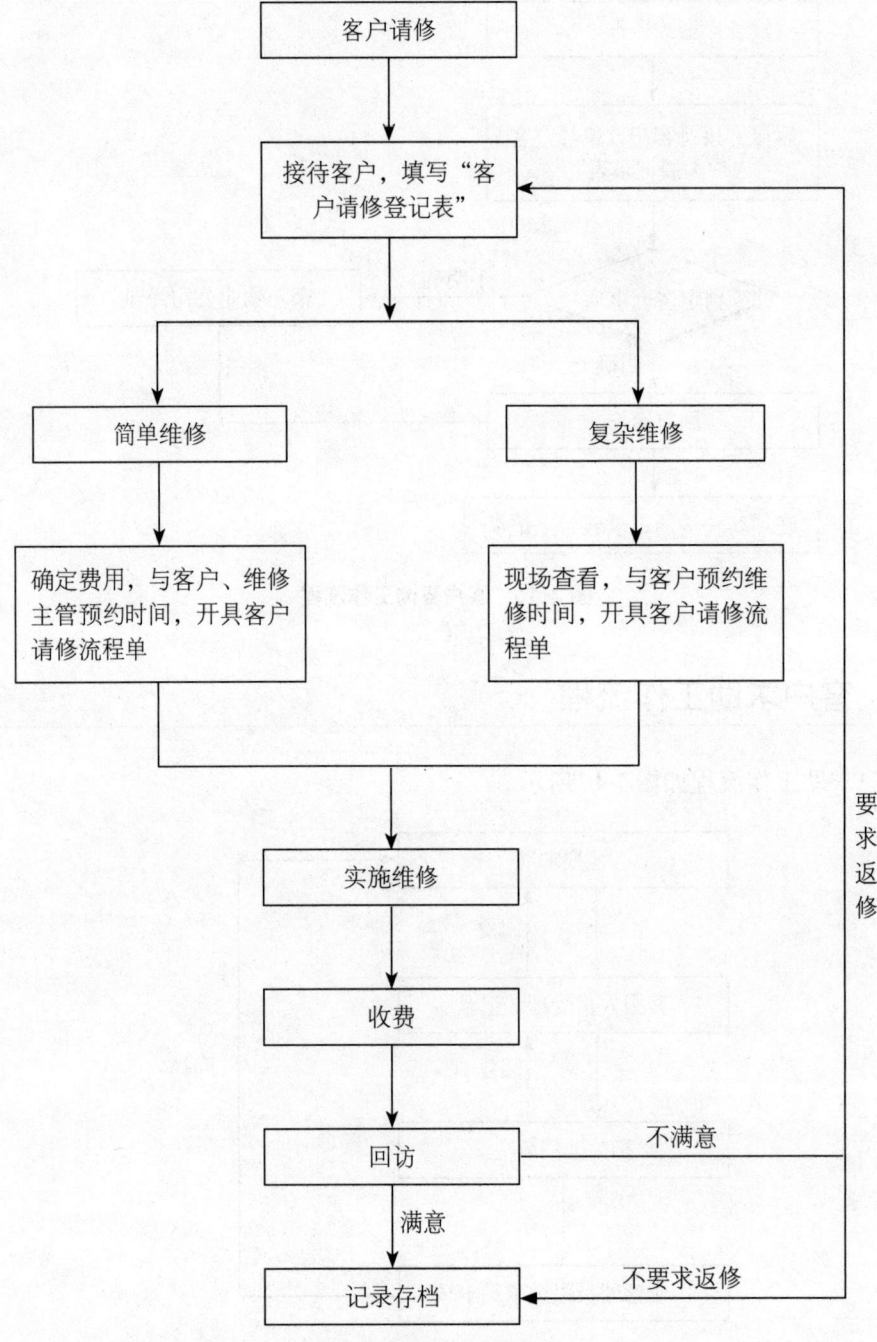

图3-18　客户请修受理流程

十九、预算外项目处理流程

预算外项目处理流程如图3-19所示。

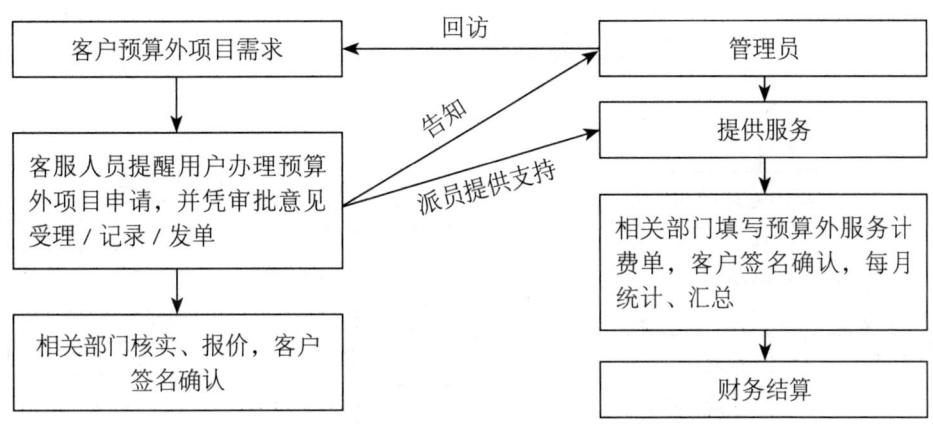

图 3-19　预算外项目处理流程

二十、物业管理员巡查工作流程

物业管理员巡查工作流程如图3-20所示。

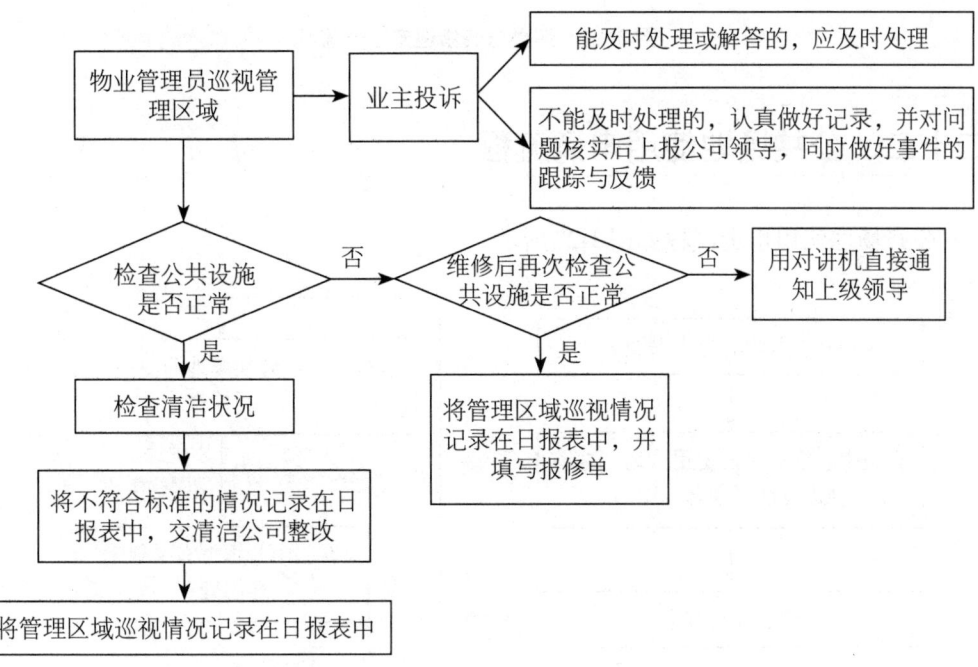

图 3-20　物业管理员巡查工作流程

二十一、巡楼与装修巡查工作流程

巡楼与装修巡查工作流程如图 3-21 所示。

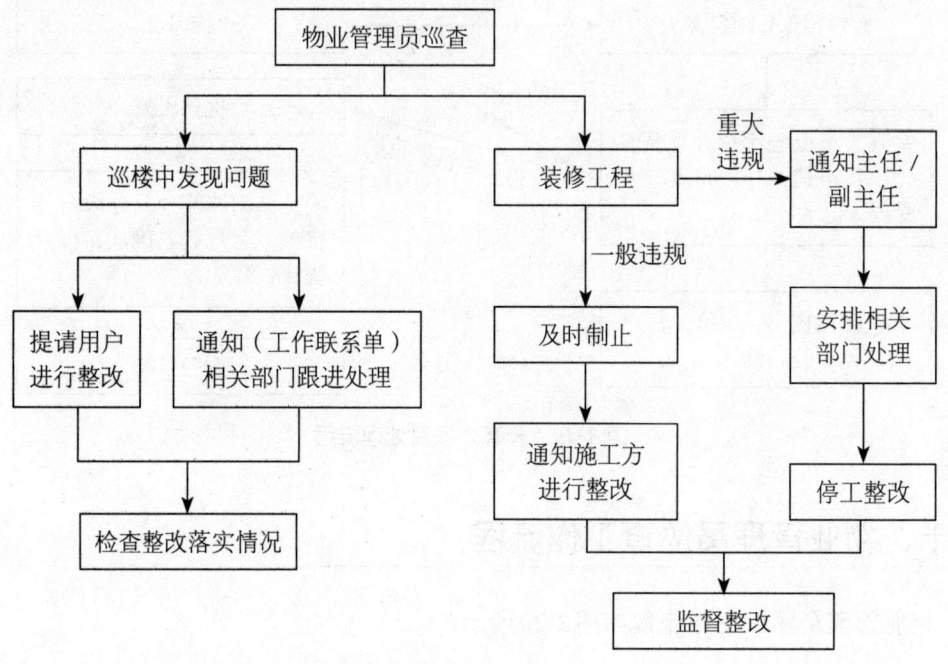

图 3-21　巡楼与装修巡查工作流程

二十二、公共场地使用申请流程

公共场地使用申请流程如图 3-22 所示。

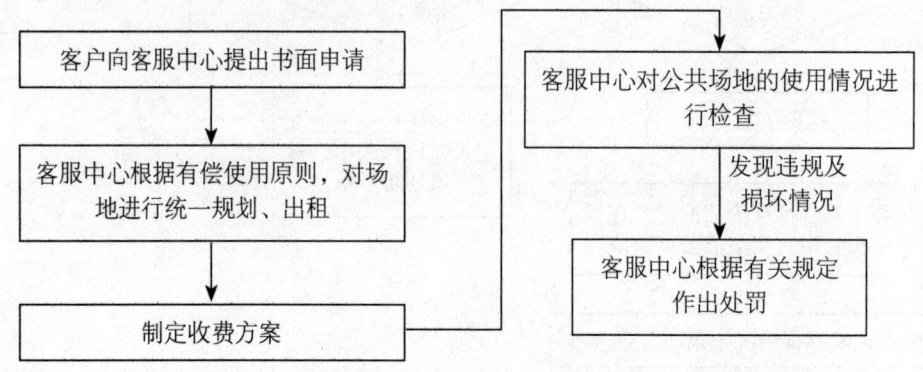

图 3-22　公共场地使用申请流程

二十三、急、特、难任务处理流程

急、特、难任务处理流程如图 3-23 所示。

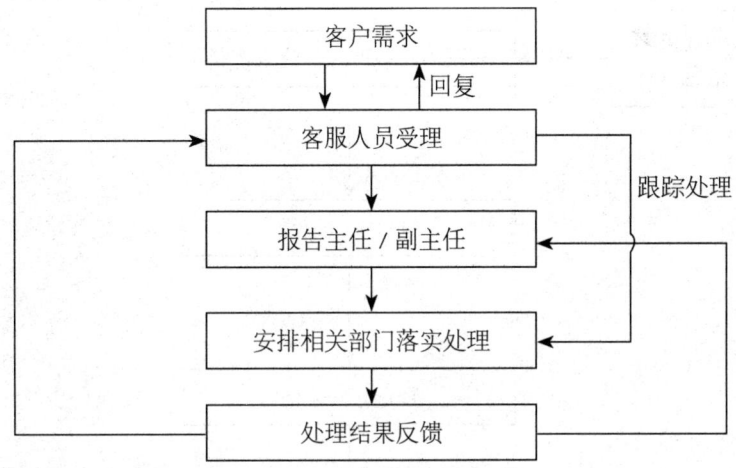

注：急、特、难任务包括临时任务、急修、重要客户、特殊服务。

图 3-23　急、特、难任务处理流程

二十四、紧急事件处理流程

紧急事件处理流程如图 3-24 所示。

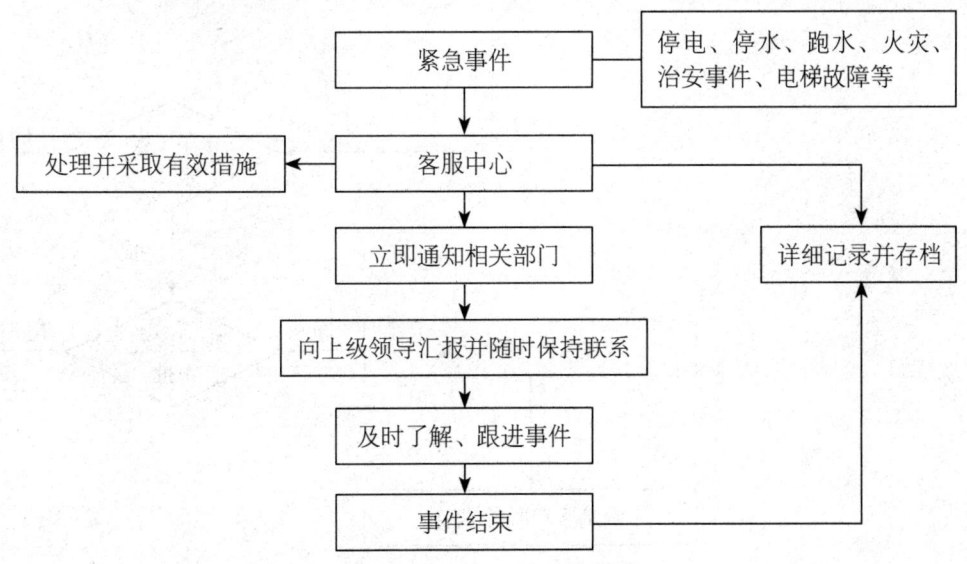

图 3-24　紧急事件处理流程

二十五、客户关系维护管理流程

客户关系维护管理流程如图3-25所示。

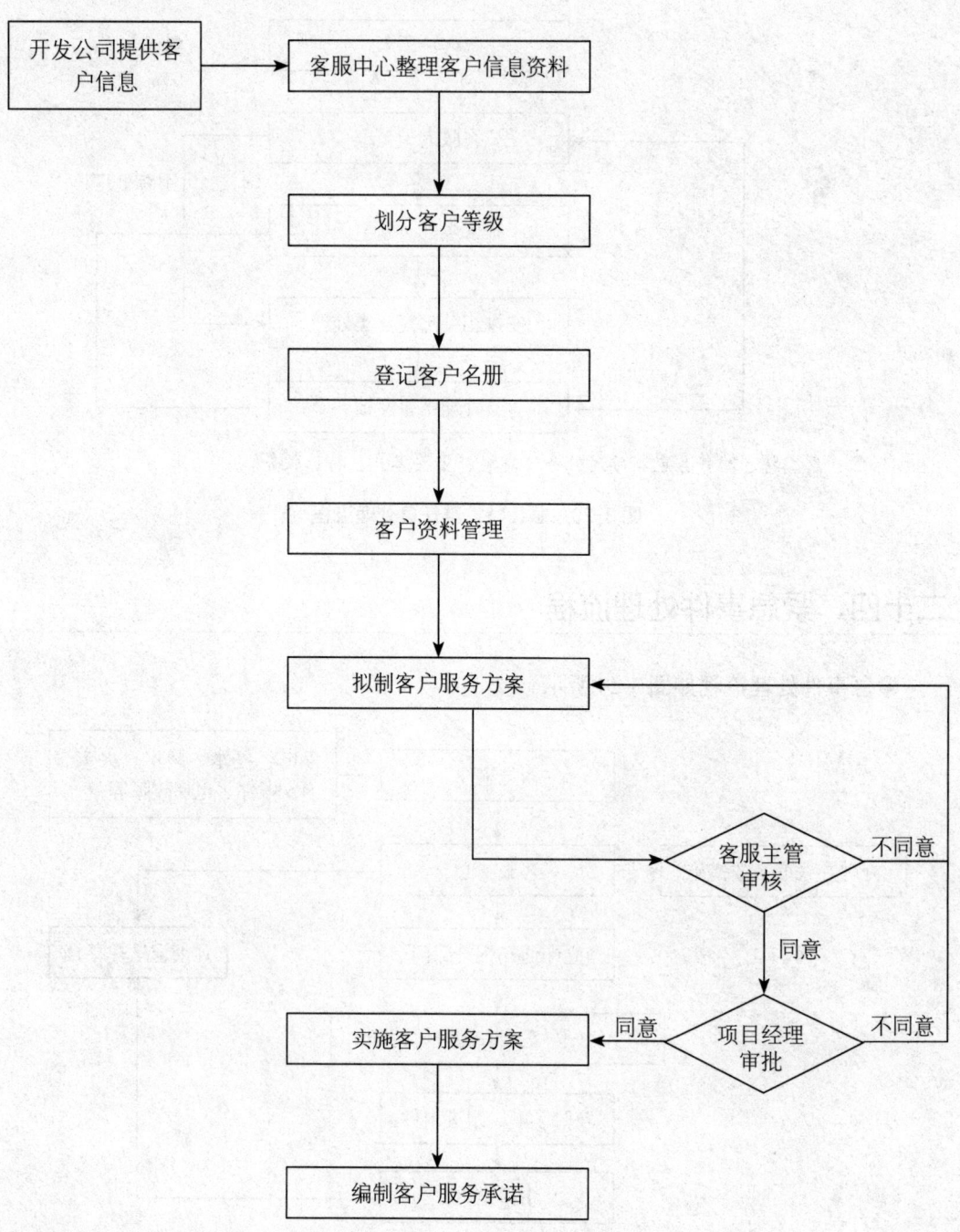

图 3-25　客户关系维护管理流程

二十六、客户调研流程

客户调研流程如图3-26所示。

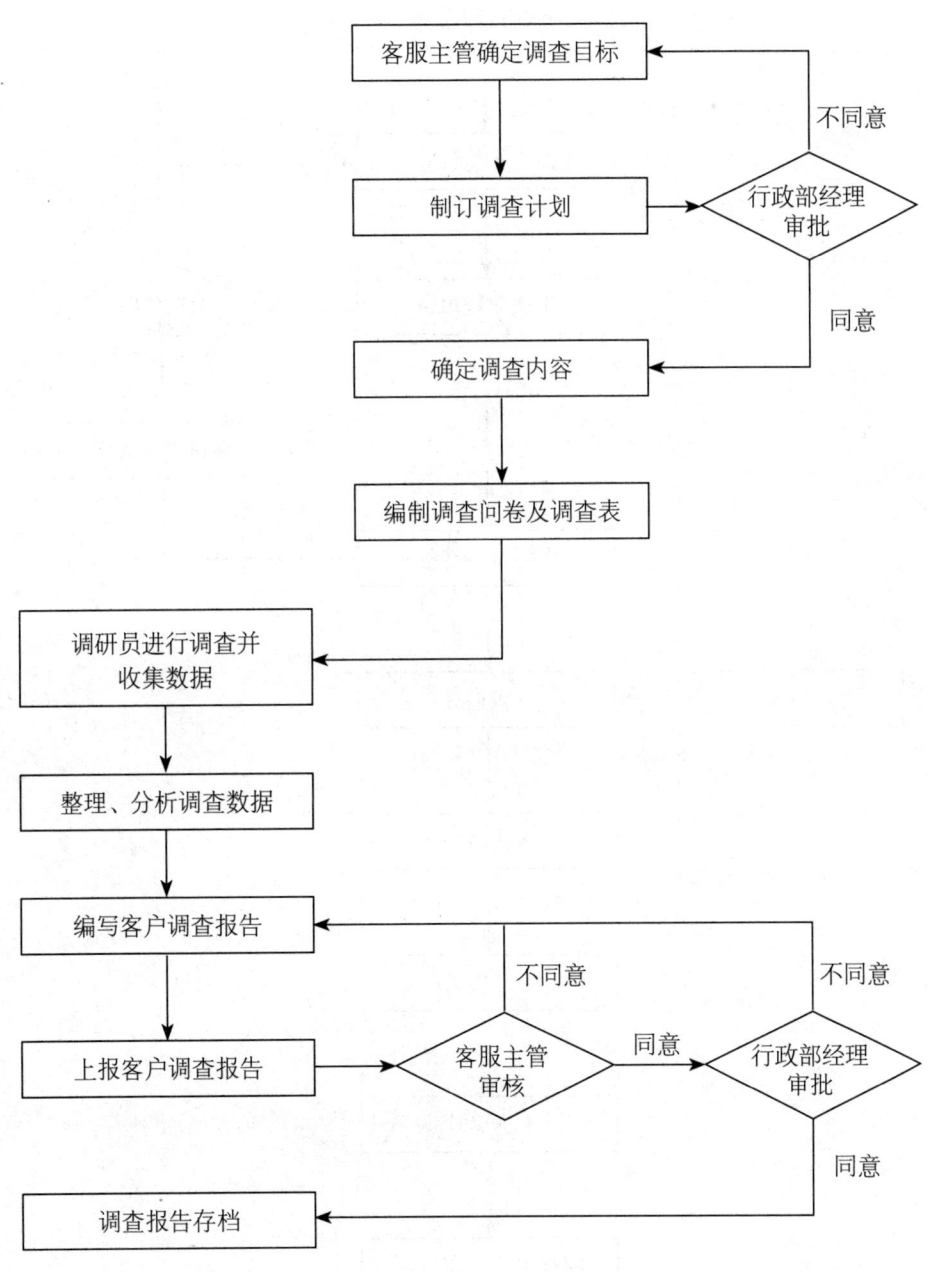

图 3-26 客户调研流程

二十七、客户接待管理流程

客户接待管理流程如图3-27所示。

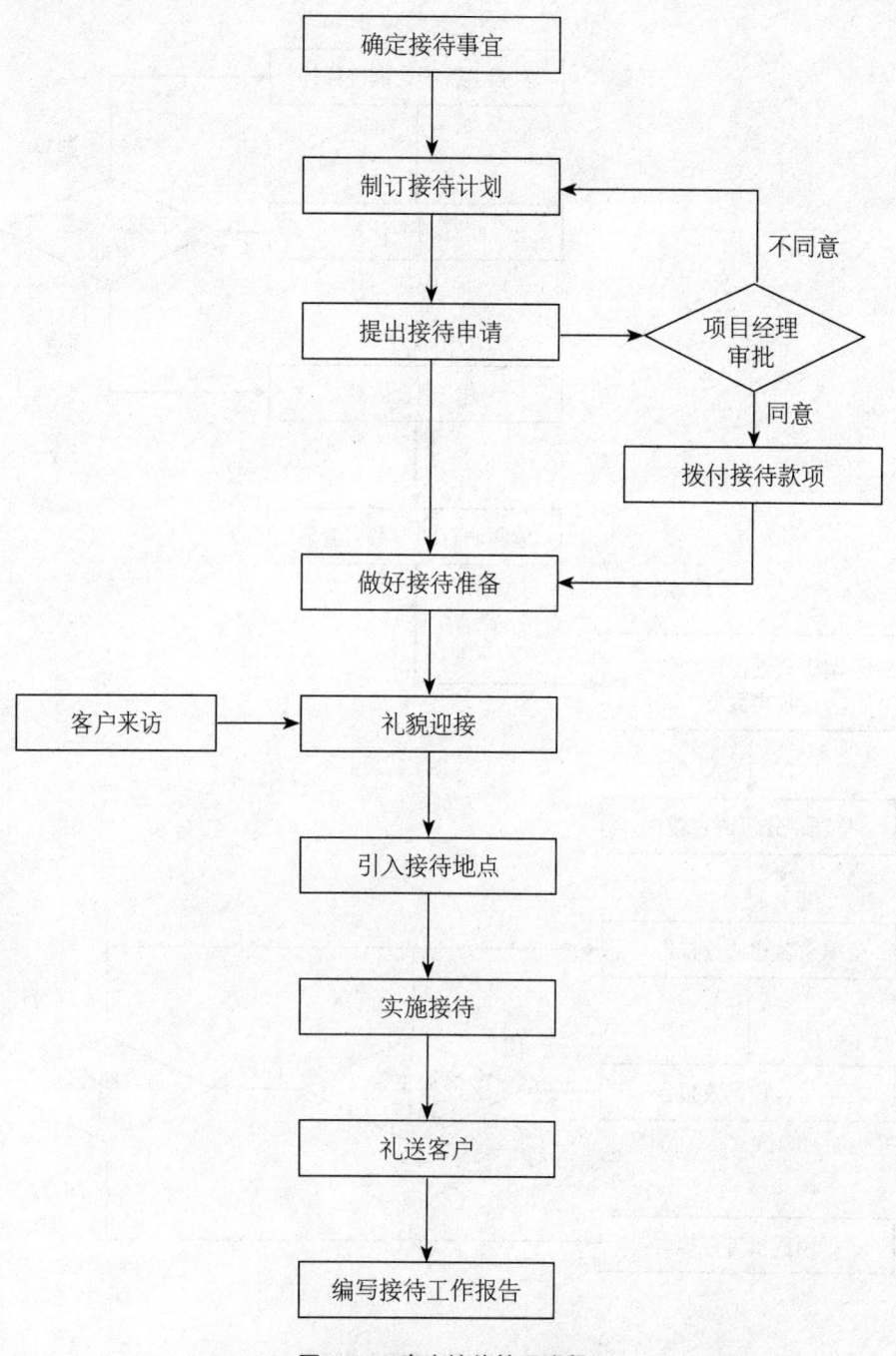

图 3-27　客户接待管理流程

二十八、拜访客户流程

拜访客户流程如图3-28所示。

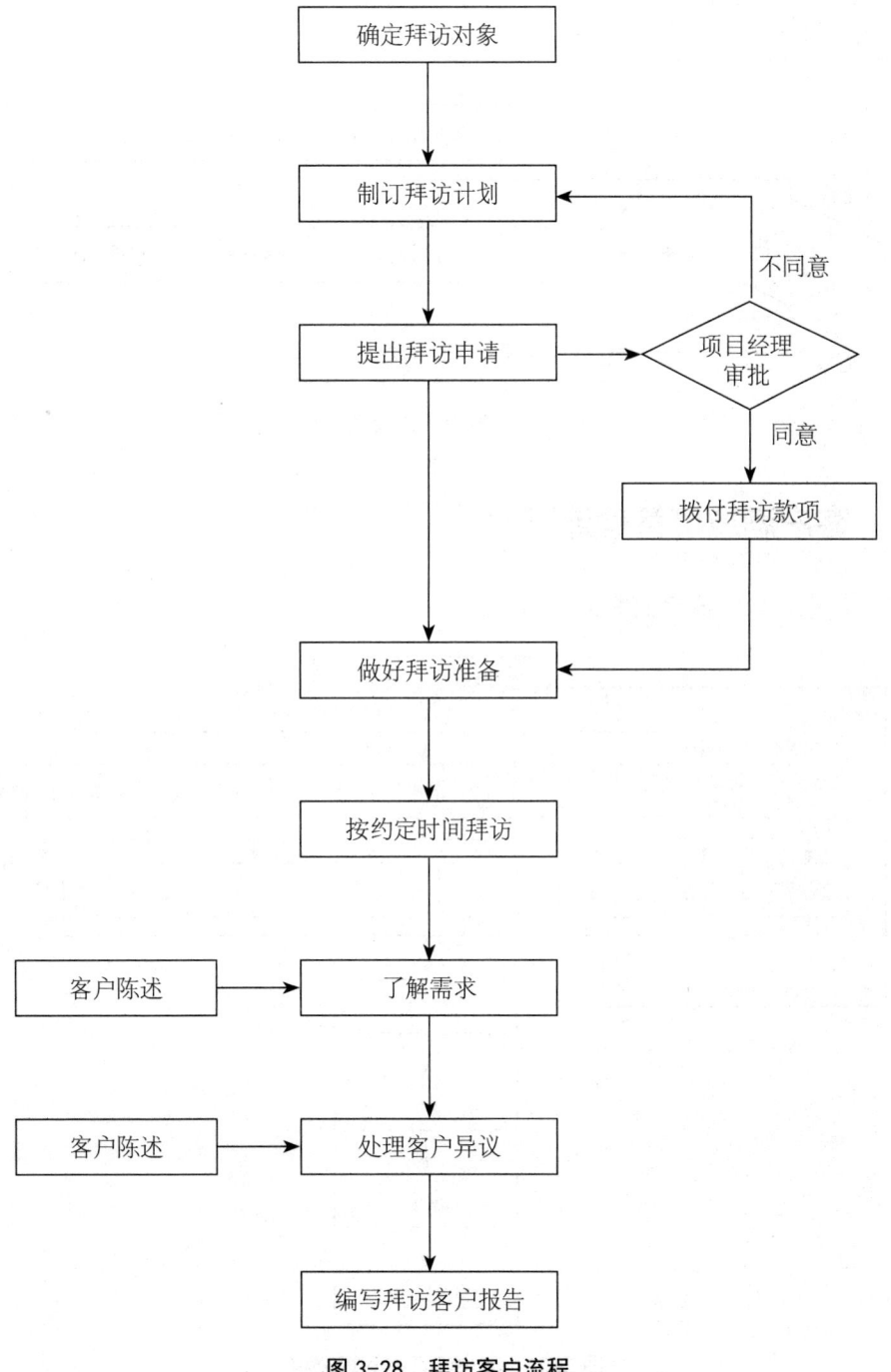

图 3-28　拜访客户流程

二十九、客户回访管理流程

客户回访管理流程如图3-29所示。

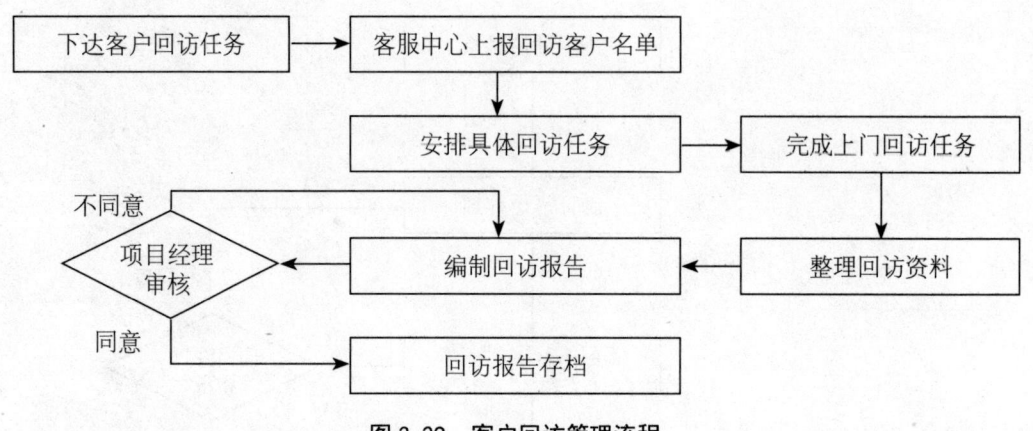

图 3-29　客户回访管理流程

三十、客户满意度管理流程

客户满意度管理流程如图3-30所示。

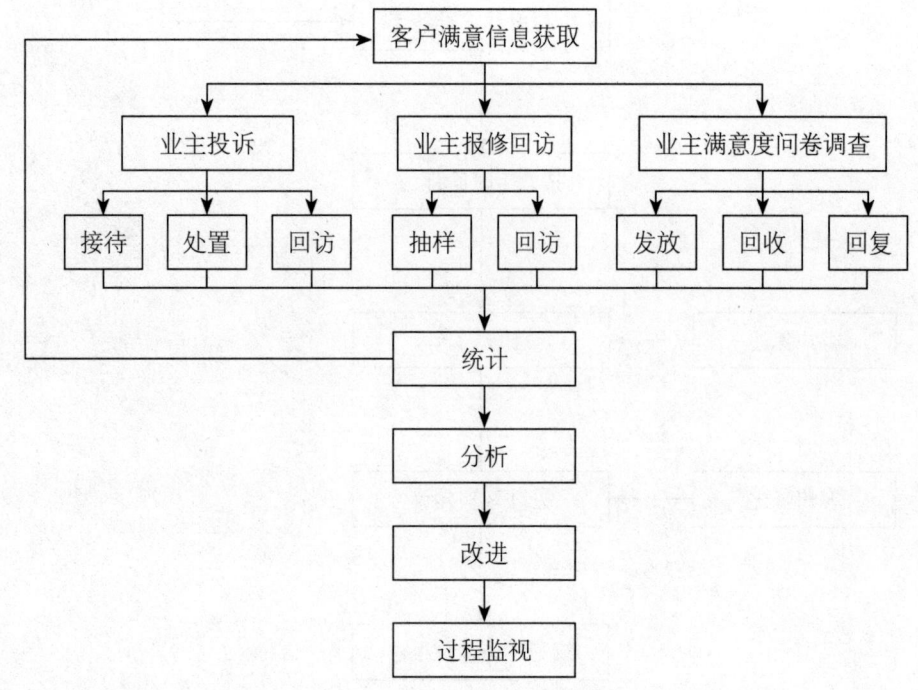

图 3-30　客户满意度管理流程

三十一、客户满意度测评流程

客户满意度测评流程如图3-31所示。

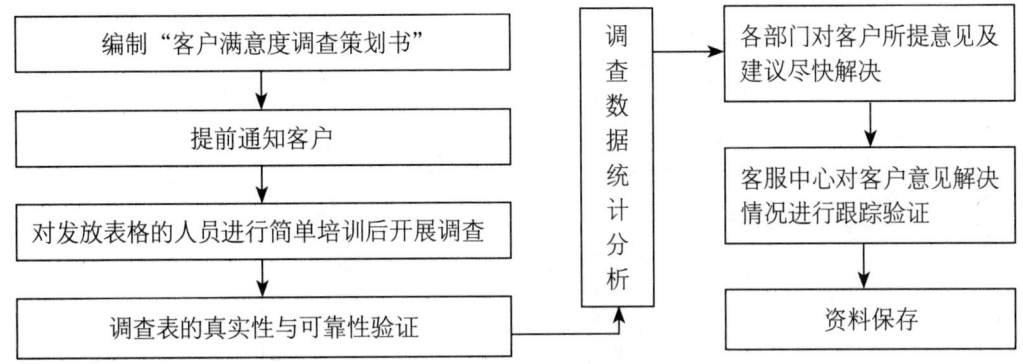

图 3-31　客户满意度测评流程

三十二、客户投诉处理流程

客户投诉处理流程如图3-32所示。

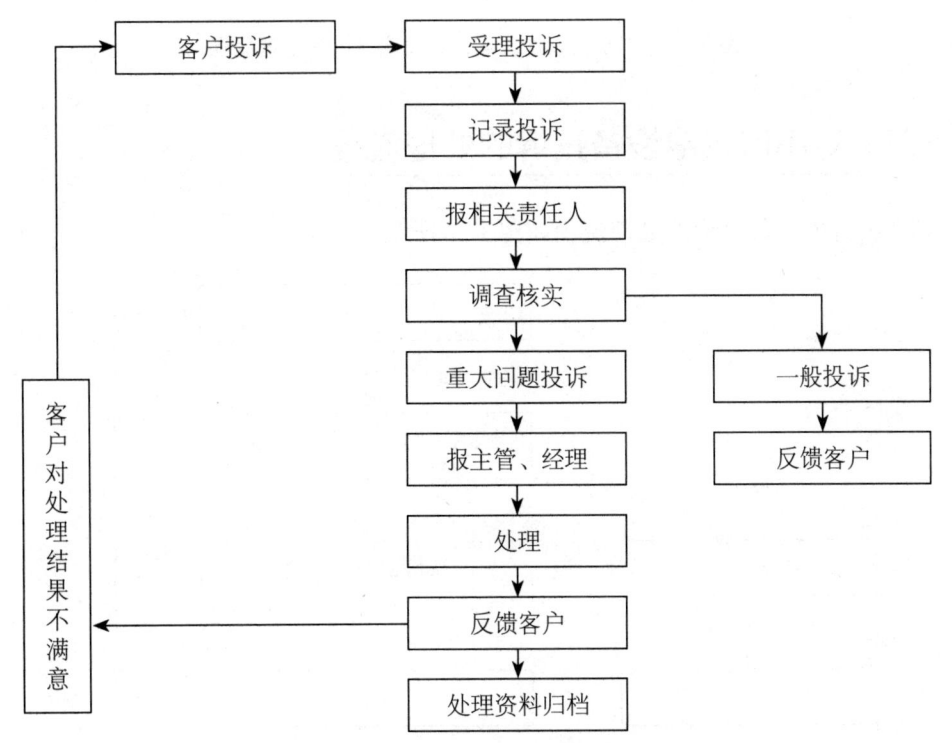

图 3-32　客户投诉处理流程

三十三、对小区设计、建设、设施投诉的处理流程

对小区设计、建设、设施投诉的处理流程如图3-33所示。

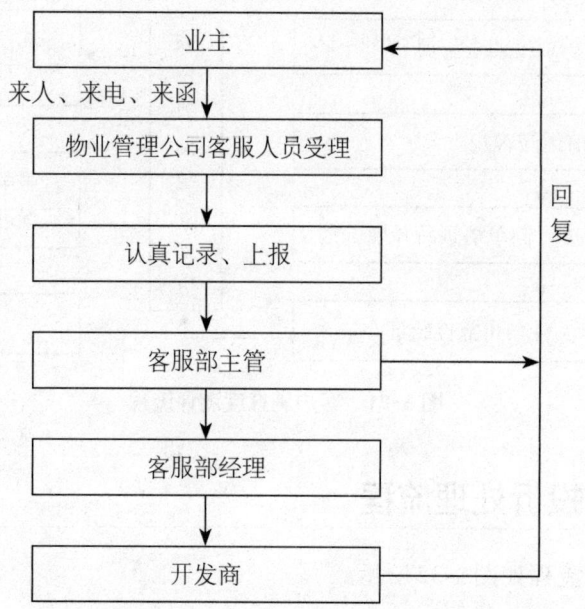

图 3-33　对小区设计、建设、设施投诉的处理流程

三十四、对小区机电设备投诉的处理流程

对小区机电设备投诉的处理流程如图3-34所示。

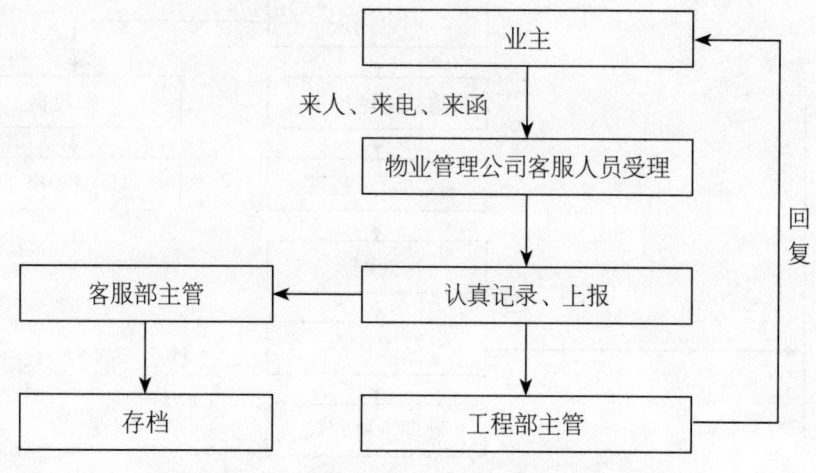

图 3-34　对小区机电设备投诉的处理流程

三十五、业主对室内水、电、气、电器等设施维修投诉的处理流程

业主对室内水、电、气、电器等设施维修投诉的处理流程如图3-35所示。

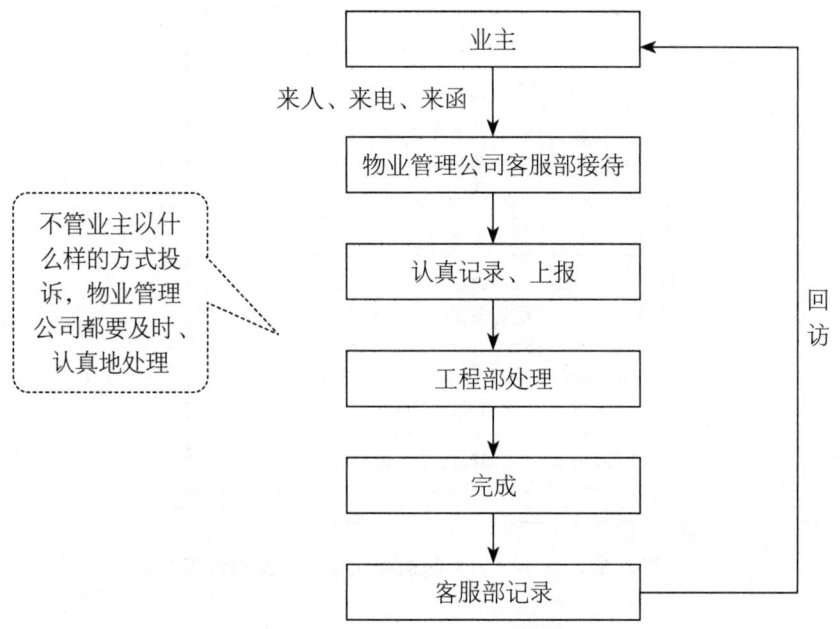

图 3-35　业主对室内水、电、气、电器等设施维修投诉的处理流程

三十六、对小区公共卫生投诉的处理流程

对小区公共卫生投诉的处理流程如图3-36所示。

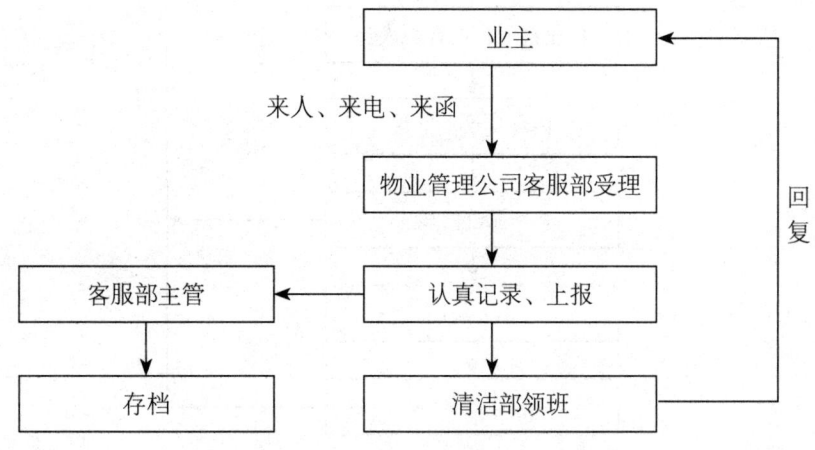

图 3-36　对小区公共卫生投诉的处理流程

三十七、对小区公共区域绿化投诉的处理流程

对小区公共区域绿化投诉的处理流程如图3-37所示。

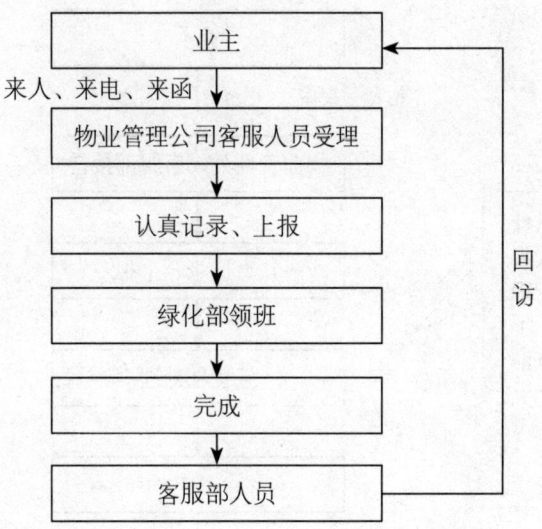

图 3-37　对小区公共区域绿化投诉的处理流程

三十八、对员工服务质量投诉的处理流程

对员工服务质量投诉的处理流程如图3-38所示。

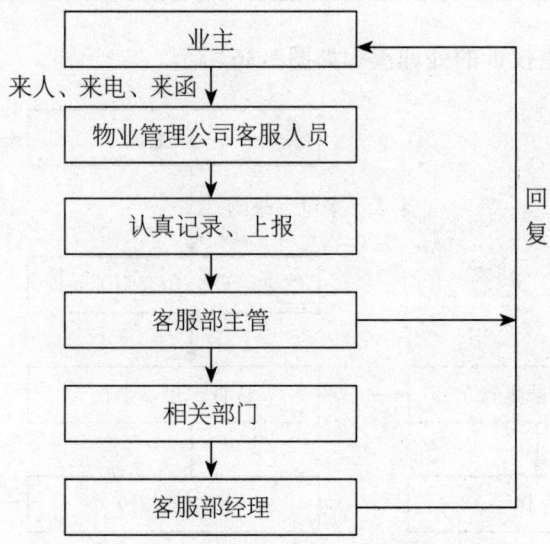

图 3-38　对员工服务质量投诉的处理流程

三十九、对小区安全、消防设施投诉的处理流程

对小区安全、消防设施投诉的处理流程如图3-39所示。

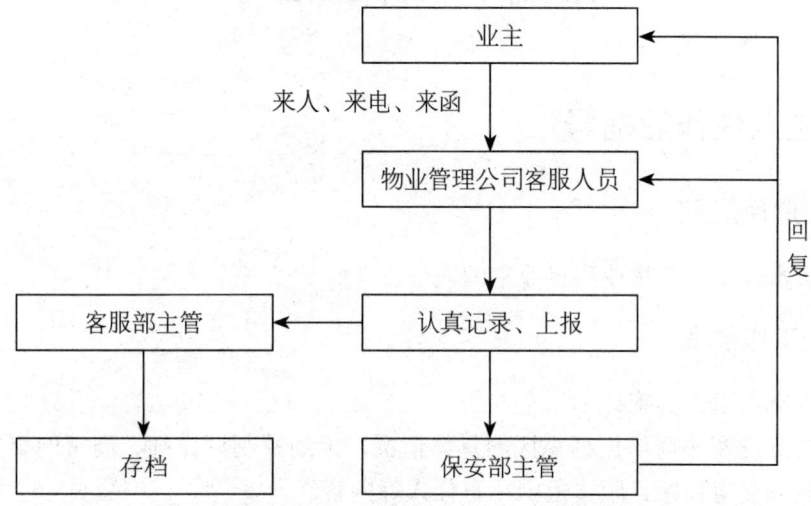

图 3-39 对小区安全、消防设施投诉的处理流程

四十、对装修工程投诉的处理流程

对装修工程投诉的处理流程如图3-40所示。

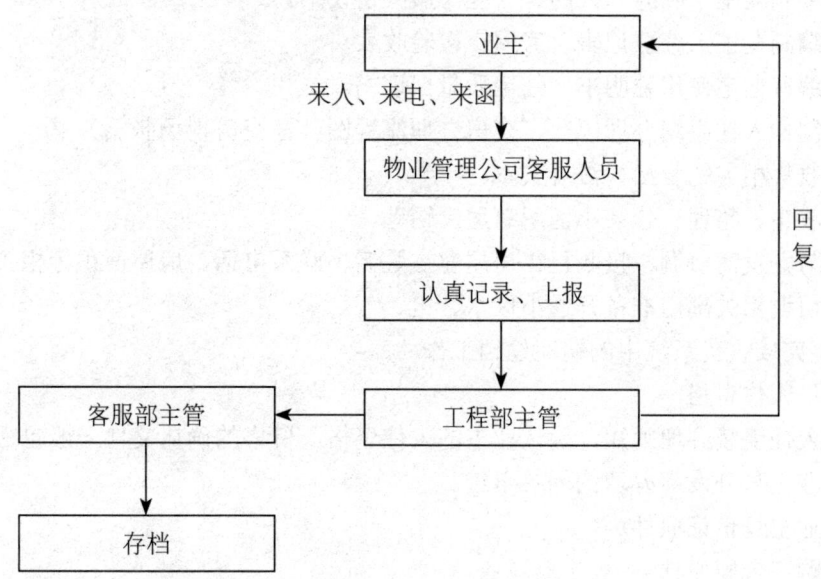

图 3-40 对装修工程投诉的处理流程

第四章 作业指导

一、业主入住作业指导

(一) 适用范围

适用于本公司所有物业项目业主的入住。

(二) 工作程序

1. 制订交房工作实施计划

(1) 与开发商协商,根据小区的具体情况,策划并制订详细、周密的交房工作实施计划,明确交房程序、职责范围和责任人等内容。

(2) 根据交房工作实施计划,对员工进行培训,使员工明确交房程序和各岗位的操作要领。

2. 入住资料准备

(1) 根据小区的实际情况和有关法律法规的要求编写物业使用手册(也称物业管理服务手册,主要包括一系列小区管理规章制度和业主须知等内容)。

(2) 编制业主(临时)公约、管理与服务协议书。

(3) 编制业主入住登记表、房屋交接验收表。

(4) 编写住宅使用说明书、住宅质量保证书。

(5) 制作入住手续办理须知、交房办理流程图(在交房现场张贴)。

(6) 收集相关物管法律法规文本。

(7) 收集、整理、分装小区所有房屋钥匙。

(8) 与开发商协调,接收已售房屋业主姓名、联系电话、房屋面积等相关资料。

(9) 协调相关部门准备开通小区水、电、气。

(10) 完成收费系统中的初期建档工作。

3. 验证入住资格

根据入住手续办理须知,确认业主的入住资格。资格的确认文件一般包括:

(1) 业主与开发商办理的相关手续。

(2) 业主身份证原件。

(3) 购房合同原件。

(4) 补充协议原件等。

4. 填写住户资料，签订有关文件
（1）将业主入住登记表交业主填写后收回，存档。
（2）业主签订业主（临时）公约、管理与服务协议书，均一式两份，业主和管理处各存一份。
5. 发放入住资料
（1）将以下资料装袋，交给住户。
① 物业使用手册（也称物业管理服务手册）。
② 业主（临时）公约、管理与服务协议书各一份。
③ 住宅使用说明书、住宅质量保证书。
④ 其他有关室内设施的使用说明书等。
（2）将以上资料内容记录在房屋交接验收表上。
6. 收取相关费用
（1）根据有关法规、管理与服务协议书等约定，收取物业管理费。
（2）收取水、电、气周转保证金。
7. 陪同业主验房
（1）陪同业主验收其所购房屋。
（2）请业主在房屋交接验收表上做好记录。
（3）如房屋有质量问题，则另附纸进行记录，并用工作函的形式书面通知开发商立即整改。
（4）整改完毕后，通知业主验房，并重复上述（1）～（3）项工作。
8. 钥匙移交
（1）验房完毕，如房屋没有质量问题，业主同意接房，则交房接待人员将房门钥匙逐把向业主移交。
（2）在房屋交接验收表的"钥匙领用记录"栏内进行记录。
（3）将业主房屋交接验收表收回存档。
（4）业主入住。
9. 资料归档
（1）对以上所形成的记录、表格等资料，及时收集整理。
（2）有序归档，便于检索与查阅。

二、装修管理作业指导

（一）适用范围

适用于本公司所有物业项目（住宅、写字楼、商业楼宇、厂房）的装修（业主或租客)。

(二) 工作程序

1. 装修申请

业主(或租客)装修住宅前,应向管理处提出申请,填写装修施工申请表,并提供装修单位的营业执照,资质证书,法定代表人、现场负责人的身份证复印件,以及装修施工方案和施工图纸。

2. 装修审批

(1) 一般装修。

① 一般装修是指不涉及改动结构、土建的装修项目,如安装雨棚、塑钢窗、木地板,粉刷墙面,贴地砖,安装吊顶、门套等。

② 各责任部门对装修施工申请表及其附件进行审核,不符合的,要求装修施工单位补齐;符合的,报管理处经理审批。

③ 管理处经理审核无异议的,予以批准。

(2) 大型装修。

① 大型装修是指工程量大,涉及土建、结构改动或全面装修的项目。

② 由当地房地产管理部门审批。

③ 当地房管部门同意装修的,各责任部门再根据本小区的具体情况进行符合性审核,包括对装修施工申请表及其附件的审核。符合要求的,报管理处经理审批。

④ 管理处经理审核无异议的,予以批准。

3. 签订协议

(1) 与业主和装修单位签订装修管理协议,同时告知其装修过程中的注意事项和禁止行为。

(2) 装修管理协议一式三份,三方当事人各持一份。

4. 收取相关费用

(1) 收费依据:住房和城乡建设部第110号令《住宅室内装饰装修管理办法》、成价费〔20××〕××号《关于贯彻实施××省物业服务收费管理细则意见的通知》、与业主签订的装修管理协议、其他口头协议等。

(2) 根据上述依据收取相关费用,包括"装修保证金"。

5. 办理相关证件

为装修人员办理施工人员出入证。

6. 装修现场巡检

(1) 每3日巡查一次装修现场,并将巡视情况记录在装修管理巡检表中。

(2) 若发现违规装修行为,应立即要求装修单位停止施工,并补办有关手续,或向业主委员会和当地房管部门报告。

7. 装修结果验收

（1）装修完工后，管理处会同业主和装修施工单位对装修房屋进行验收，主要检查有无违章装修、有无堵塞渗漏、有无损伤破坏等情况；如有，则要求业主和装修施工单位恢复原状或赔偿。

（2）将验收结果记录在装修结果验收表中。

8. 退还相关费用

验收合格后，为装修施工单位办理退还保证金事宜。

9. 资料归档

（1）对以上所形成的记录、表格等资料，及时收集整理。

（2）有序归档，便于检索与查阅。

三、受理客户请修作业指导

（一）适用范围

1. 中修

中修是指不到大修范围和程度，而小修又不能解决的单项修理。修理费用较高、工程量较大、修理周期较长的维修一般都列入中修的范围，如屋面局部漏水，个别楼层卫生间、厨房间、管道、马桶、面盆、水斗漏水，墙面损坏、渗水，上下水管道局部堵塞等。中修要进行预算、结算，完工后要进行验收，并需要有一定的审批手续。

2. 小修

小修是指修复小坏小损，以保持房屋完整程度的日常养护。私人住宅的小修包括表 4-1 所示的内容。

表 4-1 私人住宅的小修

类别	报修内容
电器方面	熔断丝、漏气开关、电源插座、灯头、灯座、灯泡、灯管、线路等故障需更换
给排水方面	（1）各种龙头失灵故障 （2）水闸渗油和损坏 （3）上下水管道堵塞不畅 （4）各种配件失灵和损坏 （5）上下水管漏水，水表故障
配套设备方面	（1）热水器的保养和维修（整机报废，业主自行购置或物业管理公司代购更换） （2）脱排油烟机的保养和维修（整机报废，业主自行购置或物业管理公司代购更换）

续表

类别	报修内容
门窗、小面积地板及内墙方面	（1）木质门窗和铝合金门窗的修理 （2）小面积木质地板的修理和更换 （3）少量面砖、地砖、瓷砖的更换 （4）修理、更换及开启各种门锁
其他日常修理服务	消防设施的报修，电表箱、电话箱、总水闸的报修，电子门的报修等

（二）工作程序

1. 维修服务接待

（1）业主亲自来报修。

业主前来申报维修服务项目时，服务接待人员应起立、微笑，主动说："您好，请问我能为您做些什么？"并填写"维修（服务）任务单"。

（2）电话报修。

业主电话申报维修服务项目时，电话响铃不能超过三次，接待人员要及时接听电话，并礼貌应答"您好，请问我能为您做些什么？"接待人员应边接听电话边做记录。电话结束时，业主说"再见"后，接待人员也要应答"再见"。

（3）区分维修内容的轻重缓急。

业主申报维修时，接待人员要根据业主的态度判断其所申报的项目是否为紧急项目。有些故障虽然不需要马上处理，但若业主强烈要求，也要尊重其意愿，立刻与维修部门联系处理；有的故障，如水管爆裂、夜晚开关熔丝烧断等，给业主的生活带来很大不便甚至损害，应立即与维修部门联系处理。在紧急情况下，申报人可能表达不清，这时，接待人员要用"别着急""别担心，我们会马上为您处理"等语言使其尽量平静下来，同时，做好记录。

（4）区分无偿维修与有偿维修。

一般情况下，管理处为业主提供的服务项目资料中会标明哪些项目属于无偿服务，哪些项目属于有偿服务。但业主往往记不住，所以，当业主申报时，接待人员应判断故障是否属于有偿维修项目，如果是，则应明确地将相关规定与价格向业主作出提示，得到业主的认可后，再商定具体的维修事宜。此环节中，可能会出现业主不认可，甚至责骂接待人员的情况，这时，接待人员应尽量不与业主发生任何正面冲突，而是始终保持平静的心态，耐心地劝导业主，直至问题得到圆满的解决。

2. 详细记录

（1）业主申报维修时，接待人员应按业主姓名、住址、联系电话、维修内容等逐项填写"客户请修登记表"，同时与客户约定上门检查及维修时间。

(2)在记录时,接待人员应复述以上全部内容,即使有些业主因情况紧急而耐心不足,接待人员也应尽量在最短的时间内复述这些信息,以免因遗漏而给后面的维修造成不便。

3. 通知工程部

客服主管在"客户请修流程单"中填好客户的请修信息后,应在最短的时间内将之转交给工程主管或工程主管指定的负责人(如班长),以便其及时安排修理。

4. 跟踪

(1)客服主管对比较复杂的维修要进行跟进、督促,并将"客户请修流程单"存档。

(2)客服主管按规定的时间及时进行回访,并将回访情况记录在"客户请修登记表"中相应栏内,请修回访率应达到30%以上。

四、收费管理作业指导

(一)适用范围

适用于本公司各物业管理处物管费(包括水、电、气费)的收取和催收。

(二)工作程序

1. 制作台账

(1)根据与业主签订的物业管理服务协议,对照每户业主的房屋面积,测算出每户业主应交纳的物业管理费。

(2)将每户业主应交的物管费(包括水、电、气费),输入计算机,同时形成书面台账。

(3)纳入物管范围的已竣工但尚未出售或因开发商原因未能按时交给业主的空房,物管费由开发商交纳。

(4)收取的费用应包括物管费和代收代缴的水、电、气费。

2. 发出收费通知

(1)收费通知应以书面形式,在小区醒目位置张贴。必要时可上门通知或电话通知。

(2)原则上每月10日开始收费,但不管何时,只要有业主来交费,都应该及时收取。

3. 上门收费

(1)每月20日,对于仍未交费的业主,收费员应上门收取。

(2)保安门岗发现业主回家后,应通知收费员上门收取。

(3)收费员上门收费时,应注意服务态度和礼仪,不得有抱怨情绪或冷漠的语言。

4. 发催收通知

(1)对未交费的业主及上门也未收到费用的业主,即欠费业主,应进行详细的统计。

（2）对欠费业主，采用书面通知、电话、信件、电子邮件、请人带话等方式发出催收通知。

5. 收费统计

（1）对收取的费用，必须按公司规定，每天存入公司指定的银行账户中。

（2）对收取的费用，应及时形成台账并进行统计；根据公司财务中心的要求，形成收费报表，每周至少一次上报公司财务中心。

（3）将业主的欠费情况，制成业主欠费情况月报表，每月30日向公司财务中心上报。

（4）每年一次向业主书面公布物业管理费的收支情况。

6. 继续催收欠费

（1）催收工作不应停顿，应持续进行。

（2）催收时应采取一切可能的方式通知业主，同时应注意服务态度、语言、礼仪等。

7. 资料归档

（1）对以上所形成的记录、表格等资料，应及时收集整理。

（2）有序归档，便于检索与查阅。

五、受理投诉作业指导

（一）适用范围

适用于本公司各物业项目业主投诉的受理。

（二）工作程序

1. 接待

（1）当业主投诉（包括电话投诉）时，接待人员要注意语气、态度、方式，不要让对方有不被尊重的感觉。

（2）接待人员应耐心、仔细倾听，严禁与业主发生辩论甚至争吵。

（3）对投诉问题有不明白的地方，一定要向业主详细询问，直到确认无误。

2. 记录

（1）在"业主投诉记录表"中做好投诉记录。

（2）若当时不能立即记录，事后应及时补记；不管何种情况，都应确保记录内容真实可靠、字迹清楚。

（3）核实投诉是有效投诉还是无效投诉，并在"业主投诉记录表"中做好记录。

3. 预约答复时间

如接待人员能当场解决，应及时解决；如不能当场解决，应向业主说明原委，并预约答复时间。

4. 解决投诉

（1）服务接待人员填写内部通知，正页交责任部门负责人或相关人员，存根由服务接待人员留存。

（2）责任部门负责人立即处理业主投诉的问题，并及时回复业主；同时告知服务接待人员。

（3）如责任部门不能解决业主投诉的问题，应立即向管理处经理汇报，由管理处经理协调解决，并由指定人员或管理处经理向业主回复；同时告知服务接待人员。

（4）如管理处经理不能解决业主投诉的问题，则应立即向公司分管领导汇报，由公司分管领导组织解决，并由指定人员或分管领导向业主回复；同时告知服务接待人员。

（5）责任部门、管理处、公司相关人员处理完投诉问题并回复业主后，服务接待人员应对业主进行回访，并将回访情况记录在"业主投诉记录表"中。

5. 资料归档

（1）对以上所形成的记录、表格等资料，应及时收集整理。

（2）有序归档，便于检索与查阅。

六、客户放行条办理作业指导

（一）适用范围

公司所管理小区的客户搬出与搬入，如客户搬家、搬运部分大件物品、装修单位搬运机具、外来维修单位搬运工具等，均应办理放行条。

（二）工作程序

1. 客户搬出放行条

（1）若客户将物品搬出小区，需到管理处客户服务中心办理手续。客服中心主管核对客户身份，并记录客户身份证号码。若不能确定客户身份，需有业主的书面说明，或与业主联系征得同意。客服中心主管填写"客户搬出（入）登记表"，开具"放行条"，并通知安管员。

（2）若客户迁出小区，需提前到管理处客户服务中心办理手续，客服中心主管应核对客户姓名，记录客户身份证号码，仔细检查客户管理费、水电费、车位使用费等费用是否交清。如果是租户迁出，应提供业主同意搬家的证明；如果不能提供，可由客服中心主管与业主联系征得同意。客服中心主管填写"客户搬出（入）登记表"，签署搬出"放行条"，并通知安管员放行。

2. 客户迁入放行条

（1）客户迁入时，若为业主，应到客户服务中心办理相关手续，由客户服务中心开具搬入"放行条"；若为租户，则应持业主出具的证明，到客户服务中心办理相关手续，由客户服务中心开具搬入"放行条"。同时，客服中心主管应填写"客户搬出（入）登记表"。

（2）客户搬入时，安管员查验"放行条"后放行。

3. 装修单位、外来作业单位搬运

装修单位、外来作业单位搬运机具时，客户服务中心应核实装修或作业地址，记录搬运人身份证号码后，开具"放行条"。

（三）注意事项

为客户办理搬出（入）放行条时，要提醒客户避开电梯使用高峰期；尽量不占用消防通道停车，实在无法避免的，停车不得超过30分钟；应保持环境卫生，爱护公共财产，损坏公共设备要照价赔偿。

七、车位租赁业务作业指导

（一）适用范围

适用于本公司各物业项目的停车位租赁业务。

（二）工作程序

1. 固定车位的租用

（1）审核资料。

客户携带以下资料及复印件到管理处申请租用车位，客户服务中心要对其提供的资料认真审核。

① 客户行驶证、驾驶证复印件（与原件核对）。

② 车辆综合保险单复印件（与原件核对）。

③ 购房合同书或产权证明。

④ 客户联系电话、通信地址等。

（2）签订租赁合同。

检查以上资料后，请客户阅读固定车位租赁合同书，当客户无异议后，由管理处经理和客户签订合同，合同一式两份，管理处、客户各一份。

（3）收取车位使用费，发卡。

① 合同签订后，引导客户到管理处收费处交纳车位使用费，通常要求客户一次至少交纳3个月的车位使用费。

② 客户交费后，给其发放车辆出入IC卡。

（4）合同解除。

客户提前解除租赁合同并要求退款时，由车主提出书面申请，管理处签署意见，交公司领导批准后,客户凭发票到公司财务稽核部门办理退款手续,管理处收回租赁合同及IC卡。

2. 非固定车位的租赁

客户带相应的资料(与固定车位租赁的资料相同)到管理处申请租用车位,客户服务中心查验资料后,由收款员向客户收取车位租用费,然后发放IC卡。

八、用户水牌制作服务指导

(一)适用范围

适用于本公司所管辖的写字楼用户的水牌、招牌制作。

(二)工作程序

(1)用户到客服中心填写"制作水牌申请表",加盖公章,并出示营业执照副本或外企常驻代表机构登记证、社团法人登记证等政府部门核发的有效证件。

(2)客服中心核对"制作水牌申请表"上名称、地址与有效证件相符后即受理申请;如不相符,将资料退回用户。

(3)用户到收费处按收费标准交费。

(4)客服中心安排水牌制作商制作水牌。

(5)收到制作完成的水牌,与资料核对正确后安装。

九、为业主或用户出具场地证明作业指导

(一)适用范围

为本公司所管辖物业的业主或用户出具场地证明。

(二)工作程序

(1)业主或用户申请办理场地证明时,客户服务中心首先要核实申请人的身份是否为业主或业主授权的代理人,最好要求其出示产权证明;如果是代理人,要有业主签名的授权书。

(2)申请人应提交书面的申请书,向管理处说明办理场地证明的原因,申请书上要有业主或代理人的签名。

(3)服务中心填写业主证明并附上申请书,呈责任主管审批。

(4)责任主管批准后,为其出具证明。

(5)证明文件原件交业主签收,复印件连同申请书存入用户档案。

十、用户租借会议室作业指导

（一）适用范围

适用于本公司所管辖物业（写字楼、商业楼宇）内会议室的租借服务。

（二）工作程序

1. 用户资格审核

会议室通常提供给本物业内用户开展员工培训、召开会议等，不允许用户开展传销、产品买卖等活动。

2. 办理程序

（1）用户填写临时租借会议室申请表，并加盖公章。

（2）客服中心收到申请后，将申请呈递给责任人员审批，通常使用人数100人以下，由客服中心主管审批；100人以上，由保安部审批。

（3）申请获得批准以后，由客服中心通知用户到收费处交费。

（4）通知保安部、保洁部等职能部门，在会议室借用期间，做好服务工作。

（5）派专人负责会议现场管理，指引用户按指定通道进出会议室，并阻止违反会议室使用规定及物业规章的与会者进入。

十一、住户IC卡办理作业指导

（一）适用范围

适用于本公司所管辖物业的住户IC卡业务的办理。

（二）工作程序

1. IC卡管理原则

（1）住户IC卡只为本小区的业主及经业主确认的其他常住人员办理。

（2）IC卡可由业主亲自办理，也可由委托人凭业主的书面委托办理。

（3）IC卡是住户进入小区的身份识别，只限本人使用，不得转借。

2. 申办IC卡

业主第一次申办IC卡时，需提供身份证复印件、1寸彩照2张。

3. 取卡

业主领卡时需在"领卡登记表"上签字确认，并注明日期。

4. 门禁IC卡授权登录

（1）业主来管理处办理IC卡时，客服中心首先查看业主资料，并请业主在"IC

卡领用记录"上签名确认。

（2）如业主将卡丢失需重新办卡，应交纳卡费并签字确认。

（3）客服人员进入门禁一卡通系统，刷读IC卡。

（4）选择开门卡类，设置时间（有效期一般是两年），输入业主姓名及有效门禁号。

（5）选择所需的门禁编码，然后按确认键，授权IC卡。

（6）进入IC卡检测系统，刷读已授权IC卡，核对IC卡内容，无误后按确认键。

十二、办理货梯使用手续作业指导

（一）适用范围

适用于本公司所管辖物业用户因装修或搬运大件物品需较长时间使用货梯的管理。

（二）工作程序

1. 办理货梯使用手续

（1）用户填写"货梯使用申请表"。若搬出大件物品，用户还需要办理物品放行手续。

（2）客服主管审批。在用梯高峰期，一般不允许使用专用货梯。

（3）将申请表复印两份。原件由用户转交管理员开梯；复印件一份交管理部，一份由客服中心存入客户档案。

2. 货梯使用的监管

（1）电梯的使用。

① 不得运送危险物品、超长物品（2米以上），也不得超载（1000千克以上）。

② 运送液体货物时需用容器装好，以防泄漏。

③ 粉状货物需用密封袋装好，以防外泄。

④ 尖锐物品应包装好，以免刮划电梯。

（2）用完后的验收。

电梯使用完后，由管理员验收。若发现用户在使用过程中损坏电梯，需视损坏程度要求用户进行相应的赔偿。

十三、拾遗或遗失物品作业指导

（一）适用范围

适用于本公司所管辖物业的业主及员工拾遗或遗失物品的办理。

（二）工作程序

1. 用户报失

（1）接用户报失后，客服人员详细记录报失用户姓名、房号、电话，遗失物品日期、时间、地点及失物的名称、款式、型号等资料，并转交巡楼保安协助查找。

（2）如找回失物，通知用户到客服中心办理认领手续；如失物未能找回，要回复用户。

2. 拾遗上报

（1）如有人上报拾遗物品时，应先将拾遗人的姓名、联系电话、物品名称、拾遗日期等内容填写在"失物移交记录表"上，连同失物一起保存。

（2）制作"失物招领启事"，张贴于各公告栏上。

（3）失主来认领时，应审核其有效身份证明，并请失主描述所遗失物品的情况（遗失日期及时间、地点），以确保失物不被冒领。失主领回物品时，应在"失物认领表"上签字。

十四、客户意见征询作业指导

（一）适用范围

征询的内容有治安、车辆、清洁、绿化、公共设备设施、社区文化活动、便民服务等，管理处可视实际情况选择每次征询的主题（内容）。

（二）工作程序

1. 制作意见征询表

（1）针对小区全体业主，每年至少进行一次书面意见征询。

（2）根据小区的具体情况，自行设计制作符合本小区实际情况的意见征询表。

2. 发放意见征询表

（1）根据管理处的统一安排，服务人员负责向小区全体业主发放意见征询表。发放率不应低于全小区常住户的80%。

（2）如小区是划片管理的，各片区管理人员负责本片区意见征询表的发放。

3. 回收意见征询表

（1）工作人员负责在规定的时间内回收意见征询表。

（2）在回收意见征询表的过程中，工作人员应主动、积极，想方设法提高回收率。回收率不应低于80%。

4. 统计意见征询表

（1）由管理处经理指定专人，对回收的意见征询表进行统计。

（2）将统计结果填写在意见征询情况统计表中。

5. 公布统计结果

（1）将意见征询情况统计表加盖管理处公章后，在小区内的主要、醒目位置张贴。

（2）在公布统计结果的同时，本次意见征询中业主所提的主要问题以及管理处采取的整改措施等，也一并公布。

（3）对无法或暂不能进行整改的问题，应向业主作出合法、合理的说明和解释，也一并公布。

6. 业主意见整理

（1）由管理处经理指定专人，对意见征询表上业主提出的意见进行分类、汇总、整理。

（2）形成"业主意见汇总"书面材料。

7. 问题整改

（1）根据"业主意见汇总"书面材料，明确责任部门和责任人，制定可行的整改措施。

（2）组织人员，根据整改措施对业主提出的问题进行整改。

8. 书面答复整改结果

（1）整改完毕后，用书面形式向小区全体业主答复整改结果（在小区内主要、醒目位置张贴）。

（2）对需要较长时间才能整改完毕的问题，应在答复材料中向业主予以说明。

9. 资料归档

（1）对以上所形成的记录、表格等资料，应及时收集整理。

（2）有序归档，便于检索，方便查阅。

十五、客户回访作业指导

（一）适用范围

回访内容主要包括水、电、暖、气等生活设施的使用及管理，以及卫生管理、绿化管理、公共设施管理、维修质量、服务态度等方面的问题。

（二）工作程序

1. 关于投诉的回访

（1）回访时应虚心听取意见，诚恳接受批评，采纳合理化建议，做好回访记录。回访记录由专人负责保管。

（2）回访中，如对业主的问题不能当即答复，应预约回复时间。

（3）回访后，对业主反馈的意见、要求、建议，应及时整理，快速作出反应并妥善解决，重大问题应向上级部门请示。对业主反映的问题，要做到件件有着落、事事有回音，回访处理率应达到100%，投诉率力争控制在1%以下。

（4）对于业主投诉，必须做到100%回访，必要时可进行多次回访，直至业主满意。

2. 关于维修的回访

（1）确定维修回访内容。

① 实地查看维修项目。

② 向在维修现场的业主了解维修人员的服务情况。

③ 征询改进意见。

④ 核对收费情况。

⑤ 请被回访人签名。

（2）确定回访的时间。

① 对危及业主生命、财产安全的问题，如天花批荡层掉落、墙裂缝严重、灯罩松动、橱柜松动、倾斜、电器外壳带电等，马上给予解决。处理后，一周内回访一次；并视情节轻重采取不断跟踪回访。

② 房内墙角、天花出现渗水现象，在接到通知后，马上到现场查明原因，并在两日内处理解决，维修后第二天回访一次。如是雨水造成的渗水，在下雨后马上进行回访。

③ 洗菜盆、洗脸盆、坐厕及其他管道堵塞或漏水，当日予以解决，次日回访。

④ 电视机、录像机、电冰箱、电烤箱等家电出现问题时，当天予以检查。如属简单维修，如插头断了或接触不良，在维修后的第二天回访一次。

⑤ 若电视收视效果差，应马上与有关单位联系，两日内予以解决，次日回访。

⑥ 若房内墙出现裂缝，但不危及生命或影响正常生活，可与有关单位联系，3日内予以解决，5日内回访一次，1个月内回访第二次。

（3）回访问题处理。

一般而言，对回访中发现的问题，应在24小时内书面通知维修人员进行整改。

3. 告别

回访结束出门时，要带好自己的随身物品，如公文包、资料等。告别语一定要适当并简练，千万不要在临出门时又引出新的话题。

十六、业主/住户资料整理作业指导

（一）适用范围

适用于业主原始资料、小区住户资料等的管理。

（二）工作程序

1. 业主原始资料

（1）客户服务中心在办理业主入伙手续后，应及时整理业主资料，包括业主的身份证复印件、业主的印鉴或签名样式、业主委托的管理房屋事务的代理人印鉴或签名的样式、业主的照片、业主的联系电话和地址等。

（2）客户服务中心应将入伙后的业主资料填入业主登记表，包括房屋单位号、业主的姓名、身份证号码、联系地址、联系电话、是否委托代理人等。

（3）客户服务中心在整理完业主的原始资料后，应及时将业主资料交管理处办公室存档。

（4）房屋变更业主，新业主办理入伙手续时，客户服务中心应收集新业主资料并更新业主登记表。原业主档案需保存5年。

2. 小区住户资料

（1）客户服务中心在办理租户入住手续时，应要求业主和租户提供本人及同住人员的1寸照片2张，并填写住户成员登记表，尤其要如实填写最新的联系地址、联系电话、紧急情况联络人的联系电话和地址。

（2）客户服务中心在业主和租户填写完住户成员登记表后，应将住户的联系资料填入住户联系清单，内容为房屋单位号、住户姓名、身份证号码、联系地址、联系电话、紧急情况联络人的电话和地址。

（3）客户服务中心每月整理住户资料后，及时存档。

（4）房屋变更住户的，客户服务中心收集新住户资料，并更新住户登记表。

（5）保安部如需要住户资料，客户服务中心可以向其提供一份住户联系清单，该份清单中不应有住户的联系电话和地址。

3. 业主/住户资料更新

（1）为保证管理处在紧急情况下能够及时联系到业主和住户，客户服务中心应定期联系业主、住户，更新联系资料。

（2）对于不在小区居住的业主，客户服务中心应每隔一个月通过电话联系业主，询问其联系方式是否变更。

（3）对于居住在小区的业主和住户，客户服务中心应每隔半个月联系一次，询问其联系方式是否变更。

（4）对于业主或住户联系方式发生变更的，客户服务中心应及时更新业主/住户登记表。

4. 业主/住户资料的保密

客户服务中心及各部门应采取可靠措施保证业主资料的安全，除政府执法部门依法调取使用外，绝不向任何装修公司、供应商及商业机构泄露业主资料。

十七、装修费收取作业指导

（一）适用范围

适用于装修费的收取。

（二）工作程序

1. 收取装修费

（1）在向业主收取装修费前，一定要向业主出示经批准的装修审批表以及装修审批负责人的签名及盖章。收款时要先收款、后开收据，并且在填写收据时，一定要问清交款人的名称，并注明单元号。

（2）公司收取的装修费包括装修押金、垃圾清运费，各项费用必须分别开单。

（3）装修押金按装修协议书的规定收取，装修公司和业主各自交纳装修押金（商铺、写字楼的装修押金，由管理处和装修人另行商定）。

2. 装修押金退还

（1）首先要经装修负责人验收合格，即装修押金单背面必须要有装修负责人的签名及"验收合格，同意退款"等字样。退款后要督促装修负责人在装修申请表中"验收情况"一栏内签名。

（2）要在装修办证登记本上找到该退款单位、业主，要求退款人将登记本上记录的出入证及装修许可证全部退回，同时还要检查：

① 装修违规登记本上有无违规事项。

② 装修档案袋内资料是否齐全。

——营业执照、资质证书全部加盖公章。

——装修合同最后一页加盖公章。

——施工平面图。

——三表（装修申请表、承诺书、防火责任书）有业主及施工负责人签名。

如果出入证没有全部退回，每证应扣除一定押金，同时告知退款人，找到出入证时，可凭出入证与押金条退款。

（3）在装修押金登记本上查找业主交款记录，确认没有退款，然后在记录表格内填写退款金额、退款日期。

（4）退还装修押金后，经办人要在装修押金登记表上登记，同时在该户档案袋内的装修申请表上签名并登记退款情况。

第五章　管理制度

一、客户服务中心工作人员服务规范

（一）目的

为规范管理处客户服务中心员工的服务工作，树立公司良好的服务形象，为顾客提供优质的服务，特制定本规范。

（二）职责

（1）管理处经理监督、考核员工的服务工作。

（2）管理处经理、客服主管负责客户服务中心员工的培训。

（3）客户服务中心员工按照本规范开展服务工作。

（三）服务规范

1. 仪容、仪表规范

（1）仪表。

① 着装干净整齐，上班必须穿着工装、佩戴号牌。

② 工装纽扣齐全扣好，工号牌戴在统一的位置。

③ 女士穿裙子时，应穿肉色袜子，禁止穿短于裙子下摆的袜子。

④ 男士应系领带，将衬衣下摆扎在裤子里，着黑色、咖啡色皮鞋，皮鞋应保持光亮，禁止穿运动鞋、拖鞋。禁止敞胸露怀、衣冠不整，禁止将衣袖、裤子卷起。

（2）仪容。

① 女士上班必须化淡妆，始终保持手的清洁，禁止留长指甲，禁止涂有色指甲油，禁止浓妆艳抹。

② 禁止将头发染成彩色，应保持头发整洁，梳理整齐。女士要将头发盘成发髻扎在脑后，不得披头散发。男士严禁留长头发、留胡须，应定期理发，头发不要遮住脸。

③ 保持个人卫生，早晚要刷牙，饭后要漱口，勤洗澡、防汗臭。

④ 男士禁止戴首饰；女士可戴深色头饰，禁止戴耳环、项链、手镯、手链、脚链。

（3）礼节。

① 精神饱满，热情投入工作，切忌面孔冷漠、表情呆板。

② 面对客户询问时，要聚精会神，注意倾听，切忌无精打采、漫不经心。

③ 不卑不亢，坦诚待客，切忌唯唯诺诺、过分热情。

④ 神色坦然，轻松自然，切忌双眉紧锁、满面愁容。

2. 仪态规范

（1）站姿。站立端正、挺胸收腹、面带微笑，双手在体前交叉或采取背手式；站立时脚呈V字形，脚跟之间距离不超过8厘米，双脚与肩同宽；手禁止叉腰、插兜、抱胸。

（2）坐姿。就座时姿态要端正，入座要轻缓，上身要直，重心垂直向下，腰部挺起、手自然放在双膝上，双膝并拢；目光平视，面带微笑。就座时禁止以下几种姿势：坐在椅上前俯后仰、摇腿跷脚，双手抱胸前，跷二郎腿或半躺半坐，趴在工作台上，晃动桌椅发出声音。

（3）行走。行走轻稳，昂首挺胸，收腹，肩要平，身要直，女士走一字步（双脚走一条线，不迈大步），男士双脚走两条线（横向距离3厘米左右）；禁止摇晃身体、摇头晃脑，禁止与他人拉手、搂腰搭背、奔跑、跳跃。

（4）手势。为客户指引方向时，手臂伸直，手指自然并拢，手掌向上，以肘关节为轴，指向目标，同时眼睛看着目标并兼顾对方。

（5）举止。举止要端正得体，迎客时走在前，送客时走在后，客过让路，同行不抢道。

（6）点头鞠躬。当有客户走到面前时，应主动起立，点头问好，点头时目光要看着客户的面部；当客户离去时，应起身，身体要微微前倾（鞠躬状），并使用敬语告别。

3. 基本礼貌用语

（1）常用礼貌词：请、您、谢谢、对不起、请原谅、没关系、别客气、您早、您好、再见。

（2）称呼语：小姐、夫人、太太、女士、阿姨、大姐、先生。

（3）欢迎语：您来了、欢迎光临。

（4）问候语：您好、早上好、早安、晚安、下午好、晚上好。

（5）祝贺语：节日愉快、新年快乐、生日快乐。

（6）道歉语：对不起、请原谅、打扰了、失礼了。

（7）告别语：再见、欢迎下次光临、晚安、明天见。

（8）应答语：是的、好的、我明白了、谢谢您的好意、不客气、没关系、这是我应该做的。

（9）征询语：我能为您做什么吗？请您……好吗？您需要……

（10）电话敬语：您、您好、请、劳驾、麻烦您、多谢您、可否、是否、能否代劳、有劳、效劳、拜托、谢谢、请稍候、对不起、再见。

4. 对客服务用语

（1）遇到客户要面带微笑，站立服务。当距离客户3米左右时，应先主动开口问候，称呼要得当，问候语要简单、亲切、热情。对于熟悉的客户，要称呼其姓氏。

（2）与客户对话时宜保持1米左右的距离，要使用礼貌用语。

（3）与客户谈话时，不要有任何不耐烦的表情，要停下手中的工作，眼望着对方，面带笑容，要有回应。不要心不在焉、左顾右盼、漫不经心、不理不睬，对没听清楚的地方要礼貌地请客户重复一遍。

（4）与客户对话时，态度要和蔼，语言要亲切，声调要自然、清晰、柔和，音量要适中，答话要迅速、明确。

（5）对于客户的询问，应明确回答，若遇自己不清楚或不知道的事情，应查找有关资料或请示上级，尽量答复客户，绝不能回复"不知道""不清楚"。回答问题要负责，不能不懂装懂、模棱两可、胡乱作答。

（6）当客户需要我们提供服务时，我们要从言语中体现出乐意为客户服务，不要表现出厌烦、冷漠、无关痛痒的神态。

（7）当客户提出的某项服务我们一时满足不了时，应主动向客户讲清原因，并向客户表示歉意，同时要给客户一个解决问题的建议。

（8）在原则性、较敏感的问题上，态度要明确，但说话方式要婉转灵活，既不能违反公司规定，也要维护客户的自尊心。切忌使用质问式、怀疑式、命令式、顶牛式的说话方式，杜绝蔑视、嘲笑、否定、斗气等语言，要用询问、请求、商量、解释的说话方式，如：

① 询问式，"请问……"

② 请求式，"请您协助我们……"

③ 商量式，"……您看这样好不好？"

④ 解释式，"这种情况，有关规定是……"

（9）打扰客户或请求客户协助时，要表示歉意。对客户的帮助或协助（如交钱后、登记后、配合我们工作后）要表示感谢。接过客户的东西时要表示感谢（如钱、卡、证件等）。客户对我们表示感谢时，我们要回答"请别客气"。

（10）与客户对话时，如遇另一客户来访，应点头示意打招呼，或请新客户稍候，不能视而不见、无所表示，冷落新来客户；同时应尽快结束谈话，招呼新来客户，如让新来客户等候时间较长，应向客户表示歉意。

5. 接待与送别规范

（1）接待业主。

① 客户服务中心人员按工作要求做好接待准备工作。

② 当业主进入客户服务中心时，所有暂时无工作的人员都应起立，向业主问候致意；有工作的人员则可点头微笑致意。

③ 业主走向谁的工作台，就由谁负责接待该业主，工作人员要主动询问业主有何服务需求，并按服务程序和规定办理。

（2）送别业主。

① 当服务完毕，业主要离开时，负责接待该业主的人员要礼貌道别，当该业主走出客户服务中心大门后方可坐下。

② 所有暂无工作的人员都应起立相送；有工作的人员则可点头微笑送别。

二、管理处档案管理制度

（一）目的

文书档案是管理处在社会活动中形成的，能反映管理处一定时期、一定方面重要情况的历史记录。

（二）职责

管理处文书档案的主管部门为客服中心，主管人员为客服主管。

（三）管理处文书档案的范围

（1）公司有关方针、政策的文件材料。

（2）与管理处工作密切相关的其他部门的文件材料。

（3）管理处办公会议及重要会议的记录。

（4）管理处关于整体工作或某项重要工作的规划、计划、安排、指示、决定、总结、汇报等文件资料。

（5）管理处关于机构变更、印章使用、管理人员任免、员工奖惩的文件资料。

（6）新闻媒体刊载、播放的反映管理处情况的材料。

（7）其他有利用价值的各类资料。

（四）资料收集整理

（1）报刊应收集整份，尽量不要剪裁，并留有复印件。

（2）对收集到的档案资料，要逐件确定保存价值、保存期限及需要补充的相关资料。

（3）对档案资料在经过鉴定的基础上，进一步进行整理，即进行基本的分类、组合、排列和编目。

（4）管理处文书档案采取"年度—组织—保管期限"法分类。

（5）卷内文件先按作者划分，再按文件的形成时间排序。卷内目录按预设项目逐项填写,附于卷内文件前面。

(6)卷内文件经有机组合和系统排列后,要按每份文件在卷内的顺序页码编写张号,即卷内文件除空白纸外,载有图文信息的正反面每页均依次编一个张号。左侧装订的案卷,张号标注在每页的右上角;上部装订的案卷,张号标注在每页的下方中间。

(7)装订之前,要将文件上的订书钉、回形针等铁物全部拆除,以免锈蚀案卷。

(8)流程。

资料整理流程如图 5-1 所示。

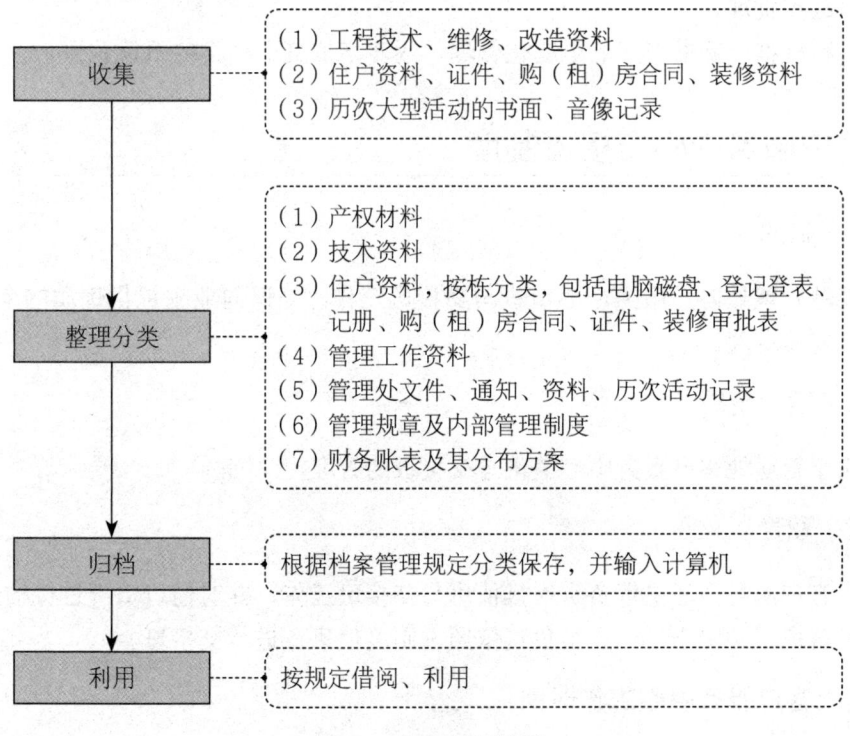

图 5-1　资料整理流程

(五)资料的保存

(1)防火、防光。保管档案的柜子要远离火源,附近要备有灭火设施,要避免阳光直射。

(2)防潮、防霉。要采取措施,控制好档案存放环境的温度和湿度,保持通风。

(3)防尘、防虫。档案存放要相对密封,要防止和抑制害虫的繁殖和滋生。

(4)以录音带、录像带、U盘、移动硬盘为保管载体的档案还要注意防磁,只允许使用木制的柜子存放。照片保管要防潮,要收集底片并附样照。

(5)档案案卷摆放采取年度排列方式,即以年度流水编号,按年度次序排列。

（6）客服中心积极提供文书档案为管理处的经营管理和生存发展服务，文书档案的主要利用方式是：

① 查阅。在保管档案的室内阅读档案，但不准转抄。

② 借阅。将档案借走要有严格的签字手续，并限定归还日期。

③ 复制。复制档案的副本或摘录资料要在客服主管的监督下进行，重要的复制件视同正本。

④ 咨询。由客服主管查阅档案后，回答询问者。

（7）文书档案属于管理处机密，无论采取何种方式利用文书档案，都必须事先经过管理处经理批准。

（8）积极推行文书档案的电脑化管理，逐步增加文书档案的机读载体。

三、客户服务中心交接班制度

（一）目的

为规范管理处客户服务中心值班与交接班工作，确保向业主提供优质的全天候服务，特制定本制度。

（二）适用范围

适用于管理处客户服务中心值班与交接班的管理。

（三）职责

（1）客户服务中心主管负责安排值班与交接班工作，并对值班情况进行抽查。

（2）客户服务中心工作人员负责依照本制度值班及进行交接班。

（四）客户服务中心工作时间

正常的工作时间为每日7：30～18：00。

（五）客户服务中心交接班程序

（1）接班。

① 接班人员提前10分钟到客户服务中心进行岗位交接。

② 接班人员清点岗位上所有公物，如对讲机、电话机、电脑等，如发现缺损，立即要求交班人员说明物品去向，并做好记录。

③ 认真查阅上一班值班记录，询问上一班工作完成情况，如有需要继续跟进的工作，应做好记录。

④ 检查该区域有无异常情况，如有，则要求交班人员作出解释，并做好记录。

⑤ 交接双方确认无误后，在上一班值班记录本上签名。

（2）交班。

① 交班人员在交班前15分钟将公物有序摆放，确保桌椅干净无灰尘、无杂物。

② 认真做好值班记录，收集整理相关的工作证据。

③ 将未完成的工作如实向接班人员交代清楚。

④ 互相签名后，方可离岗。

⑤ 一般情况下，交班人员应将本班的工作处理完毕后再交班，重要的工作未处理完毕，不允许下班。

（3）接班人员验收时发现的问题，由交班人承担责任；交接过程中发生的问题，由交接班双方承担；交接完毕，接班人签字认可后发生的问题，由接班人承担责任。

（4）接班人未到岗，或虽已到岗但未办完交接手续，交班人不得下班。否则，在此期间发生的问题由交班人负责。

（5）客服主管每天上班时检查值班记录并签名确认，值班人员应主动向主管汇报值班工作情况。

四、钥匙管理制度

（一）目的

为规范物业钥匙的管理，确保物业安全，特制定本制度。

（二）适用范围

适用于物业范围内钥匙的管理。

（三）管理规定

1. 钥匙的统计

（1）业主入伙前，所有钥匙要经过维修班的查验。

（2）钥匙查验后，客户服务中心与维修班进行交接，清点数量并做好标识和记录，然后由双方签字。

2. 钥匙的保管

（1）将所有钥匙根据楼号分别存放，并制作相应的统计表。

（2）对交接时错误、缺少、损坏的钥匙应及时督促施工单位整改。

3. 钥匙的发放

（1）入伙时，客户服务中心人员应在入伙资料及各种钥匙签收表上注明时间、数量，并由业主签字。

（2）未发放的钥匙由钥匙管理员每月进行一次清点，确认与统计表上剩余的钥匙是否一致。

4. 钥匙的借用

（1）借用钥匙时，客户服务中心人员应在借用钥匙登记表上填写借用钥匙的具体时间、钥匙号、经手人的姓名。

（2）借用钥匙人应根据身份分别在"物业""开发商及施工单位"栏内签字，并填写联系电话。

（3）借出的钥匙应当天归还，若确实有特殊原因当日无法归还的，应查清原因。

（4）钥匙归还以后，应在借用钥匙登记表上注明归还时间。

（5）对业主已经领走、因维修又送还的钥匙，应在暂存钥匙登记表上登记，施工单位维修好后，应及时通知业主领走，并由业主在暂存钥匙登记表上签字。

五、小区文化建设管理办法

（一）目的

为规范社区文化活动的组织与实施工作，引导小区业主/物业使用人参与健康向上的群众文化活动，加强社区精神文明建设，增强管理处与用户的有效沟通，推动小区的物业管理，特制定本办法。

（二）适用范围

适用于管理处社区活动的组织与实施工作。

（三）职责

（1）公司领导负责审批社区文化活动计划和费用预算。

（2）管理处经理负责批准社区文化活动计划，并组织、监控、实施。

（3）管理处客户服务部负责制订和具体实施社区文化活动计划。

（4）管理处各部门配合客户服务部开展社区文化活动。

（四）程序要点

1. 社区文化活动计划与实施方案的制定

（1）客户服务部根据小区业主的意见和兴趣、爱好，结合社区文化活动设施情况，于每年年底制订第二年度的活动计划，或者于每年年中调整年度活动计划。

（2）客户服务部在每次重大活动前需制定文化活动实施方案。

（3）实施方案应包括以下几个方面。

① 举办文化活动的目的。
② 开展文化活动的项目与活动方式。
③ 需要配置文化活动设施的情况。
④ 开展文化活动所需经费的预算。
⑤ 文化活动的组织及实施方案。
（4）年度文化活动计划应经管理处经理审核后，报公司领导批准。

2. 社区文化活动开展要领

（1）客户服务部根据审批的文化活动计划于每次活动前半个月制定出详细的活动组织方案及相关物品采购计划，呈报管理处经理批准。

（2）管理处经理应召集各部门主管讨论文化活动组织方案的可行性、奖品设置情况及活动经费的落实情况。

（3）管理处经理还应提前10天组织有关人员召开筹备会议，落实文化活动的具体事宜，如各类比赛的裁判工作会议、文艺演出活动的主持人会议等。

（4）客户服务部应提前一个星期将举办文化活动的通知以海报等形式张贴在小区信息公告栏、宣传栏内，对于重要文化活动，应做到每户均通知到。

（5）客户服务部应提前一个星期做好以下准备工作。
① 文化活动场地准备。
② 奖品及所需物品准备。
③ 组织人员分工准备。
④ 活动场地所需设施设备的准备。

（6）文化活动举办当天，管理处人员应调整好班次，相关组织人员应进入活动场地进行现场布置。

（7）在整个文化活动组织与进行中，管理处经理必须亲自抓好各项工作，以确保活动的质量。

3. 举办社区文化活动的注意事项

（1）举办各类文化活动必须选定有经验、活动能力强的主持人。

（2）社区文化活动一般安排在周六、周日或重大节日来临前两天举办。

（3）安全管理部主管应制定详细的人员疏散方案，并亲临现场具体落实。

（4）工程部主管应确保活动场地的设施设备良好，并制定应急方案与处理措施。

（5）开展文化活动时应做好防火、防盗、防打架斗殴或其他治安防范工作。

（6）文化活动一般在晚上10：00以前结束，以不影响小区住户正常休息为原则。

（7）应确保社区内举办的各项文化活动内容健康、积极、勤俭，有益于用户身心健康。

4. 社区文化活动总结

（1）客户服务部应在每次文化活动结束后及时做好本次文化活动的总结工作，找出存在的缺点与不足之处，并填写相关记录。

（2）以上活动总结报告及相关记录表格应及时上报给管理处经理，作为对客户服务部及员工进行绩效考评的依据之一。

（3）客户服务部应将每次社区文化活动的相关资料及记录进行整理、分类和归档。

六、投诉接待、处理、回访制度

（一）目的

为加强管理处与业主/物业使用人的联系，及时为客户排忧解难，把管理工作置于客户监督之下，并集思广益，及时总结经验、教训，不断改进管理，提高服务质量，特建立本制度。

（二）适用范围

适用于接待、处理、回访业主/物业使用人的投诉。

（三）管理规定

1. 投诉接待工作

（1）投诉接待工作由客服部负责，管理处在大堂及值班室设置投诉接待场所，并向全体业主公布投诉电话。

（2）任何管理人员在遇到客户投诉时，都应给予热情接待，主动询问，耐心、细致地做好解释工作，当客户对小区的规章制度不理解时，要晓之以理，动之以情，让客户理解并支持管理处的工作。

（3）对客户投诉的问题，接待人员应及时进行记录，并在当天进行调查、核实，然后将处理结果汇报给管理处经理；不能解决的，要将问题和意见向管理处经理汇报，由经理确定处理办法。

（4）当客户主动提出合理化建议时，接待人员要详细、认真地做好记录，并及时向经理汇报，由经理决定整改计划。

（5）责任部门在处理客户投诉时，要热诚、主动、及时，要坚持原则、突出服务；不得推卸责任、为难客户或乘机索取好处；处理完毕后，应将结果回复客户和管理处经理，做到事事有着落、件件有回音。

（6）全体管理人员要认真负责，做好本职工作，为客户提供满意的服务，尽量减少客户的投诉、批评，将客户的不满解决在投诉之前。

2. 回访工作

（1）回访责任人及回访要求。

① 由客户服务部指派专人开展日常维修回访工作。

② 由客户服务部主管负责所有质量投诉回访工作。

③ 管理处经理把对客户的回访列入职责范围，并落实到每年的工作计划和总结评比中。

④ 回访时，虚心听取客户意见，诚恳接受批评，采纳合理化建议，并做好回访记录。

⑤ 回访中，对客户的询问、意见，如不能当即答复，应预约回复时间。

⑥ 对回访时客户反馈的意见、要求、建议、投诉，应及时逐条整理、综合研究、妥善解决，重大问题应向公司领导请示。回访处理率应达100%，有效投诉率控制在1%以下。

（2）回访时间及形式。

① 管理处经理每年登门回访至少一次。

② 利用节日庆祝活动、社区文化活动等形式广泛听取客户意见。

③ 有针对性地对客户发放"用户调查问卷"，进行专题调查，听取意见。

④ 维修回访：

——对业主室内的一般维修，每月从工程部提供的业主维修派工单中随机抽取回访客户并做好记录。回访抽取的数量不应低于派工单总量的90%，其中，抽取数量的15%需上门回访，其余可以电话回访。

——对公共部位的保养，工程主管除每周巡视外，还应进行100%回查。

第六章　管理表格

一、业主入住登记表

业主入住登记表如表6-1所示。

表6-1　业主入住登记表

房号							接房时间	
业主简况	姓名		性别	出生年月	工作单位		联系电话	
	户口所在地公安机关名称							
入住人员简况	姓名		性别	出生年月	与业主关系	入住时间	工作单位	
机动车情况	车名		颜色		车型	车牌号	车主姓名	

续表

紧急联系方式	联系人	电话（白）	电话（夜）	手机	备注

尊敬的业主：

（1）为了把物业管理工作做得更好，我们运用微机对众多业主的信息进行管理，这使我们对业主的服务需求情况有了更多的了解，为我们调整服务项目和增设服务内容提供了较为科学的依据。

（2）此表仅在物业公司内部使用，我们将严格执行公司的有关制度，为业主保密。

（3）对于您的大力支持，我们表示衷心的感谢。

二、房屋交接验收表

房屋交接验收表如表6-2所示。

表6-2　房屋交接验收表

入住房号：

项目	验收细目	验收时详细情况	项目	验收细目	验收时详细情况
玄关	进户门		客卧	门窗	
	鞋柜			地面	
	屏风			顶棚	
	灯具			墙面	
	可视对讲			木作	
	开关插座			灯具	
客厅	地面		餐厅	开关插座	
	顶棚			地面	
	墙面			顶棚	
	木作			墙面	
	灯具			木作	
	开关插座			门窗	
	中央空调			灯具	

续表

项目	验收细目	验收时详细情况	项目	验收细目	验收时详细情况
主卧	门窗		餐厅	开关插座	
	地面		厨房	门窗	
	顶棚			地面	
	墙面			墙面	
	木作			顶棚	
	灯具			橱柜	
	开关插座			抽油烟机	
卫生间	门窗			热水器	
	木作			炉具	
	墙面			灯具	
	洗面台			开关插座	
	座便			给排水	
	浴缸			煤气管阀	
	灯具		洗衣房	拖布池	
	开关			给排水	
	地面			灯具	
	顶棚		阳台	开关插座	
	换气扇			墙面	
	小配件			地面	
	给排水			顶棚	
	插座			栏杆	
其他	水表基数		电表基数		气表基数	
钥匙移交情况					
移交资料	（1）物业使用手册；（2）业主（临时）公约；（3）管理与服务协议书；（4）住宅使用说明书；（5）住宅质量保证书				
业主签名			联系方式		
验房日期	年 月 日			接待人		

三、装修施工申请表

装修施工申请表如表6-3所示。

表6-3 装修施工申请表

接待人			申请日期	年 月 日
业主	姓名:	幢号:	联系方式:	
商家	单位名称: 法定代表人: 现场负责人:		执照号码: 联系电话: 联系电话:	
装修单位	单位名称: 法定代表人: 现场负责人:		执照号码: 联系电话: 联系电话:	
本申请表附件	（1）装修单位营业执照复印件一份；（2）装修单位资质证书复印件一份；（3）装修单位法定代表人身份证复印件一份；（4）现场负责人身份证复印件一份；（5）装修施工图及资料一套；（6）装修施工方案及资料一套			
装修承诺	本业主/商家和装修单位保证装修不超过申请并经批准的装修项目和范围，保证按期完成，保证严格遵守国家住房和城乡建设部《城市异产毗连房屋管理的规定》《住宅室内装饰装修管理办法》《城市房屋装修结构安全管理规定》，以及管理处装修、治安、消防、交通等旨在维护全体业主利益的各项管理公约和细则，并承担违章装修和装修质量缺陷的一切责任 装修期限：自 年 月 日起至 年 月 日止 业主/商家（签章）： 装修单位（签章）：			
申请装修项目及范围	1			
	2			
	3			
	4			
	5			
装修审批	工程部审核	保安部审核	其他部门审核	管理处经理审批

四、装修管理巡检表

装修管理巡检表如表6-4所示。

表 6-4　装修管理巡检表

房号		业主/商家		装修起止日	
装修单位				现场负责人	
巡检日期	问题记录			处理结果	巡检人

五、管理处装修结果验收表

管理处装修结果验收表如表6-5所示。

表6-5　管理处装修结果验收表

房号		业主/商家		验收日期	
施工单位					
验收记录					
验收意见	工程部门意见		签名：		年　月　日
	保安部门意见		签名：		年　月　日
	管理处经理意见		签名：		年　月　日

六、客户请修登记表

客户请修登记表如表6-6所示。

表6-6　客户请修登记表

日期	受理时间	客户姓名、联系电话及地址	请修内容	预约时间	流程单号	完成时间	维修结果	回访时间	回访结果

七、客户请修流程单

客户请修流程单如表6-7所示。

表6-7 客户请修流程单

年 月 日　　　　　　　　　　　　　　　　　　　　　　　编号：

客户服务中心填写	客户姓名		维修地址		联系电话	
	预约时间			预计费用：是否含材料费用 □是 □否		
	维修内容					
工程组填写	派工人		维修材料			
	作业人员		数量			
	到达维修地时间		单价			
	完工时间		小计			
客户填写	维修评价	质量：□满意　□一般　□差 时效：□满意　□一般　□差 收费：□满意　□一般　□差				
	付款方式	金额为_____元　□现金收据单号：_____（号码由客服中心填写） □签单兹同意物业公司在本人银行账户中托付维修费 客户签名：　　　　　　　　　日期：				

八、业主投诉记录表

业主投诉记录表如表6-8所示。

表6-8 业主投诉记录表

投诉时间	年 月 日	投诉人	
投诉人房号		联系电话	
投诉接待人		接待人所属部门	
投诉内容		记录人：	年 月 日
核实情况	有效投诉□　无效投诉□	核实人：	年 月 日

续表

处理结果	责任部门负责人：　　　　　　年　月　日		
	回复业主时间：　　年　月　日		回复人：
回访记录	回访形式（用"√"表示）：上门□　电话□　信函□　电子邮件□　其他□		
	回访人：　　　　　　　　年　月　日		

九、住户搬出/入登记表

住户搬出/入登记表如表6-9所示。

表6-9　住户搬出/入登记表

业主姓名	住址	拟搬时间	搬运人	搬运人证件号	搬运人联系电话	有无欠费情况	业主意见	放行条号

十、放行条

放行条如表6-10所示。

表6-10　放行条

房号：　　　　　　　　　　　　　年　月　日

物品名称（大件）	型号	数量	业主或经办人姓名：
			证件号：
			联系电话：
			搬运车辆车牌号：（安管员填写）
			安管员：
费用交纳情况：			签发人：

注：此条由大堂安管员检查，无大堂的花园由巡逻安管员或车管员检查。

十一、IC 卡领取登记表

IC 卡领取登记表如表 6-11 所示。

表 6-11　IC 卡领取登记表

房间号	业主姓名	IC 卡号	业主签字	签收日期

十二、社区文化活动记录表

社区文化活动记录表如表 6-12 所示。

表 6-12　社区文化活动记录表

部门：　　　　　　　　　　版次：　　　　　　　　　　编号：

活动名称		活动地点	
活动时间		组织单位/人员	
参加单位/人员			
活动举办情况：			
记录人：　　　　　　　日期：			

续表

效果评估		评估人：		日期：	
备注					

归档：　　　　　　　　　　　　日期：

十三、公司水牌申请表

公司水牌申请表如表6-13所示。

表6-13　公司水牌申请表

公司房号：
用户名称：
联系人及电话：
水牌中文名称： 水牌英文名称：
制作水牌类型：（打"√"选择） 　　□大堂水牌　　□楼层水牌　　□公司招牌
公司招牌样式：（请注明字体及颜色，若需在公司招牌上附有公司标志，请附上有关标志资料）   　　　　　　　　　　　　　　　　　　　　公司签名（盖章）： 　　　　　　　　　　　　　　　　　　　　　　　年　月　日
注： 1. 水牌收费如下： 大堂水牌_____元，楼层水牌_____元，公司招牌_____元；每家用户一般只允许订造大堂水牌、楼层水牌、公司招牌各一块 　2. 办理水牌申请时应出示营业执照副本或外国企业常驻代表机构登记证、社团法人登记证等政府部门核发的有效证件，且所报公司名称、地址必须与营业执照副本或有效证明的注册登记名称相符 　3. 请将水牌内容书写或打印在申请表上，字迹要端正清晰，名称要准确 　4. 请填妥表后到服务中心交纳水牌制作费 　5. 为保持小区（大厦）的统一形象，未征得物业公司的同意，用户不得擅自选料制作或拆除水牌

十四、出具业主（用户）证明申请书

物业管理公司：
　　我公司是_____大厦_____栋_____室的业主（用户），由于_____，现需请物业管理公司出具业主（用户）证明给 <u>（单位名称）</u>，请管理公司给予办理。
　　特此申请。
　　联系人：　　　　　　　　　联系电话：
　　　　　　　　　　　　　　　　　　　公司盖章有负责人签名：
　　　　　　　　　　　　　　　　　　　　　　　　年　月　日

十五、租户场地证明

<u>（单位名称）</u>：
　　应_____的要求，经核查，该公司（个人）现位于____路____号的_____大厦____栋____室为业主（用户）。
　　特此证明。
　　　　　　　　　　　　　　　　　　　物业管理有限公司：
　　　　　　　　　　　　　　　　　　　　　　　　年　月　日

十六、临时租借会议室申请书

物业管理处：
　　我公司是____大厦____室用户，现申请于__月__日__时至__时借用大厦会议室<u>（用途）</u>，出席人数约____人，并 □需要提供音响设备 □不需提供音响设备。
　　我公司现作出以下承诺。
　　1. 在非办公时间租借，出席人员将按大厦规定做好出入登记，或由我公司派员到一楼电梯厅做好出席人员确认及指引工作。
　　2. 保证在物业公司同意下才能改变场地内原有摆设和布置；保证不在场内的墙壁上和幕墙上张贴或挂放物品。
　　3. 保证在离场前关闭室内空调、照明等电源。
　　4. 保证出席人员遵守大厦的管理规定，不大声喧哗、嬉戏，不影响其他楼层公司的正常办公。
　　5. 保证不损坏、拿走场内的公共设施及音响设备，否则按物业公司规定作出赔偿。
　　6. 保证不开展传销等违法事项。
　　如违反上述承诺，我公司愿意承担一切责任。
　　特此申请。
　　　　　　　　　　　　　　　　　　　公司负责人签名及盖章：
　　　　　　　　　　　　　　　　　　　　　　　　年　月　日
　　　　　　　　　　　　　　　　　　　联系人：
　　　　　　　　　　　　　　　　　　　电话：

十七、会议室使用工作安排

管理处各部门：

现有_____室_____公司使用会议室_(用途)_，人数____，日期_____，时间从_____至_____。请以下部门协助做好如下工作。
1. 保洁部
2. 保安部
3. 工程部
4. 财务部

客服中心：
年 月 日

十八、专用货梯使用申请表

专用货梯使用申请表如表6-14所示。

表6-14 专用货梯使用申请表

申请人		身份证号码		联系电话	
房号					
申请日期	月 日		使用地点	栋由 层至 层	
使用时间	月 日，上/下午 时 分 至 时 分				
运送情况	□搬入 □搬出		公司盖章		
运送物品名称					
电梯使用批条					
批准使用电梯编号			交接地点		
批准人		批准时间			
批准意见					
控梯员		用户实际使用时间	时 分至 时 分		
备注：
1. 用户在使用电梯过程中，应做好电梯的保护措施，不得损坏电梯内的设备，电梯使用完毕后由大厦管理员验收，如有损坏，应按规定赔偿。					

续表

2. 因搬出大件物品而使用货梯时,应提前到管理处客服中心办理手续。

3. 用户搬运物品时,应服从大厦人员管理,不得运送危险物品、超长物品(2米以上)或超载(1000千克以上),搬货物时不得拖行。

4. 用软物包好货物的尖角,用软物垫好沉重货物;用容器装好液体货物;用密封袋装好粉状、粒状货物。

十九、失物认领表

失物认领表如表6-15所示。

表6-15 失物认领表

失主姓名		房号	
联系电话			
失物名称			
遗失地点		遗失日期及时间	
身份证明类别		证件号码	
失物描述:			
失主签收: 日期:		客服中心经办人: 日期:	

二十、车位使用费催收通知单

尊敬的客户:

您牌号为_____的车辆车位使用费已于____年__月__日到期,请您于____年__月__日到管理处客户服务中心交费,谢谢合作!

特此通知。

查询电话:
管理处签章:
____年__月__日

二十一、业主欠费情况月报表

业主欠费情况月报表如表6-16所示。

表6-16 业主欠费情况月报表

年　月

序号	房号	业主姓名	当月欠费（元）				累计欠费（元）			
			××费	××费	××费	物管费	××费	××费	××费	物管费

二十二、费用催收通知单

尊敬的客户：

您户_____月份应付各项费用为人民币_____元。因您所提供的账户存款不足，我公司迄今无法收取您的费用，请您接到此通知后，于____年__月__日前到管理处客户服务中心交费，谢谢合作！

特此通知。
查询电话：

管理处签章：
　　年　月　日

二十三、服务及回访记录表（客户）

服务及回访记录表（客户）如表6-17所示。

表6-17 服务及回访记录表（客户）

年 月 日　　　　　　　　　　　　　　　　　　　　　编号：

房号		客户		电话	
服务内容					
序号	材料名称	单价（元）	数量	金额（元）	备注
材料费（元）		服务费（元）		合计（元）	
完成时间		维修人		客户确认	
回访时间		回访人		回访方式	上门回访□ 电话回访□
客户意见				满意度	
				签名	

复核：　　　　　　　　　　　　日期：

注：1. 采用"电话"方式回访，客户不用签名。
　　2. 满意度，A 满意；B 比较满意；C 不满意。

二十四、客户走访情况登记表

客户走访情况登记表如表6-18所示。

表6-18 客户走访情况登记表

日期：　年　月　日

栋号/房号		客户姓名/联系电话		访问人	
走访内容					
客户建议（意见）					
处理情况				回访日期	
	日期：				

二十五、客户意见征询表

客户意见征询表如表6-19所示。

表6-19 客户意见征询表

年　月

您的房号：　　　　　您的姓名：　　　　　您的电话： 尊敬的业主： 　　您所填写的内容我们将会绝对保密，只用作统计分析和改进服务。本意见征询表请您填好后于　年　月　日前交到管理处。 　　本次业主意见征询，是为了检查我们日常的物业服务工作情况。恳请您在百忙中抽出时间给予评价，在您认可的"□"中画"√"，同时提出您对物业服务的意见和建议，以便我们改进工作，把物业管理做得更好。 　　谢谢您的理解和大力支持。 　　　　　　　　　　　　　　　　　　　　　　物业管理有限公司（　　）管理处					
服务人员情况	服务人员态度：	满意□	较满意□	不满意□	很不满意□
	收费服务：	满意□	较满意□	不满意□	很不满意□
	证件办理服务：	满意□	较满意□	不满意□	很不满意□
	受理投诉服务：	满意□	较满意□	不满意□	很不满意□
	服务效率：	满意□	较满意□	不满意□	很不满意□
	服务质量：	满意□	较满意□	不满意□	很不满意□
安保工作情况	安保人员态度：	满意□	较满意□	不满意□	很不满意□
	门岗服务：	满意□	较满意□	不满意□	很不满意□
	安全巡逻：	满意□	较满意□	不满意□	很不满意□
	消防管理：	满意□	较满意□	不满意□	很不满意□
	车辆停放管理：	满意□	较满意□	不满意□	很不满意□
	交通秩序管理：	满意□	较满意□	不满意□	很不满意□
维修服务情况	公共设施巡检：	满意□	较满意□	不满意□	很不满意□
	公共设施维修：	满意□	较满意□	不满意□	很不满意□
	维修人员态度：	满意□	较满意□	不满意□	很不满意□
	维修人员技能：	满意□	较满意□	不满意□	很不满意□
	维修及时性：	满意□	较满意□	不满意□	很不满意□
	维修质量：	满意□	较满意□	不满意□	很不满意□
环境管理情况	保洁人员态度：	满意□	较满意□	不满意□	很不满意□
	清洁及时性：	满意□	较满意□	不满意□	很不满意□
	垃圾清运：	满意□	较满意□	不满意□	很不满意□
	蚊蝇消杀：	满意□	较满意□	不满意□	很不满意□
	卫生整体效果：	满意□	较满意□	不满意□	很不满意□
	绿化效果：	满意□	较满意□	不满意□	很不满意□

续表

| 您对物业服务不满意的地方还有哪些： |
| 您认为物业管理还应在哪些方面进行改进： |

二十六、客户意见征询情况统计表

客户意见征询情况统计表如表6-20所示。

表6-20 客户意见征询情况统计表

年 月

征询项目		小区共计：____户，发出征询表：__份，回收：__份，回收率：__%								满意率（%）
		满意		较满意		不满意		很不满意		
		份数	%	份数	%	份数	%	份数	%	
服务人员情况	服务人员态度									
	收费服务									
	证件办理服务									
	受理投诉服务									
	服务效率									
	服务质量									
安保工作情况	安保人员态度									
	门岗服务									
	安全巡逻									
	消防管理									
	车辆停放管理									
	交通秩序管理									
维修服务情况	公共设施巡检									
	公共设施维修									
	维修人员态度									
	维修人员技能									
	维修及时性									
	维修质量									

续表

征询项目		小区共计：____户，发出征询表：__份，回收：__份，回收率：__%								满意率（%）
		满意		较满意		不满意		很不满意		
		份数	%	份数	%	份数	%	份数	%	
环境管理情况	保洁人员态度									
	清洁及时性									
	垃圾清运									
	蚊蝇消杀									
	卫生整体效果									
	绿化效果									
综合满意率										

统计人签名：　　　年　月　日　　　　　　管理处经理签名：　　　年　月　日

统计说明：

1. 各征询项目满意率＝（满意份数＋较满意份数）÷回收份数×100%。
2. 综合满意率＝各征询项目满意率之和÷各征询项目之和×100%。

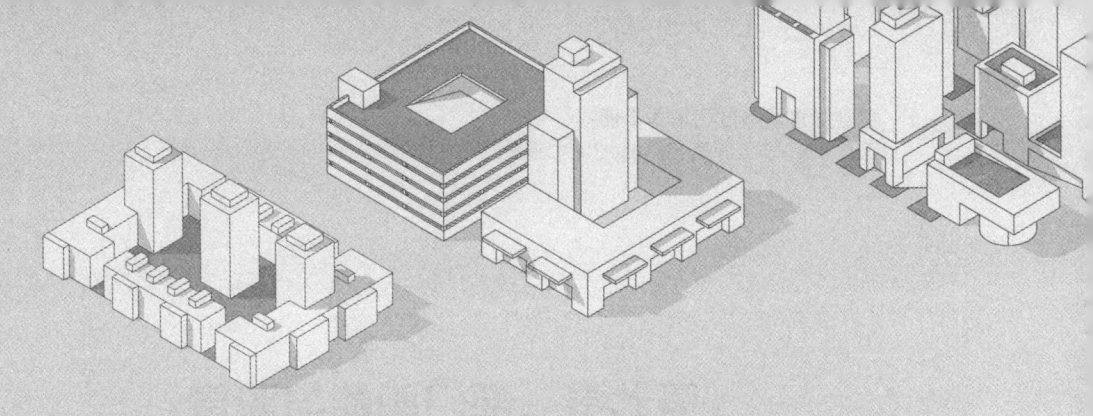

第二部分 | 安全管理

第七章　部门职能与职责

一、安全管理部的职能

物业公司设置安全管理部的目的是向业主、用户提供标准的公共秩序维护及安全防范服务；防止辖区内出现行窃、抢夺、故意破坏财产及人身损害行为，协助公安、消防部门对辖区内发生的案件、违法事件进行现场看护，配合相关部门对消防设备设施进行日常巡视、保养；建立健全消防安全制度和应急预案，做好防范工作；对进入小区的人员、物品进行登记；对装修施工、交通秩序及停车场进行管理等。其具体工作内容为：

（1）维护物业管理区域的公共秩序。

（2）协助公安、消防部门做好区域内的安全防范工作，协助业主/住户做好防盗、防爆、防火、防灾害工作，发现不安全因素及时报告并提出整改意见。

（3）建立健全消防安全制度，并严格监督执行。

（4）负责治安、消防安全宣传工作，收集相关信息，组织物业公司内部员工进行治安、消防知识学习和消防演练。

（5）负责消防设施、消防通道的监督检查，确保消防设施处于良好备用状态，消防通道畅通。

（6）会同工程部及消防设施保养公司制订消防设施年度维修保养计划，并配合工程部及外包单位实施计划。

（7）制定治安、消防应急处理方案及防范措施。

（8）对二次装修进行管理，督促施工方按装修管理规定施工，对违规装修予以纠正。

（9）对出入小区的访客、车辆进行登记（如检查员工、装修工人、探访客、临时雇工、外包商工作人员），对可疑人员、车辆、物品按规定进行检查。

（10）发生各类案件或重大事故时，有扭送犯罪分子到公安机关的权利，但没有拘留、关押、罚款、审讯、审查、侦查和处理的权利；有抢救伤员和保护现场的权利，但没有勘查现场的权利。

（11）对违反治安管理规定的人员有权进行劝阻、制止、批评、教育。

（12）对携带匕首、三棱刀等管制刀具和自制火药枪的可疑人员进行检查、盘查（不得打骂和侮辱人格），监视、掌握事态发展，不轻易采取行动，以免打草惊蛇，必要时报当地公安部门处理。

（13）遇到下列情况时，按要求采取正确的行动，并向上级报告；发现工程、清洁问题要及时向有关部门报告，并通知工程人员、管理处人员。

① 暴力侵害事件。

② 斗殴。

③ 人身及其他骚扰事件。

④ 火警。

⑤ 灾害性天气。

⑥ 水浸。

⑦ 违章装修。

⑧ 设施损坏。

⑨ 煤气泄漏。

⑩ 保安系统、可视对讲等出现故障。

⑪ 停水停电。

⑫ 人员受伤。

⑬ 电梯困人。

⑭ 灯泡损坏、缺失。

⑮ 不干净的地方发霉、长青苔。

⑯ 管道设施跑、冒、漏。

⑰ 公共设施损坏。

⑱ 其他紧急事件。

（14）对违反小区各项管理规定的下列行为予以劝阻、批评、教育、制止。

① 制造噪声。

② 损坏公共设施、消防设施。

③ 违章使用公共场地、占用消防通道。

④ 污染环境卫生（如乱扔垃圾）。

⑤ 违反治安、消防制度。

二、安全管理部的组织架构

安全管理部在不同规模的物业公司里，其组织结构有所差别，名称也有所不同，有的又叫保安部、秩序管理部。某物业管理处安全管理部的组织架构，如图7-1所示。

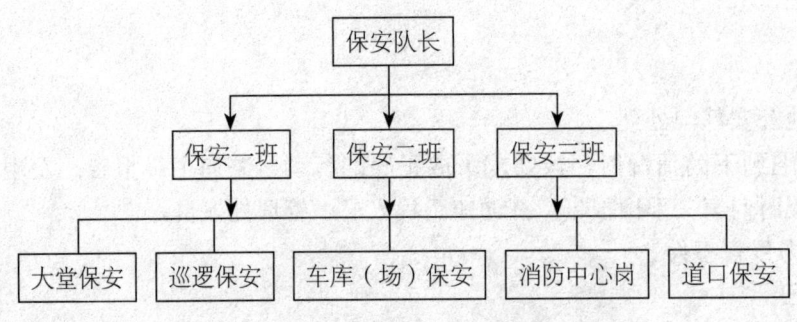

图 7-1　某物业管理处安全管理部组织架构

三、安全管理部各岗位职责

（一）安全管理部主管职责

（1）负责本管理处物业范围内的安全保卫工作。

（2）负责拟制安全护卫工作计划，并组织实施，对管理区域内发生的重大火灾事故和治安、刑事案件负责。

（3）负责主持召开安全管理部班长会议，及时传达贯彻上级指示。

（4）对各岗位执勤人员的工作进行巡查、督导，并负责处理安管员执勤中遇到的疑难问题。

（5）负责安管员的业务技能培训和考核工作。

（6）负责安全护卫用品的零星采购、验证、维修工作。

（7）对安管员玩忽职守、违章操作致使业主/物业使用人投诉或造成重大损失的情况负领导责任。

（二）安全管理部班长职责

（1）主持本班工作，坚决执行管理处经理和安全管理部主管的工作指令，带领全班人员严格履行岗位职责，认真做好安全护卫工作。

（2）负责主持召开班务会，及时传达上级指示和班长例会精神，并具体组织落实。

（3）负责本班人员的考勤，如实记录本班执勤中遇到和处理过的问题，遇重大问题要及时向主管领导请示报告。

（4）负责协调本班与其他班组之间以及本班人员之间的关系。

（5）爱岗敬业，遵纪守法，严于律己，以身作则，发挥模范带头作用。

（6）熟悉保安各岗位工作职责、任务和程序，掌握管理区域内治安护卫工作的规律及特点。

（7）对因管理不力而造成的本班执勤中发生的重大失误，或本班人员出现的严重违法违纪情况负责。

（8）负责抓好全班的教育培训工作。

（9）负责处理本班执勤过程中遇到的一般性问题。

（三）安管员职责

（1）安管员上岗必须统一着装，佩戴规定装备和工作牌。

（2）上岗时要认真检查设备设施，认真做好"四防"（防火、防盗、防破坏、防自然灾害）工作，发现不安全因素立即查明情况，排除险情，并及时报告主管领导。

（3）熟悉本岗位任务和工作程序，执勤过程中要特别注意可疑的人、事、物，预防案件、事故的发生，力争做到万无一失。

（4）爱护设施设备和公共财物，不随便移动及乱用大厦（小区）内的一切设施、财物，熟悉小区消防系统及消防器材的安装位置，熟练掌握各种灭火器材的使用方法，遇到突发事件能正确处理。

（5）坚守岗位，提高警惕，对岗位内发生的各种情况要认真处理，并做好记录，发现违法犯罪嫌疑人时要设法抓获。

（6）对于紧急性或突发性重大事情，要及时向班长或主管领导请示报告。

（7）严格执行交接班制度。

（8）积极向业主/物业使用人宣传消防安全与治安防范知识。

（四）大堂岗岗位职责

（1）24小时严密监视护卫对象，发现可疑或不安全迹象时，及时通知值班班长处置，必要时可通过对讲机向办公室报告，并且实时汇报动态情况，直到问题处理完毕。

（2）掌握在大堂活动的客人动态，维护大堂秩序，监视并确保电梯正常运行。

（3）密切注意进入大堂的人员，严格执行来访登记制度，对于身份不明（无有效身份证件）、形迹可疑、衣冠不整者，应禁止其进入。

（4）熟悉大厦（小区）内各业主/物业使用人的情况及其主要的社会关系。

（5）认真做好执勤记录，严格执行交接班制度。接班人员上岗前，交班人员不准下岗。

（6）对于进入大厦（小区）进行作业的各类人员，必须按照有关规定认真进行验证，登记后方可放行。

（7）对于业主/物业使用人搬家，必须核对管理处客服中心出具的通知单，无误后方可放行。

(五)道口岗岗位职责

(1)维持道口交通秩序,保证道口畅通无阻。

(2)对进出停车场的车辆进行检查、核对、换证、登记。

(3)仔细观察进场车辆,当发现进场车辆有损坏时,应立即向车主或司机指出,并做好记录,防止因责任不清而发生纠纷。

(4)提醒和指挥车主(司机)进场后按规定路线行驶、泊车。

(5)对在道口附近泊车、摆摊者,要进行劝阻和制止。

(6)对于私家车停车场,应严格控制外来车辆进入。

(7)坚持原则,对外来车辆进入停车场,必须按规定标准收取费用,严禁收费不开票据和乱收费等行为。

(8)严格执行交接班制度,认真填写交接班记录,做到交接清楚,责任明确。

(六)车库(场)岗岗位职责

(1)做好进出车辆登记和外观情况检查记录。

(2)正确运用车辆指挥手势指挥车辆的进出和停泊。

(3)对违章车辆应及时制止并加以纠正,纠正前必须先敬礼。

(4)检查停泊车辆的车况,若发现漏水(油)或未关好车门(窗)等情况,及时通知车主(司机)或报告管理处值班人员。

(5)检查摩托车、自行车是否停放在指定位置,发现未上锁等情况及时通知车主。

(6)做好车库(场)值班室的清洁工作。

(7)定期检查消防设施是否完好、有效,如有损坏,要及时报告上级维修、更换。

(8)值班人员要勤巡逻、细观察,随时注意进入车库(场)的车辆情况及驾驶员的行为,发现问题要及时报告。

(七)巡逻岗岗位职责

(1)监视管辖区内的人员、车辆情况,维护管辖区内的秩序,防止事故发生。

(2)巡查并登记公共部位设施设备的完好情况。

(3)对管辖区内的可疑人员、物品进行盘问、检查。

(4)制止管辖区内发生的打架、滋扰事件。

(5)驱赶管辖区内摆卖、散发广告的闲杂人员。

(6)每班巡楼三至四次,对楼内的闲杂人员进行盘问或驱赶,对业主/物业使用人违反管理规定影响他人工作、休息的行为进行劝阻和制止。

（7）检查并看管好管辖区内停放的车辆和各种公用（消防）设施，防止丢失或损坏。

（8）指挥机动车辆按规定线路行驶和停泊，保证消防通道畅通，防止发生交通事故。

（9）负责火警、匪警警情的验证和处置。

（10）回答访客的咨询，必要时为其提供帮助。

（11）巡查保安各岗位执勤情况，协助其处理疑难问题。

（八）消防中心岗岗位职责

（1）负责视频监控系统、消防控制系统、安全报警系统的值守与操作。

（2）熟练掌握监控系统的操作规程，发现监控设备异常、故障，立即向上级汇报，不得擅自处置。

（3）密切注视监控系统界面，特别是区域内易发案部位及重点部位，发现可疑或异常情况，通知巡逻人员前往查看，并及时向上级汇报。

（4）交接时应将该班的记录或应注意的情况告知接班人，接班人应检查设备的工作和清洁情况，以保证设备处于良好的状态。

（5）当班时主动做好监控室的清洁工作，保持室内整洁，禁止在监控中心吸烟。

第八章 服务标准

一、安管人员行为标准

安管人员行为标准如表8-1所示。

表8-1 安管人员行为标准

项目	礼仪、礼节规范
仪容仪表	（1）工作时间内一律按照公司规定着本岗位制服及相关饰物、警用器材，不可擅自改变制服的穿着形式或私自增减饰物等，应保持制服干净、平整，无明显污迹、破损。正确佩戴工牌。停车场岗位人员夜间要着反光衣 （2）对讲机统一佩戴在身体右侧腰带上，对讲时统一用左手持对讲机 （3）站岗时呈立正姿势或双脚分开与肩同宽，双手自然下垂或交叉于腹前或背后 （4）工作期间精神饱满，充满热情，接听电话时面带微笑，声音亲切
驾车	（1）如骑单车、摩托车巡逻，应统一跨右腿从后面上下车 （2）骑车时应昂首挺胸，双手扶车头手柄，双腿距离不超出车头宽度 （3）骑车巡逻时应尽量保持直线、中速行驶，头可微摆，主要以眼睛余光巡视四周 （4）骑车巡逻遇到客户询问或与客户沟通时，应下车停稳车辆，立正敬礼，然后进行交谈
行礼	（1）着西服和门童服值班的员工可行30度左右的鞠躬礼或点头致意 （2）当值期间，遇到客户询问或与客户交谈时，应行礼 （3）当值期间，遇到公司或管理处领导陪同客户参观时，应行礼 （4）当值换岗时，双方应相距1.5米，立正行礼 （5）车辆进出停车场时，应立正向驾驶人员敬礼
对讲机使用	（1）语言要简练、清晰、易懂 （2）应答要明朗，表达完一个意思时，及时回答"完毕" （3）通话结束，应互道"完毕" （4）遇到客户呼叫时，应主动应答

二、安管人员执勤用语标准

（一）执勤岗礼貌用语

执勤岗礼貌用语如表8-2所示。

表 8-2 执勤岗礼貌语

类别	举例说明
称谓语	（1）×××先生（同志） （2）×××小姐（夫人、女士）
问候语	（1）您（们）好，欢迎光临 （2）多日不见，您好吗 （3）早（晚）安 （4）早上（下午、晚上）好
祝贺语	（1）祝您成功 （2）祝您节日（旅途）愉快 （3）祝您新年快乐
征询语	（1）先生（女士），我可以为您做些什么吗 （2）先生（女士），我来帮您，好吗 （3）还有别的事需要我帮忙吗 （4）我可以进来吗
应答语	（1）当业主有事呼叫安管员时，安管员可以回答： ——先生（女士），我来了 ——先生（女士），我马上就来 （2）当业主感谢时，安管员应回答： ——不必客气 ——没关系 ——这是我（们）应该做的
安慰语	（1）当业主遇到不顺心的事情时，安管员应说： ——您别着急，我帮您想想办法 ——我希望您很快会好起来 ——我希望您没事 （2）当业主身体不适或患病时，安管员应说： ——请多保重 ——祝您早日康复
道歉语	（1）很抱歉，打扰您了 （2）对不起，给您添麻烦了 （3）请原谅，让您久等了 （4）请出示（收好）您的证件，麻烦您了 （5）对不起，这里是执勤岗位，请不要在这里逗留 （6）对不起，×××单位（公司）还没上班，请您稍候 （7）对不起，您要找的人不在，请您联系好以后再来
答谢语	（1）谢谢您的帮助（支持） （2）非常感谢您的合作 （3）能得到您的支持，我很荣幸和感谢

续表

类别	举例说明
推辞用语	（1）很遗憾（抱歉），按公司规定我不能让您进去 （2）这不符合公司的要求（规定），实在抱歉 （3）很抱歉，这是专用停车位，您的车可停到××停车场去 （4）对不起，规定要求园内不准停车，请您把车停到外面去 （5）很抱歉，××单位（公司）已下班了，请您改日再来
指示用语	（1）请这边走 （2）请往前走，再往左（右）转弯 （3）请把车停在外面 （4）请您在这里登记一下
电话用语	（1）接电话要及时，不能让对方久等 ——您好，这是××岗（报警中心） ——对不起，您要找的人不在，需要我转告吗 ——对不起，请讲慢一点 ——对不起，电话里有噪声，我没听清楚，您再重复一遍，好吗 （2）打电话时，语言要简单明了，口齿清晰 ——您好，我是××× ——您好，我想找×××，麻烦您帮我叫一下好吗 ——请帮我转告一声好吗
对讲机用语	（1）呼叫时应说："呼叫××岗（报警中心），听到请回答。"事情表达清楚后应马上说"完毕" （2）接听时应说："我是××岗（报警中心），收（听）到，请讲。"接听完毕后应说："明白，我马上去（做）"
告别语	（1）再见，祝您旅途愉快 （2）晚安，明天见 （3）再见

（二）道口岗礼貌用语

（1）面对当日第一次遇到的业主（用户），应立正敬礼，并根据具体时间向业主（用户）问好，如"早（晚）上好""上（中、下）午好"。

（2）当有车辆通过道闸时，要立正敬礼，并提醒驾驶员自行取（刷）卡。

（3）当有人走近岗亭时，要热情地说"×××先生/小姐/女士，您好"或"请问您有什么事吗"。

（4）有访客到来时，应礼貌地询问："请问您找谁？"然后提醒访客："请您用对讲机与业主（用户）联系！"如业主（用户）不在家，要婉言告诉访客："对不起，×××先生/小姐/女士不在家，请您提前与×××先生/小姐/女士联系，下次再来，再见！"如业主（用户）在家，并且愿意接待访客，应告诉访客："请您出示有效身份证件登记！"登记完成后，双手将证件递给访客，然后说："让您久等了，谢谢合作！"

（5）当访客对登记有效身份证件一事有异议时，应用诚恳的语气回答对方："对不起，登记身份证号码是公司的一项制度，请您支持！"

（6）当访客出来时，要准确填写其离开的时间，如其证件留在岗亭，应起立，双手将证件递还访客，同时说"欢迎下次光临。"

（7）当遇到由公司或管理处领导陪同客人前来参观时，应立正敬礼，并礼貌地说："欢迎各位领导光临指导！"

（8）当遇到业主（用户）搬出大件物品时，首先要上前敬礼，同时说："请您出示物品搬迁放行通知单！"如对方没有办理物品搬迁放行通知单，要提醒业主（用户）到管理处办理。如对方对查验物品搬迁放行通知单有异议，应诚恳地告诉对方："验证物品搬迁放行通知单是对业主（用户）的财产安全负责，请您合作！"

（9）如有闲杂人员欲进入小区，应首先向其敬礼，并委婉地说："这是私家花园，请您绕行。"

（10）如遇到业主（用户）当面投诉，要认真做好记录，并表示："我们将尽快为您提供服务，请稍等"，然后及时报告。

（11）如有业主（用户）询问自己工作职责外的问题或自己不了解的问题时，不要轻易承诺，应礼貌地解释说："对不起，我不了解这个情况，如果需要，我帮您询问一下，请您一会再打来！或者请您直接拨打电话（具体号码），找×××行吗？再见！"

（三）地库岗礼貌用语

（1）面对当日第一次遇到的业主，应立正敬礼，并根据具体时间向业主问好，如"早（晚）上好""上（中、下）午好"。

（2）当车辆进入地库时，应立即起立敬礼，迅速指挥车辆停放，并问候业主"您下班了"或"您回来了"。

（3）当业主把车停稳后，应及时提醒车主"请不要把贵重物品放在车内""请关好车门（窗）"。

（4）如车主携带物品过多（重），应立即上前，帮助车主把物品送到电梯口，并礼貌地向车主道"再见"，如其向你致谢，应回答"不用谢，这是应该的"。

（5）当有车主驾车驶出车库时，应立正敬礼，并说"一路平安"。

（6）当有外来车辆进入车库时，应指挥车辆停放在临时车位，并告诉车主"请走人行通道，到大堂进行来访登记，谢谢合作。"

（7）如有闲杂人员进入车库，应先敬礼，然后劝说对方："对不起，这是私家车库,请不要在此逗留。"

(8) 如遇到业主当面投诉,要认真做好投诉记录,并表示"我们将尽快为您提供服务,请稍等",然后及时报告。

(9) 如遇公司领导或管理处领导带人参观,应立即立正敬礼,并热情地说:"欢迎各位领导光临指导!"

(10) 如有业主询问自己工作职责外的问题或自己不了解的情况时,不要轻易承诺,应礼貌地解释说:"对不起,我不了解这个情况,如果需要,我愿意帮您询问一下,或者请您直接拨打电话××××××××,找×××行吗?"

(四) 巡逻岗礼貌用语

(1) 面对当日第一次遇到的业主(用户),应立正敬礼,并根据具体时间向业主(用户)问好,如"早(晚)上好""上(中、下)午好"。

(2) 遇到车主不按规定停放车辆时,要主动上前,先向车主敬礼,而后劝阻道:"对不起,这是消防通道,请不要在这停放车辆!"

(3) 遇到攀折花木、践踏草坪的情况,要予以劝阻"请不要践踏草坪"或"请绕行"。

(4) 如碰见业主(用户)外出,要提醒业主(用户):"请关好门(窗),切断电源,注意安全。"

(5) 当发现有业主(用户)将家什、物品堆放在楼宇公共(消防)通道时,要及时告诫业主(用户):"请不要把物品放在公共(消防)通道上,以免堵塞通道!"

(6) 要随时提醒业主"天干物燥,请注意防火"。

(7) 如看见乱丢果皮、纸屑的情况,要及时予以制止,提醒业主(用户)"请注意环境卫生,不要随地乱扔"。

(8) 当发现有业主(用户)在通道上点烛、燃香、烧纸时,要及时予以制止,并告诫业主(用户):"请不要在通道上点烛、燃香,以免引发火灾!"

(9) 如果发现业主(用户)违规装修,造成过大声响,影响他人休息,应及时出面制止,并告诫业主(用户)"请自觉遵守装修规定,停止装修"或"请减小音量,不要影响邻居休息"。

(10) 看见业主(用户)携带物品过多(重),应立即上前,帮助其把物品送到电梯(或家门)口,并礼貌地向业主(用户)道"再见",如其向你致谢,应回答"不用谢,这是应该的"。

(11) 当遇到车主驾车驶出车库时,应立正敬礼,并说"一路平安"。

(12) 当有外来车辆进入车库时,应指挥车辆停放在临时车位上。

(13) 发现闲杂人员进入车库,应立即上前敬礼,然后劝说对方:"对不起,这是私家车库,请不要在此逗留。"

（14）如遇到业主（用户）当面向你投诉，要认真做好投诉记录，并表示："我们将尽快为您提供服务，请稍等！"然后及时报告。

（15）如遇公司领导或管理处领导带人参观，应立即立正敬礼，并热情地说："欢迎各位领导光临指导！"

（16）如有业主（用户）询问自己工作职责外的问题或自己不了解的情况时，不要轻易承诺，应礼貌地解释说："对不起，我不了解这个情况，如果需要，我愿意帮您询问一下，或者请您直接拨打电话×××××××××（具体号码），找×××行吗？"

（五）大堂岗礼貌用语

（1）面对当日第一次遇到的业主（用户），应立正敬礼，并根据具体时间向业主问好，如"早（晚）上好""上（中、下）午好"。

（2）当有陌生人走进大堂时，要起立说"×××先生/小姐/女士，您好"或"请问您有什么事吗"。

（3）有访客进来时，应礼貌地询问："请问您找谁？"然后提醒访客"请您用对讲机与业主（用户）联系"。如业主（用户）不在家，要婉言告诉访客："对不起，×××先生/小姐/女士不在家，请您提前与×××先生/小姐/女士联系，下次再来，再见！"如业主（用户）在家，并且愿意接待访客，应告诉访客，"请您出示有效身份证件登记！"登记完成后，双手将证件递给访客，然后说："让您久等了，谢谢合作！"

（4）当访客对登记有效身份证件一事有异议时，应用诚恳的语气告诉对方："对不起，登记身份证号码是公司的一项制度，请您支持！"

（5）当访客出来时，要准确填写其离开的时间，如其证件留在岗位上，应起立，双手将证件递还访客，同时说"欢迎下次光临"。

（6）当遇到公司或管理处领导陪同客人前来参观时，应立正敬礼，并礼貌地说："欢迎各位领导光临指导！"

（7）当遇到业主（用户）搬出大件物品时，首先要上前敬礼，同时说："请您出示物品搬迁放行通知单！"如对方没有办理物品搬迁放行通知单，要提醒业主（用户）到管理处办理。如其对查验物品搬迁放行通知单有异议，应诚恳地告诉对方："验证物品搬迁放行通知单是对业主（用户）的财产安全负责，请您合作！"

（8）如遇到业主（用户）当面向你投诉时，要认真做好记录，并表示"我们将尽快为您提供服务，请稍等"，然后及时报告。

（9）如有业主（用户）询问自己工作职责外的问题或自己不了解的情况时，不要轻易允诺，应礼貌地解释说："对不起，我不了解这个情况，如果需要，我帮您询问一下,请您一会再打来!或者请您直接拨打电话×××××××××(具体号码),找×××行吗?再见!"

三、安管人员在岗工作标准

不同岗位安管人员的工作标准如表8-3所示。

表8-3 不同岗位安管人员的工作标准

岗位	工作能力	服务质量标准
大堂岗	(1)熟悉业主(用户)的基本情况,包括姓名、楼号、亲友以及主要社会关系等 (2)正确填写各种表格、记录 (3)熟练掌握报警、监控、对讲、电梯、电脑及电子门锁等设施设备的操作规程 (4)善于发现可疑人员,并能及时正确处理各种突发事件	(1)开启电子门锁用时不超过5秒钟 (2)登记有效证件每人每次不超过60秒钟,不出现失误 (3)不出现大堂秩序混乱的情况 (4)不因失职出现业主(用户)被盗、被抢等治安及刑事案件 (5)工作环境整洁,各种表格、记录完好无缺
车场(库)岗	(1)熟知车主姓名、楼号、车牌号及车况 (2)熟练掌握电视监控、车挡器、对讲、报警、消防等设备设施的操作规程 (3)正确填写各种表格、记录 (4)善于观察、分析、处理车库(场)内出现的各种问题	(1)给车主换牌、登记、开启车挡器一般不超过10秒钟 (2)不出现乱停放车辆的情况 (3)车库(场)内无闲杂、可疑人员 (4)车辆在车库(场)内不发生损坏事件 (5)不发生车辆被盗案件 (6)不因失职发生车主投诉事件 (7)车库(场)内不发生交通意外事故 (8)车库(场)干净卫生,照明良好,岗内各种设备设施干净,台面整洁,各种记录、表格完好无缺
道口岗	(1)掌握签订租赁合同或购买车位的车主姓名、楼号、驾驶员姓名、相貌特征、行(驾)驶证号,以及车辆出入大厦的常规时间等 (2)熟练掌握换牌、换证的操作规程,熟悉各种收费标准,做到换牌、换证、收费等准确、及时 (3)准确填写各类表格、记录 (4)迅速、安全开启车挡器 (5)能按照应急规程,发现、分析、处理各种突发事件,确保车辆安全	(1)换牌、换证、收费等准确、及时,不出现换错牌、换错证、未收费或乱收费等情况。正常情况下,每辆车换牌、换证、收费的时间不超过20秒钟 (2)登记迅速、完整、准确,每辆车登记时间不超过20秒钟,不出现车主投诉的情况 (3)及时、安全开启车挡器,每车每次车挡器开启时间不超过10秒钟,不出现因失职造成车挡器损坏车辆的事件 (4)不出现交通堵塞情况 (5)不丢失车辆

续表

岗位	工作能力	服务质量标准
巡逻岗	（1）熟悉大厦的基本情况，包括楼宇结构，防盗、消防设备设施的具体位置，发电机房、配电房、水泵房、消防控制中心等重点防范部位的状况等 （2）善于分析、处理各种突发事件，有较强的分析、判断、处理问题的能力 （3）有较强的组织、协调能力，能正确处理好本班内部事务 （4）熟练掌握巡逻打卡钟的操作方法 （5）了解大厦业主（用户）的基本情况 （6）熟悉车辆停放的基本情况和变化情况	（1）每班巡楼一至两次，不出现业主（用户）家被盗、被抢案件 （2）及时发现和消灭火灾隐患，不因失职而出现火灾事故 （3）不因失职而损坏车辆，不出现交通事故，不丢失车辆 （4）接到业主（用户）报警，在3分钟内报告上级并赶到现场 （5）处理各种违章时文明、礼貌、及时、有效，不存在与业主（用户）及访客争吵、打架的情况 （6）不存在打架斗殴、损坏业主（用户）财产的事件

四、安全保卫服务检查标准

安全保卫服务检查标准如表8-4所示。

表8-4 安全保卫服务检查标准

类别	序号	检查标准
巡逻	1	制度对保安人员巡逻作出明确规定（路线、频次、巡视内容、记录要求等）
	2	保安员巡逻路线、频次设置合理，没有遗漏重要的监控部位（区域）
	3	巡逻岗保安员熟悉作业指导书中关于巡逻的规定（现场询问）
	4	保安员按照规定路线、频次巡逻
	5	保安员巡逻记录符合要求
	6	主管人员对保安员巡逻进行必要的巡视和检查（包括夜间），并有巡视和检查记录
	7	客户有需要时，巡逻保安员要主动提供力所能及的服务或帮助
	8	巡逻保安员在当值时间无离岗、脱岗等违规违纪现象
	9	保安员对巡逻中发现的问题及时记录、汇报，同时联系有关部门或人员处理，并跟踪处理情况
	10	未发生过入室盗窃案件，无客户关于财产被盗损的投诉

续表

类别	序号	检查标准
监控	1	制度对楼宇重要部位的监控作出明确规定
	2	值班人员熟悉作业指导书中关于电子监控的规定（现场询问）
	3	监控设备设施正常运行无故障，若存在故障，及时记录并报修
	4	监控设备设施故障时，采取人工或其他防范措施
	5	监控中心24小时值班，值班人员无离岗、脱岗等现象
	6	主管人员对监控中心进行必要的巡视和检查（包括夜间），并有巡视和检查记录
	7	监控中心值班人员熟悉闭路电视监控设备的操作方法
	8	监控中心按规定管理和保存所有监控部位的声像记录
	9	对监控过程中发现的异常现象及时有效处理，并有处理记录
	10	监控中心没有无关人员进入
	11	监控的范围未出现移位，若出现移位，及时纠正
	12	监控中心定时呼叫各哨位汇报值班情况，并有记录
	13	监控中心对各岗位汇报的情况进行记录，若出现问题，及时联系相关部门/人员处理
	14	监控中心的反应效率和质量符合要求（现场遮挡监控探头，反应时间在3分钟内）
值班门岗	1	制度对保安人员值守作出明确规定
	2	门岗保安员熟悉作业指导书中关于门岗值班的规定（现场询问）
	3	保安员按规定对陌生人到访进行登记，并通知巡逻哨或监控中心进行跟踪或重点监控
	4	客户有需要时，值班保安员主动提供力所能及的服务或帮助
	5	保安员按规定对客户搬离物品进行有效控制（如放行单和实物核对）
	6	如合同有约定，保安员对客户邮件和报刊进行准确及时的分发
	7	无客户对邮件和报刊接收不及时或遗失等进行投诉
	8	保安员的值班记录清晰、完整、可追溯
	9	保安员24小时值班，无离岗、脱岗、睡岗等违规违纪现象
	10	主管人员对值班岗位进行必要的巡视和检查（包括夜间），并有巡视和检查记录

续表

类别	序号	检查标准
停车场管理	1	经核准的停车场经营和收费证明在入口处公示
	2	若行业或政府部门有规定，停车场管理员持有停车场管理员上岗证
	3	制度对停车场管理员的各项操作进行明确规定
	4	停车场管理员熟悉相关作业指导书的规定（现场询问）
	5	对进入停车场的机动车进行准确登记（现场抽查核对）
	6	对离开停车场的机动车进行准确登记，并按规定收取停车费
	7	执行"一车一礼一卡"制度
	8	对停放的机动车进行巡查（刮痕、碰撞痕、门窗、贵重物品等）
	9	对停放机动车的异常状况进行记录，并通知相关人员处理
	10	停车场车位标志、导向标志、警示标志规范完整
	11	严格控制停车场进出口，实施封闭式管理
	12	保安员引导手势规范、训练有素
	13	建立机动车盗损、机动车强行冲卡等应急预案
	14	若安装了智能化管理系统，有关人员能熟练操作系统
	15	建立了智能化管理系统故障的应急预案，并有效实施
	16	停车场内车辆停放有序，无违章停车现象
	17	主管人员对停车场保安员的作业进行必要的巡视和检查，并有巡视和检查记录
	18	停车场内未发生交通事故或机动车被盗、损坏责任事故
消防安全	1	消防值班人员接受过专业培训，并持证上岗
	2	消防管理规定、火灾应急处理程序健全
	3	消防管理规定、火灾应急处理程序等文件上墙
	4	所有员工熟悉消防管理规定、火灾应急处理程序等文件内容
	5	消防值班人员熟悉消防区域的划分、消防控制设备的操作和火灾（或疑似火灾）的处理程序
	6	消防设备设施正常投入使用
	7	对消防设施（消防箱、消火栓等）开展定期巡查，并有巡查记录
	8	对巡查中发现的消防设施（消防箱、消火栓等）问题及时整改
	9	消防控制室24小时值班，值班人员无离岗、脱岗、睡岗等违规违纪现象
	10	消防值班室的反应效率和质量符合要求（试拨值班电话来检验）
	11	检验消防值班室的反应效率和质量（测试烟感灵敏度）

续表

类别	序号	检查标准
消防安全	12	消防控制室配备消防斧、扳手、铁锹（锤）、防烟防毒工具等消防器材
	13	重要部位（如动火作业现场、装修现场、仓库、设备房、娱乐场所等）配备足够的消防器材
	14	动火作业经过审批，现场采取防护措施，操作人员持证操作
	15	消防值班人员熟悉设备、器材的操作方法和火灾（或疑似火灾）的处理程序
	16	成立了义务消防队
	17	对义务消防队全体成员进行清晰明确的职责分配（分工）
	18	义务消防队全体成员熟悉各自的职责和分工
	19	对义务消防队全体成员进行消防知识和火灾应急处理预案的培训
	20	定期开展消防演习（演练）
	21	义务消防队全体成员按照分工全部参加消防演习（演练）
	22	义务消防队全体成员熟练掌握灭火器、消防水带、消火栓等器材的使用
	23	向客户和员工有效开展消防知识宣传（如宣传栏、宣传小报、宣传片等）
	24	现场不存在火险隐患（如电线裸露、消防通道堵塞、消防门上锁、存在易燃易爆品等）
	25	未发生过火灾责任事故
综合管理	1	定期组织保安人员参加军事训练（适用于保安军事化管理的公司和项目）
	2	定期组织保安人员参加体能训练（适用于保安军事化管理的公司和项目）
	3	若有保安宿舍，实施军事化管理，要求内务整洁，无外来人员留宿
	4	若有保安宿舍，保安员要实施严格的作息时间，严格执行外出请销假制度
	5	若有保安宿舍，每日安排人员值日，整理卫生和内务
	6	保安器材（如对讲机）和制装登记造册（清单），严格控制购买和领用
	7	保安器材（如对讲机）和制装登记情况与实际相符
	8	健全突发/紧急事件处理程序
	9	对各类责任事故做到"四不放过"（事故原因不查清不放过，事故责任者得不到处理不放过，整改措施不落实不放过，教训不吸取不放过）
	10	各岗位保安员交接班记录清晰完整
	11	节假日前进行安全大检查，并有记录
	12	对安全大检查中发现的问题及时采取纠正与预防措施，防止安全事故发生
	13	定期组织保安人员进行项目与客户情况"应知应会"培训，现场验证培训效果

注：表中的"客户"，包括业主和非业主使用人。

第九章 工作流程

一、安保管理整体流程

安保管理整体流程如图9-1所示。

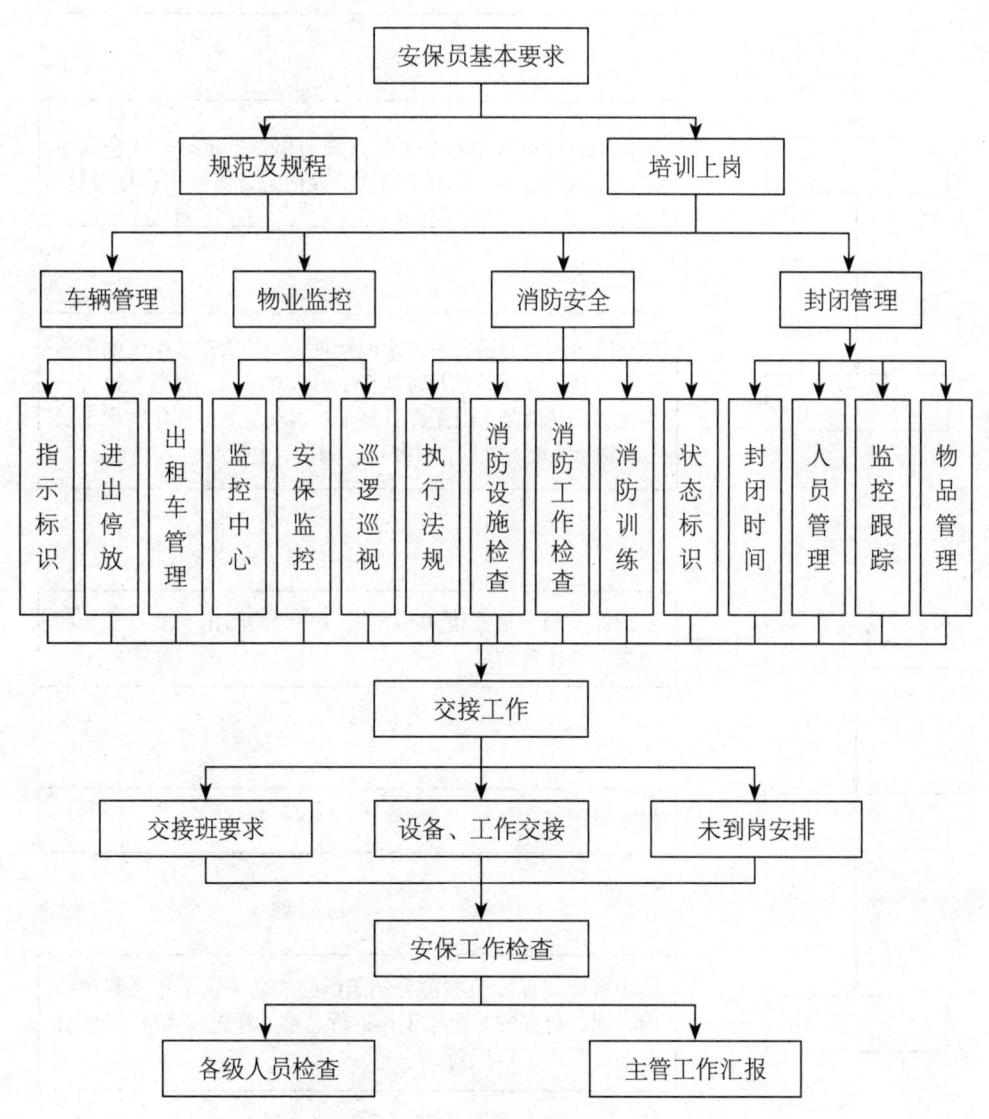

图 9-1 安保管理整体流程

二、安保主管工作流程

安保主管工作流程如图9-2所示。

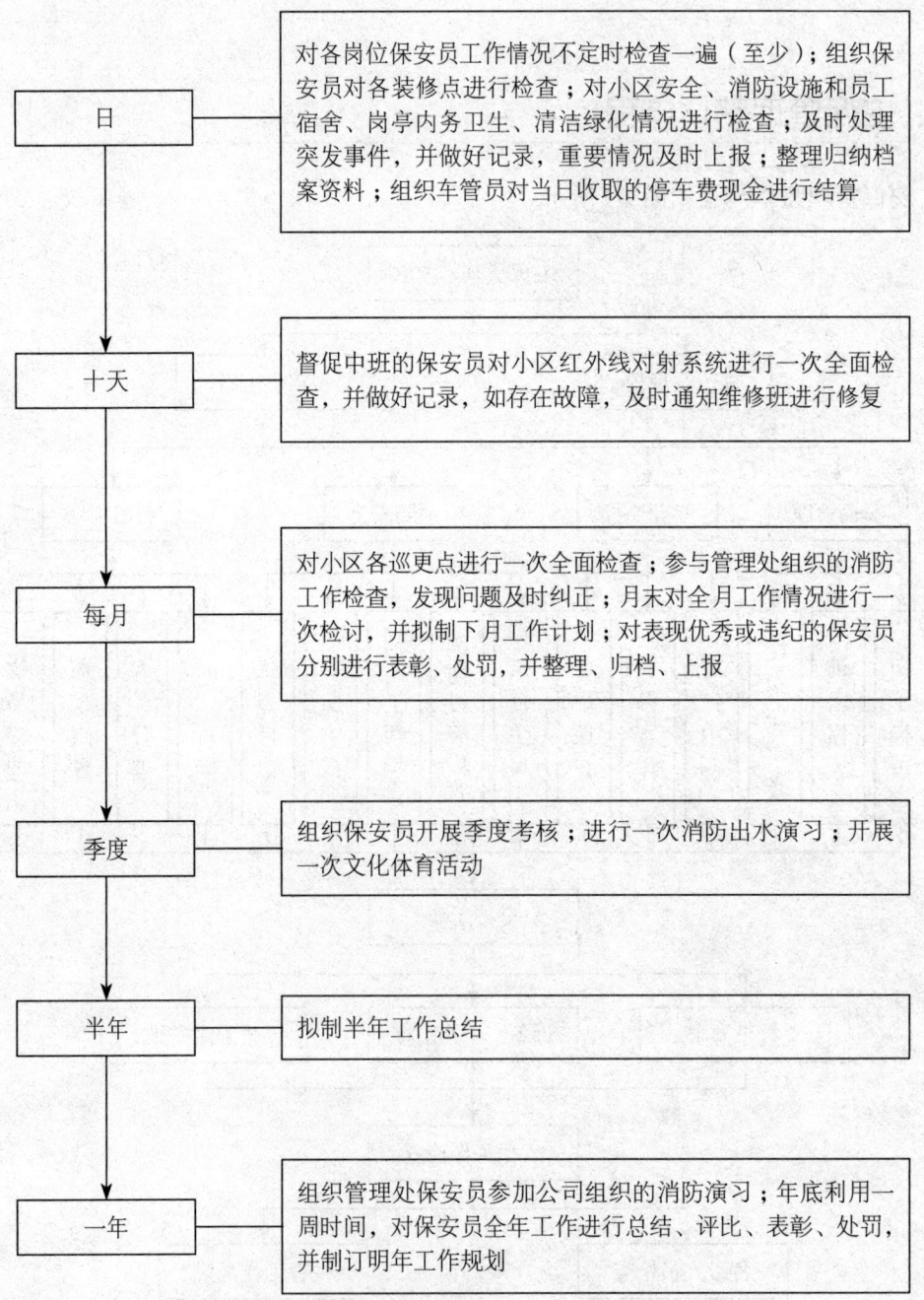

图9-2　安保主管工作流程

三、班长日检查工作流程

班长日检查工作流程如图9-3所示。

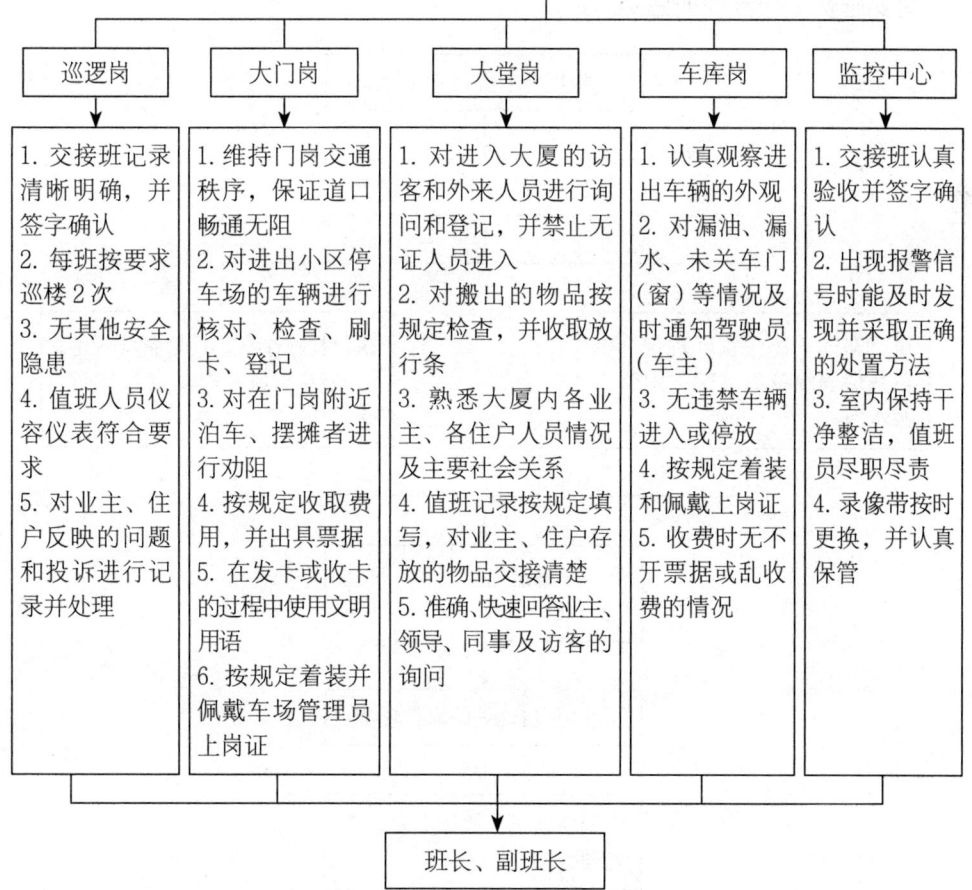

图9-3 班长日检查工作流程

四、保安工作督导流程

保安工作督导流程如图9-4所示。

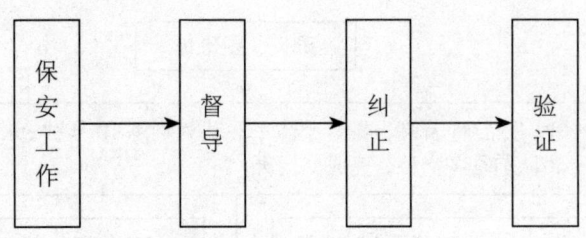

图9-4 保安工作督导流程

五、门岗安管员工作流程

门岗安管员工作流程如图9-5所示。

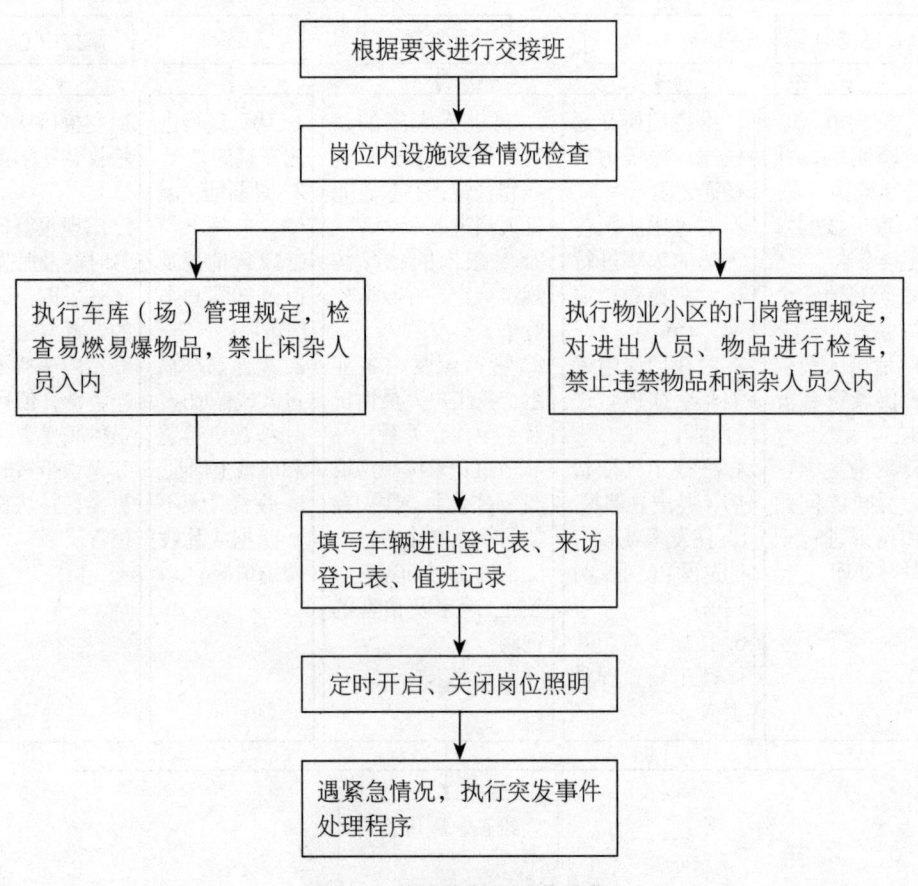

图9-5 门岗安管员工作流程

六、巡逻岗安管员操作流程

巡逻岗安管员操作流程如图9-6所示。

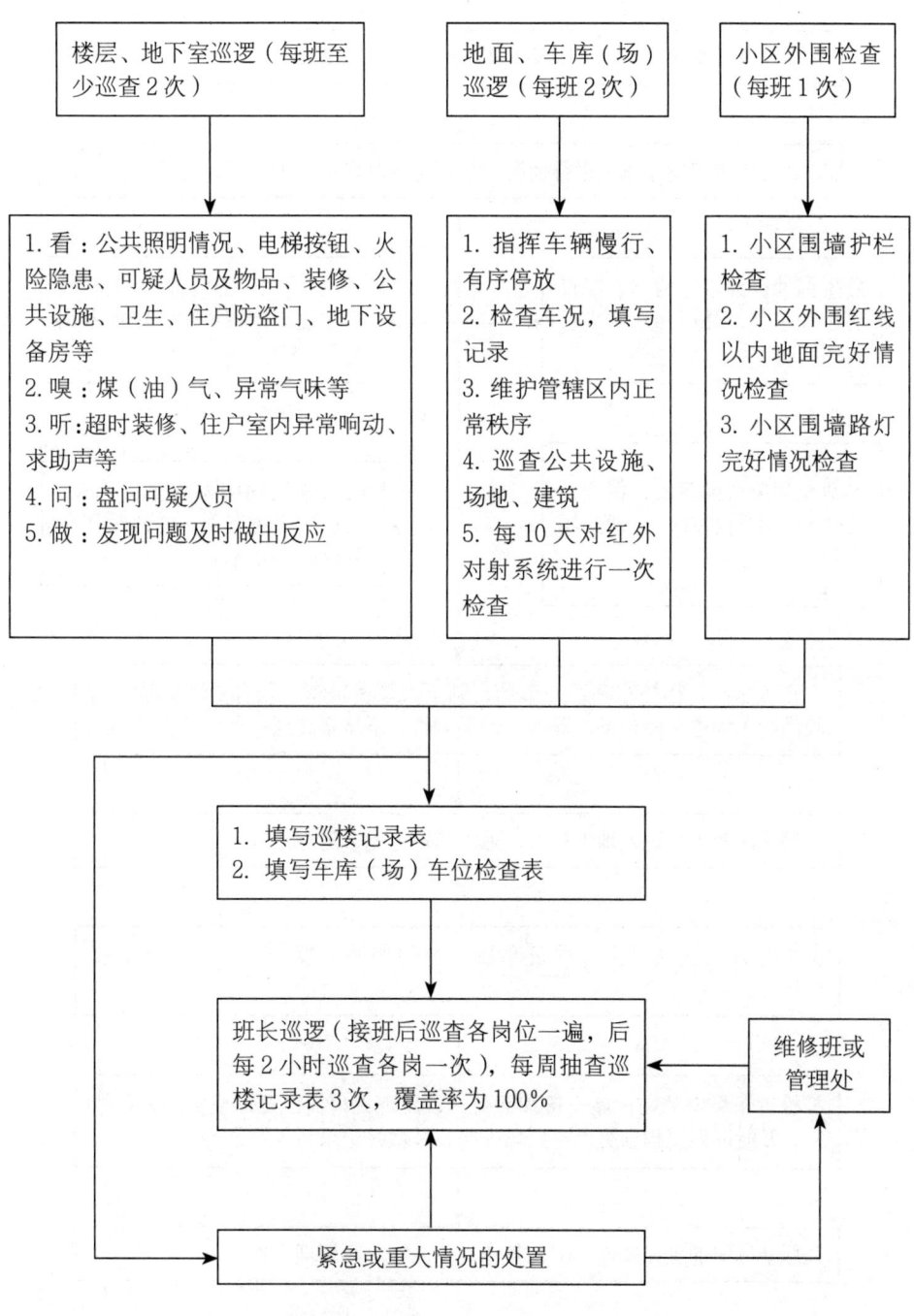

图 9-6　巡逻岗安管员操作流程

七、停车库（场）岗位工作流程

停车库（场）岗位工作流程如图9-7所示。

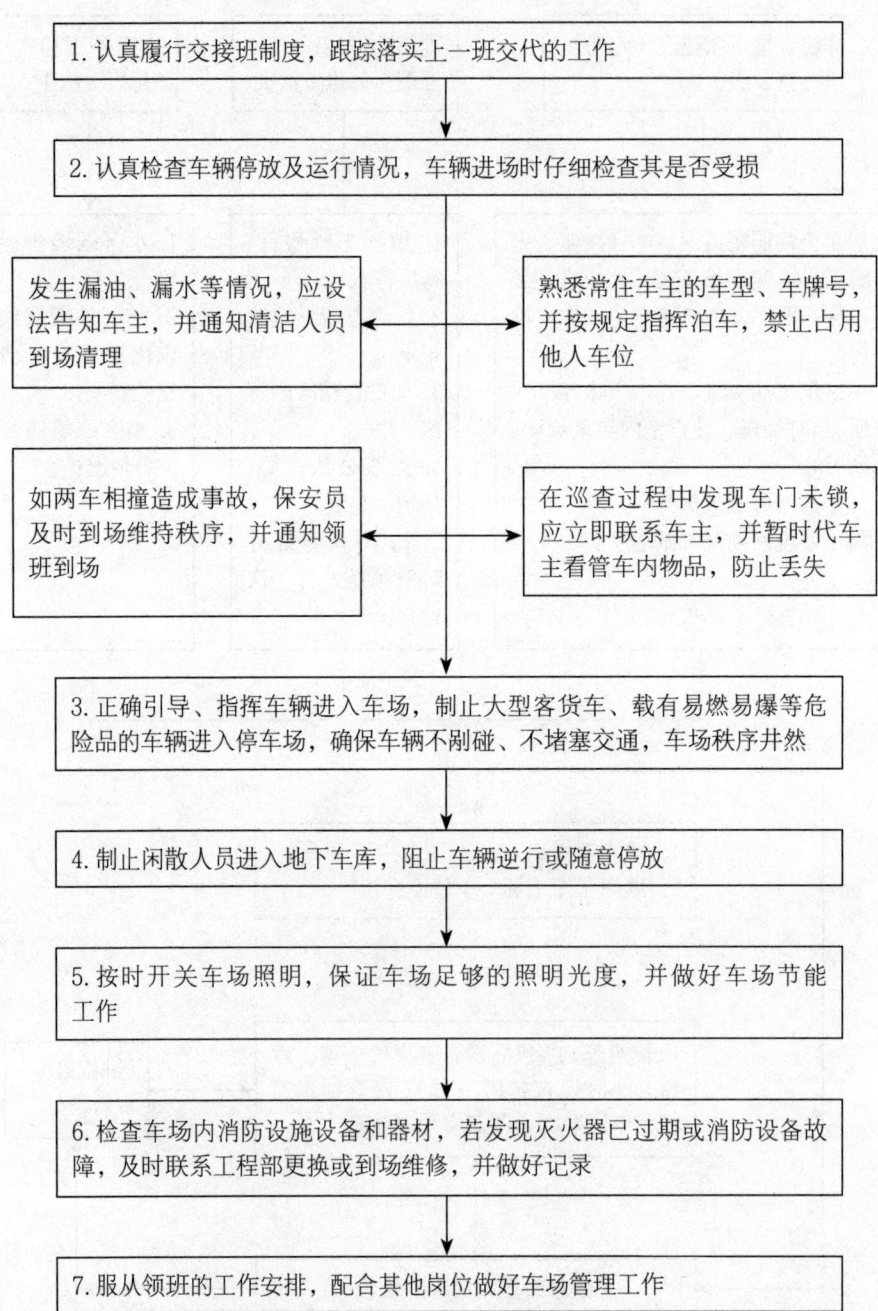

图9-7 停车库（场）岗位工作流程

八、业主（用户）搬运物品操作流程

业主（用户）搬运物品操作流程如图9-8所示。

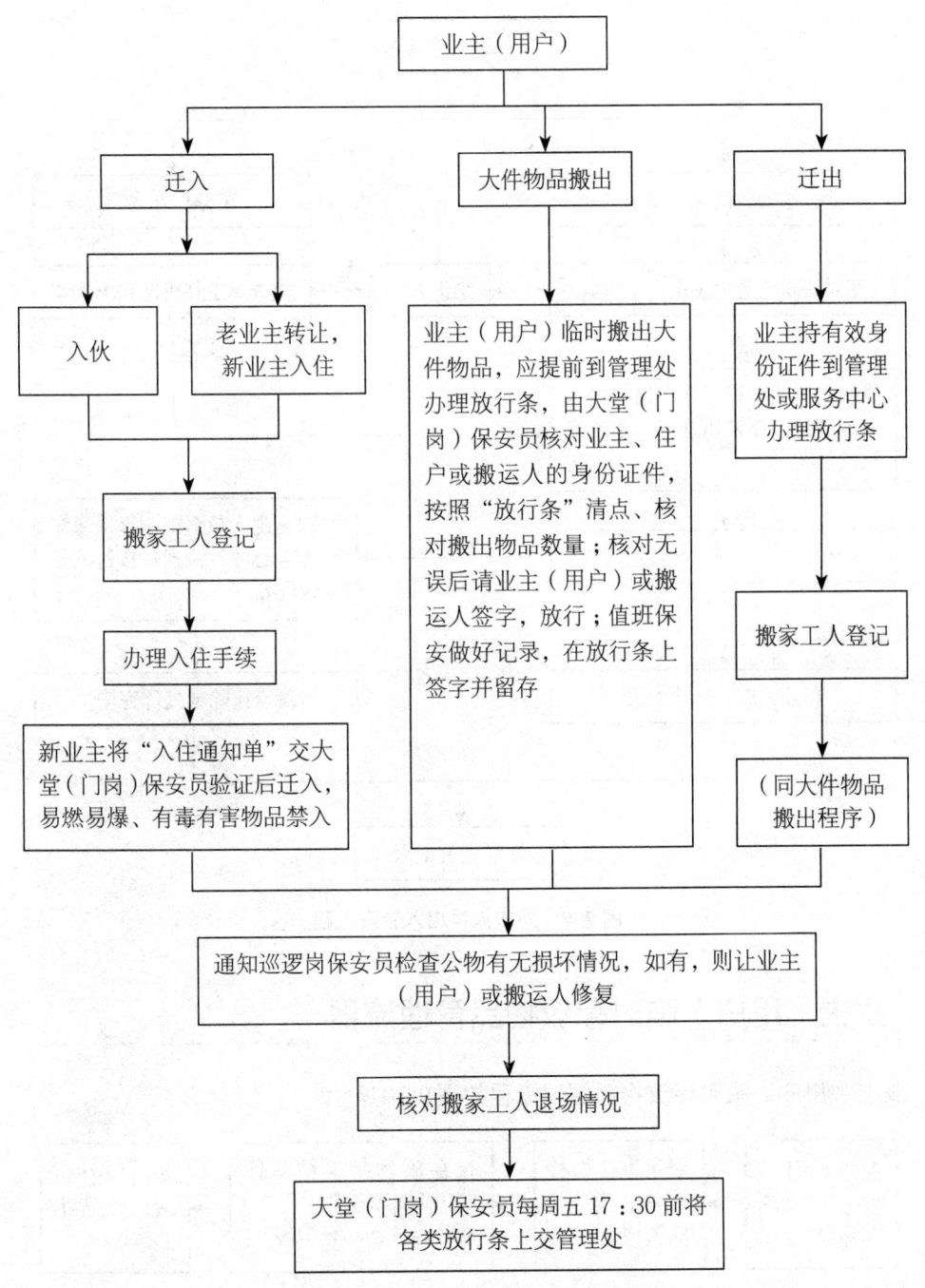

图9-8 业主（用户）搬运物品操作流程

九、外来人员出入管理流程

外来人员出入管理流程如图9-9所示。

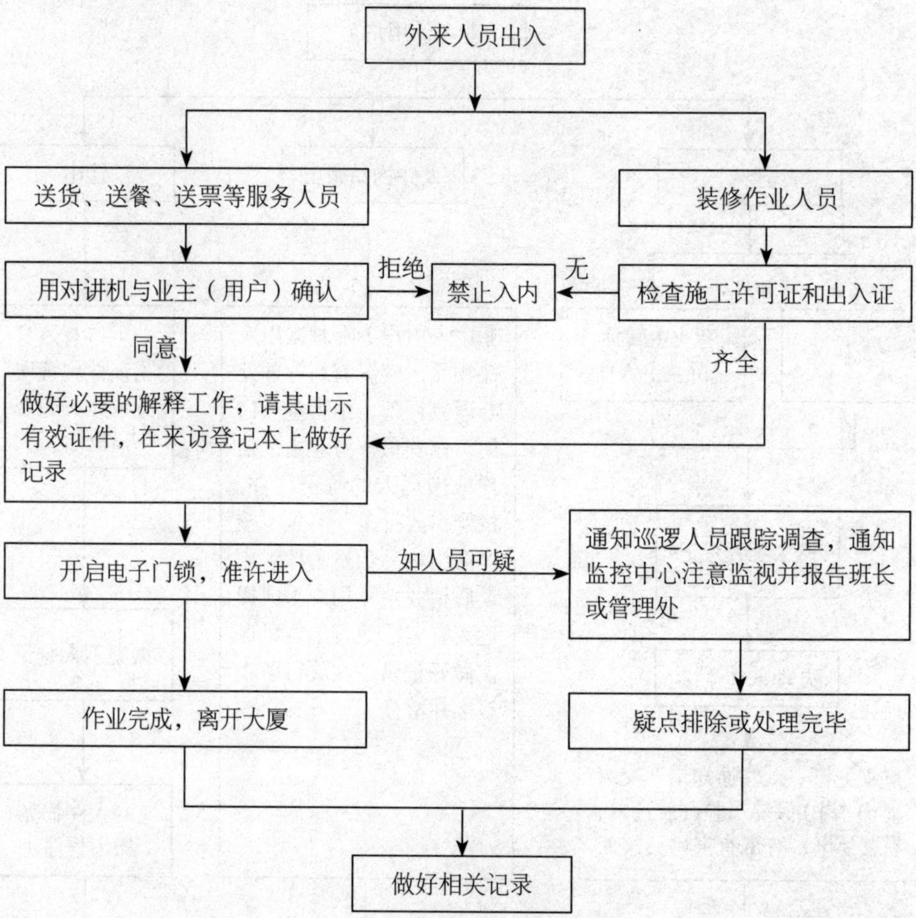

外来人员出入
送货、送餐、送票等服务人员
装修作业人员
用对讲机与业主（用户）确认
拒绝
禁止入内
无
检查施工许可证和出入证
同意
齐全
做好必要的解释工作，请其出示有效证件，在来访登记本上做好记录
开启电子门锁，准许进入
如人员可疑
通知巡逻人员跟踪调查，通知监控中心注意监视并报告班长或管理处
作业完成，离开大厦
疑点排除或处理完毕
做好相关记录

图9-9　外来人员出入管理流程

十、业主（用户）临时存放物品管理流程

业主（用户）临时存放物品管理流程如图9-10所示。

业户（用户）要求临时寄存物品
确定寄存物品大小、数量，以及种类
在存放物品上粘贴标签，并填写业主（用户）临时存放物品登记表
业主（用户）取回物品并签字

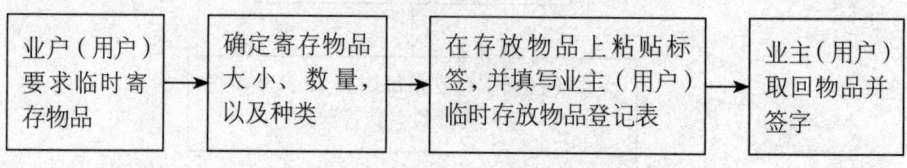

图9-10　业主（用户）临时存放物品管理流程

十一、停车库（场）收费管理流程

停车库（场）收费管理流程如图 9-11 所示。

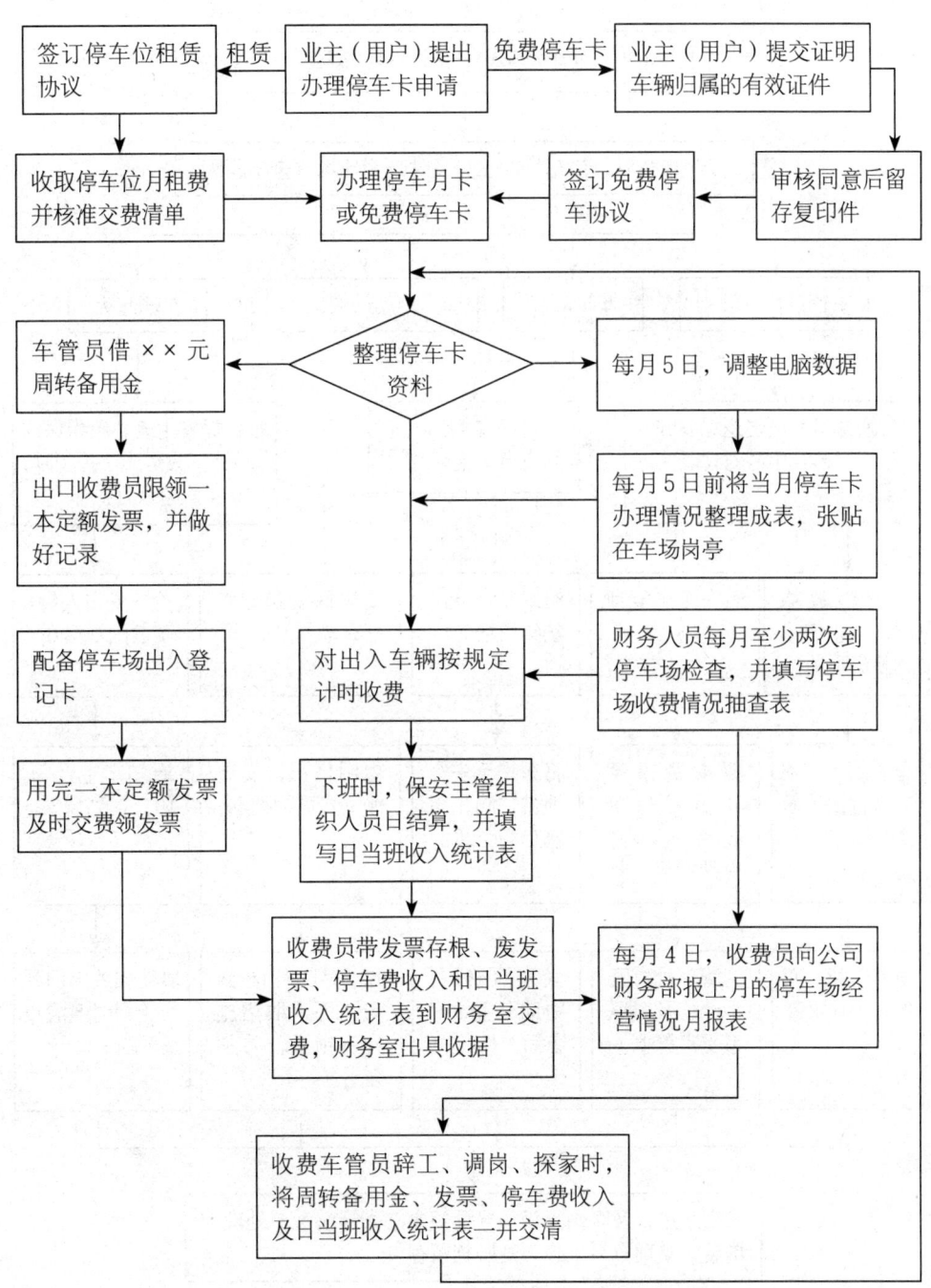

图 9-11　停车库（场）收费管理流程

十二、停车库（场）车辆异常情况处置流程

停车库（场）车辆异常情况处置流程如图9-12所示。

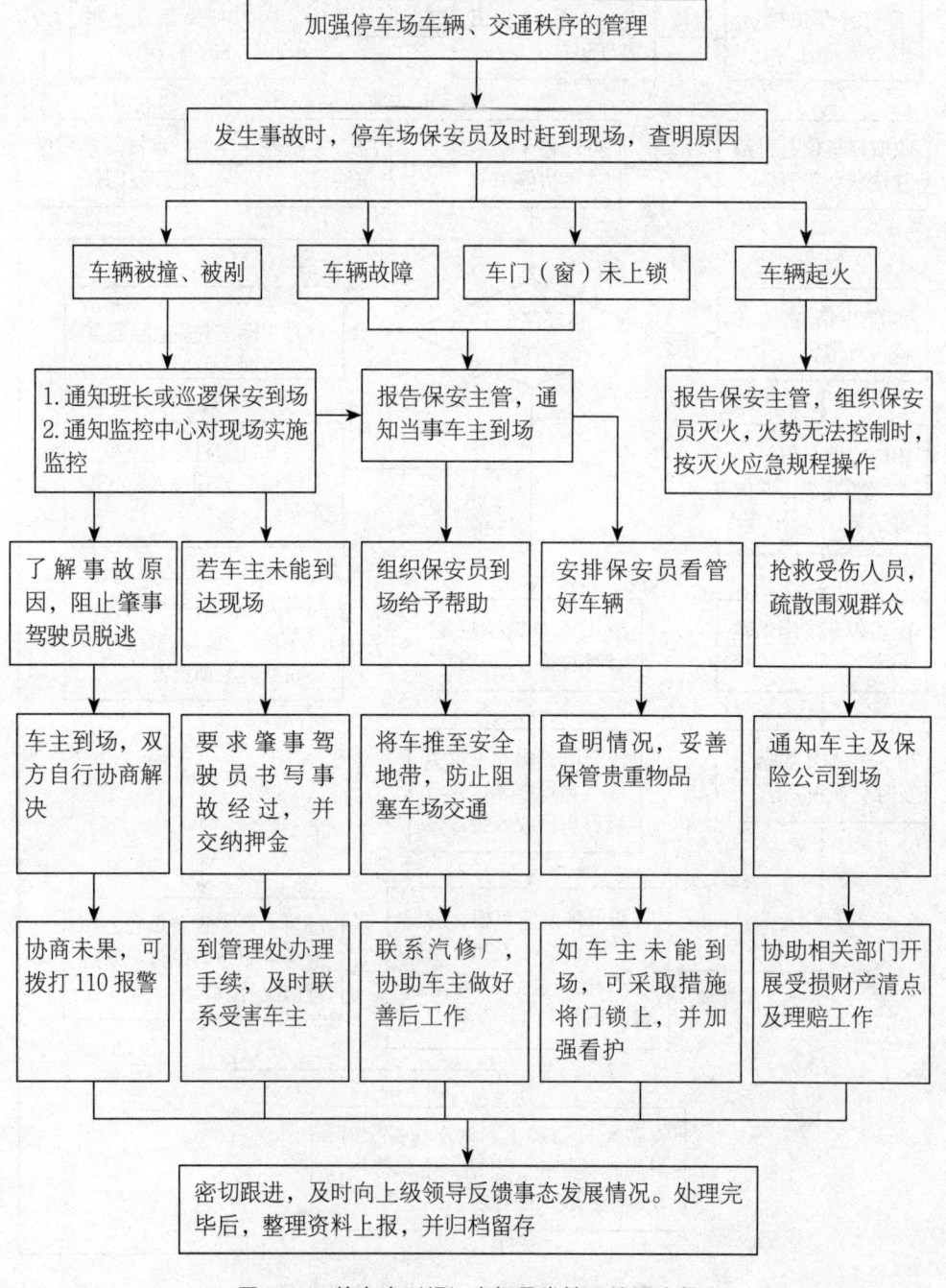

图9-12 停车库（场）车辆异常情况处置流程

十三、车辆冲卡处置流程

车辆冲卡处置流程如图9-13所示。

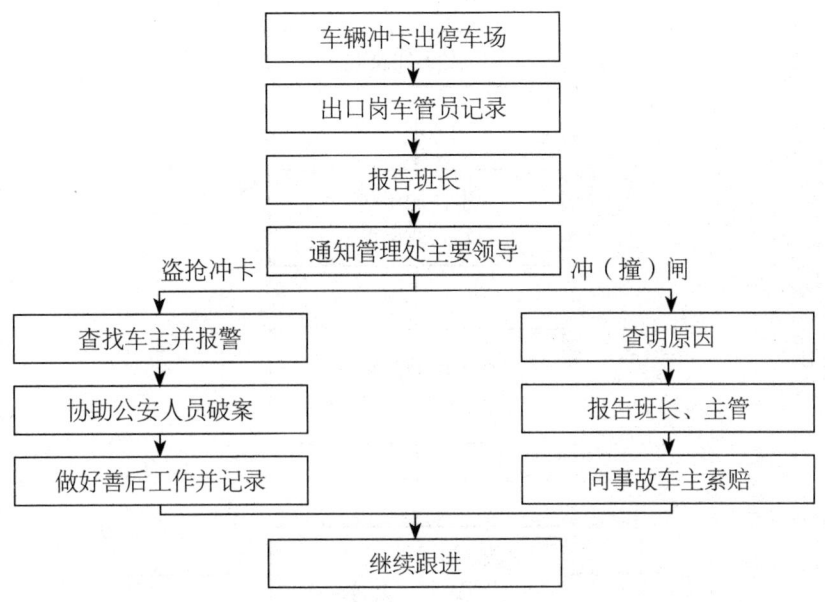

图9-13　车辆冲卡处置流程

十四、可疑人员开车出停车场处置流程

可疑人员开车出停车场处置流程如图9-14所示。

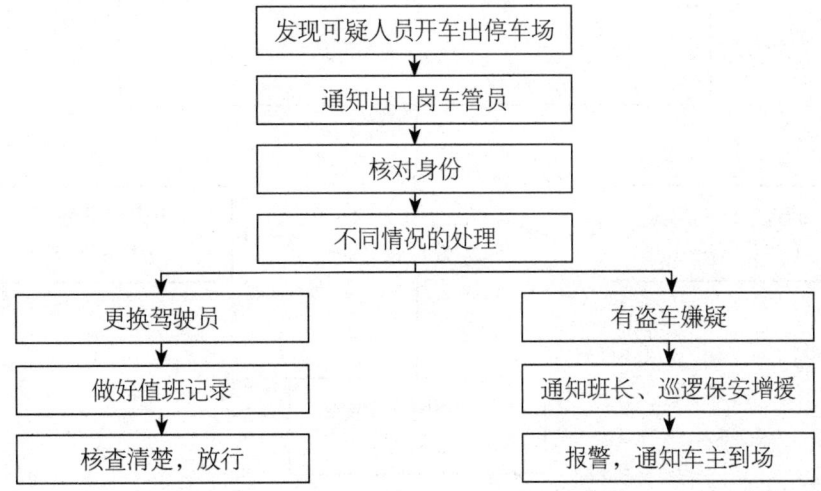

图9-14　可疑人员开车出停车场处置流程

十五、突发事件处理流程

突发事件处理流程如图9-15所示。

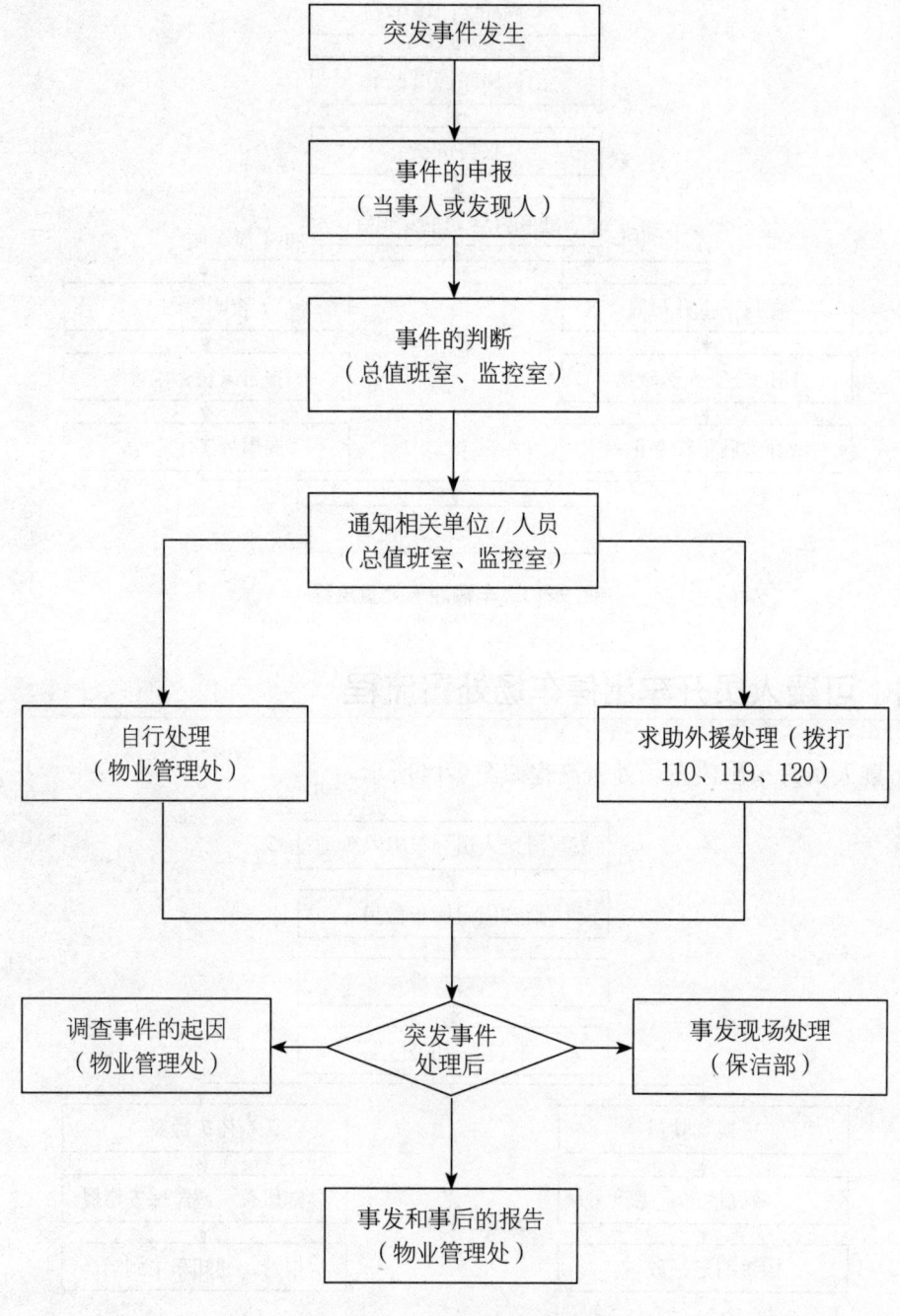

图 9-15　突发事件处理流程

十六、应急救援响应流程

应急救援响应流程如图9-16所示。

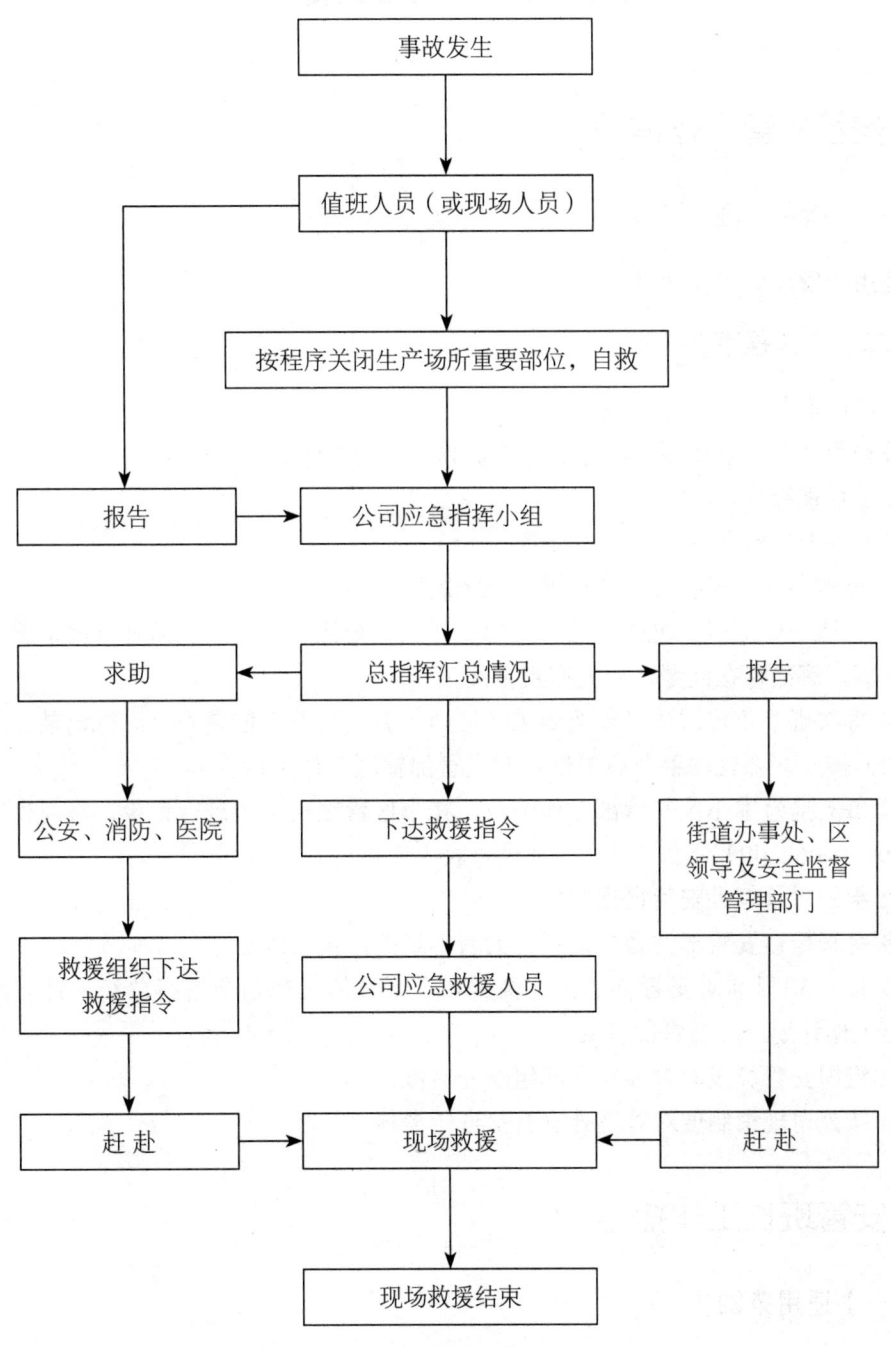

图9-16 应急救援响应流程

第十章 作业指导

一、安管主管工作指导

（一）适用范围

适用于管理处的安全管理工作。

（二）工作程序

1. 岗前准备

按安管部工作手册要求，做好上岗执勤的准备工作。

2. 工作规程

（1）每周主持召开安管工作班会。

① 传达学习公司有关文件精神、规章制度和要求。

② 总结一周工作，包括训练、思想、作风、纪律、安全、生活等方面情况，表扬好人好事，解决存在问题，研究布置下周工作。

③ 每次班会及培训，必须按要求在培训（会议）签到记录表上进行记录。

（2）按安管部管理手册有关规定对安管部管理工作进行管理。

① 每天巡检本小区安管部工作情况，在小区管理日志中进行记录。每周夜间查岗（02：00～06：00）不少于2次，在检查表中进行记录。

② 组织对管理处安管员进行培训。

③ 每天检查安管部的各项记录，如有不规范，及时纠正。

④ 每月30日前对安管部的工作情况和安管员的思想情况进行总结，针对薄弱环节作出工作计划，报安管部备案。

⑤ 组织安管员按时参加安管部组织的会操。

⑥ 按公司规章制度对管理处安管员进行考核。

二、安管班长工作指导

（一）适用范围

适用于管理处安管班长的各项工作。

（二）工作程序

1. 岗前准备

按安管部工作手册和安管员交接班制度要求，做好上岗执勤的准备工作和交接班工作。

2. 工作规程

（1）值班要求。

① 实行两班轮流、24小时全天候值班制，早班8点到20点，夜班20点到次日8点，遇特殊情况，可由管理处自行调整。

② 早、晚两班每周轮换一次，如每周日为轮换日。遇特殊情况，可由管理处自行调整。

（2）巡查各岗位执勤情况。

① 交接班时带队到各岗位巡查，检查各岗位交接班是否清楚，手续是否完备，安管员的着装、仪容仪表等是否符合规定，发现问题要立即纠正。

② 带班班长要不定时到各岗位巡查。巡查时，发现有不认真执勤或违纪违章等情况，要立即纠正。情节严重的，在安管值班日志上进行记录。

③ 当安管员执勤遇到疑难问题时，应立即到场，按照应急处理程序处理；不能解决时，报管理处处理，并在紧急特殊事件处理记录表上做好记录。

三、门岗值班工作指导

（一）适用范围

适用于管理处安管部各门岗的管理。

（二）工作程序

1. 车辆管理

（1）车辆进小区时的要求。

① 发现有车辆驶近道闸栏杆时，安管员应立即走近车辆，向司机立正敬礼。

② 对于办理本小区月卡的车辆（车窗前贴有月卡标志），发放停车卡；对于未办理本小区月卡的车辆（车窗前未贴有月卡标志），及时填写车辆进出卡（填写内容为车辆车牌号、进入时间及发卡人姓名）并发放，此外，还应在车辆进出登记表上进行登记。

③ 发卡后，应立即将道闸开启放行，并提示司机行驶路线或停车位置，若后面有跟进车辆时，应示意其停下，然后写卡、发卡。

④ 车辆安全进入小区后方可放下道闸，确保道闸不损坏车辆。

⑤ 当公安、政府部门执行公务的车辆要进入时，应查证后放行，并做好车牌号等

的登记。

⑥ 对送货、送材料的车辆，应进行严格检查，防止违禁品及易燃易爆物品进入小区。

（2）车辆出小区时的要求。

① 发现有车辆驶近道闸栏杆时，应立即上前向司机敬礼说："先生（小姐）您好，请您出示停车卡"，并验卡核对车牌号及车辆类型。

② 对于月卡车辆，禁止一卡多用，安管员收取停车卡并验卡后（不收费用）开启道闸放行，并致谢。

③ 对于临时停放的车辆，进场时间如未超过半小时（免费时限另有规定的从其规定，下同），则不收费，并开启道闸放行；如超过半小时，则按标准收取停车费，并开具发票，写明日期、时间，同时致谢；收费完毕后及时开启道闸放行，并填写车辆进出登记表。

④ 若属免费类车辆（政府执行公务、军警、公安、金融押运、车管检查、紧急抢修等车辆），验证后由当事人签名，经班长同意后放行。

⑤ 对送货、送材料的车辆，按入口岗通报事项进行检查、核对后放行；对装运大件物品（如材料、家私、电器等物品）的车辆，应核对物品放行条后放行。没有办理放行手续的车辆，不予放行。

⑥ 禁止无证车辆驶出；对于丢失停车卡的车辆，当值安管员应报告班长，由班长核对驾驶人员及车辆并登记三证（身份证、驾驶证、行驶证）、收取工本费及停车费后，给予放行；同时，值班安管员应填写遗失车卡登记表，并由当事人签名。

（3）其他注意事项。

① 车辆出入后应及时放下道闸，以防车辆冲卡。

② 放下道闸时应格外小心，以免道闸碰伤车辆和行人。

③ 注意使用服务礼貌用语。

④ 收费安管员不得收钱不开票或少开票，每班收取的停车费由班长统一保管，或上交管理处财务室。

2. 物品出入管理

（1）业主、住户及外来人员进入小区携带或载运易燃易爆、有剧毒的危险物品时，当值安管员应认真检查，严禁此类物品进入小区内。

（2）业主、住户及其他人员携带或载运大件物品（主要是搬家）或贵重物品（贵重电器、电脑等）离开小区时，当值安管员应核对物品放行条，若发现其未开具物品放行条或物品可疑时，值班员应通知班长或巡逻人员到场进行核实，并要求其到管理处补办相关手续，才可放行。必要时，用电话与业主确认并登记后，可放行。

（3）物品放行条由管理处开出，内容必须如实填写，租户搬出较多贵重物品时，必须经业主签名。

（4）查验物品放行条上所列的物品，若与实际相符，值班员签字放行；若不符，应要求当事人停止搬运，并由班长上报管理处查明原因。

（5）每班下班前，当值安管员应将所有物品放行条交给班长，每月由班长交管理处统一保管，物品放行条保存期限为3年。

3. 外来人员管理

（1）非本小区人员进入时，应进行询问、登记，问明去处后方可放行。

（2）对于无法回答所去房屋、所找人员的外来人员，拒绝其进入小区。

（3）拒绝无关人员进入小区。

（4）对外来人员进行登记，填写来访登记表，写清楚姓名、性别、身份证号、来访时间及访问人员等情况，才可放行。

四、大堂岗工作指导

（一）适用范围

适用于高层楼宇中大堂岗的管理。

（二）工作程序

1. 人员出入管理

（1）业主（用户）出入迎候。

当有业主（用户）出大堂时，大堂岗安管员应主动点头微笑，并用"您早""您好""早上好"等用语问候；当有业主（用户）进大堂时，应向其主动点头微笑，并用"您回来啦""您下班啦""您好"等话语表示迎接和问候。

（2）来访人员出入登记。

① 应进行登记的人员。

业主（用户）、公司领导及员工进出大厦不用登记。外来客人（包括业主/用户的亲友、各类访客、装修等作业人员、员工的亲友等）进出大厦（小区）一律登记有效身份证件。

② 来访人员出入迎候与登记要领。

——当有客人来访时，应向其主动点头微笑示意，并用"先生（小姐），您好！请问您拜访哪位，住哪层、哪座""请您出示身份证件""请您用对讲与您朋友联系一下""对不起，让您久等了，谢谢合作，请上楼""对不起，验证登记是我们的工作制度，请您谅解"等话语予以提示或表示歉意。

——认真核对证件和持有人是否相符，若不符，则不予登记并禁止进入。准予登记的有效证件特指在有效期内的身份证、居住证、驾驶证等。

——来访客人必须说清楚所找业主（用户）的姓名及楼座号等，必要时安管员与业主（用户）电话确认并登记后给予放行。

——当来访人员出大厦（小区）时，安管员应及时核对，主动将所押证件退还给访客，并记录访客离开时间。

（3）领导陪同客人进出的迎候与登记。

① 若公司（管理处）领导陪同客人到大厦（小区）检查、参观、学习，安管员应立即敬礼以示欢迎，并热情回答客人的询问。

② 等客人离开后，将来访人数、单位、职务等情况记录清楚，以备检查。

（4）作业人员出入。

作业人员指的是装修施工人员、搬家人员、送货、送餐、送票等服务人员。对于这类人员的出入，也要按规定进行登记。

2. 物品搬入搬出的管理

（1）物品的搬入。

① 当业主（用户）或其他人往小区（大堂）内搬运物品时，值班安管员应礼貌地询问。必要时可进行查验，确认无危险物品后，给予放行。

② 当搬入物品属危险品时，值班安管员应拒绝其入内，并报告班长或管理处。

（2）物品的搬出。

① 业主（用户）需要搬出物品时，应提前到管理处办理手续，说明需要搬出的物品名称、数量及大致时间，留下本人身份证复印件，并在"放行通知单"的存根上签字认可；管理处按照业主（用户）提供的情况出具"放行通知单"。物业使用人搬出物品的，业主到场签字认可，方能办理。

② 当班安管员收到业主（用户）交来的"放行通知单"后，应对搬出物品进行查验，确认无误后，请业主（用户）在放行通知单的相应栏内签字；安管员需要登记业主（用户）或搬运人的有效身份证件号码，签上安管员本人的姓名和放行的时间，并对业主（用户）的支持与合作表示感谢。放行通知单应交回管理处。

③ 若业主（用户）搬迁物品时未办理放行通知单，安管员应拒绝放行，特殊情况可报告班长或管理处处理。

业主（用户）应及时搬离物品，不能长时间堆放在大堂，影响客户的出入。

3. 业主（用户）临时存放物品

有时候，业主（用户）要求在大堂临时存放物品，此时，安管员应：

① 确定寄存物品的大小、数量以及种类。

② 在存放物品上粘贴标签，并填写"业主（用户）临时存放物品登记表"。

③ 业主（用户）取回物品时应签字。

4. 严密监视大堂和电梯

① 保持警惕，严密监视进出大堂的各类人员，特别是外来人员。如有问题，立即

通知巡逻人员或班长。若发生意外情况，按有关规定处理，并做好值班记录。

② 通过闭路电视监控系统密切监视电梯内的情况，当发生电梯关人事件时，应立即安慰乘客，并通知电梯工马上进行抢修，报告班长及管理处，协助做好善后工作，做好值班记录，如实填写事故报告表。

五、巡逻岗工作指导

（一）适用范围

适用于巡逻岗的各项工作。

（二）工作程序

1. 巡逻准备

巡逻岗安管员在开展工作前，应按安管员仪容仪表规定和安管员交接班制度做好上岗执勤的准备工作和交接班工作。

2. 巡查各岗位执勤情况

（1）交接班时，巡逻班长到各岗位巡查一遍，检查各岗位交接班是否清楚，手续是否完备，安管员的着装、仪容仪表等是否符合规定，发现问题立即纠正。

（2）巡逻班长每小时到各岗位巡视一次。

（3）巡查时，发现有不认真执勤或违纪违章等情况，要及时纠正，做好值班记录，并上报管理处。

（4）当安管员执勤中遇到疑难问题时，巡逻班长应立即到场，按有关规定处理，不能解决时，报管理处处理，并做好记录。

3. 巡楼

（1）每班巡楼3～4次。

（2）巡楼安管员乘电梯到天台，从上至下仔细地巡楼一次，发现不安全因素或问题时及时处理，并报告班长或管理处，以及做好值班记录。

（3）巡查电梯和水箱等门边暗角，发现不安全因素时，通知维修人员尽快处理，并做好记录。

（4）巡查路线，从天台开始，逐层巡查，直至地下室。

（5）巡查每层楼时，要注意有无异常情况，有无异常响动，有无异常气味等。当发现业主（用户）室内冒烟并伴有焦煳味，歹徒撬门抢劫行凶，可疑人员在楼道徘徊，业主（用户）室内有水溢出，业主（用户）房门大开，业主（用户）室内有打闹、哭叫、呼救声等情况时，应立即采取行动，按有关规定处理。

（6）及时发现和消除各种隐患。巡逻时要仔细检查房屋本体、公共设施、消防设施和防盗设施是否完好无损，若有损坏或异常情况，要填写故障通知单，情况严重的，要立即报告班长或管理处处理，并做好值班记录。

（7）仔细巡查地下室及各机房重地，包括发电机房、水泵房、高低压配电房、消防控制中心等重点部位。如发现不安全因素，迅速与值班人员取得联系，及时消除隐患。特别在台风暴雨期间，更要加强巡查，做好应急准备工作。

（8）巡楼时应特别注意空置房，如发现空置房内有异常情况，应及时向班长汇报。

4. 巡查车库（场）

（1）指挥车辆慢速行驶，引导车辆停在指定车位，严禁车辆乱停乱放。若发现行车通道、消防通道及非停车位有车辆停放，应及时纠正，并做好记录。

（2）巡查停放车辆的车况，发现有未锁门、未关窗和漏水、漏油等情况，及时通知司机并做好记录，或上报管理处及时处理。

（3）一旦发现形迹可疑、斗殴或醉酒、精神不正常的人员，按有关规定处理，做好值班记录并上报。

5. 巡逻签到

（1）巡逻人员必须在固定的签到箱签到。为方便签到与检查，物业公司都会安装巡逻签到箱，配置签到卡。各责任区的安管员在巡逻中，要按规定时间打开签到箱在签到卡上签到一次，责任区内的所有签到箱，都应签到。每张签到卡，不允许同时签到。

（2）签到时，签到人、检查人都要在卡上签名并注明时间。

6. 巡逻记录

巡逻结束后，应对巡逻情况进行记录。

六、车管岗工作指导

（一）适用范围

适用于车管岗的各项工作。

（二）工作程序

1. 岗前准备

按安管员交接班制度的要求，做好上岗执勤的准备工作和交接班工作。

2. 车辆进场

（1）当有车辆进入停车场（库）时，道口值班员应立即走近车辆向司机敬礼。

（2）礼貌地提醒司机领取停车卡。

（3）当司机领取停车卡后，值班员指挥车辆进入。

（4）在打卡发证的同时，迅速在小区机动车停车场车辆出入登记表上准确记录。

（5）配置智能管理系统的营业性车库（场），当持有IC月卡的车主驾驶车辆进入时，值班员应协助车主做好刷卡工作。车主未携带IC月卡时，值班员可手动开启道闸，同时在车辆出入登记本上做好记录，并提醒车主尽快补打卡。

（6）外来临时停放的车辆，值班员应按要求发放出入卡或IC卡，同时做好记录。

（7）对于进入封闭式小区停车场的外来车辆，值班员还应认真询问其所到楼号，并检查其有效身份证件，同时在来人来访登记表上做好记录。

（8）值班员要认真检查进入车辆的外观，一旦发现有破损，应及时向驾驶员指出，并在小区机动车停车场车辆出入登记表上做好记录，请驾驶员签字确认。

（9）值班员要主动提醒驾驶员按规定的路线行驶、停泊。

（10）对于外来车辆想强行进入，值班员应耐心解释，并按应急处理程序中有关规定执行。

（11）当有公、检、法、军、警及政府部门执行公务的车辆进入小区时，应查证核实后放行。

3. 车辆出场

（1）实行出入卡管理的营业性车场，值班员应在车辆驶出时看清车牌号，并迅速赶到道闸前，向司机立正敬礼，接过停车卡，仔细核对停车时间和车辆，确认无误后按规定收费，然后放行。

（2）在收卡收费的同时，迅速在小区停车场车辆出入登记表上准确记录。

（3）采用IC卡管理的车库（场），安管员发现有车辆要驶出时，应立即看清车牌号，做好放行准备，必要时协助车主刷卡。

（4）认真查看电脑，核对刷卡车辆是否与电脑记载的内容相符，并收回IC卡。

（5）离场车辆未携带出入卡、IC卡的，应请车主到管理处办理有关手续，填写小区停车场车辆出入登记表后方可放行。

（6）对于驶离的客货车，应按规定检查有无携带贵重物品，如有，则按物品出入管理规定执行。

（7）营业性停车场的临时停放车辆超过收费时段需要加收停车费的，应将计时卡交司机核对，请其补交费用后方可放行。

4. 停车场（库）突发事件应急处理

（1）停电。

① 当停车场（库）停电时，立即将停电区域及详细情况报告班长，并向工程部了解停电的原因。

② 收费系统因停电无法使用时，应通知收费人员，手动计费。

③ 使用紧急照明设备，保证各通道照明。

（2）收款系统故障。

① 当收款系统发生故障时，立即通知部门主管或值班主任，并记录故障时间。

② 报工程部维修，尽快恢复正常使用。
③ 恢复使用前，通知出入口岗位收费人员采用手动计费。
④ 按手动计费操作程序收取停车费。
（3）发生火灾。
① 当停车场（库）发生火灾时，应以最快的方式通知消防中心，说明起火的确切地点和起火性质。
② 疏散起火现场的业主（用户）。
③ 使用就近的消防器材尽快将火焰扑灭或控制火势蔓延。
④ 保护起火现场，等候专业人员进行调查。
⑤ 由经理以上职级的领导决定是否报警。
⑥ 如火势扩大，难以控制，停车场（库）员工应以最安全、最快捷的途径将停车场（库）内人员疏散到安全地点，并预防其他事故发生。
⑦ 如出现人员受伤，应积极抢救。
（4）消防系统故障。
① 当消防系统发生故障时，立即通知监控中心值班人员，详细说明故障情况。
② 耐心向在场人员作出解释。
③ 采取措施（如使用沙包拦水、立即关水闸等）避免损坏其他设备。
（5）发生斗殴等暴力事件。
① 遇到斗殴等暴力事件时，应保持冷静，以最快的方式报告领班或监控中心，简要说明现场情况，如地点、人数、斗殴程度、有无使用武器等。
② 如能控制现场，应及时制止暴力事件；否则，立即与监控中心保持联络，等待增援人员到达。
③ 处理过程中应保持冷静，尽量避免与对方发生争吵或武力冲突。
④ 事件中如有人员受伤，要及时组织抢救。
⑤ 尽可能控制争执双方或肇事方，等候上级处理。
（6）发生盗窃或破坏事件。
① 遇到盗窃或破坏事件时，应以最快的方式报告监控中心或值班主任，简要说明现场情况，如地点、人数、人员财物损失情况等。
② 保持冷静，如能自行处理，可将有关人员带往安管部调查；如不能自行处理，应保护现场，等候其他岗位支援。
③ 保护现场不被破坏，以便有关单位调查取证。
（7）发现醉酒者。
① 发现醉酒者时，立即报告监控中心或上级，并尽力稳定醉酒者的情绪。
② 劝告醉酒者离开停车场（库），如醉酒者无理取闹，可使用强制手段请其离开。
③ 一定要保持冷静、克制态度。

（8）发生车辆碰撞。
① 当发生车辆碰撞时，应将肇事驾驶人留在现场。
② 立即通知值班主管或领班到现场处理。
③ 暂时扣下肇事驾驶人的有关证件，等候相关单位前来处理。
（9）车道堵塞。
① 出现车道堵塞时，在不违反物业管理规定的情况下，以最快捷的方式疏通车道。
② 如遇到"问题车辆"，可先暂扣驾驶人证件，将车辆安排到不堵塞车道的地方再行处理。
（10）电梯故障。
① 停车场（库）电梯出现故障时，立即通知监控中心值班人员。
② 在电梯口摆放停用通知或标识。
③ 通知入口值班人员。
④ 入口值班员接通知后应对入场车辆进行指引。
⑤ 收款员收取停车费后应向车主作出适当的解释。

七、监控岗工作指导

（一）适用范围

适用于监控岗的各项工作。

（二）工作程序

1. 岗前准备

按安管员服式及着装规定和安管员交接班制度要求，做好上岗执勤的准备工作和交接班工作。

2. 严密监视

（1）提高警惕，严密注视进出小区的各类人员，特别是外来人员。如有怀疑，立即通知巡逻岗安管员严密监视；若发生意外情况，按应急处理程序有关规定处理，并做好相关记录。

（2）熟悉本小区业主（用户）的基本情况，包括姓名、楼号、人口状况、亲友状况、相貌特征、经常出入小区的时间等。

（3）当业主（用户）搬出，或有新业主（用户）入住时，通知相关岗位安管员，核对有关手续，并主动维持电梯运行秩序。要提醒搬家的业主（用户）使用专用电梯，并避免其在电梯运行高峰期搬运物品，以防造成秩序混乱。

（4）通过闭路电视监控系统密切监视电梯内的情况，当发生电梯困人事件时，要善言安慰乘客，按应急处理程序有关规定处理，同时通知设备管理员马上进行维修，及时报告班长及管理处，协助做好善后工作。

（5）按规定时间更换录像带及播放小区背景音乐。发现可疑情况及人员，应严密监视。

（6）当监控系统出现报警信号时，立即通知相关岗位安管员前去核实情况，如属误报，立即解除；如情况属实，按应急处理程序处理。

（7）按规定填写监控录像带使用保管记录。

（8）值班人员根据监控室设备运行情况，填写监控室值班记录，发现问题，及时通知相关人员进行维修，问题处理完毕后在监控室值班记录上予以记录。

3. 设备的操作与检查

（1）监控值班员要熟练掌握消防、监控设备的工作性能及分布位置。

（2）维护好监控中心的备用电源，确保辖区停电期间监控设施设备能正常运行。

（3）监控值班员应严格按程序对监控设备进行维护，并密切关注监控设备的运行情况，具体包括：

① 电压是否符合工作要求，电源插头是否接触良好。

② 监视画面是否清晰，摄像探头的角度是否准确，录制的图像是否保存。

③ 红外监控装置能否正常运行。

④ 户内监控器能否正常工作。

⑤ 消控设备能否正常运行。

⑥ 对讲机是否能正常收发。

（4）若发现设备运行不正常或出现故障，监控值班员应立即向班长报告，经检查后作出处理决定。

4. 发生报警的处理

（1）户内报警。

① 当主机发出报警信号时，监控值班员应立即查看报警位置，确认报警类型。

② 立即用对讲机向辖区安管员发出指令。如对讲机受到干扰，应迅速改用电话联系。

③ 安管员接警后应立即赶赴现场进行处理，并把情况反馈到报警中心。事后，监控值班员和安管员应做好相关的记录。

（2）周边报警。

① 当主机发出报警信号时，监控值班员应仔细查看报警区域图像。

② 辨别警情内容，如属行人误入防区，可及时复位；如发现形迹可疑的人翻墙进入辖区，应立即用对讲机通知安管员，讲清具体的位置、嫌疑人的体貌特征，由安管员前去处理。

③ 若同一防区出现多次误报警，保安队长、监控值班员应及时向安管部汇报，并及时通知维修中心或安装单位进行维修。

④ 监控值班员如发现周边报警系统24小时内无报警现象，应立即通知辖区保安队进行测试，并将测试结果向报警中心进行反馈。

⑤ 监控值班员应详细记录警情处置情况。

（3）电视报警。

① 监控值班员通过监视屏进行动态观察时，如发现出入口、车库（停车场）、大堂、电梯、楼层有异常情况或可疑人员，应立即用对讲机通知安管员，讲清具体的位置、嫌疑人的体貌特征，由安管员前去处理。

② 通过监视屏进行实时跟踪，及时给安管员提供准确的信息。

③ 做好相关的记录。

（4）火灾报警。

① 当主机发出火警信号时，应立即用对讲机通知安管员前往检查，并讲清具体位置。如属误报，应及时复位；如经常发生误报，应及时向安管部报告，并通知维修中心或安装单位进行维修。

② 如确认是火警

——立即向有关领导报告。

——根据火情的大小及现场最高负责人的指令，启动消防水泵、排烟阀、送风阀，关闭分区防火门，启用消防广播。

——通过监视屏对火警现场进行监视，为义务消防员的扑救和疏散工作提供准确信息。

——检查电梯内是否有人。

——坚守岗位，做好一切应急准备工作，等待指令。

③ 对火警的处置过程进行记录。

八、突发事件应急处理工作指导

（一）适用范围

适用于本公司所辖物业项目内突发事件的应急处理。

（二）工作程序

1. 盗窃、匪警的应急处理

（1）安管员在执勤中遇到（或接报）公开使用暴力或其他手段（如打、砸、抢、偷等）强行索取或毁坏管理处和业主（用户）财物，或威胁业主（用户）人身安全的犯罪行为时，首先要拨打110求助，同时要切实履行安管员职责，迅速制止犯罪行为。

（2）当发生突发案件时，要保持镇静，设法制服罪犯，同时通过通信设备呼叫求援；如身上无通信设备，可大声呼叫，以取得其他安管员与群众的支持。

（3）受调遣的安管员在听到求援信号后，要立即赶到现场。监控中心／安管员应通知道口岗封锁出口，然后视情况向有关领导汇报。

（4）若犯罪分子逃跑，要看清人数、衣着、相貌、身体特征、所用交通工具等，并及时报告管理处；如属重大案件，要立即拨打110电话报警。

（5）要保护案发现场，任何人不得擅自移动案发现场物品，包括罪犯留下的手痕、脚印、烟头等，不得让外人进入案发现场；在公安机关人员到达前不能离开。

（6）记录当事人所提供的线索，包括被抢（盗）物品及价值等。

（7）若当事人或现场人员受伤，要尽快送医院救治，并报告公安机关。

（8）安管班长做好现场记录，并作出书面报告呈报上级。

2. 争吵、斗殴的应急处理

（1）监控中心通知有人争吵、斗殴时，安管员应及时制止。

（2）迅速报告管理处领导、主管领导，由管理处出面调解；如个人力量单薄，应请求增援。

（3）在制止争吵、斗殴双方时，切记不能动粗，不许恶言相向。不要带有主观意向，倾向任何一方。

（4）如属违法犯罪行为，应及时拨打110报警，并视情形采取措施将犯罪人员制服。

（5）要提高警惕，耐心说服、劝阻围观群众离开，防止坏人利用混乱之机，进行破坏活动或偷窃，并确保护卫区域内的正常秩序。

3. 发现醉酒者或精神病人的应急处置

（1）醉酒者或精神病人失去正常的理智，处于不能自控的状态，易对自身或其他人造成伤害，安管员应及时采取措施，将其控制住。

（2）如果认识醉酒者或精神病人，应设法通知其家人或工作单位，将其领回。

（3）若醉酒者有危害社会安全的行为，应立即制止，设法将其制服并送公安机关处理。在这个过程中，安管员要注意保护自己。

4. 发现爆炸物及可疑爆炸物的应急处置

（1）安管员发现可疑物品时，要立即向主管领导及管理处报告，并留守现场，阻止他人接触可疑物。

（2）主管领导立即组织人员赶到现场，向有关人员了解情况，如确认可疑物品为危险物品，应立即对附近区域的人员进行疏散，并设置临时警戒线，禁止任何人员入内。

(3) 向公安机关报案,并向公司领导报告。
(4) 对附近区域进行全面搜寻,以消除隐患。
(5) 待公安人员到现场后,协助其消除隐患。
(6) 如果危险已经发生,安管员要立即赶到现场协助抢救、运转伤员、稳定人员情绪、保护好现场、疏散人员。

5. 接报刑事案件的处理

(1) 接报人员首先要问清报案单位、报案人姓名,并要求在场人员不得动用现场的任何物品,做好现场保护。
(2) 将报案情况向主管领导及管理处通报。
(3) 安管员到达后对现场进行保护,劝阻、疏散围观人员,并对现场及外围人员进行观察。
(4) 向当事人员及现场有关人员了解案情。
(5) 向公安机关报案,等待其到达现场。
(6) 将受伤人员送往医院救治。
(7) 向警方介绍情况,并协助其破案。

6. 接报治安案件的处理

(1) 接报斗殴、流氓、暴力案件时,要问清案发地点、人数、闹事人是否带有凶器。
(2) 通报主管领导及管理处,并立即赶赴现场,控制事态,劝阻、疏散围观人群。
(3) 制止双方的过激行为,分别将各方带到安管部,进一步了解情况,做好笔录,并提出对事件的处理意见。
(4) 派人查清损坏物品的数量。
(5) 向公安机关报案,同时对打、砸、抢及蓄意破坏的肇事者进行控制。

7. 对盗窃事件的处理

(1) 管理处或控制中心接到通知后,应立即派有关人员到现场。
(2) 如证实发生案件,要立即拨打110报警,并留守现场,直至警务人员到达。
(3) 禁止任何人员触碰案发现场物品。
(4) 若有需要,关闭入口大门,劝阻业主(用户)及访客暂停出入,防止窃贼趁机逃跑。
(5) 当警务人员到达后,协助其破案。
(6) 将处理过程进行详细记录,并向主管呈报。

8. 停车场内发生抢劫事件的处理

对于停车场内发生的抢劫事件,应采取表10-1所示的行动。

表 10-1　停车场内发生抢劫事件应采取的行动

抢劫案件类别	应采取的行动
车主、乘客遭劫	（1）报警及通知控制室 （2）留意劫匪的容貌、人数，以及有无凶器，如有汽车接应，记清车牌号码及逃走方向等
收银处遭劫	（1）通知大厦主管、控制室及警方 （2）不要触碰案发现场任何物品，如收银机等 （3）查看现场是否仍有劫匪 （4）照顾受伤者 （5）当警务人员抵达现场后，记录主管警官级别、编号及报案编号，并尽快向主管报告

9. 漏水的应急处理

（1）检查漏水的准确位置及水质，确认是冲厕水、工业用水还是排污水，并设法关上水闸，阻止漏水进一步扩大。若不能处理，应立即向工程人员、管理处经理及中央控制中心寻求支援。

（2）观察四周环境，查看漏水是否影响其他设备，如电力变压房、升降机、电线槽等。

（3）用沙包及可用物件堆垒，防止漏水渗入升降机等设备，并立即将升降机升到最高楼层，以免水浸使机件受损。

（4）利用现有工具，设法清理现场。

（5）如漏水可申报保险金，应拍照片留存。

（6）通知清洁部清理现场积水，检查受影响范围，通知受影响的业主（用户）。

（7）日常巡逻时，应留意沟渠内是否有淤泥、杂物或塑料袋，随时加以清理，以免堵塞通道。

（8）平日准备充足的沙包，以备急用。

10. 人员受伤或生病的处理

（1）当发现有人在公共地方突然晕倒或意外受伤时，必须报告上级并打急救电话求助。

（2）将病人或伤者安置在适当地方休息，并设法通知其家属或派出所。

（3）妥善保管好伤者或病人的财物，当派出所人员到达时，交派出所人员处理。

（4）尽量将伤者或病人与围观者隔离。

（5）将详细情况记录后，呈报主管。

11. 电梯困人的处理

（1）若有乘客被困在电梯内，应利用闭路电视及对讲机，掌握电梯内的情况，并安慰被困者。

（2）立即通知电梯保养公司派人维修。

（3）被困者中如有小孩、老人、孕妇或人多供氧不足，可请求消防人员协助。

（4）被困者被救出后，询问其身体是否不适、是否需要送医等。

（5）记录事件的详细情形及维修人员、消防员、警员、救护人员到达和离去的时间，消防车、警车及救护车号码等。

（6）记录被困者被救出的时间或伤员离开的时间，以及伤员被送往哪家医院。

12. 停电和电力系统故障的处理

（1）若电力公司预先通知物业所在区域暂时停电，应立即将详情和有关文件呈交主管。

（2）管理处应安排电工值班。

（3）将停电通知张贴在公告栏内。

（4）当供电恢复时，安管员必须与电工检查辖区内所有设备的运行情况。如有损坏，应立即报告，安排修理。

（5）管理处平日必须准备手电筒和其他照明物品，以便突然停电时使用。

（6）当辖区发生突然停电事件，安管员应立即通知班长及控制中心，安排工程部人员维修，并通知业主（用户）有关停电情况。

13. 瓦斯、易燃气体泄漏的应急处理

（1）接到易燃气体泄漏的报告。

① 当收到易燃气体泄漏的报告时，应立即通知班长，尽快派人到现场查看。

② 抵达现场后，要谨慎行事，不可打开灯、风扇及任何电闸；应立即打开所有门窗，关闭煤气阀门；严禁在现场吸烟。

③ 通知所有人离开现场，等待专业人员前来维修。

④ 如发现有人受伤，应妥善处理，通知救护人员前来救援。

⑤ 管理员在平时巡逻时应提高警惕，闻到不寻常气味时，应小心处理，并熟悉煤气阀门的位置和开关方法。

⑥ 将详细情况记录下来，呈报主管。

（2）值勤中发现煤气泄漏。

值勤中发现煤气泄漏的处理方法如表10-2所示。

表10-2　值勤中发现煤气泄漏的处理方法

序号	泄漏的程度	处理方法
1	嗅到轻微煤气味	（1）马上追查气味来源 （2）把煤气炉导燃火苗或炉火关掉。如果没有开关，把煤气表旁的总阀关掉 （3）熄灭香烟及一切火焰，关闭屋内所有电暖炉 （4）打开门窗，等待煤气完全消散 （5）再点上导燃火苗或煤气炉 （6）若仍然不断嗅到煤气味，马上通知煤气公司，切勿试图自行修理

续表

序号	泄漏的程度	处理方法
2	嗅到浓烈的煤气味	（1）关闭煤气表旁边的总阀 （2）打开所有门窗 （3）熄掉香烟及一切炉火 （4）如果屋里有伤者且不省人事，应将其移到空旷地方，使其身体成复原卧式 （5）打电话通知救护车及煤气公司 （6）切勿用火柴或打火机点火来寻找煤气管上的漏气处 （7）切勿进入煤气味特别浓烈的房间，毒气积聚起来会使人失去知觉

14. 台风侵袭的处理

（1）安管人员对辖区易受台风侵袭的部位进行全面巡查，发现不牢固的设备和物品，及时进行处理，不能处理的，立刻报工程部。

（2）各部门人员负责检查各自的工作区域，查看设备、物品是否牢固，门窗是否关严。

（3）辖区各部门准备好手电筒和其他必备应急物品。

（4）安管部成立后备队，随时准备出动。

（5）台风来临时，后备队出动，对辖区范围进行巡查，密切注意各重点部位。

（6）灾后处理：

① 清理台风造成的残余物。

② 查明辖区财产损失和人员伤亡情况。

③ 修复台风毁坏的建筑物和其他设施。

15. 高空坠物的应急处理

（1）立即派人进行调查，设法寻找肇事者。

（2）如有必要，可向肇事者发出警告，并报告公安机关。

（3）如果未能找到肇事者，应向所有业主（用户）进行通报，指出该行为的严重性。

（4）拍照存案。

（5）将详情记录在"物业日常管理记录簿"内。

（6）如高空坠物导致有人受伤，管理人员应：

① 通知医院及公安机关。

② 协助照顾伤者。

③ 设法寻找肇事者或证人。

④ 封锁现场，等待公安人员到场。

⑤ 将详细情况记在"物业日常管理记录簿"内。

⑥ 报告上级。

16. 交通事故的应急处理

（1）无人受伤。

① 维持秩序，使现场交通恢复顺畅。

② 记录事件。

③ 如有需要，拍照留存。

④ 如有需要，应将该事故现场封锁。

⑤ 如有需要，通知物业维修人员到场处理。

⑥ 如有需要，张贴警示标志。

⑦ 保安队长应将事件详情记录在"物业日常管理记录簿"内，并向上级做书面报告。

（2）有人受伤。

① 指挥交通，给予尾随车辆警告。

② 在适当情况下将伤者从危险位置移走。

③ 拨打120、110报警，等候支援。

④ 记录事件并拍照。

⑤ 通知主管或公司领导。

⑥ 事后将事件详情记录在"物业日常管理记录簿"内，并呈交详尽报告给上级。

17. 噪声的处理

（1）应留意辖区四周产生的噪声，不论是机器、音响，还是人为造成的，均能直接影响其他业主（用户）。

（2）无论业主（用户）投诉还是由物业管理员发现，均应对噪声及来源进行调查，并将事件进行记录。

（3）业主（用户）在规定时间外装修/施工产生噪声，巡逻保安应上门劝阻，如业主（用户）或装修公司/施工单位拒绝停止装修/施工，巡逻保安应向派出所报案。

18. 火灾的应急处理

（1）接到火警时，应立即向上级报告。

（2）保安队长接到火警通知后，立即到现场指挥灭火救灾工作。

（3）指派一名班长协同管理人员将楼内业主（用户）疏散到安全地方。

（4）消防、监视中心立即通知有关人员到指挥部集结待命。

（5）大堂的安管人员立即控制大堂的出入口，只许出，不许入。

（6）启动应急广播，向业主（用户）讲明火情，告诉他们不要惊慌，带好房间钥匙，锁好门，有秩序地撤离。

（7）通知工程部变电室断电，启动备用消防电源。

（8）通知空调机房关闭空调系统，开启防、排烟系统及加压风机。

（9）通知水泵房，准备启动加压水泵。

（10）根据火势大小，决定是否向消防队报警。

（11）消防队到达后，配合其工作。

（12）通知有关工程人员到现场待命。

19. 有人触电的处理

（1）马上赶到现场，切断电源，关上插座上的开关或拔除插头。

（2）若无法切断电源，可站在绝缘物体上，如凳子、木梯、木箱等，用扫帚或木棍把伤者拨开。切勿用潮湿的工具或金属物质触碰伤者。

（3）或者用绳子、长裤、干布绕过伤者腋下或腿部，把伤者拖离电源。切勿用潮湿的物件拖动伤者，例如湿毛巾。

（4）切忌在关掉电源之前用身体接触触电者，防止自己触电。

（5）若触电者昏迷，将其身体放置成复原卧式。

（6）立即采用口对口人工呼吸法和心脏按压法对触电者进行急救，要注意防止触电者摔伤。

（7）若触电者身体烧伤或感到不适，立即拨打120，或立即送触电者去医院急救。

九、小区内交通管理作业指导

（一）适用范围

适用于本公司所辖物业小区的交通管理。

（二）工作程序

1. 车辆行驶和停放管理

（1）监督进入辖区的车辆不可超速行驶，禁鸣喇叭，并指挥车辆按规定方向靠右行驶，停放在指定的停车位置。

（2）提醒司机关好车门、车窗，并将车内贵重物品随身带走。

（3）巡检车辆情况，发现门、窗未关好，有漏油、漏水等现象，应及时通知车主。

（4）留意进入辖区的一切车辆情况，禁止载有易燃易爆等危险物品的车辆进入辖区（施工所需的除外）。非业主车辆携较贵重或大量物品出辖区时，安管员有权检查车辆并要求其作出说明。

（5）严密注视车辆情况和驾驶员的行为，若遇醉酒驾车者，应立即劝阻，避免交通事故的发生。

（6）纠正司机乱停乱放的行为，礼貌地请司机将车停放到指定位置。

（7）指导行人走人行道、自行车靠右侧道路行驶。

2. 交通设施的管理

（1）安管员在日常安保工作中应对辖区的交通标志及设施进行检查，发现有损坏，应予以记录并及时报告安管班长。

（2）安管班长对交通标志及设施的损坏情况进行核实，并报相关部门进行维修或更换。

（3）保护各种交通设施不被破坏。

十、安管员交接班作业指导

（一）适用范围

适用于管理处安管员的交接班。

（二）工作程序

（1）按时交接班，接班人员应提前30分钟对小区进行班前安全检查（分组、分区），并将检查情况报告班长，班长应对检查情况进行监督。

（2）接班人员到达前，交班人员不能离岗。

（3）接班班组按指定路线、队列要求进行交接班。

（4）接班人要详细了解上一班执勤情况和本班应注意的事项，应做到三明，即上班情况明、本班接办的事情明、物品器械明。

（5）交班人在下班前必须填写交接班记录表，应做到三清，即本班情况清、交接的问题清、物品器械清。

（6）交班人员发现问题要及时处理，不能移交给下个班处理，接班人应协助其完成。

（7）接班前由班长组织召开班前会议，对各岗位队员的工作纪律、安全防范、礼节礼貌、服务意识、事件处理、呈报流程、物品与车辆的管理等提出要求；传达会议精神，安排工作内容。

（8）安管班长对交接班记录表的填写情况进行监督。

第十一章 管理制度

一、安管员培训规定

（一）目的

培养一支爱岗敬业、训练有素、纪律严明、文明执勤的安全管理队伍。

（二）适用范围

适用于本公司下属各管理处安管员的培训。

（三）管理规定

1. 总要求

（1）各管理处安管部主管每周三、周五下午组织军训，每半月组织一次思想教育或业务知识学习（培训），每次训练、学习时间不少于一小时，管理处经理负责巡查指导。

（2）参训人员必须严守训练场纪律，做到着装整齐、姿态端正、仪容整洁、精神饱满，同时，个人物品不外露。

（3）管理处对新录用的安管员，进行7个工作日的"应知应会"岗前培训。

（4）安管部每月组织不少于一次的队列会操、思想教育或业务知识培训。培训或会操时，除了当班人员和特殊情况外，任何安管员不得缺席。

（5）严格要求，严格训练。做到人员、时间、内容、效果"四落实"。

2. 培训内容

（1）岗前培训内容。

① 新录用的安管员上岗前，必须接受"应知应会"岗前培训。

② 公司基本知识、公司的现状与未来展望。

③ 安管部的规章制度和与物业管理有关的政策、法规及相关文件。

④ 安管员的职责、纪律、礼仪及奖惩制度等。

⑤ 安全管理的基础知识，包括灭火器的基本使用方法、紧急集合的一般常识等。

⑥ 其他有关知识。

（2）在岗培训内容。

① 安全管理基础知识。

② 各类突发事件的处理原则和方法。
③ 队列、体能、消防、车辆指挥手势、擒拿格斗、防卫术等。
④ 与物业管理和本职工作相关的法律法规及相关文件。
⑤ 政治思想教育。
⑥ 消防安全知识。
⑦ 岗位专业知识。
⑧ 礼节礼仪知识。
⑨ 其他有关知识。

3. 考核

（1）安管员入职半个月后，由管理处对其进行队列考核，不合格者，半月内安排一次补考，再不合格的予以辞退。

（2）安管部每半年组织一次综合性考核，每年底组织一次体能测试。

（3）考核按安管员考核标准实施。

（4）考核成绩记入安管员考核成绩记录表中，70分为及格，80分以上为良好，90分以上为优秀。考核不及格者给予一次补考机会，再不及格的，予以辞退。

二、安管员仪容仪表规定

（一）目的

使安管员上岗时保持良好的形象。

（二）适用范围

适用于规范本公司下属各管理处安管员的仪容仪表。

（三）管理规定

1. 仪容仪表

（1）举止文明、大方、端庄。

（2）穿着统一制服，佩戴工作牌，服装整齐干净。

（3）不准披衣、敞怀、挽袖、穿拖鞋或打赤脚。

（4）头发要整洁，男队员前额发不得遮盖眼眉，鬓角发不得超过耳屏，脑后发不得触及衣领，胡须不得超过1毫米，鼻毛不得长出鼻孔。女队员不得涂脂抹粉，不得涂有色指甲油。

（5）安管员不得留长指甲，男队员指甲长不超过指尖1毫米，女队员指甲不超过指尖3毫米。

（6）精神振作，姿态良好。抬头挺胸，不得弯腰驼背、东歪西倒、前倾后仰；不得伸懒腰、叉腰或将手插入衣（裤）袋；不得边执勤边吸烟、吃零食；不得搭肩挽臂。

（7）当班或培训期间不得佩戴饰物和手机。

（8）当班期间不得哼歌曲、吹口哨。

（9）不得随地吐痰、乱丢杂物。

（10）经常检查并保持良好的仪表，不得当众整理个人衣物。

（11）不得将物件夹于腋下。

（12）不得当众抓头、搔痒、掏耳、挖鼻孔、敲桌椅或玩弄其他物品。

2. 礼仪

（1）着制服时，见到经理级以上领导应敬礼。

（2）见到主管级领导应立正问好。

（3）纠正违章先敬礼。

（4）车辆出入、验证、收费应先敬礼。

（5）有业主（用户）询问，必须立正回答。

（6）交接班时要相互敬礼。

（7）迎送服务语言要得体，使用"请""谢谢"等文明用语；态度要诚恳，目光不游离，应用和善的目光看着服务对象。

三、安管员服式及着装规定

（一）目的

加强对安管员着装的管理，树立公司良好的社会形象。

（二）适用范围

适用于规范本公司下属各管理处安管员的服式及着装。

（三）管理规定

1. 着装规定

（1）服装：纽扣要全部扣好，不得敞开外衣、卷起裤脚或衣袖。领口及袖口处不得显露个人衣物，制服外不得有纪念章、笔、纸张等个人物品，衣袋内不得装过大过厚物品。

（2）帽子：帽子应自然戴在头上。

（3）冬季穿大衣时，扣子要全部扣好，不得敞开或披在肩上。

（4）上班时只准穿规定的深色皮鞋，禁止穿拖鞋、布鞋、旅游鞋；袜子要穿素色，不得光脚穿鞋或穿过于花哨的袜子。

（5）服装要保持干净整洁。

（6）下班后应将制服挂于本人衣柜内，不准穿着或携带制服离开管理小区。如有遗失、损坏，按原价赔偿。

（7）服装款式不得随意改动。

（8）值勤用大衣仅限安管员值勤时使用，非当班时间严禁任何人以任何形式占用、使用大衣。

（9）大衣不穿时必须叠好并放置整齐，具体责任人为班长。

2. 调离、离职时服装的处理

（1）安管员在公司内部调动，如调入单位与原单位的工装（式样或颜色）不同，安管员应将工装交给原单位；如工装相同，安管员可将工装带往调入单位。

（2）安管员离职时，其服装及物品应交回。

（3）安管员服装丢失或非因公损坏，应按原价赔偿。

四、安管员宿舍管理规定

（一）目的

加强对安管员作风与纪律的管理，保证安管员宿舍秩序良好、清洁干净、物品摆放整齐统一。

（二）适用范围

适用于对安管员宿舍的管理。

（三）职责范围

（1）管理处经理负责监督本规定的贯彻落实。

（2）安管部主管负责对本规定的执行过程进行管理。

（3）安管员负责具体执行。

（四）管理规定

1. 宿舍管理

（1）安管员必须在管理处指定的宿舍、铺位住宿，未经管理处经理批准，不得在外住宿。

（2）不准擅自带人留宿，如有特殊情况，如安管员直系亲属需临时留宿的，应报经管理处经理批准。

（3）严禁高声喧哗，影响他人休息。

（4）严禁乱扔烟头、乱泼污水、乱丢垃圾、随地吐痰。

（5）严禁在辖区范围及宿舍内光膀子及只穿三角内裤。

（6）严禁有打麻将或其他赌博行为。

（7）严禁传看反动、淫秽书画，不得宣扬封建迷信。

（8）严禁酗酒滋事、打架闹事、搞不团结。

（9）不准擅自调换房间、床位或占用空床位，不准随意动用他人的物品。

（10）自觉爱护宿舍的公共设施和财物，严禁乱接电线，严禁在宿舍做饭，严禁在宿舍存放易燃易爆、有毒有害物品，严禁为他人保管来历不明的物品。

（11）安管员的亲友应在22：00以前离开宿舍。

（12）严格遵守作息时间，除值班及请假外，安管员应在凌晨1点之前熄灯就寝。

2. 内务卫生

（1）安管员的宿舍实行轮流值日。值日员负责宿舍的打扫和垃圾的清理。

（2）管理处配备的写字台、衣柜、床铺等统一摆放，保持整齐清洁。

（3）床单铺放整齐，保持洁净；被子统一摆放。

五、安管队监控管理办法

（一）适用范围

适用于公司各管理处各项工作的监控管理。

（二）职责范围

（1）安管班长：负责本班组日常工作的监督和落实、实施。

（2）安管队长：负责对部门安全管理工作进行全面监控和指导。

（3）管理处经理：负责对管理处安全管理工作进行监控和指导。

（4）品质部：负责对各管理处的安全管理工作进行指导、检查、考核。

（三）管理规定

1. 安管班长监控要求

（1）严格履行交接班制度，督促各岗位人员履行交接手续；负责对本班安管员进行班前点名，做到班前有要求，班后有讲评；对本班的工作情况提出改进要求。

（2）上班前对本班所用设施设备的性能进行检查，以保证当值期间能正常使用。

（3）当班期间至少对各岗位的工作质量记录进行一次全面检查，对不合格的情况及时纠正。

（4）检查各岗位人员在岗值勤的情况，发现问题，记录在交接班记录表上。

（5）对夜班员工的工作状态进行全面监控，至少每小时用对讲机呼叫各岗位一次，如有异常，应及时作出处理。

（6）监督本班安管员在辖区内的形象，对违章者应及时纠正。

（7）检查培训、训练情况，根据实际情况向上级汇报，并及时改进培训、训练内容及方法。

（8）每月量化考核前，应对各岗位的工作质量进行全面检查，并与月度考核挂钩。

（9）严格执行内务管理规定，要求不合格者限期改正，并予以记录。

2. 安管队长监控要求

（1）每周至少对本部门的安全、消防管理情况全面巡查两次，并将有关情况予以记录。

（2）每周至少进行一次夜间突击查岗，对夜间安管员的工作状态、工作质量、装备使用情况进行抽查，并予以记录。

（3）每周召开一次安全管理业务会议，总结上周工作，分析安全状况，提出整改意见。

（4）检查本部门安全管理制度、工作规程的执行情况，发现问题及时处理。

（5）每周对安管员的工作质量进行一次全面检查，并予以记录。

（6）每季度至少组织一次夜间紧急集合，以检验安管员的战斗力。

（7）每季度根据各管理处辖区的防范要求和特点，对巡逻路线、巡逻时间进行一次评估，并将修订的巡逻路线报管理处经理审核。

3. 管理处经理监控要求

（1）每月对本部门的保安、停车场、消防管理工作进行一次全面检查，并予以记录，同时就有关问题提出指导意见。

（2）监督安管队长、班长的工作落实状况，必要时调整安全管理工作的组织架构，不断完善监督机制。

（3）通过与业主、住户沟通或回访，及时掌握安管员的职业道德、沟通能力及服务水平，并给予有效的培训和指导。

（4）及时检查所安排工作的落实情况，跟进重大事项的处理过程。

（5）每季度对保安巡查工作进行评估，确保无保安盲点或隐患。

（6）掌握安管员的培训情况，关心安管员的业余生活，及时调解内部矛盾，以建立一支精诚团结的安管员队伍。

4. 公司品质部监控要求

（1）不定期抽查管理处安全管理工作情况，分析安全管理隐患，及时提出整改意见。

（2）必要时每季度组织一次紧急事件处理的演习，如反盗窃、反绑架等，并对演习情况作出评价，提出改进意见。

5. 夜间工作监控要求

（1）督促安管员在夜间加强防范意识，监控安管员的夜间工作情况，提高安管员的安全防范能力。

（2）按照工作计划和人员配置情况将夜间查岗分为A级检查、B级检查、C级检查三种，A、B级检查必须事先制订年度检查计划，为保证查岗情况的真实性，应对检查计划设定相应的保密范围。

① A级检查的时间安排由公司品质部于每年12月31日前制定完成，并报总经理审批，由经理级以上人员查岗，每年至少6次。

② B级检查是以管理处为单位的内部检查，时间安排由安管队长于每年12月31日前制定完成，并报管理处经理审批，由安管队长及以上人员担任查岗人员，每月至少进行一次。

③ C级检查是无计划不定时的临时性突击检查，通常在特殊情况下进行，由品质部或安管队长临时确定检查范围、查岗人员和查岗时间。

（3）查岗内容

① 安管员夜间工作情况，包括精神状态、反应灵敏度、安全意识等。

② 通信设备使用情况，包括各类通信设备的状态，紧急状态下通信设备的使用等。

③ 安管员装备佩戴情况，包括安管员的应急装备在紧急状态下能否正常使用。

④ 交接班记录，包括各类记录的填写是否齐全、清晰，格式是否规范，有无乱撕、乱写等现象。

⑤ 查岗人根据检查情况填写查岗记录表，并由被检查的当值人员签名确认。

6. 紧急预案演练监控要求

（1）检测安管员对各类突发事件的临场反应能力，以保证安管员在日常工作中的责任感和警惕性，防止各类不安全事件发生；并通过不断演练，提高安管员处各类突发事件的综合能力，保证安全管理工作有效实施。

（2）安管队长应根据本部门实际情况、具体环境及突发事件处理程序，制定消防、保安、交通等紧急事件处理预案，合理安排各岗位；紧急预案应由管理处经理审核，并报品质部审批。

（3）部门应制订每年紧急预案演练计划，并经管理处经理审批。

（4）每季度至少进行一次紧急事件演练，并做好相关的记录。

7. 工作记录监控

（1）登记本不得撕毁、乱画，用完后由当日值班安管班长交管理处存档。

（2）值班安管班长每天检查一次工作记录，并做好检查记录。

（3）安管队长每周对安全现场工作记录及班组培训记录进行全面检查，并做好检查记录。

（4）停车场票据由安管班长负责领用与发放。

（5）工作记录每月由安管队长收回整理后交本部门主管，然后由主管审核后交管理处资料员存档。

六、安管员紧急集合方案

（一）目的

训练队员对突发事件的反应能力，使其做到镇静自如、快速出击、方法得当。

（二）适用范围

（1）突发治安事件，如重大抢劫、杀人、业主（住户）和公司管理人员遭到犯罪分子的突然袭击等。

（2）受到水灾、火灾、台风等自然灾害的威胁和袭击。

（3）紧急集合方案演练。

（4）其他重大意外情况。

（三）集合要求

1. 应急程序

（1）安装报警设施。

每个管理处安管员宿舍安装一个报警铃，治安值班室或消防中心、其他员工宿舍应尽量安装报警装置。

（2）信号规定与识别。

① 当电警铃发出短促、断续响声时，为治安案件报警，各保安队员必须在规定时间内到达指定地点待命。

② 当电警铃发出连续响声时，为自然灾害或其他情况报警，各保安队员必须在规定时间（即铃响的时间）内到达指定位置待命。

（3）集合地点。

略。

（4）信号控制。

① 在紧急状态下，管理处所有员工有责任和义务按规定信号报警。

② 每季度演练一次，演练中只能由管理处经理控制报警信号，公司领导每年抽查一次。

2. 要求

（1）着装：保安队员必须穿制服，可以不戴帽，不扎腰带，不系领带，但不能穿拖鞋或打赤脚。

（2）坚守岗位：各岗位必须留值班人员。

（3）联络和汇报：发生紧急情况，立即安排人员向领导汇报，并用对讲机告知值班人员。

（4）通过方案演练，使每位队员掌握应对各种突发事件的方法，在最短时间内到达预定地点。

七、重大事件报告制度

（一）目的

进一步加强安全护卫工作信息反馈，做好安全护卫管理工作，提高管理处在紧急状态下的应急反应能力，确保管理处责任区的安全。

（二）报告范围

（1）在责任区内发生的与安全护卫工作相关联，造成的社会影响或经济损失较大，非借助上级或外界力量无法解决的事项。

（2）责任区内发生的打架、斗殴、滋事等严重影响业主、住户、管理处正常生活、工作的治安案件。

（3）责任区内发生（现）的火灾、重大事故、业主或住户非正常死亡事件。

（4）责任区内发生（现）的凶杀、强奸、绑架、敲诈、家庭财产（车辆）和公共财物被盗（抢）等恶性刑事案件以及重大案件。

（三）管理规定

1. 报告内容

（1）案（事）件发生的时间、地点，当事人的姓名、性别、年龄、身份，以及案（事）件的过程、结果等。

（2）案（事）件处理的方法与进度、下一步的计划、需要公司协助解决的具体问题等。

2. 报告程序

（1）正常情况下应该是逐级上报，只有在紧急情况下才可以越级直接向公司主要领导报告。

（2）管理处内部的一般报告程序是，安管员向班长报告，班长向安管主管报告，安管主管向管理处领导汇报。

（3）管理处向公司报告重大事项的一般程序是，先由管理处领导或安管主管向社区环境管理部报告，再由社区环境管理部向公司主管领导报告。

3. 报告时限

（1）凡接到重大事项的报告，都必须全力以赴，争分夺秒，按规定程序正确处置，同时要迅速采取措施，防止事态扩大，将社会影响和经济损失降至最低。

（2）一般的治安案件发生后，在两小时内必须向公司社区环境管理部或公司主管领导报告。

（3）一般的刑事案件发生后，在一小时内必须向公司社区环境管理部或公司主管领导报告。

（4）火灾或重大刑事案件发生后，必须在半小时内向公司社区环境管理部或公司主管领导报告。

八、安管员巡逻签到制度

（一）目的

规范安管员的巡逻工作，确保安管员按照巡逻路线及规定频率进行巡逻，以维护辖区安全。

（二）适用范围

适用于物业管理区域内保安的巡逻工作。

（三）管理规定

1. 签到箱的安装：小区每2万平方米安装1个签到箱，大厦各座每五层楼安装1个签到箱。签到箱型号统一、钥匙统一（尽量能公用），具体位置由管理处确定。

2. 签到箱钥匙的保管：为方便签到、检查，物业管理部、楼管员或副主任、班长、治安主管和每班次治安巡逻员各配备一把钥匙；班次轮换时，由班长收齐后统一交给下一班的班长。

3. 签到：各责任区的安管员巡逻小区时，每小时签到一次，巡逻大厦时每90分钟签到一次；责任区内的签到箱，均应签到，每箱之间签到间隔为5分钟左右。

4. 检查

（1）安管主管每个班次检查不少于一次，每个责任区巡查一次，班长会面检查不少于2次，管理处经理、楼管员在夜间必须进行查岗。

（2）签到人、检查人均要在签到卡上签名并注明时间，楼管员发现有不合格的情况可直接记录在卡上，安管主管以此作为考核依据。

5. 收发、保管：安管主管负责签到卡的收发与保管，签到卡保存时间为 1 个月。

九、安管设施设备管理规定

（一）目的

确保安管设施设备得到有效管理与维护。

（二）管理规定

1. 对讲机使用管理规定

（1）对讲机是安管人员执行任务时使用的专用通信工具，属公司财产，每个安管员都有责任保管好，不得遗失或损坏。

（2）对讲机只供安管员执勤时使用，严禁用作其他用途，如确有需要，应报主管领导同意。

（3）严禁将对讲机转借他人，严禁个人携带对讲机外出，如确有需要，应报主管领导批准。

（4）安管员应严格按规定使用对讲机，严禁私自乱拆、乱拧或乱调频率，若有损坏或丢失，应予以赔偿。

（5）安管员交接班时，应做好对讲机交接验收工作，并签字确认，以免出现问题时互相推诿。

（6）对讲机充电器由领用人妥善保管，正确使用。

2. 巡逻自行车使用管理规定

（1）巡逻自行车是小区巡逻的专用工具，不得外借，只能作为巡逻使用。

（2）不得载人和其他重物。

（3）严格履行交接规定，交接不清或未履行交接手续导致自行车丢失、损坏的，由上一班负全责。

（4）巡逻自行车平时应停放在指定位置，摆放要整齐一致。

（5）因个人原因造成自行车损坏的，要自费修理。

（6）发现自行车有损坏，要及时报告，并及时修理。

（7）修理费用要一事一报，当日结算，并做好记录。

3. 监控室设备设施管理规定

（1）主电脑（如监控系统、卡片管理系统、停车场车辆监控系统）除工作人员外，任何人不得私自操作。安管中心的文件要保存完整，以备日后检查。

（2）监控主机中的程序除工作人员外，其他人不得私自操作。工作人员要做好录像保存工作。

（3）对监控主机定期进行保养维护，工作人员要随时检查其运行情况，及时将问题反映给维修人员。

（4）如发现消防机报警，立即通知安管员赶到现场。解除报警后，工作人员应做好初始化等相关工作，并保存相关数据资料。

（5）小区背景音乐要根据规定时间播放，不得随意播放。

（6）定期与不定期地对各种设备进行保养、维护与清洁，出现故障后，值班员要及时记录并报维修人员进行维修。

4. 门岗安管设施设备、器材管理规定

（1）门岗的设备设施、器材由门岗班长负责管理。

（2）交接班时必须清点和检查设备设施与器材，并在值班笔记上做好记录。

（3）门岗设备设施要每天进行清洁保养。

（4）严禁用门岗电脑玩游戏、听音乐，或做一些与工作无关的事。

（5）门岗设备设施若被人为损坏，当事人要负全责，情节严重的，班长要负连带责任。

（6）安管员要正确使用门岗设备设施，当出现故障时，要及时报告监控室，并通知相关工作人员前来修理，同时做好登记工作。

十、安全监控管理制度

（一）目的

规范物业区域的安全监控工作，为业主、住户提供一个舒适、安全的生活与工作场所。

（二）适用范围

适用于物业管理区域的安全监控工作。

（三）管理规定

1. 监控人员作业管理

（1）物业管理区域内的监控系统24小时工作，由专人值班，实时监控录像。

（2）监控值班人员应坚守岗位，严禁脱岗、离岗。应严格遵守各项规章制度，坚决服从各级领导指挥，充分发挥监控室的作用。应密切注意设备运行情况，对出现的情况和处理过程做好详细的记录。

（3）监控安管员在当班期间应认真、准确、如实地记录中控室设备运行情况，当监视屏显示异常情况时，应立即报告当班班长。

（4）严禁无关人员进入监控室，外来者进出机房，必须按要求进行登记。

（5）负责对讲机、应急手电筒的充电、保管、借用。监控室物品未经同意不得私自外借。凡物品外借，应做好登记、签收工作。

（6）发现监控设备、室内空调有故障时，应及时报修。

（7）保持监控室的卫生。

（8）检查监控设备设施的运行情况。

① 值班人员要掌握控制室内各设备的工作原理、性能和常规的维修养护方法，能熟练操作各系统。

② 值班人员要坚守岗位，密切注视监视屏及各类控制柜的运行状态。

③ 每班对各类设备至少检查一次，并做好记录。如不正常，应立即查明原因并及时处理；如无法处理，应迅速上报主管或机电人员。

④ 各操作手柄在正常情况下应处在"自动"位置。每月第一周对设备做一次手动、自动操作检查，以确认设备是否处于完好状态。

⑤ 当出现火警信号时，应立即复位。当再次出现报警信号时，立即通知当值班长前去核查真伪。

⑥ 当电梯监视系统发生故障报警时，应立即通知当值班长和机电人员前去处理。

⑦ 若从监视屏上发现可疑情况或各类违法犯罪活动，应立即通知当值班长前去调查处理。

⑧ 按上级要求上报消防、保安设施运行状况的各种数据和报表。

⑨ 配合机电人员对报警系统进行检查及试验。

⑩ 为保证中控室报警专线畅通，除紧急情况外不得使用中控室专线报警电话。

⑪ 中控室严禁播放与工作无关的音乐、录像带。

2. 监控中心管理规定

（1）管理处负责统计监视系统摄像头的数量和分布部位。

（2）每台录像机配备16盒录像带，所有录像带必须保存两周，调看录像带应经管理处经理批准。

（3）监控中心保安人员24小时值勤，不得脱岗。

（4）外来人员进入监控中心，应经管理处经理同意并进行登记。

（5）设备发生故障，应立即报修。

（6）当显示屏出现异常情况，应立即用对讲机通知班长赶到现场，遇紧急情况，按应急预案处理。

（7）每天19：00对周界报警的区域进行检查，并做好记录；发现故障，应立即报修。

（8）接消防、周界报警时，应立即用对讲机通知班长赶到现场处理，并做好记录。

（9）保持监控中心室内清洁。

（10）负责对讲机、应急手电筒的保管、充电、借用。

3. 监控中心安全管理规定

（1）监控中心的保安人员24小时值班，机电人员负责监控设备的日常保养，保安人员经培训后方可上机操作。

（2）机房内温度应保持在5～40℃，墙上需安装温度计。

（3）无关人员禁止进入监控中心。若需进入，应经安管主管、设备主管或管理处经理批准，由设备或保安人员陪同进入。

（4）监控中心严禁吸烟、明火作业，确因工作需要动用明火的，应事先办理动火审批手续，经设备主管同意、管理处经理认可后，按照动火作业管理规定执行。

（5）监控中心按要求配置消防设施，并定期检查。

（6）配备应急手电筒及充电式应急照明设施。

（7）监控中心内外保持整洁，室内照明、通风良好，地面、墙壁、门窗、设备无积尘、水渍、油渍。禁止在室内乱堆杂物和易燃易爆物品。

（8）严禁移动监控中心的一切设备设施、元器件、线路。

（9）值班人员不得擅离岗位，进出监控中心应随手关门。

（10）控制柜、显示屏、信号灯、控制线路等应始终处于有效状态，各类功能标志应齐全。

4. 监控设备与录像带管理规定

（1）每天上午对监控系统进行测试和检查，发现异常和故障立即报修，并做好记录。

（2）任何人（包括保安人员）未经管理处经理同意，不准查看监控录像带的内容。

（3）录像带保存要注意防潮，以免录像带发霉。

（4）新录像带启用时应在标记栏上注明开始使用日期；每次录像后，注明录像时间，连续使用24个月应更换新带。

（5）每天擦拭监控设备一次，确保显示屏、录像机等设备无灰尘。

5. 异常情况处理程序

（1）发现异常情况，立即向管理处经理及有关部门报告，同时按应急预案进行处置。

（2）坚守岗位，加强监视，持续跟踪，及时向调度室提供事态发展的最新情况。

（3）及时组织力量，将异常问题控制在萌芽之中。

（4）报告主管部门，并协助其调查原因；事后作出书面报告，上报主管部门备案。

十一、安全防范管理制度

（一）目的

确保物业区域的安全，防患于未然。

（二）适用范围

适用于物业管理区域的安全防范工作。

（三）管理规定

1. 安全防范作业

（1）固定岗安管员每日按保安部门岗出入管理标准的各项要求开展工作。

（2）巡逻岗安管员每日按保安部保安巡视作业管理标准、小区出入管理工作标准、交通管理工作标准的各项要求开展工作。

（3）安管员每日必须依照安管员交接班管理标准的要求进行交接班。

（4）停车场安管员（车管员）每日按保安部停车场管理标准的各项要求开展工作。

（5）当小区发生突发事件时，安管员应按保安部突发事件处理标准的有关要求参与工作，依规程尽职尽责。

（6）安管员的工作内容、作息标准应符合保安部的细则要求。

（7）安管员的仪容仪表、言行举止应符合保安仪容仪表标准的各项要求。

（8）安管员在使用警用器械、机动车时，应严格遵守保安巡逻机动车使用管理标准和保安警用器械管理标准的各项要求。

（9）保安部员工必须按员工培训标准的要求参加培训，培训合格后方可上岗。

2. 安全防范三级检查制

（1）管理处经理检查。

① 认真执行公司各项安全生产制度和安全生产决定，对管理处员工在工作中的安全健康负全面责任。

② 计划、布置、检查、总结、评估管理工作和安全工作。

③ 经常检查管理现场和建筑物、设备设施、机器装置等是否符合安全要求。

④ 按时制订管理处的安全生产改进计划，经上级批准后具体实施。

⑤ 修订和完善管理处的安全管理制度，经公司领导审核批准后执行。

⑥ 经常对管理处员工开展安全生产培训，对新员工开展安全生产现场训练；特种作业的员工必须经过严格训练，考试合格并持有操作合格证，方可独立上岗。

⑦ 发生事故时，应及时向主管领导和公司安全生产职能部门报告，并协助其进行

事故调查、登记和分析等工作。

（2）部门主管检查规程。

① 认真执行公司、管理处和所在部门的各项安全制度，对部门员工在工作中的安全健康负责。

② 经常检查本部门员工使用机械、电气设备、工具、原材料、安全防护装置、个人防护用品等的情况，以消除安全隐患。

③ 督促本部门员工抓好文明生产，保持工作场所卫生清洁。

④ 对本部门员工的操作方法进行指导和检查，随时纠正违章作业行为。

⑤ 如遇伤亡事故，应立即报告，并保护现场，参加调查，分析原因，提出改进措施和处理意见。

（3）员工安全防范检查。

① 遵守劳动纪律，执行安全规章和安全操作规程，听从指挥，杜绝一切违章作业。

② 保证本岗位工作环境和设备设施干净整洁，不随便拆除安全防护装置，不使用与自己无关的机械和设备，正确使用防护用品。

③ 学习安全知识，提高技术水平，积极开展技术创新，提出合理化建议，改善作业环境和劳动条件。

④ 及时反映、处理不安全问题，积极参加事故救援工作。

⑤ 有权拒绝接受违章指挥，并对上级单位和领导作出的错误决定进行批评。

十二、消防管理规定

（一）目的

规范消防安全管理工作，预防火灾和减少火灾危害，保护公共财产和广大业主、住户的财产和安全。

（二）消防安全责任

1. 物业公司总经理为公司本部的消防安全责任人，管理处经理为公司各管理处的消防安全责任人。消防安全责任人对本单位的消防安全负全面责任，职责如下。

（1）贯彻执行消防法规，保证单位消防设施符合规定，掌握本单位的消防安全情况。

（2）统筹安排消防工作与生产、科研、经营、管理等活动的关系，批准实施年度消防工作计划。

（3）为本单位的消防安全提供必要的经费和人员保障。

（4）确定各级消防安全责任，批准实施消防安全制度和消防安全的操作规程。

（5）组织防火检查，督促火灾隐患整改，及时处理涉及消防安全的重大问题。

（6）根据消防法规的规定，建立专职消防队、义务消防队。
（7）组织制定符合本单位实际的灭火和应急疏散预案，并实施演练。
2. 管理处经理、各管理处消防安全主管负责组织和实施下列消防安全工作。
（1）拟制年度消防工作计划，组织实施日常消防安全管理工作。
（2）组织制定消防安全制度和消防安全操作规程，并检查落实情况。
（3）拟制消防安全工作的资金投入和组织保障方案。
（4）组织实施防火检查和火灾隐患整改工作。
（5）督促相关人员对本单位消防设施、灭火器材和消防安全标志进行维护和保养，确保疏散通道和安全出口畅通。
（6）组织成立专职消防队和义务消防队。
（7）在员工中开展消防知识培训，组织灭火和应急疏散演练。
（8）定期向消防安全责任人报告消防安全情况以及涉及消防安全的重大问题。
3. 公司全体员工为义务消防员，职责是：
（1）认真贯彻执行消防法规和上级消防工作指示，开展防火宣传，普及消防知识。
（2）经常检查防火安全工作，发现火灾隐患和违章行为及时在小区巡查情况记录上登记，并报管理处下发整改通知单，纠正消防违章行为。
（3）管理消防器材与设备，每月初进行一次检查，并填写消防设备检查表，按时更换灭火器检查标签，确保各类器材和装置处于良好状态，安全防火通道时刻保持畅通。
（4）熟悉各小区的具体情况、处置措施、紧急状态下的疏散方案等。
（5）接到火灾报警后，到现场确认并及时处置；自己处理不了的，按公司有关规定执行。

（三）管理规定

1. 消防安全管理规定
（1）楼梯走道和出口必须保持畅通无阻，任何单位或个人不得占用或封堵，严禁在消防通道上停放车辆。
（2）不得损坏消防设备和器材，妥善维护楼梯、走道和出口的安全疏散标识和事故照明设施。
（3）严禁在小区内储存烟花爆竹、炸药、雷管、汽油、香蕉水等易燃易爆物品以及各类剧毒物品，不得在本小区内燃放烟花爆竹。
（4）安全使用液化石油气，石油气炉要保持清洁，切勿留有油渍，烟头及火柴余灰要随时熄灭。
（5）严禁超负荷使用电器，以免发生事故。

(6)各住户进行室内装修，应向管理处提出书面申请，如需进行动火作业，必须填写临时动火作业申请表，经批准后方可动工。需要增设电器线路的，必须符合安全规定，严禁乱拉、乱接临时线路。装修应采用不燃材料，使用易燃或可燃材料的，必须经消防机关批准，并按规定进行防火处理。

(7)发生火警时，应立即报告管理处或拨打火警电话119，同时关闭电闸、气阀，及时扑救。

(8)必须服从消防机关和管理处人员的管理。

(9)有下列情形之一的，报告消防部门处理。

① 占用或封堵楼梯、走道或安全疏散出口的。

② 损坏安全疏散标识、事故照明设施或消火栓的。

③ 不按规定使用液化石油气的。

④ 乱拉、乱接电器线路的。

⑤ 擅自挪用灭火器具、器材或消防备用水源的。

⑥ 辱骂或以暴力、威胁等手段妨碍消防监督工作人员执法的。

(10)有下列情形之一的，责令停止作业。

① 未办理报批手续即进行室内装修的。

② 室内装修所用材料不符合防火要求且未进行防火处理的。

③ 电焊、用火、用电作业时，防火安全保障措施不到位的。

2. 消防安全知识宣传和培训

(1)内容

① 消防法规、消防安全制度和消防安全的操作规程。

② 本单位、本岗位的防火措施。

③ 消防设施的性能、灭火器材的使用方法。

④ 报火警、扑救初起火灾以及自救逃生的知识和技能。

(2)要求

① 公司各管理处应当通过多种形式开展经常性的消防安全知识宣传。

② 管理处消防安全培训和消防演习应当至少每半年进行一次，培训和演习的内容还应当包括疏散在场群众的技能。

③ 公司应当组织新上岗和新入职员工开展岗前消防安全知识培训。

十三、停车场管理办法

(一)目的

保证停车场的公共秩序及安全。

(二)适用范围

适用于各物业小区停车场的管理。

(三)管理规定

1. 地下停车场管理规定

(1)地下停车场按年(季)出租,并签订正式车位租赁合同,车位租金按××市物价局、住宅局有关规定执行。车主每月3日前交清当月租金,租金只能预交不可拖欠。拖欠租金,按合同规定缴纳违约金。

(2)除使用月卡的车辆外,其他车辆进入地下停车场必须在道口岗亭或地下停车场进口处接受检查、登记,车主领取停车出入(登记)卡后方可放入。

(3)车辆入场后,停车出入(登记)卡由车主随身携带,妥善保管,以作为出入地下车场存、取车的凭证。

(4)车主所租车位原则上属专位专车,如果租用车位的车主改停不同牌号车辆,必须事先到管理处办理登记手续。凡与车位登记卡号不同的车辆不得停放在地下车场。

(5)车主不得把贵重物品放在车内,离开时要及时关(锁)好车门、车窗。

(6)车管员必须严格履行车辆出入登记制度,对异常情况要及时报告。

(7)车主一旦遗失停车证,要立即向管理处挂失并补办,否则后果自负。

(8)出场车辆必须在停车场出口验证停车场出入(登记)卡。

2. 地面停车场管理规定

(1)地面停车场为业主、住户停放车辆提供方便,采取计时收费和使用月卡停车的管理办法。

(2)车辆停车半小时以内不收费,超过半小时按××市物价局有关规定收取费用。

(3)长期使用地面车位的业主、住户可办理月租停车卡,收费标准参照××市物价局有关规定,但不固定车位,每月30日前需要到管理处办理下月停车卡。

(4)车辆进入停车场道口,必须领取停车场出入(登记)卡或月卡,出场时出示停车场出入(登记)卡或月卡,接受车管员的查验。停车时间由车管员打卡计时。

(5)停放在停车场的所有车辆,必须关(锁)好车门(窗),以防车内物品丢失。

3. 其他

(1)除公司领导、执法机关检查人员、管理处负责人外,其他人无权查阅车辆相关记录或资料。

(2)如发生车辆丢失等情况,管理处领导应在第一时间安排相关人员作出情况说明,同时搜集其他证据,尽快报告公司环境管理部、财务审计部或公司主管领导,并按照规定时间、规定方式、规定程序,向公司统一投保第三者责任险的保险公司报告,要求其提供出险理赔服务,力求将损失减至最低。

十四、物品出入管理规定

（一）目的

加强对物品出入的管理，确保小区的正常生活秩序和业主（用户）的财产安全。

（二）适用范围

适用于对业主（用户）物品的出入进行管理与控制。

（三）职责

（1）管理处经理检查规定的贯彻落实情况。
（2）安管部主管负责对执行过程实施监控。
（3）各岗位具体执行规定。

（四）管理规定

1. 物品的搬入

（1）当业主（住户）往小区（大堂）搬运物品时，值班人员应礼貌地询问是何物品，搬往何处。必要时可进行查验，确认无危险物品后，予以放行。

（2）如果搬入物品属危险品，值班人员应拒绝业主（住户）搬入，并报告班长或管理处。

2. 物品的搬出

（1）业主搬出物品，应提前到管理处办理手续，管理处确认后出具搬出物品放行条。租户搬出物品时，业主到场签字认可，管理处方能办理搬出物品放行条。

（2）车管岗亭当班安管员收到业主（住户）交来的物品放行条后，应对搬出物品进行查验，确认无误后，请业主（住户）在放行条相应栏目内签名，并登记业主（住户）有效身份证件号码、值班人员姓名和放行时间。物品放行条需交回管理处存档（保存期一年）。

（3）若业主（住户）搬出物品时未办理物品放行条，值班人员应拒绝放行，特殊情况可报告安管主管或管理处经理。

第十二章　管理表格

一、小区外来人员"临时出入证"样本

小区外来人员"临时出入证"样本如表12-1所示。

表12-1　小区外来人员"临时出入证"样本

编号：

姓名		工种		照片
施工单位				
装修住户地址				物业管理处签章
有效期		年　月　日至　年　月　日		

发证日期：　年　月　日

二、小区来访人员登记表

小区来访人员登记表如表12-2所示。

表12-2　小区来访人员登记表

日期	来访人姓名	性别	所持证件类别	证件号码	事由	人数	进入时间	被访人楼座、房号	记录人签字	备注

三、物资搬运放行条

物资搬运放行条如表12-3所示。

表12-3　物资搬运放行条

业主（用户）姓名		搬离原因		☐装修完成　☐承租期满 ☐另行居住　☐其他	
业主（用户）房号					
搬运日期		证件号码		房屋性质	
申办人				☐租用	☐自用
序号	物品名称		数量	规格、型号	备注
搬运车辆资料					
车牌号码		车型		颜色	
司机驾驶证号		档案编号		司机姓名	
发证机关		其他证号		安管员	
备注					

四、巡逻员值班记录表

巡逻员值班记录表如表12-4所示。

表12-4　巡逻员值班记录表

班次	序号	时间	巡视路线	巡视情况记录	日常抽查签字
早班	1				
	2				
	3				
	4				

续表

班次	序号	时间	巡视路线	巡视情况记录	日常抽查签字
中班	1				
	2				
	3				
	4				
晚班	1				
	2				
	3				
	4				
值班重要问题记录					

交接班签字	早班	交接人：	中班	交接人：	晚班	交接人：
		接班人：		接班人：		接班人：

主管部门月检查记录		检查人签字：	日期：

备注：
1. 日常抽查签字栏由各级领导检查工作后签字
2. 检查人员签字位置按时间段签字，如检查人员不能直接签字，由值班安管员将检查人员的名字填写在日常抽查签字栏

五、保安巡逻签到卡

保安巡逻签到卡如表12-5所示。

表12-5　保安巡逻签到卡

岗位：　　　　　　　　　　　　　　　　　　　　　　　　　　　　　　　区域：

时间	签名	时间	签名	时间	签名

巡视记录（楼管员填写）：

六、停车场巡查记录表

停车场巡查记录表如表12-6所示。

表12-6　停车场巡查记录表

日期	班/次	检查时间	车辆停放数	机动车辆检查情况				消防设施检查情况			值班员	备注
				车牌号	外观	门窗	其他	消火栓	灭火器	其他		

续表

说明	1. 每班对停车场全面巡查至少4次 2. 发现车辆有损坏、门窗未锁闭、车内有贵重物品时，应填写停车场车辆检查处理记录表 3. 发现消防设施有异常情况，应填写故障通知单，报管理处作出处理 4. 实行首接责任制，本班发现的问题由本班负责跟进 5. 要求统计准确，记录完整

七、小区巡逻记录表

小区巡逻记录表如表12-7所示。

表12-7 小区巡逻记录表

单位： 　　　　　　　　　　　年　月　日

班次：	当班时间：	值班员：	例巡时间：

	检查内容	检查情况
1	是否有可疑情况或可疑人员徘徊、窥视	
2	是否有机动车停在绿地、人行道、路口	
3	是否有业主（住户）在室外动土施工、搭建和牵拉电线	
4	是否有未按规定时间、要求进行装修的情况	
5	是否有乱摆卖现象	
6	业主（住户）有无意见、建议	
7	是否有张贴小广告人员	
8	是否有乱堆放装修垃圾和生活垃圾及高空抛物行为	
9	是否有人践踏绿地或在绿地上踢球、砍伐树木、占用绿地	
10	是否有人在绿地或树木上挂晒衣物	
11	是否有漏水、漏电、漏气等现象	
12	污雨水井或化粪池是否有堵塞、冒水等现象	
13	房屋本体内楼道灯、电子门、消火栓、公共门窗等设施情况	

续表

	检查内容	检查情况
14	小区内道路、路灯、污雨水井盖、游乐设施、消防路桩等设施有无损坏	
15	其他	

说明:
1.没有发现问题的,在检查情况栏内打"√";有问题的则记录下来
2.发现紧急情况,马上报告,对于重大的渗漏、冒水、设施损坏和违章等一时难以处理的问题,由班长报告上级

八、空置房巡查记录表

空置房巡查记录表如表12-8所示。

表12-8 空置房巡查记录表

保安___班　　巡查人:　　　巡查日期:200 年 月 日

序号	阁/楼/座	房号	巡查项目								异常情况记录	处理措施及结果	班长签字	安管队长签字
			门	锁	水	电	气	电器	地板	窗户	家具	房屋本体				

注:1.空置房屋的巡查每班每10天一次。
2.巡查项目中,如属正常,应在对应方格内画"√";异常应画"×",并填写"异常情况记录"。
3."处理措施及结果"由安管班长填写。
4.在异常情况处理完成后2日内,安管班长应将本表交安管队长签字确认。

九、监控录像带使用记录表

监控录像带使用记录表如表 12-9 所示。

表 12-9　监控录像带使用记录表

值班员					安管主管						
带号	地点	起止时间	有无重要情况	重要情况时段	签名	是否浏览	重要情况是否确认	是否保留	签名	重要情况处理完成时间	是否复制	可否转入重复使用	签名

注：1. 凡记录重要情况的录像带，均按监控录像带管理规定处理。
2. 重要情况记录是指现场摄制的已经发生或有迹象表明有可能发生的治安事故、刑事案件，包括发现的可疑的人或事，事后分析的事故（案件）发生原因、过程、结果和涉及的人员，以及对处理事故（案件）能够提供帮助的实况录像。

十、监控录像机运行保养记录表

监控录像机运行保养记录表如表 12-10 所示。

表 12-10　监控录像机运行保养记录表

值班员							值班班长签名	保安主管签名
起止时间	运行情况	故障			磁头清洗时间	签名		
		发生时间	原因	排除时间				

注：当值人员应按要求填写录像机运行情况，班长在交接班时签字确认。

十一、营业性停车场无卡车辆离场登记表

营业性停车场无卡车辆离场登记表如表 12-11 所示。

表 12-11　营业性停车场无卡车辆离场登记表

值班员填写						车辆驾驶员填写					备注
离场时间	车主姓名	行驶证号	驾驶员姓名	身份证号码	值班员签名	车辆号码	车型	颜色	未带卡原因	驾驶员签名	

注：1. 非业主（住户）驾驶无卡车辆外出应先到管理处办理放行手续。
2. 值班员应按照驾驶员提供的有关证件填写。
3. 备注可填写驾驶员外貌特征等。
4. 不得漏记错记。

十二、机动车出入停车场登记表

机动车出入停车场登记表如表 12-12 所示。

表 12-12　机动车出入停车场登记表

进场		车牌号码	车型	颜色	出入登记卡号	值班员	离场		收费金额	免费停车驾驶员签名	值班员	安管主管签名确认	备注
日期	时间						日期	时间					
备注	1. 值班车管员必须认真填写各栏目 2. 符合免费停车条件的车辆，驾驶员必须签字 3. 每班下班后，安管主管必须到场核实未收费情况并签字认可 4. "备注"一栏填写入场车辆外观损坏和缺少的主要部件情况												

十三、临时动火作业申请表

临时动火作业申请表如表12-13所示。

表12-13 临时动火作业申请表

单位		地址		动火负责人	
动火作业起止时间			动火部位		
动火作业安全措施：					
施工单位负责人意见：					
消防负责人意见：					
管理处经理意见：					
巡查记录：					

十四、消防控制中心值班记录表

消防控制中心值班记录表如表12-14所示。

表12-14 消防控制中心值班记录表

单位： 值班人： 年 月 日

值班时间				短离岗时间及事由					
消防监控中心观察情况	火灾报警系统		消火栓系统	喷淋系统		防排烟系统	对讲系统	消防电梯	安全出口
报警记录	序号	报警类别	报警时间	发生地点		实际情况	处理过程及结论		验证人签名

续表

异常现象描述					
中间交接班记录		交班人		接班人	
备注					

十五、消防器材检查表

消防器材检查表如表12-15所示。

表12-15 消防器材检查表

单位：　　　　　　　　　　　　　　　　　　检查人：

名称	型号、规格	数量	检查情况	备注

十六、消防设备巡查表

消防设备巡查表如表12-16所示。

表12-16 消防设备巡查表

日期		班次		巡查员	
项目	区域	位置	存在问题		单位
消火栓					
手动按钮					
排烟口					
防火门					
探测器					
喷淋头					

续表

项目	区域	位置	存在问题	单位
疏散楼梯				
安全通道				
可燃物堆放				
消防电梯				
安全出口灯				
疏散指示灯				
灭火器				
施工动火				
卷帘门				
有无危险品				
逃生通道				
其他				

十七、消防电梯检查表

消防电梯检查表如表12-17所示。

表12-17 消防电梯检查表

检查日期：　　　　　　　　　检查人：

电梯号	电梯状态			消防开关	信号灯					对讲电话	备注
	返回首层	自动开门	声音提示	返回首层	上	下	编号	故障	门开启	通话	

注：正常打"√"，不正常打"×"

十八、消防疏散灯检查表

消防疏散灯检查表如表12-18所示。

表12-18 消防疏散灯检查表

检查日期： 检查人：

楼层	紧急出口灯			走向灯			检查结果	备注
	数量	电路	灯管	数量	电路	灯管		

十九、消防巡查异常情况记录表

消防巡查异常情况记录表如表12-19所示。

表12-19 消防巡查异常情况记录表

班次： 年 月 日

时间	地点	异常情况记录	处理措施	备注

主管： 巡查员：

二十、消防检查整改通知书

消防检查整改通知书如表12-20所示。

表12-20　消防检查整改通知书

年　月　日

收件单位		房号		联系人		电话	
发件单位		房号		联系人		电话	
消防检查异常情况描述	检查人：							
整改期限	检查人：							
整改要求	整改人：							
整改验收	验收人：							

二十一、消防隐患整改月度汇总表

消防隐患整改月度汇总表如表12-21所示。

表12-21　消防隐患整改月度汇总表

月份：　　　　　　　　　　　　制表人：

整改通知书编号	整改通知下达时间	隐患部位	隐患摘要	消防责任人	整改完成时间	检查人	检查结果

审核：

二十二、应急预案演练记录表

应急预案演练记录表如表 12-22 所示。

表 12-22 应急预案演练记录表

预案名称			演练地点	
组织部门		总指挥	演练时间	
参加部门和单位				
演练类别	□实际演练　□桌面演练　□提问讨论式演练 □全部预案　□部分预案			
物资准备和人员培训情况				
演练过程描述				
预案适宜性、充分性评审	适宜性：□能够完全执行　　□执行过程不够顺利　□明显不适宜 充分性：□完全满足应急要求　□基本满足，需要完善 　　　　□不充分，必须修改			
演练效果评审	人员到位情况	□迅速准确　　□基本按时到位　　□个别人员不到位 □重点部位人员不到位　　□职责明确，操作熟练 □职责明确，操作不够熟练　□职责不明，操作不熟练		
	物资到位情况	现场物资：□现场物资充分，全部有效　□现场准备不充分 　　　　　□现场物资严重缺乏 个人防护：□全部人员防护到位　　□个别人员防护不到位 　　　　　□大部分人员防护不到位		
	协调组织情况	整体组织：□准确、高效　□协调基本顺利，能满足要求 　　　　　□效率低，有待改进 抢险组分工：□合理、高效　□基本合理，能完成任务 　　　　　　□效率低，没有完成任务		
	实战效果评价	□达到预期目标　□基本达到目的，部分环节有待改进 □没有达到目标，应重新演练		
	外部支援部门的协作有效性	报告上级：　　　　　　□报告及时　□联系不上 消防部门：　　　　　　□按要求协作　□行动迟缓 医疗救援部门：　　　　□按要求协作　□行动迟缓 周边政府撤离配合：　　□按要求配合　□不配合		

续表

存在问题和改进措施	

记录人：　　　　　　　评审负责人：　　　　　　　时间：

二十三、重大事件报告表

重大事件报告表如表12-23所示。

表12-23　重大事件报告表

报告单位		报告人	
报告时间		案（事）件性质	
报告内容： （内容未完可加附页）			
安全部意见			
领导批示			
处理结果			

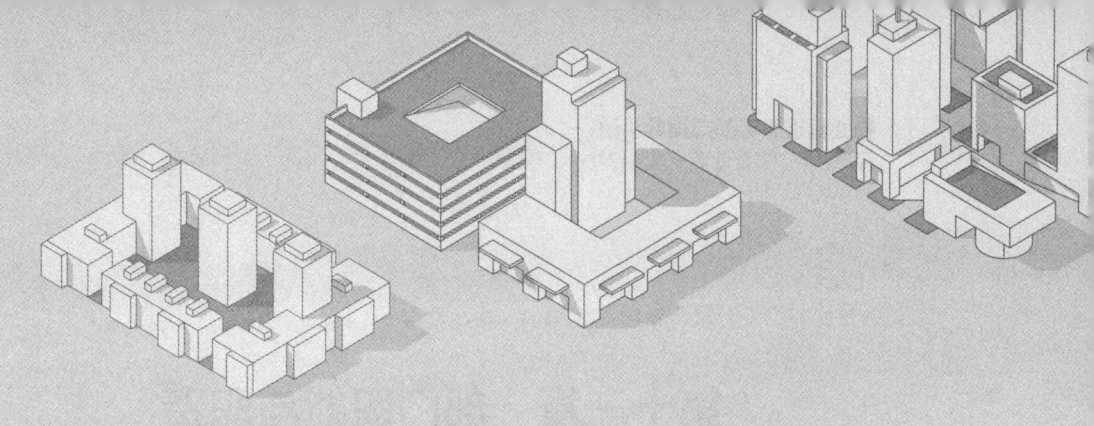

第三部分 | 工程维保

第十三章 部门职能与职责

一、设备工程部的职能

设备工程部是物业管理公司的一个重要的技术部门,负责住宅区或高层楼房各类设备的管理、维修和养护,同时为业主提供上门维修服务。设备工程部要按照国家及省市有关的政策、法规对各项有关工程和设备进行监督和检查,对管理部门提出的各项修缮计划和预算进行审核,并积极开拓、承接各项力所能及的工程项目。其职能可分解为以下几项。

(一)项目接收

(1)负责新接管项目的前期介入、验收工作。
(2)负责本公司重大维修项目的招标及监督、验收工作。

(二)房屋维修、维护

(1)制定并完善房屋维护管理制度。
(2)制订和实施房屋修缮计划,确保房屋完好与正常使用。

(三)房屋装修管理

(1)对业主装修方案进行审批。
(2)与业主、施工单位签订装修管理协议,并告知业主装修注意事项。
(3)对装修现场进行巡视检查,及时纠正违反施工管理规定和装修方案的行为。

(四)设施设备维护

(1)制定并不断完善辖区内设施设备的管理制度、维修养护工作程序。
(2)负责设备设施的安装验收、运行管理工作。
(3)负责制订各设备设施的维修保养计划,并组织落实。
(4)负责高低压配电室、锅炉房、水泵房的运行管理工作。
(5)处理公司相关部门和业主的报修事务。

(五)采购管理

(1)采购工程部所需的材料、工具、配件等物品。

(2)负责工程部物品的登记、入库、保管、领用等工作。

(六)内部管理

(1)合理安排部门员工的工作。
(2)对部门经费进行控制与管理。
(3)定期对员工进行业务培训与考核。

二、设备工程部的组织架构

(一)大型物业公司

在大型的物业公司中,尤其是对写字楼和商业楼的物业管理,设备工程部的层次设计比较复杂,对某类工作的专业化要求比较高,所以,往往在经理层下就某专业设置主管岗位,如给排水主管、强弱电主管等,主管之下再设工程师或技工等,如图13-1所示。

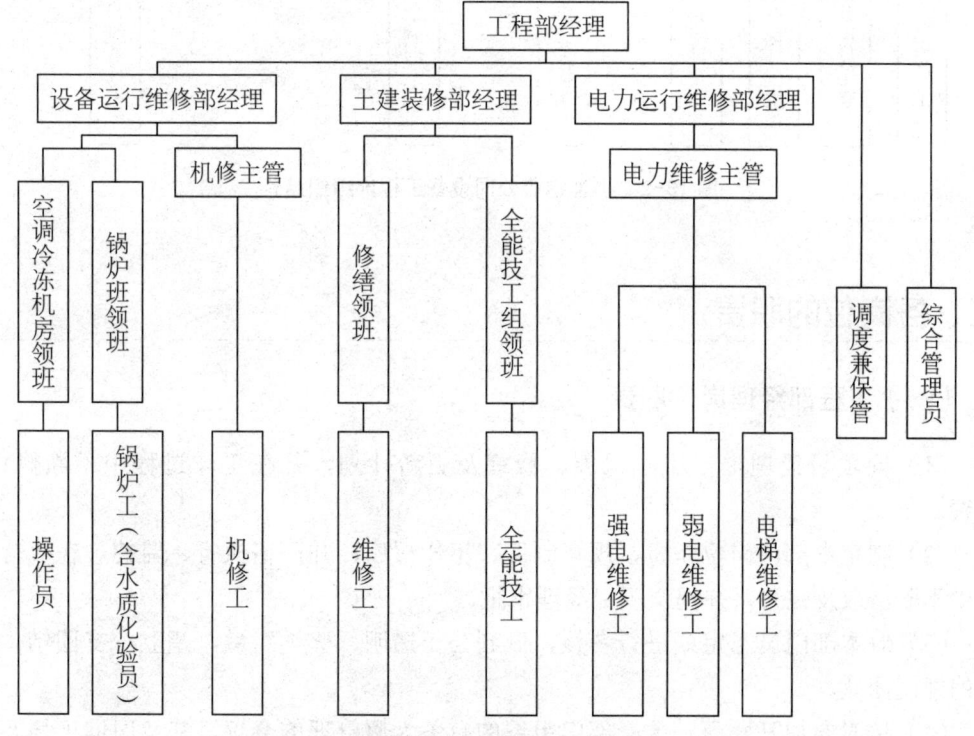

图13-1 大型物业公司设备工程部组织结构图

(二)小型物业公司

在小型物业公司,设备工程部的组织结构往往被简化,不会设置过多的专业,有的甚至会简化主管级的设计，由工程部经理直接领导基层人员的工作，结构图如图13-2所示。

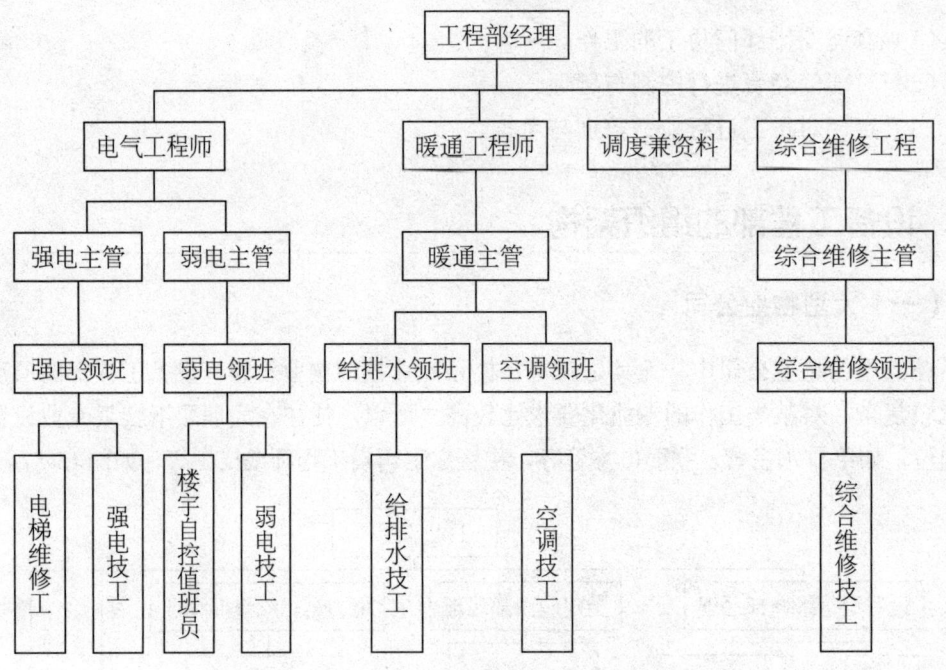

图13-2 小型物业公司设备工程部组织结构

三、各岗位的职责

（一）工程部经理岗位职责

（1）向项目经理提出工程保养、修缮及更新计划，并在工作过程中不断修订、完善。

（2）制定本部门岗位职责、规章制度、工作程序，并严格执行、监控。在执行过程中不断修改及完善，并提交项目经理审批。

（3）对本部门员工定期进行考核，做到公正透明、奖勤罚懒，建立一支团结、高效的部门团队。

（4）按时参加开发商、政府部门组织的有关大厦管理的会议，并及时向下属及相关部门传达会议精神。

（5）为确保整个大厦的正常运转，需每日全面巡视大厦，发现问题及时作出反应。

（6）对部门资产进行严格的监管，避免浪费及资产流失等情况。

（7）建立完善、高效的资料系统（包括设备的运行数据及各项记录等）。

（8）就业主投诉及重要设备维修保养进行跟进。

（9）定期召开部门例会，部署本部门的各项工作安排，明确各项工作的负责人、完成时间等，并监督各项决议的执行情况。

（10）每周五向项目经理提交本部门工作汇报及下周工作计划，要求详细清楚，责任到人。

（11）每月30日前提交下月的工作计划，每月5日前提交上月详细的工作报告。

（12）制定年度培训大纲，定期对本部门人员进行专业技能培训，并对岗位技能进行不定期抽查考核，同时将考核结果通报项目经理。

（13）每月25日前向项目经理提交下月排班表。

（二）强电主管岗位职责

（1）检查供电系统的运行状况，查阅系统运行记录，发现异常立即处理。

（2）按照维修保养制度的规定，制订变配电系统维护保养计划，并组织实施。

（3）熟悉各设备的性能，当设备系统出现故障时，要及时组织人力进行抢修，以最短的时间恢复正常。

（4）做好零配件的整理和申购工作，保证常用材料及零配件数量充足。

（5）贯彻执行岗位责任制、安全责任制，监督下属严格执行安全操作规程，确保不发生安全事故，保证配电室干净整洁。

（6）做好下属员工的技能培训和考核工作。

（7）管理好本班的工具及仪表，使之处于良好状态。

（8）做好技术档案和设备维修、检查、保养的记录，善于总结经验教训，采用新技术、新工艺，使设备系统更加完善。

（9）做好与供电局、防雷办等单位的协调工作。

（10）制定系统运行方案，保证设备高效运行，同时使系统更节能。

（11）做好电梯设备的外包维护和年度检验工作。

（12）确保提供24小时有效服务，对业主的投诉立即作出反应。

（13）审阅运行值班日志及配电运行记录，及时发现隐患并采取相应措施。

（14）安排下属员工的班次，监督检查出勤情况。

（15）负责制定所管辖设备的安全操作规程和规章制度，并予以执行。

（16）负责采购备品、备件，审核领料单，严格控制维修材料的出库，努力降低成本及能耗。

（17）实时掌握设备的运行状况，并制定节能方案。

（18）确保中控室下发的派工单及时完成。

（三）弱电主管岗位职责

（1）检查弱电系统的运行状况，查阅弱电系统运行记录，发现异常立即处理。

（2）按照维修保养制度的规定，提出弱电系统维护保养计划并组织实施。

（3）熟悉所有弱电设备的性能，当设备系统出现故障时，要及时组织人力进行抢修，以最短的时间恢复正常。

（4）做好零配件的整理和申购工作，保证常用材料及零配件数量充足。

（5）贯彻执行岗位责任制、安全责任制，监督下属严格执行安全操作规程，确保不发生安全事故，保证设备机房干净整洁。

（6）做好下属员工的技能培训和考核工作。

（7）管理好本班的工具及仪表，使之处于良好状态。

（8）做好技术档案和设备维修、检查、保养的记录，善于总结经验教训，采用新技术、新工艺进行改造，使设备系统更加完善。

（9）负责安排下属员工的班次，监督检查出勤情况。

（10）负责制定所管辖设备的安全操作规程和规章制度，并予以执行。

（11）负责采购备品、备件，审核领料单，严格控制维修材料的出库，努力降低成本及能耗。

（12）做好各弱电系统设备的外包维护工作。

（13）确保"中控室投诉热线"24小时保持畅通，并及时对投诉作出反应。

（14）实时掌握设备的运行状况，并制订节能方案。

（15）确保中控室下发的派工单及时完成。

（四）暖通主管岗位职责

（1）负责供暖、空调、送风、排风、给排水设备的维修保养，确保空调、暖通系统正常运行。

（2）按照维修保养制度的规定，做好设备系统维修保养计划并组织实施。

（3）做好零配件的整理和申购工作，保证常用材料、零配件数量充足。

（4）做好设备技术档案和设备管理、维修、保养的记录，以便于从中总结经验教训，并采用新技术、新工艺，使设备系统的功能更加完善。

（5）监督值班人员每天详细记录设备运行状态。严格执行巡视检查制度，检查各班次巡视记录内容，发现异常，及时采取措施，防止小隐患酿成大故障。

（6）熟悉所有设备的性能，当设备系统出现故障时，要及时组织人力进行抢修，以最短的时间恢复正常。

（7）贯彻执行岗位责任制和设备维修保养制度，带领并督促下属员工严格执行安全操作规程及员工守则，保证设备机房干净整洁。

(8) 做好下属员工的技能培训和考核工作。

(9) 提交每周/每月给排水系统运行报告。

(10) 管理好本班的工具及仪表，使之处于良好状态。

(11) 负责制定设备系统的运行方案及设备开关机时间表，并不断研究改进措施，使系统更节能。

（五）综合维修主管岗位职责

(1) 保证物业公共设施设备完好无损，为物业经营服务。

(2) 物业公共设施设备出现损坏，要及时组织人力进行维修，争取以最短的时间完成修复。

(3) 合理安排日常维修工作，按标准工时完成每日报修单。

(4) 建立业主/住户户内设施档案，详细记录户内工程状况，制定业主/住户工程服务计划并予以落实。

(5) 做好零配件的整理和申购工作，保证常用材料、零配件数量充足。

(6) 贯彻执行岗位责任制、安全责任制，监督下属严格执行安全操作规程，确保不发生安全事故。

(7) 做好下属员工的技能培训和考核工作。

(8) 管理好本班的工具及仪表，使之处于良好状态。

(9) 协助综合维修工程师对业主二装（二次装修）施工进行全程监控（客户收楼/二装咨询—二装图纸报审—二装施工进场—二装施工—二装施工竣工验收—二装施工遗留问题的跟进），并就专业问题与各相关主管协调，以保证业主顺利入住。

（六）工程部调度兼库管员岗位职责

(1) 根据经理指令，编写采购申请并上报。

(2) 负责日常维修工作的统一调配，并对维修工作进行跟进、记录，监督维修工作的完成情况。

(3) 对投诉工作、往来工作单进行统计分类、分发，并对当日维修工作进行汇总。

(4) 接到维修电话/维修工作单或领导指派的临时工作，及时传达给各领班，并监督问题的解决。

(5) 对工作单进行统一管理，对未完成的工作单及时跟进并向工程部经理汇报。

(6) 全面负责工程部备用库房的材料管理工作，制订备用库房每月进料计划，并于月底对备用库房用料情况进行统计、分析，以调整下月计划；每月初按计划从公司库房领取工程材料。

(7) 工程部备用库房仅供紧急情况使用，非紧急情况仍从财务部库房领取物料。

(8) 监督每日维修用料情况，核实领用材料与实际消耗是否相符，发现问题及时上报工程部经理。

（七）强电领班岗位职责

（1）每天检查所负责设备的运行情况，并对记录的设备数据负责。

（2）每天巡视所有变配电室及变配电系统，设备发生故障及时处理，保证变配电系统正常运行。

（3）指导监督强电维修人员的一切工作行为。

（4）认真听取上级指令，严格按工作规程执行操作。

（5）带领本班人员严格执行设备维护保养计划，并认真做好相关记录。

（6）每天巡查配电室以外的所有配电设备，及时处理各类故障，并填写巡检记录。

（7）每天与电梯工对电梯进行巡视检查，发现不安全因素及时处理。

（八）弱电领班岗位职责

（1）每天检查所负责设备的运行情况，并对所记录的设备数据负责。

（2）每天巡视楼宇自控系统及电梯监控系统，及时组织本班员工处理设备故障，保证系统正常运行。

（3）带领本班人员严格执行设备维护保养计划，并认真做好相关记录。

（4）履行弱电技工岗位职责。

（九）暖通领班岗位职责

（1）每天巡视检查所属系统、设备的运行情况，并对所记录的数据及内容负责。

（2）所属系统、设备发生故障时及时处理，保证各系统运行正常。

（3）制订设备春秋换季保养和检修计划，做好开机前准备工作。

（4）设备运行期间，安排员工做好测温、清洗过滤网、清洗除垢器、排污、补软化水、水样化验、投药等工作。

（5）每天对给排水系统进行巡视，巡视内容包括消防泵房、生活水泵房、屋顶消防泵房、每层卫生间、地下二层污水井、生活消防水池等。

（6）定期对所属员工进行技能培训，并由系统工程师进行考核，考核成绩将与双薪挂钩。

（十）综合维修领班岗位职责

（1）带领所属人员严格执行系统工程师及主管制订的综合维修计划，并认真做好维修记录。

（2）每天对公共区域墙面、墙纸、天花、地面、玻璃幕外墙、大理石幕墙巡查一次，保证楼宇完好无损。

（3）定期对所属员工开展技能培训，并由系统工程师进行考核，考核成绩将与双薪挂钩。

（4）带领下属对公共区域、室外路面、停车场地面进行维护保养。

（5）对楼层各户门锁、窗户进行修理，做到随叫随到。

（6）协助综合维修工程师及综合维修主管对客户二装施工进行全程监控。

（7）指导监督所属维修人员的一切工作行为。

（十一）各系统运行工岗位职责

（1）严格遵守操作程序，做好机房防水、防火、防小动物及防尘等措施，保证设备正常运行。

（2）认真执行巡视检查制度，做好设备运行与巡视记录，发现异常及时采取措施。

（3）按照主管的安排，依据维修保养制度对设备进行维修保养，发现异常，及时处理；发生事故时，保持冷静，按照操作规程及时排除故障，处理完毕后将事故报告交主管审阅。

（4）接到维修通知单后尽快检修设备，维修完毕后做好记录，并上报设备维修主管。

（5）按要求开关设备，不私自调整设备的运行控制参数、运行方式及管线走向。

（6）每班对机房进行清洁，使机房地面、设备表面不留积尘。

（十二）强电技工岗位职责

（1）严格执行岗位责任制及安全责任制，认真执行巡视检查制度，做好设备巡视记录，发现异常及时采取措施，防止小隐患酿成大故障。

（2）接到维修通知单应尽快维修，按维修规程及入户维修规范操作，维修完毕后将工作单返回工程部。

（3）熟练掌握各类电气设备、线路、元器件维修规程，准确判断故障原因，及时排故。

（4）入户维修时应礼貌规范，举止行为符合公司要求，维护公司形象。

（5）对业主提出的技术问题，不能立即解决或作出准确解释的，应礼貌地告知业主，不能敷衍了事，同时上报主管，讨论解决方案。

（十三）电梯维修工岗位职责

（1）每天按要求准时开启和关闭电梯，确保电梯正常运行。

（2）配合电梯专业维护公司完成月度电梯保养工作，并验收保养质量，做好记录。

（3）配合电梯专业维护公司及时处理电梯应急故障，如电梯困人，应先将电梯中被困客人救出再维修。

（4）做好电梯机房的清洁工作，确保机房无污迹、无灰尘、无垃圾。

（十四）弱电技工岗位职责

（1）定期巡查弱电设备，并准确记录设备运行数据。

（2）确保音响、电视接收及播放、消防、监控、自控、电话等弱电系统正常运行。

（3）服从弱电主管的安排，依据维修保养制度，按时按质按量完成弱电系统的检测维护任务。

（4）熟悉系统的工作原理、线路走向，一旦出现故障，马上进行抢修，在最短的时间内恢复设备正常。

（5）接到维修通知单应尽快进行检修，维修完毕后做好记录并上报设备维修主管。

（6）入户维修时严格遵守入户维修操作要求，礼貌待客，认真维修，尽快解决问题，对不能马上解决或不能准确解释的问题，应礼貌告知客户，并及时上报领导，共同探讨解决方案。

（十五）楼宇自控值班员岗位职责

（1）坚守岗位，定期巡查弱电系统设备，并准确记录设备运行数据，认真填写交接班记录。

（2）确保楼宇自控系统、电梯监控系统正常运行。

（3）协助中控室人员维护、维修消防自动报警系统、安防监控系统。

（4）接受上级下达的指令，调整自控参数，并完成领导交办的其他任务。

（5）发生故障时，保持冷静，按照楼宇自控操作规程及时排除故障，并编写事故报告交工程师、主管审阅。

（6）注意燃气锅炉、冷冻机组、新风机组运行状态，如有报警显示，及时通知暖通工程师及主管前去处理。

（7）注意电梯运行状态，如有故障显示，及时通知强电领班或强电技工前去处理。

（十六）暖通技工岗位职责

（1）每日按巡视路线对给排水管井、生活泵房、生活水箱、消防泵房、消防水箱、消火栓、喷淋头、消防水泵适配器、室外化粪池等进行检查，发现异常及时向领班或系统工程师汇报。

（2）协助空调维修人员清洗新风过滤网、风机盘管翅片、空调机过滤网。

（3）各泵房阀门、管线、接口有跑冒滴漏现象应及时处理。

（4）接到维修通知后，及时到达现场处理，处理完毕后，由报修单位验收签字，同时将工单交回工程部。维修人员要把消耗材料和完成时间、完成人填写到工单上。

（5）维修人员应每日对大厦各通风、采暖、冷风供应及相关设备、管道进行故障检查，并定期进行维修保养。

（6）设备一旦发生故障，维修人员应保持镇定，准确判断事故原因，采取有效措施，防止事态扩大，并及时报告上级主管。

（7）定期检查设备运行状况，认真填写记录，确保设备正常运转。与各部门相互配合、协调，及时排除设备故障，遇到疑难问题应上报上级主管。

（8）加强工具的使用与保管，包括自用工具和公用工具，交接班时工具要账物相符。

（9）制订设备维修保养计划，并按计划进行三级、月度、季度、年度保养。

（10）确保空调及给排水系统各阀门、接口、安装位置合理，不漏水。管线布局合理，横平竖直，并做好防腐、防锈、保温处理。

（11）定期检查、清理业主房间内的风机盘管过滤网。

（十七）综合维修工岗位职责

（1）认真执行巡视检查制度，做好巡视记录，发现异常及时采取措施，防止小隐患酿成大故障。

（2）接到维修通知单应尽快到位维修，按维修规程及入户维修规范操作，维修完毕后将工作单返回工程部。

（3）每天对公共区域墙面、墙纸、天花、地面、玻璃幕外墙、大理石幕墙巡查一次，保证楼宇完好无损。

（4）对公共区域、室外各路面、停车场地面进行维护保养。

（5）对楼层各户门锁、窗户进行修理，做到随叫随到。

（6）协助综合维修工程师及综合维修主管对客户二装施工进行高质量的全程监控。

第十四章　质量标准

一、工程维保人员仪容仪表标准

（一）整体要求

（1）工作时间内着工装，工具包统一挎在右肩，工具包内工具、资料齐全，干净无污渍，并携带干净的工作布、专用鞋或鞋套。

（2）在公共区域作业时，做好施工区域围蔽或设置明显的警示标识。

（3）严禁酒后、不穿工装、衣装不整、穿拖鞋、穿短裤或背心上门服务。

（4）接到维修指令后5分钟内到达维修现场，并请业主在维修调度单上确认到场时间。

（5）到达现场后30分钟内必须开始施工。

（6）工程进行中确需离开现场时，必须得到业主书面同意，并在约定的时间内继续赶到现场完成该项工作。

（二）上门维修人员礼仪标准

上门维修人员礼仪标准如表14-1所示。

表14-1　上门维修人员礼仪标准

项目	礼仪礼节规范
仪容仪表	（1）工作时间内着本岗位制服及相关饰物，不可擅自改变制服的穿着形式或私自增减饰物。保持制服干净、平整，无汗味，无明显油污、破损、褶皱。正确佩戴工牌 （2）对讲机统一佩戴在身体右侧腰带上，用左手持对讲机 （3）工具包统一挎在右肩处，并保持整洁 （4）工作期间应保持积极良好的精神面貌
骑单车行进	（1）跨右腿从后面上下车 （2）行进时应昂首挺胸，面带微笑，精神抖擞，保持直线、中速行驶，双手扶车头手柄，双腿距离不超出车头宽度 （3）行进时遇到客户询问或与客户交涉时，应下车停稳车辆，呈立正姿态，点头致意，面带微笑，然后进行交谈
敲门	进入客户家中前，先穿好鞋套，按门铃或敲门3声（敲门声音应适中），若没有应答，等候10秒钟左右进行第二次按门铃或敲门

续表

项目	礼仪礼节规范
问候	客户开门后,应主动热情,面带微笑,礼貌问好,同时鞠躬30度
进入客户家中	得到客户的许可后,才能进入客户家中
开始服务	(1)进入客户家中后,主动询问服务事项 (2)在客户交代完后,重复一遍服务内容,并让客户确认 (3)铺好工作地垫,开始服务
服务完毕	(1)服务完毕后,收拾好服务工具,清理干净现场。 (2)客户确认后若满意,请客户签单;若客户有异议,服务人员应主动道歉,并继续服务直至客户满意 (3)客户签完单后,主动向客户道谢
告别	拿起工具出门,关门时,应面向客户告别,并点头致意。替客户关好门后(注意关门声响),脱下鞋套

二、工程服务标准

(一)设备巡查频次和内容

设备巡查频次和内容如表14-2所示。

表14-2 设备巡查频次和内容

序号	设备名称	巡查频次(不少于)			巡查内容	标准	岗位
		班	日	周			
1	电梯系统		0.5		机房卫生、通风、温度、湿度	干净,温度不超过45℃,湿度正常,通风良好	电梯管理员、设备责任人
					曳引电动机温度、润滑油、紧固情况	温度符合说明书要求,润滑油适量,无松动	
					减速箱油位、油色、联轴器、紧固情况	油色清澈,无松动	
					限速器、选层器运行情况	运行正常	
					控制柜内继电器、接触器工作情况	开关、接触正常	
					制动器(线圈温度、制动轮卫生情况)	温度正常,干净	

续表

序号	设备名称	巡查频次（不少于）			巡查内容	标准	岗位
		班	日	周			
1	电梯系统		0.5		变压器、电抗器、电阻器运行温度	温度符合说明书要求	电梯管理员、设备责任人
					对讲机、警铃、应急灯、灭火器	使用正常，完好	
					轿厢内照明、风扇、装饰	使用正常，完好	
					轿厢内、厅外指层灯及指令按钮	使用正常，完好	
					厅门及轿门踏板情况	干净，关闭顺畅	
					井道、底坑情况	干净，无积水，照明完好	
					补偿链、钢丝绳情况	完好，无断股，无锈蚀	
					各种标识物及救援工具情况	标识清楚，救援工具齐全且摆放整齐	
					电梯运行舒适感	运行时无明显震动，平层时平稳无震动	
2	柴油发电机系统		2		机房卫生、通风、温度、湿度	干净，温度不超过45℃，湿度正常，通风良好	运行值班员、设备责任人
					机房应急照明、消防设施	应急照明设施使用正常，消防设施完好并定期检查合格	
					蓄电池液位、电流、电压	电池液位合适无溢出，电流、电压满足产品要求（24V），每季度对电池手动放（充）电	
					水箱水位，有无泄漏	水位合适，无溢出、无泄漏	
					机油油位、油色，有无泄漏	机油保持合适位置，油色清澈，无漏油	
					柴油油位，有无泄漏	柴油油位保持在3/4位置，密封良好，无明显挥发、无泄漏	
					螺栓、皮带、线头松紧及各路管线、开关、指示灯、仪表	紧固无松动，开关、指示灯、仪表显示正常	
					系统是否处于自动启动状态（具有自动启动功能）	停电时能自动启动发电机，快速供电	

续表

序号	设备名称	巡查频次（不少于）			巡查内容	标准	岗位
		班	日	周			
3	供配电系统		3		机房卫生、通风、温度、湿度	干净,温度不超过45℃,湿度正常,通风良好	运行值班员、设备责任人
					机房应急照明、消防设施	应急照明设施使用正常,消防设施完好并定期检查合格	
					运行电流、电压	运行电流、电压满足市电供电要求	
					运行功率	满足市电供电要求	
					变压器负荷率、温度	负荷率不低于50%,温度不超过85℃	
					断路器、空气开关	完好,使用正常	
					各种仪表指示	显示正常,标识清晰	
					设备运行状况	良好	
					机房有无漏水、积水	无漏水、积水	
4	供水系统		6		机房卫生、通风、温度	干净,温度不超过45℃,通风良好	运行值班员、设备责任人
					机房应急照明、消防设施	应急照明设施使用正常,消防设施完好并定期检查合格	
					水泵、阀门及阀门开闭情况	无明显漏水,阀门开闭正确	
					水池水位	水位保持在正常范围内	
					供水压力	符合设计压力	
					设备运行电流、电压	符合设计电流、电压	
					各种仪表指示	显示正常,标识清晰	
					各种水泵运行状况	运行正常	
5	中央空调系统		4		机房卫生、通风、温度	干净,温度不超过45℃,通风良好	运行值班员、设备责任人
					机房应急照明、消防设施	应急照明设施使用正常,消防设施完好并定期检查合格	
					水泵、阀门及阀门开闭情况	无明显漏水,阀门开闭正确	

续表

序号	设备名称	巡查频次（不少于）			巡查内容	标准	岗位
		班	日	周			
5	中央空调系统	4			设备运行电流、电压	符合设计电流、电压	运行值班员、设备责任人
					冷冻水进出水温度及冷却水进出水温度	符合设计要求	
					冷冻水及冷却水出水压力	符合设计要求	
					高压、低压及油压回路	油路畅通，无漏油，压力符合产品设计要求	
					各种仪表指示	显示正常，标识清晰	
					主机及各种水泵运行情况	运行正常	
					冷却塔运行情况	运行正常	
					设备房有无漏水、积水	无漏水、积水	

（二）设备设施维护保养标准

设备设施维护保养标准如表14-3所示。

表14-3 设备设施维护保养标准

序号	设备名称	频次				保养内容	岗位
		周	月	季	年		
1	柴油发电机系统				1	机房卫生清洁	设备责任人
				2		发电机组试运行	
			1			蓄电池手动充放电	
		1				检查蓄电池液位，电解液应高出极板10～15毫米，不足应加蒸馏水补齐	
		1				检查机油油位，应接近油尺（HI），不够加补。检查冷却水箱中的水位，水箱应在水盖下50毫米，不够加补	
		1				检查发电机组有无漏油、漏水现象	
		1				检查机油的油质，如浑浊有变质应进行更换	
		1				检查螺栓、皮带、线头松紧及各管线、开关、指示灯、仪表，确保其正常	
				1		运行250小时或按实际需要更换机油滤清器	
				1		运行250小时或按实际需要更换燃油滤清器	
				1		运行250小时或按实际需要更换水滤清器	
				1		运行250小时或按实际需要更换本机专用机油	
					1	清除控制柜内灰尘	

续表

序号	设备名称	频次				保养内容	岗位
		周	月	季	年		
2	供配电系统	1				机房卫生清洁	设备责任人
				2		配电箱（柜）整洁，门锁正常，开关灵活	
				2		接触器触点良好，无烧蚀，声音正常	
				2		继电器延时准确，接线触点完好	
				2		按钮、指示灯接线完好，触点接触可靠，指示灯明亮	
				2		熔断器底座牢固，接触良好	
				2		电容器无膨胀或高温渗油现象	
				2		互感器接线柱牢靠，无发热	
				2		电度表、仪表、指示、计量精确，接线完好	
				2		开关接触良好，开断正常，无发热	
					1	清洁电柜内灰尘	
3	供水系统	1				机房卫生清洁	设备责任人
			2			消火栓泵、喷淋泵手动点动试运转	
				1		生活水泵、稳压泵、消火栓泵、喷淋泵、潜水泵保养	
				1		管道、阀门保养	
				1		断开控制柜总电源，检查各转换开关，启动、停止按钮，动作应灵活可靠	
				1		检查柜内空气开关、接触器、继电器等是否完好，紧固各电器接触线头和接线端子的接线螺丝	
				1		清洁控制柜内灰尘	
		1				水池清洗、消毒、检验	
4	空调系统	1				机房卫生清洁	设备责任人
				2		冷却塔清洁、维护保养	
				2		风机盘管清洁、维护保养	
				2		冷凝器、蒸发器维护保养	
				2		冷却水泵机组、冷冻水泵机组维护保养	
				2		冷冻水、冷风、风机盘管管路保养	
				2		各类阀门维修保养	
				2		控制柜设备维护保养	
					1	清洁控制柜内灰尘	

续表

序号	设备名称	频次			保养内容	岗位
		周	月	季	年		
5	电梯系统	1				机房卫生清洁	设备责任人
			2			清洁控制箱内电路板，检查（扁平）电缆插接件是否牢固	
			2			检查控制箱所有电缆连接情况，并紧固	
			2			检查接触器、继电器触头是否清洁平滑，清除内部灰尘	
			2			测量控制箱绝缘（≥0.5兆欧），并进行记录（切断电子线路进行测量）	
			2			检查接地线是否牢固	
				1		检查、清洁接触器和继电器触头，发现烧熔现象时，可用细锉修平，并调整动静触头间的间隙	
				1		检查各保护装置动作是否正常	
				1		检查接地线连接是否牢固，测量接地电阻	
				1		检查各电路板接插件是否连接牢固	
				1		检查、清洁散热风机	
				1		检查制动带磨损情况，清除制动带上的油污、灰尘	
				1		检查制动力矩，调整制动弹簧	
				1		检查曳引机减速箱内润滑油油质，如果润滑油变质或变脏，应及时更换	
				1		检查主要零部件的磨损程度，进行必要的修配或更换	
				1		检查电动机电缆及制动线圈电线连接情况，并紧固	
				1		检查电动机轴承润滑情况，更换润滑脂（工作2500～3000小时后更换新的润滑脂）	
				1		检查各安全装置，按照年检要求调整或处理	
				1		检查曳引机接地线是否牢固	
					1	检查、清洁自动门锁，加油润滑	
					1	检查轿厢门和自动门机构，擦拭门导轨，涂抹少量机油，检查开关门动作	
					1	检查层门，擦拭门导轨，涂抹少量机油，进行开关门动作检查	
					1	检查层门机械电气联锁装置，并清洁	

续表

序号	设备名称	频次			保养内容	岗位
		周	月	季	年		
5	电梯系统				1	检查、清洁轿厢照明设施及风机扇,测量电气绝缘参数并记录	设备责任人
					1	检查曳引钢丝绳受力是否均匀,并调整	
					1	检查对重链是否出现扭曲、过长,并及时排除	
					1	清洁井底缓冲器,检查液压油液面高度(应保持在最低油位以上),根据情况及时补充;清洁柱塞外圆露出表面,并涂防锈油或缓冲器油	
					1	检查导轨润滑情况,加润滑油	
					1	检查导靴磨损情况,磨损严重的,及时更换	
					1	检查、清洁安全钳,传动杆配合转动处涂润滑油	
					1	检查电梯井道,填补井道孔、洞,做好防漏、防小动物措施,清洁电梯井道	
6	闭路监控系统		1			检查监视器电源线路及视频线路接触是否良好	设备责任人
			1			检查视频切割器电源线路及视频线路接触是否良好	
			1			检查监控摄像设备机柜的固定及防腐是否良好	
			1			检查各控制线路、电源线路、视频连线接触是否良好	
			1			检查室外摄像枪支撑杆固定及防腐是否良好,摄像枪防尘罩是否防风、防水,地线接触是否良好	
			1			检查监控室的通风、照明及清洁情况	
	可视对讲机系统		2			检查系统主机是否正常、摄像枪是否老化或损坏	
			2			检查系统电源是否正常	
			2			检查系统中继器是否正常	
			2			检查系统各连接线路是否良好	
			2			检查电控锁能否正常使用	
			2			检查对讲主机声音是否清晰	
			2			清理可视主机及摄像枪灰尘	
	红外线报警系统		1			红外线报警系统布防后对各探头进行测试检查	
			1			清洁对射探头上的灰尘	
			1			检查主机及输出探头电压是否正常	
			1			检查主机板及键盘是否正常	

续表

序号	设备名称	频次				保养内容	岗位
		周	月	季	年		
6	一卡通门禁系统		2			检查电脑及软件是否正常	设备责任人
			2			检查通信是否正常	
			2			检查IC卡门禁是否正常	
			2			检查门禁是否防水、防雨、防潮	
			2			检查门禁电源及通信线路是否正常	
	一卡通停车场系统		2			检查车场电脑及联网系统	
			2			检查车场系统线路连接是否良好	
			2			检查各车场IC卡读卡器是否正常	
			2			检查各车场手动控制道闸是否正常	
			2			检查道闸减速器有无机油,若不足,则添加	
			2			检查同步皮带是否磨损、断裂,有则更换	
			2			检查平衡弹簧是否断裂,有则更换	
			2			检查道闸杆垂直、水平位置是否到位,若不到位,调整限位开关拨杆位置	
			2			检查地感器是否正常	

(三)业主报修服务标准

业主报修服务标准如表14-4所示。

表14-4 业主报修服务标准

项目	频次			业主报修	标准	岗位
	班	日	周			
业主报修		随时		急修	30分钟内赶到维修点	维修员
		随时		一般维修	与业主约定时间,准时赶到维修地点	维修员

三、工程维护服务检查标准

工程维护服务检查标准如表14-5所示。

表14-5 工程维护服务检查标准

类别	序号	检查标准
维修服务	1	对维修服务作出明确规定,上岗员工对作业指导文件熟悉
	2	兆欧表等测量仪器在鉴定有效期内
	3	采取便民报修措施,并建立回访制度,填写回访记录
	4	客户报修时,准确记录客户服务需求信息
	5	维修人员根据客户报修信息及时到达现场,并记录到达时间
	6	维修人员现场完成维修任务,记录完成时间和客户评价意见
	7	维修服务及时率和合格率达到质量目标的规定
	8	无客户对维修及时性和维修质量进行投诉
	9	公开公布有偿维修服务收费标准
	10	公共设施出现破损/故障时,及时修复
	11	家电、空调清洁保养有记录
	12	材料使用有记录
	13	室内电箱各开关负荷无超载
	14	住户入住检查有记录
	15	洗手间洁具能正常使用
电梯运行和维修保养	1	对建立电梯档案作出明确规定(如责任部门/人、档案内容等)
	2	按规定建立电梯档案(一机一档),档案内容完整,索引便捷
	3	电梯现场运行状态正常(舒适、运行时无异响、电梯门关闭正常、无安全隐患等)
	4	电梯门厅有明确的导向标志(如电梯用途、抵达楼层等)
	5	电梯轿厢、机房、层站、井道地坑的环境(卫生、通风、照明等)符合规定,警示标志、工具、制度齐全
	6	建立电梯困人、跑水、火灾等应急预案
	7	电梯轿厢内对讲系统正常,值班人员应答正常(现场抽查)
	8	有电梯巡查和维修保养作业指导书,并得以有效执行
	9	电梯维修保养合同在有效期内,处于运行状态的电梯都签订了维修保养合同
	10	电梯维修保养供方的选择符合规定
	11	供方提交电梯维修保养计划,并经过公司技术人员审定
	12	供方按约定或维修保养计划和作业指导书开展维修保养工作,记录完整,无违约

续表

类别	序号	检查标准
电梯运行和维修保养	13	供方若有违约记录，按照约定进行有效处理
	14	供方电梯维修保养作业人员持有效上岗证件
	15	电梯工了解电梯巡查和维修保养作业指导书、维修保养合同、供方维修保养计划的相关内容
	16	对供方进行监管的服务区域、部位、项目、时段、频次等有明确规定
	17	按规定对供方进行监管，记录完整，发现问题能及时有效解决
	18	供方提交的维修保养报告（记录）完整，维修保养项目详细
	19	对保养过程中发现的问题能及时有效解决，相关记录完整、可追溯
	20	保养作业避开运行高峰期，维修保养过程设置明显标志
	21	每台电梯年检合格，合格证书有效，并张贴于电梯轿厢内
	22	经历过大修的，大修的供方选择、报价、选材、施工、验收等环节符合相关规定
消防系统运行和维修保养	1	对建立消防设备设施档案作出明确规定
	2	按规定建立消防设备设施档案（按系统分类）
	3	建立消防设备设施、器材台账（清单），抽查台账与实际相符
	4	对消防设备设施维修保养作出明确规定
	5	按规定（或计划）开展维修保养工作
	6	现场无消防设备设施（如应急灯、紧急疏散指示灯）缺失、故障情况
	7	消防器材和设施（如灭火器、消火栓等）定期巡查，处于有效备用状态
	8	消防水池水位在设计位置，消防水系统主管道阀门关闭
	9	消防水泵处于备用状态（抽查试车记录）
	10	烟感灵敏度符合要求（测试）
	11	消防联动测试记录完整
	12	报警主机显示火灾探测器故障和屏蔽数目未超过总数的0.5%
	13	消防检测按时进行，记录齐全
	14	气体灭火系统气体重量足够，失重能报警，时间显示（与北京时间相比）误差不超过2分钟；对烟感探测器做烟雾试验时，应响警铃
	15	建立相关规章制度（中控室值班管理制度、火灾应急预案应上墙）
	16	有维修保养合同（抽查维修保养记录）

续表

类别	序号	检查标准
供配电系统运行和维修保养	1	对建立供配电设备档案作出明确规定
	2	建立供配电设备档案
	3	配电房实行24小时值班
	4	配电房值班人员和所有电工按规定持证上岗
	5	配电房对外来人员建立登记制度,并有效实施
	6	按规定采集供配电系统的各类运行数据
	7	配电房值班人员熟练掌握各类操作程序和停电应急处理预案
	8	按规定制订供配电设备保养计划,并有效实施
	9	对电能计量进行月统计和分析
	10	巡查和维修保养工作有作业指导文件
	11	岗位员工对作业指导文件熟悉
	12	现场设备运行正常,无安全隐患
	13	高压绝缘工具进行定期检测(抽查检测报告)
	14	发电机组维修保养合同在有效期内
	15	发电机组维修保养供方的选择符合规定
	16	供方提交发电机组维修保养计划,并经过公司技术人员审定
	17	供方按照约定或维修保养计划开展发电机组维修保养工作
	18	记录完整,无违约记录;供方若有违约记录,按照约定进行有效处理
	19	相关人员了解发电机组维修保养作业指导书、维修保养合同、供方维修保养计划的相关内容
	20	对供方进行监管的服务区域、部位、项目、时段、频次等有明确规定
	21	按规定对供方进行监管,记录完整,发现问题能及时有效解决
	22	供方提交的维修保养报告(记录)完整,维修保养项目详细
	23	对保养过程中发现的问题能及时有效解决,相关记录完整、可追溯
	24	发电机机房环境(卫生、防鼠等)符合规定
	25	发电机组按作业指导书的要求进行定期空载试运行,且运行数据清晰完整
	26	发电机能正常启动,操作人员能按文件规定正确操作

续表

类别	序号	检查标准
给排水系统运行和维修保养	1	对建立给排水设备设施档案作出明确规定
	2	建立给排水设备设施档案
	3	供水泵、潜水泵能正常运行
	4	供水泵、潜水泵电气控制系统能正常运行
	5	供水泵无严重漏水现象
	6	日常检查和维修保养工作有作业指导文件
	7	岗位员工对作业指导文件熟悉
	8	按规定记录给排水系统的各类运行数据
	9	对水量、水费等数据进行统计和分析
	10	制订给排水设备保养计划并有效实施
	11	水池安装高、低水位和溢水报警装置，装置灵敏、可靠
	12	二次供水水池/水箱/泳池定期进行清洗消毒，有检验合格证
	13	二次供水水池/水箱加盖上锁（双管制）
	14	有二次供水卫生许可证及水质化验报告
	15	二次供水清洗消毒作业人员有健康状况证明
	16	二次供水水池/水箱清洗消毒合同在有效期内
	17	二次供水水池/水箱清洗消毒供方的选择符合规定
	18	供方按照约定定期开展二次供水水池清洗消毒作业活动，无违约记录
	19	供方若有违约记录，按照约定进行有效处理
	20	对供方进行监管的服务区域、部位、项目、时段、频次等有明确规定
	21	按规定对供方进行监管，记录完整，发现问题能及时有效解决
	22	相关人员对地下管网情况熟悉
	23	相关沟、井、渠、池、管等公共给排水设施完好
	24	对公共用水终端进行有效控制，编制年度节水计划并实施
暖通系统运行和维修保养	1	对建立暖通设备设施档案作明确规定
	2	建立暖通设备设施档案
	3	空调、热力、送排风、防火排烟等设备设施现场运行正常
	4	空调维修保养合同在有效期内
	5	空调维修保养供方的选择符合规定

续表

类别	序号	检查标准
暖通系统运行和维修保养	6	供方/工程部门提交维修保养计划
	7	供方/工程部门按照约定或计划开展维修保养工作，无违约记录
	8	供方若有违约记录，按照约定进行有效处理
	9	对维修保养供方进行监管的区域、部位、项目、时段频次等有明确规定
	10	按规定对维修保养供方进行监管，记录完整，发现问题能及时有效解决
	11	供方/工程部门提交的维修保养报告（记录）完整，维修保养项目详细
	12	对维修保养过程中发现的问题能有效解决，记录完整、可追溯
	13	巡检和维修保养工作有作业指导文件
	14	水泵、冷却塔、末端风柜、新风机、风机盘管、防排烟等设备运行、保养记录完整
	15	暖通系统有节能措施
	16	检查暖通系统设备运行正常
	17	维修操作人员对设备运行和维护要求非常熟悉
	18	空调水质处理服务合同在有效期内
	19	空调水质处理服务供方的选择符合规定
	20	供方提交空调水质处理工作计划
	21	供方按照水质处理工作计划开展水质处理工作，无违约记录
	22	供方有违约记录，但已经按照合同的约定进行了有效处理
	23	对水质处理供方进行监管的区域、部位、项目、时段频次等有明确规定
	24	按规定对水质处理供方进行监管，记录完整，发现问题能及时有效解决
	25	供方提交的水质处理报告（记录）详细完整
	26	对水质处理过程中发现的问题能有效解决，记录完整、可追溯
	27	锅炉工熟悉锅炉点火前准备及点火操作、运行监视与调节、停炉等操作流程
	28	经历过大修的，大修供方的选择、报价、选材、施工、验收等环节受控
弱电系统运行和维修保养	1	对建立弱电设备设施档案作出明确规定
	2	按规定建立弱电设备设施档案
	3	将楼宇门禁、监控、周界防范报警、通信、巡更、广播、火灾自动报警、气体/喷淋灭火、燃气泄漏报警、停车场管理等系统纳入相应的设备档案（清单）
	4	楼宇自控系统运行正常，运行记录完整
	5	监控系统各摄像机图像齐全、记录完整、回放清晰

续表

类别	序号	检查标准
弱电系统运行和维修保养	6	周界防范系统探测器对人体入侵反应灵敏，有监控显示，有每天检查记录
	7	门禁系统门锁能用密码（或IC卡、锁匙）开启
	8	巡更系统在电脑中有巡更记录
	9	停车场管理系统读卡、出卡、起落闸杆正常，可调出进出车辆的历史记录
	10	建立弱电设备设施巡查制度并有效实施
	11	弱电设备设施的巡查记录清晰完整
	12	在巡查中发现问题能及时有效解决
	13	关键弱电设备定期保养
	14	若由供方提供保养服务，供方的选择符合规定
	15	供方按照合同的约定提供相应的维修保养服务
	16	对供方的维修保养服务进行有效监控，记录清晰完整
	17	在监控供方过程中发现的问题，能及时有效解决
	18	相关人员熟悉楼宇综合布线的基本情况
公共设施管理	1	对楼宇修缮作出明确规定，并按规定执行
	2	楼宇使用手册、装饰装修管理规定及业主公约等各项公众制度完善
	3	楼宇外观完好、整洁，外墙砖、涂料、玻璃等装饰材料无脱落和污迹
	4	楼宇天面、外墙、楼梯、走廊、地下室等本体部位完好
	5	公共道路、照明、停车场、康乐器材、会所、泳池等公共设施完好
	6	建立工程档案（六图两书、竣工资料等）
	7	建立公共设施台账、清单和权属清册，查阅方便
	8	楼宇本体公共设施整洁，公用楼梯、天台、通道无堆放杂物及违章占用等
	9	无擅自改变房屋用途的现象，项目内各楼栋有明显标志，入口处及主要路口有引路标志
	10	危及人身安全处有明显标志和具体可靠的防范措施
	11	公共设施的维修保养按规定要求执行，有保养记录，专业技术人员和维修人员严格遵守操作规范与保养规程
装修管理	1	对客户装修管理有明确规定（图纸方案报批、施工管理、验收等）
	2	客户装修管理记录清晰完整（批准施工方案、施工现场巡查、验收等）
	3	和客户/装修施工单位签订装修施工管理协议，或签署协议性质的文件
	4	对装修施工人员进行严格登记和管理

续表

类别	序号	检查标准
装修管理	5	装修垃圾清运及时彻底
	6	为避免扰民现象，对客户装修施工时段进行严格控制
	7	无客户对装修噪声等问题的有效投诉
	8	客户装修过程中未存在破坏建筑承重结构（梁、柱、墙体等）的现象
	9	有关人员定期对装修现场进行巡查，有详细的巡查记录
	10	新项目装修期间对重要设施（如电梯）采取保护措施，二次装修指定货梯和时段运送材料和垃圾
	11	装修现场关闭通向公共通道的门窗，未影响其他业主
	12	有关人员按规定对客户装修施工现场进行验收
	13	未存在违章装修和乱搭建现象
	14	室外招牌、广告牌、霓虹灯按规定设置，保持外观整洁统一，无安全隐患或破损
	15	装修现场临时动火作业受控
	16	装修现场易燃物品存放量受控
	17	商铺装修按规定向消防主管部门申报
机房管理	1	地面干净整洁，物品摆放整齐有序，工具配备齐全
	2	设备表面无积尘、油污、锈迹
	3	按消防要求配备足够的灭火器和应急照明灯，室内通风良好
	4	应急照明灯在停电的情况下至少能工作半个小时
	5	设备房排水通畅，安装防鼠板，必要部位铺设绝缘胶地板
	6	易被人体接触到的转动部位有防护罩，设备的防护装置齐全
	7	无人值守的设备房加锁
	8	门上有"设备房""机房重地，非请勿进"等标志
	9	室内禁止吸烟，未堆放易燃易爆及与管理无关的物品
	10	设备房内的开关、阀门、单体设备等有明显的状态标志
	11	流体有流向标志
	12	重要和危险的设备、部件有警告标志
	13	供配电设备房在显眼位置设立"严禁合闸"等移动标志的统一挂放点

续表

类别	序号	检查标准
机房管理	14	重要设备有必要的防护措施（如上端加设喇叭口、挡板）
	15	重要设备房内（如监控中心、电话机房、配电房、发电机房、消防控制室、电梯机房、电脑机房、水泵房）配置干湿球温度计，对环境的温湿度进行监测，设备房内的温度保持在40℃以下，相对湿度保持在80%以下（有特别要求的除外）
	16	各操作开关标明控制的状态、功能或系统（部位）等
	17	设备房环境（卫生、防鼠、绝缘等）符合规定
	18	配电房张贴供配电系统图
	19	机房规章制度上墙，已张贴设备卡
	20	设备房低位进线管道有封堵，以防止雨水倒灌进设备房
其他	1	对钥匙管理作出明确规定
	2	钥匙分类清晰，登记、复制、更换、借用、归还等管理有序
	3	未存在个人保管楼宇各类钥匙的现象
	4	设备房（井）未存在危险源
	5	现场未存在"跑、冒、滴、漏"现象
	6	对公共能耗和公共用水进行合理控制，并采取相应节能降耗措施
	7	作业现场存在危险源（井、沟）、高空作业、占用道路时用围栏围起作业，并设置明显警示标志

注：本表中的"客户"，包括业主和非业主使用人。

第十五章 工作流程

一、维修保养指令执行流程

维修保养指令执行流程如图 15-1 所示。

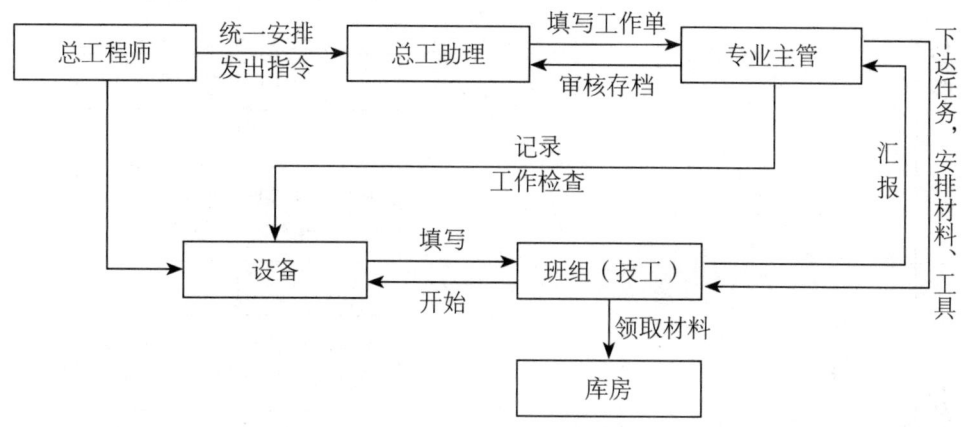

图 15-1 维修保养指令执行流程

二、工作单流转流程

工作单流转流程如图 15-2 所示。

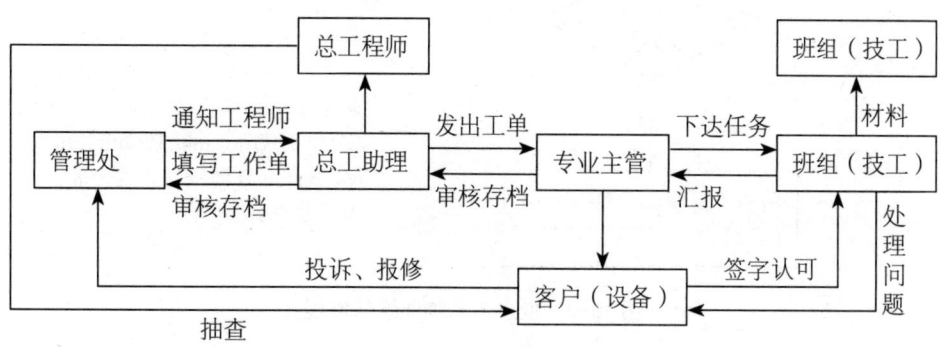

注：(1) 工程部一般情况下不接受客户和电话报修，一切报修均要填写工作单。
(2) 特殊情况、紧急情况可先进行维修，事后补报工作单。

图 15-2 工作单流转流程

三、业主专有物业维保流程

业主专有物业维保流程如图15-3所示。

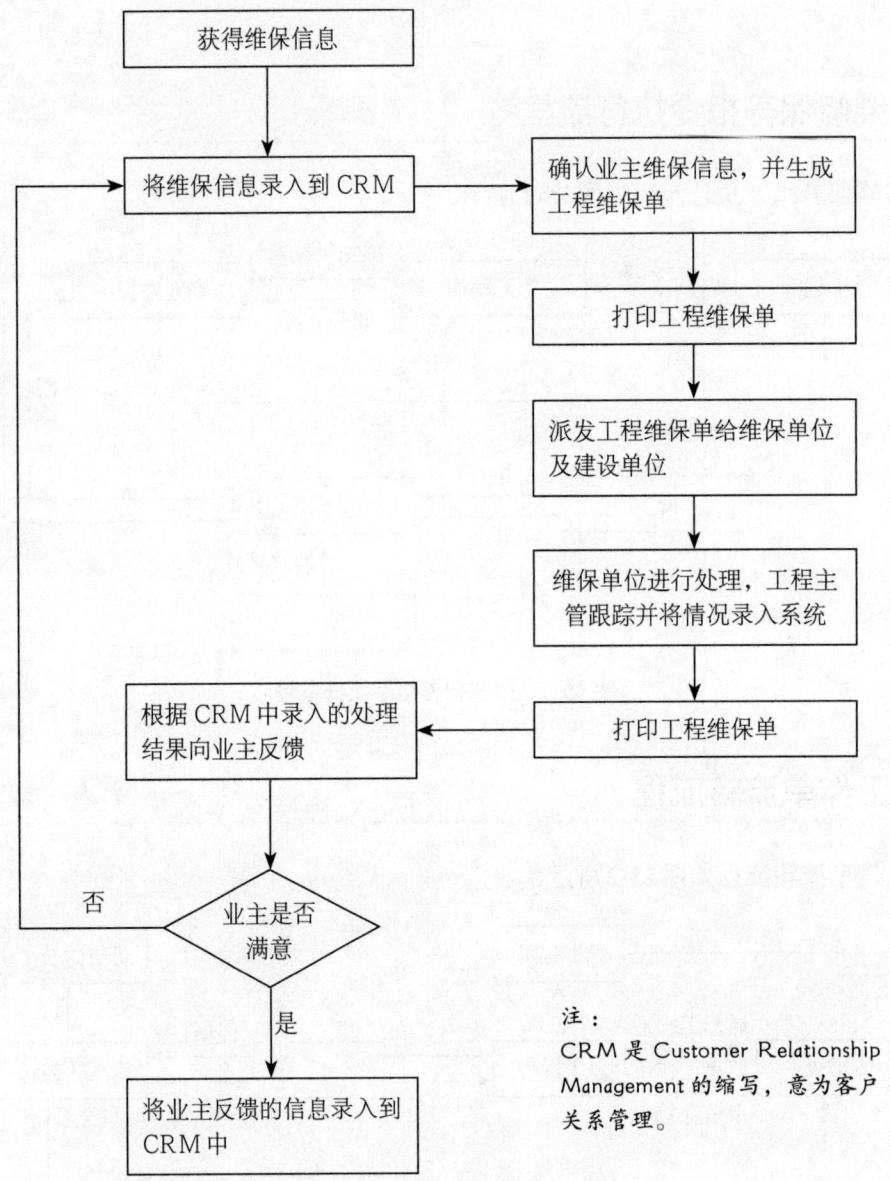

图15-3 业主专有物业维保流程

四、共享设备设施维保流程

共享设备设施维保流程如图 15-4 所示。

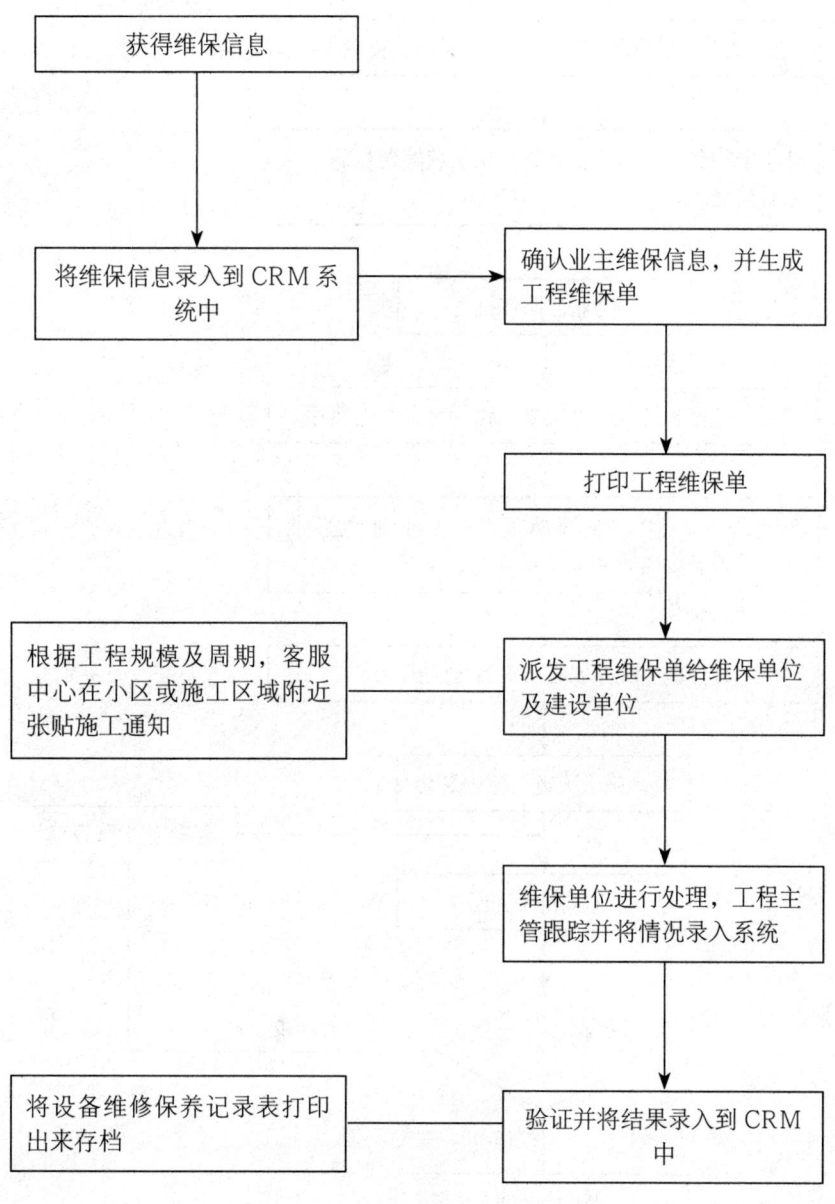

图 15-4　共享设备设施维保流程

五、业主装修报批流程

业主装修报批流程如图15-5所示。

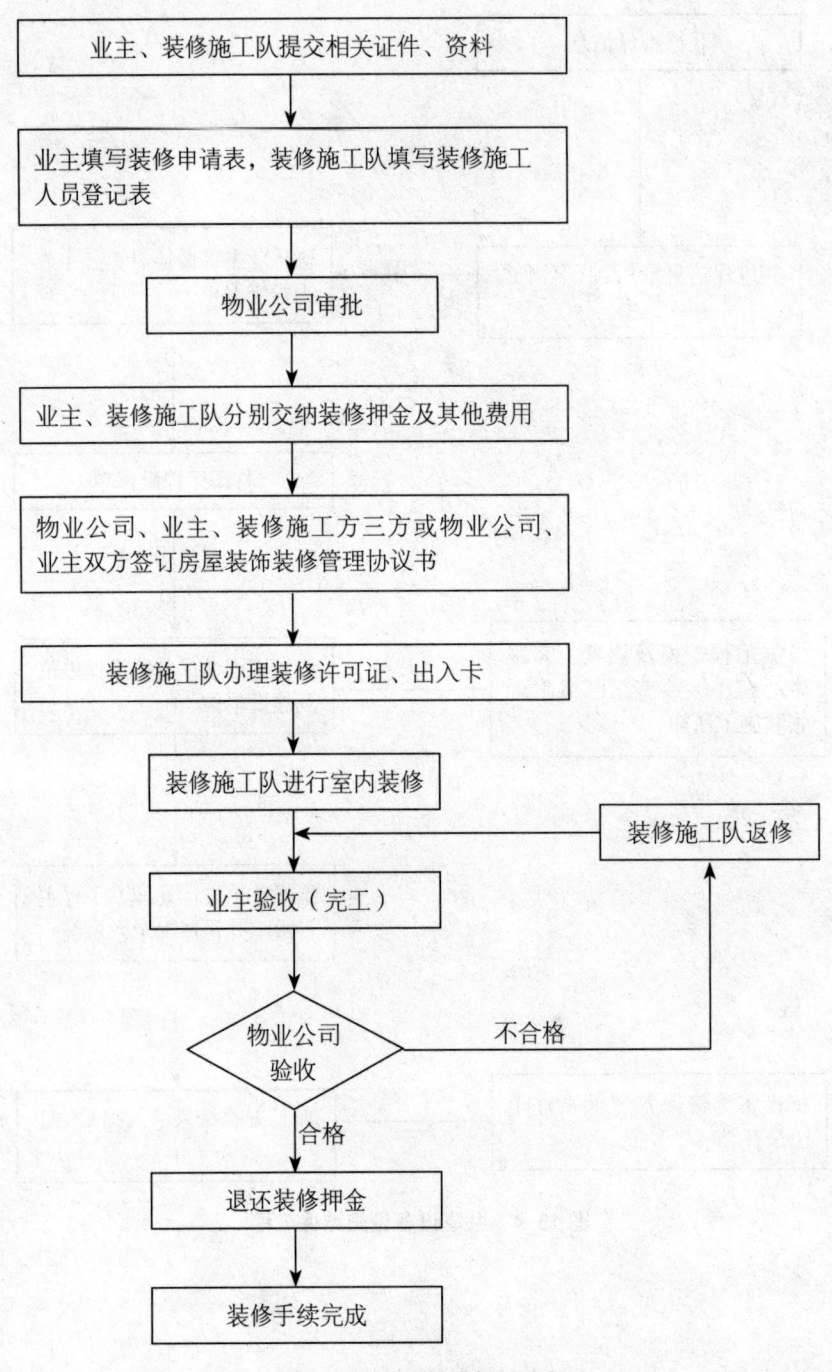

图15-5 业主装修报批流程

六、基础设施和工作环境管理流程

基础设施和工作环境管理流程如图15-6所示。

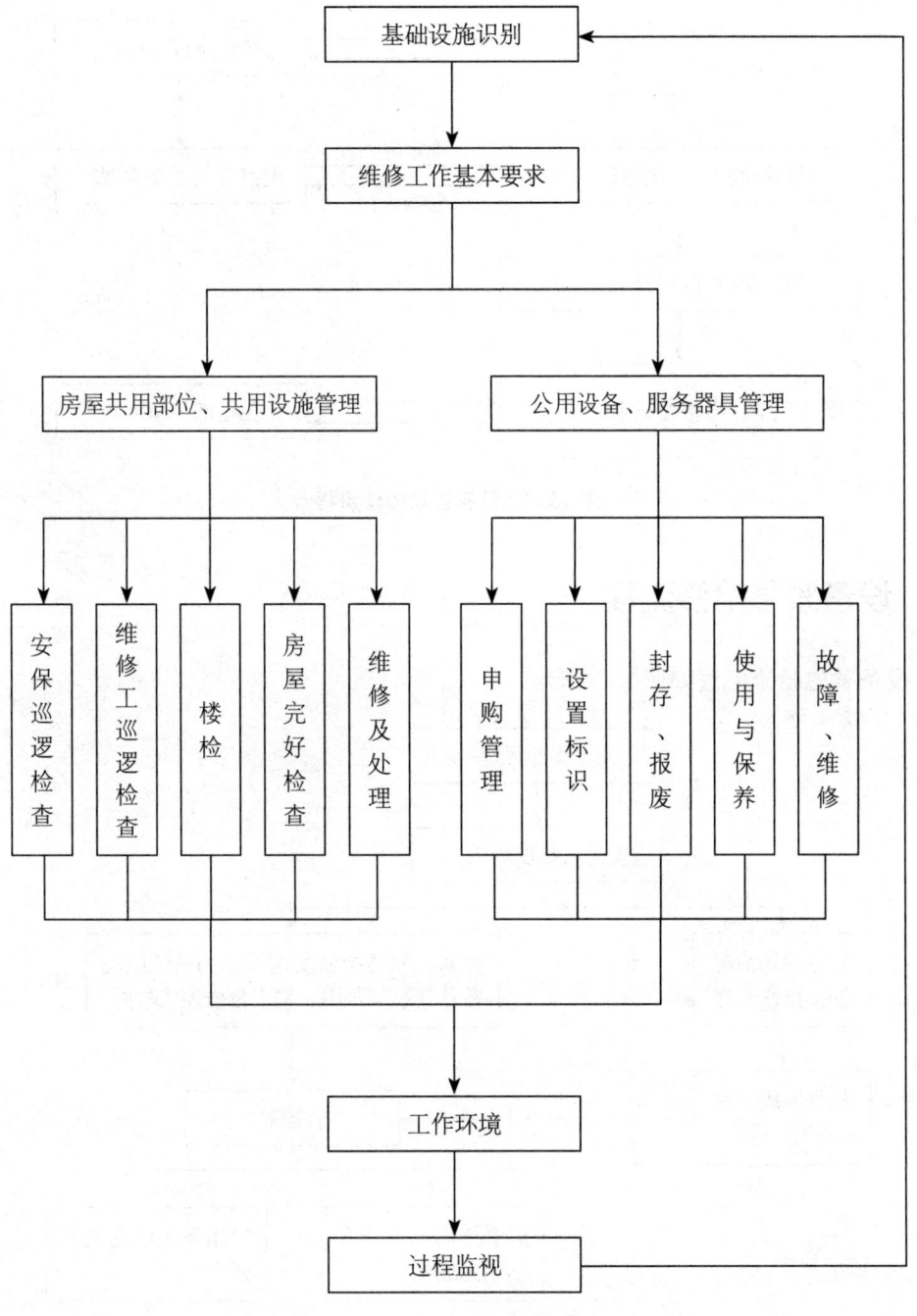

图15-6 基础设施和工作环境管理流程

七、设备正常检修流程

设备正常检修流程如图15-7所示。

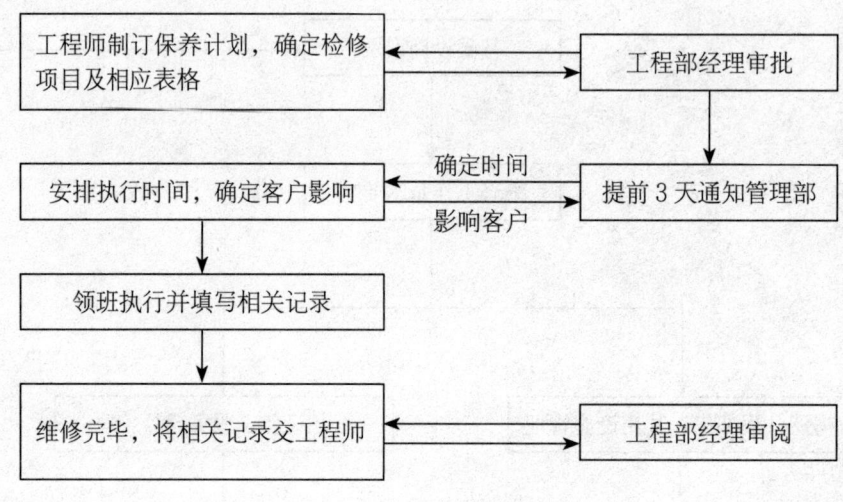

图15-7 设备正常检修流程

八、设备紧急抢修流程

设备紧急抢修流程如图15-8所示。

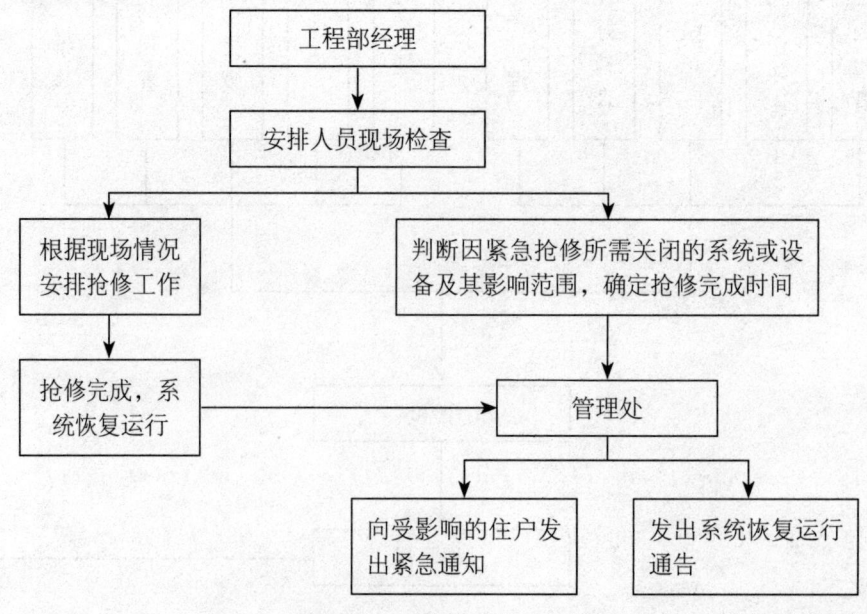

图15-8 设备紧急抢修流程

九、机电设备管理流程

机电设备管理流程如图15-9所示。

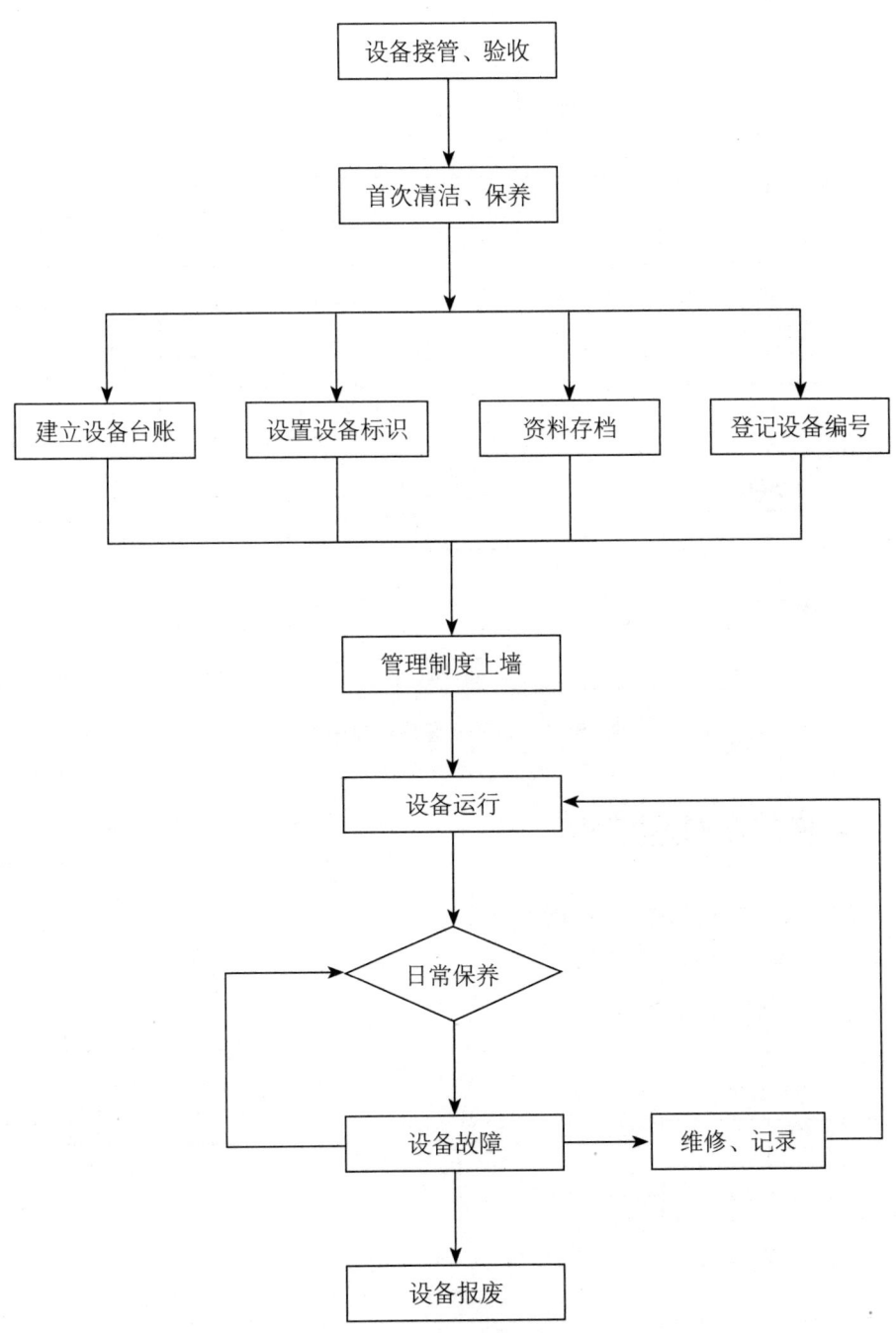

图15-9 机电设备管理流程

十、消防报警信号处理流程

消防报警信号处理流程如图15-10所示。

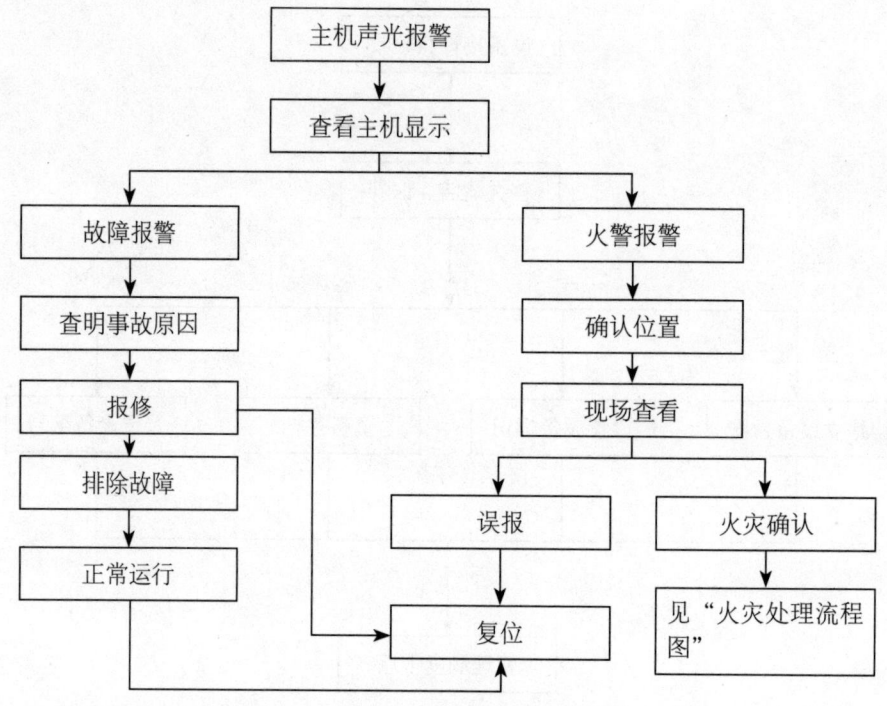

图 15-10　消防报警信号处理流程

十一、电梯故障处理流程

电梯故障处理流程如图15-11所示。

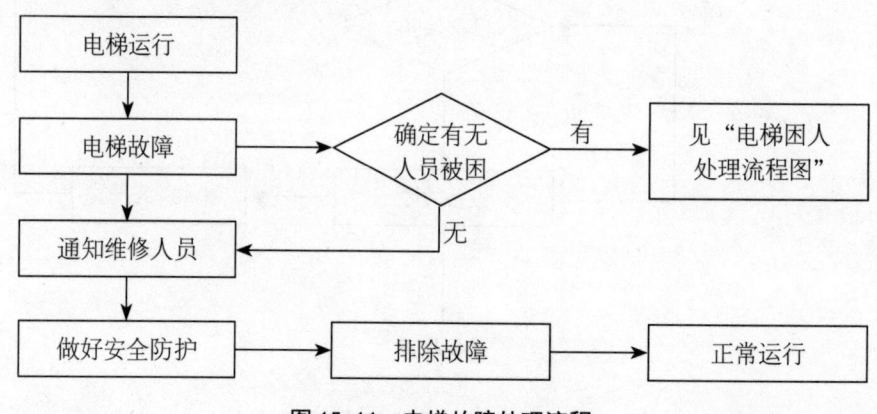

图 15-11　电梯故障处理流程

十二、恒压变频生活供水系统故障处理流程

恒压变频生活供水系统故障处理流程如图15-12所示。

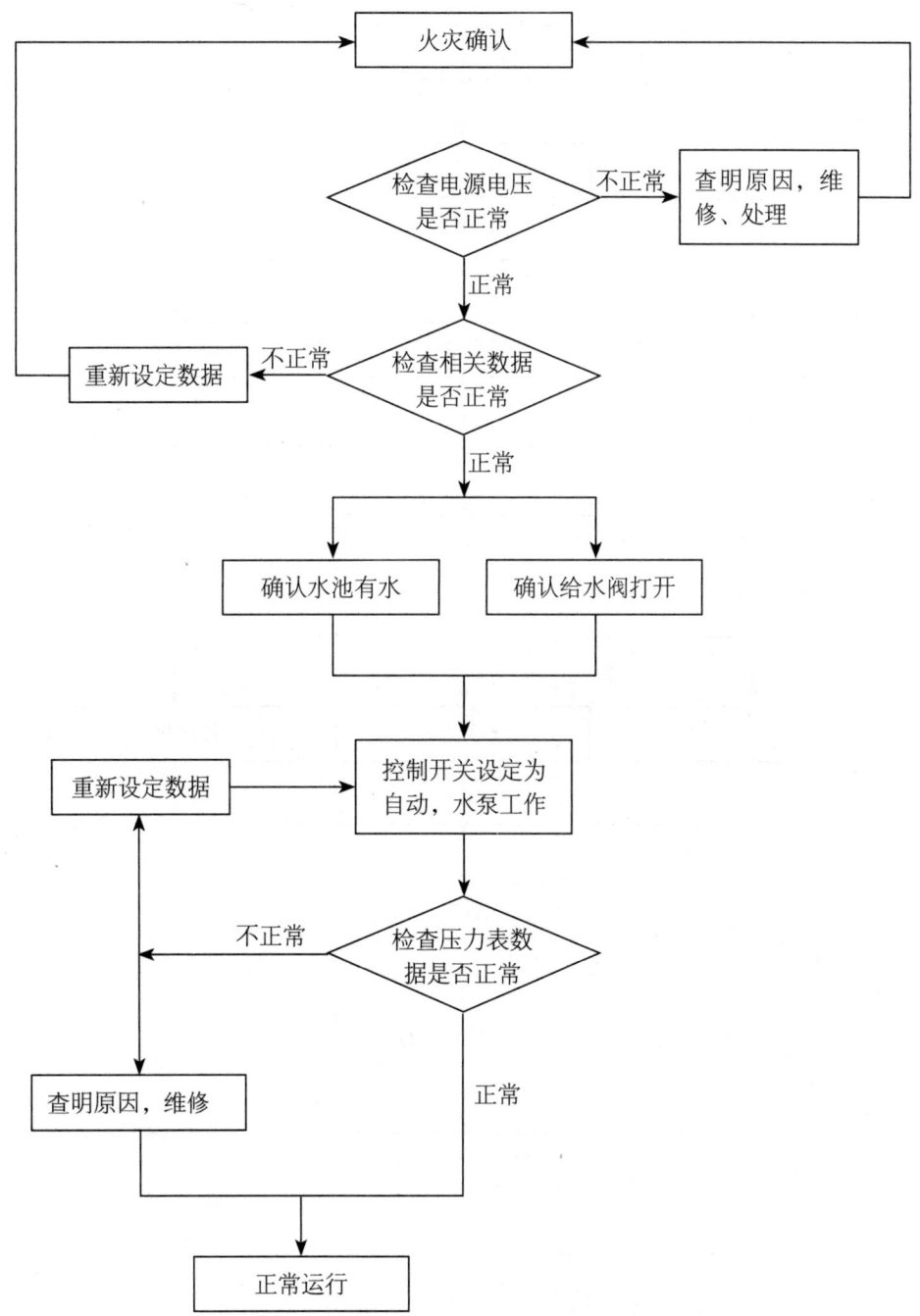

图 15-12　恒压变频生活供水系统故障处理流程

十三、低压变配电设备维修保养流程

低压变配电设备维修保养流程如图 15-13 所示。

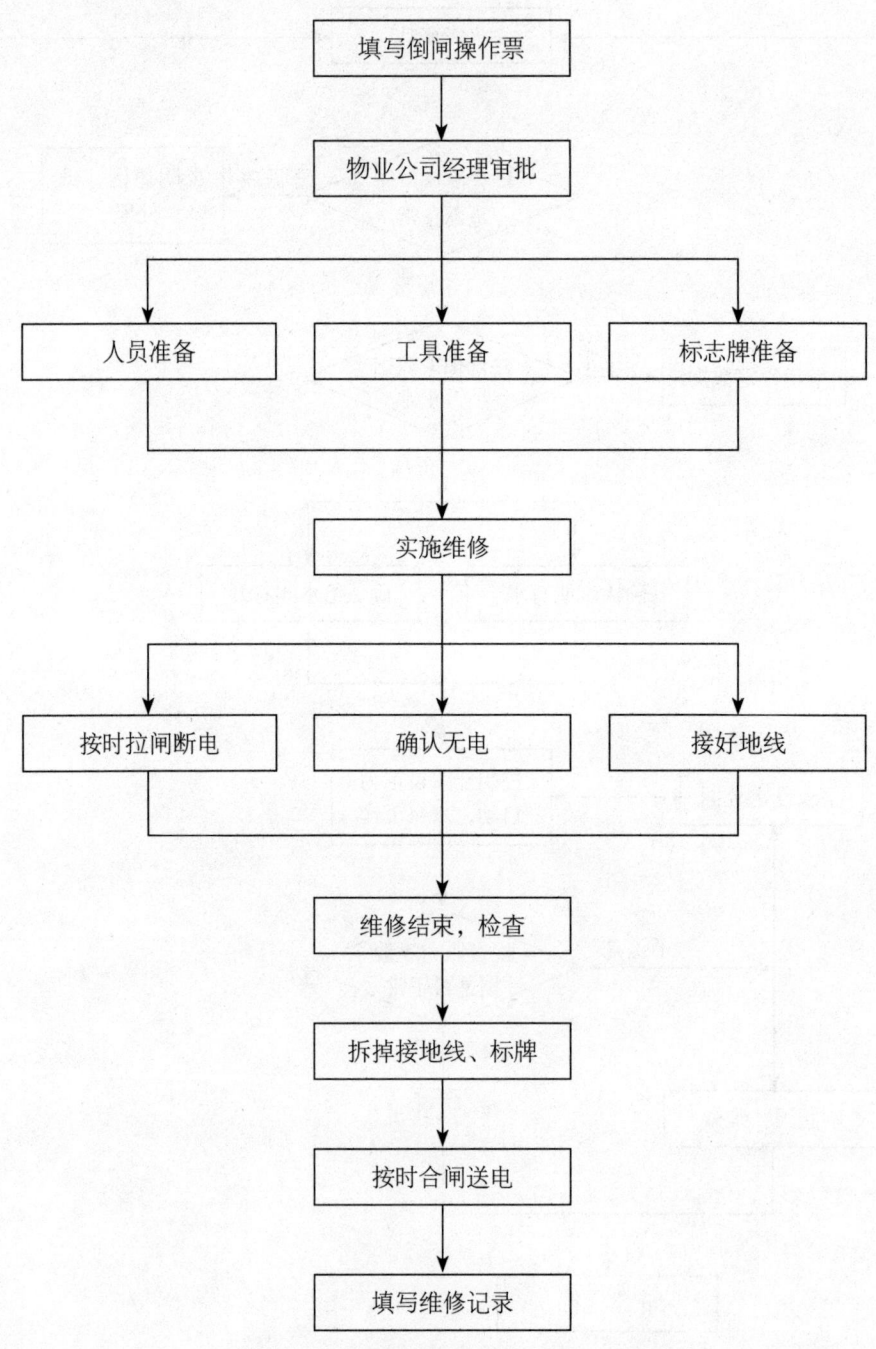

图 15-13　低压变配电设备维修保养流程

十四、业主房屋自用部位及设施设备报修（保修期内）流程

业主房屋自用部位及设施设备报修（保修期内）流程如图15-14所示。

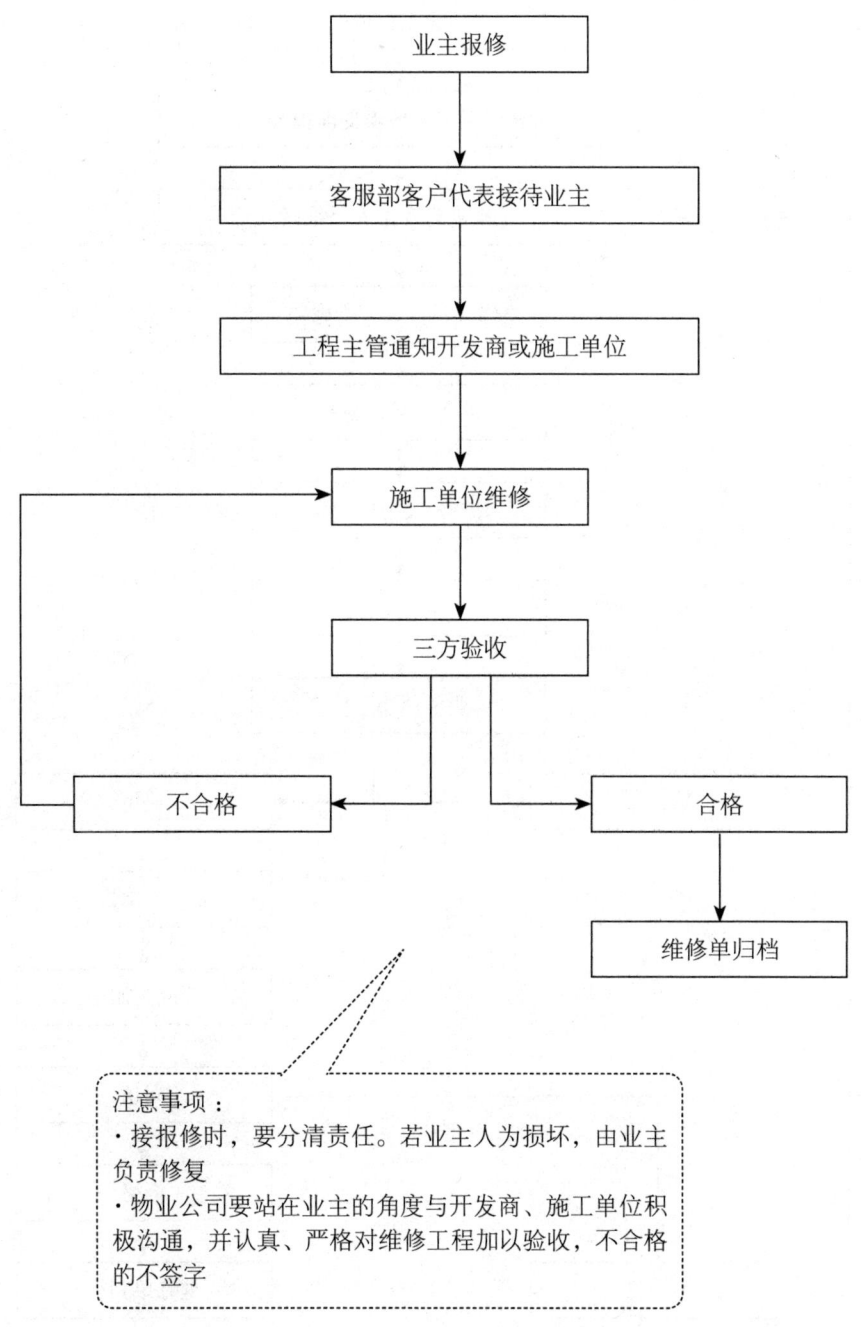

图15-14 业主房屋自用部位及设施设备报修（保修期内）流程

十五、业主房屋自用部位及设施设备报修（保修期外）流程

业主房屋自用部位及设施设备报修（保修期外）流程如图15-15所示。

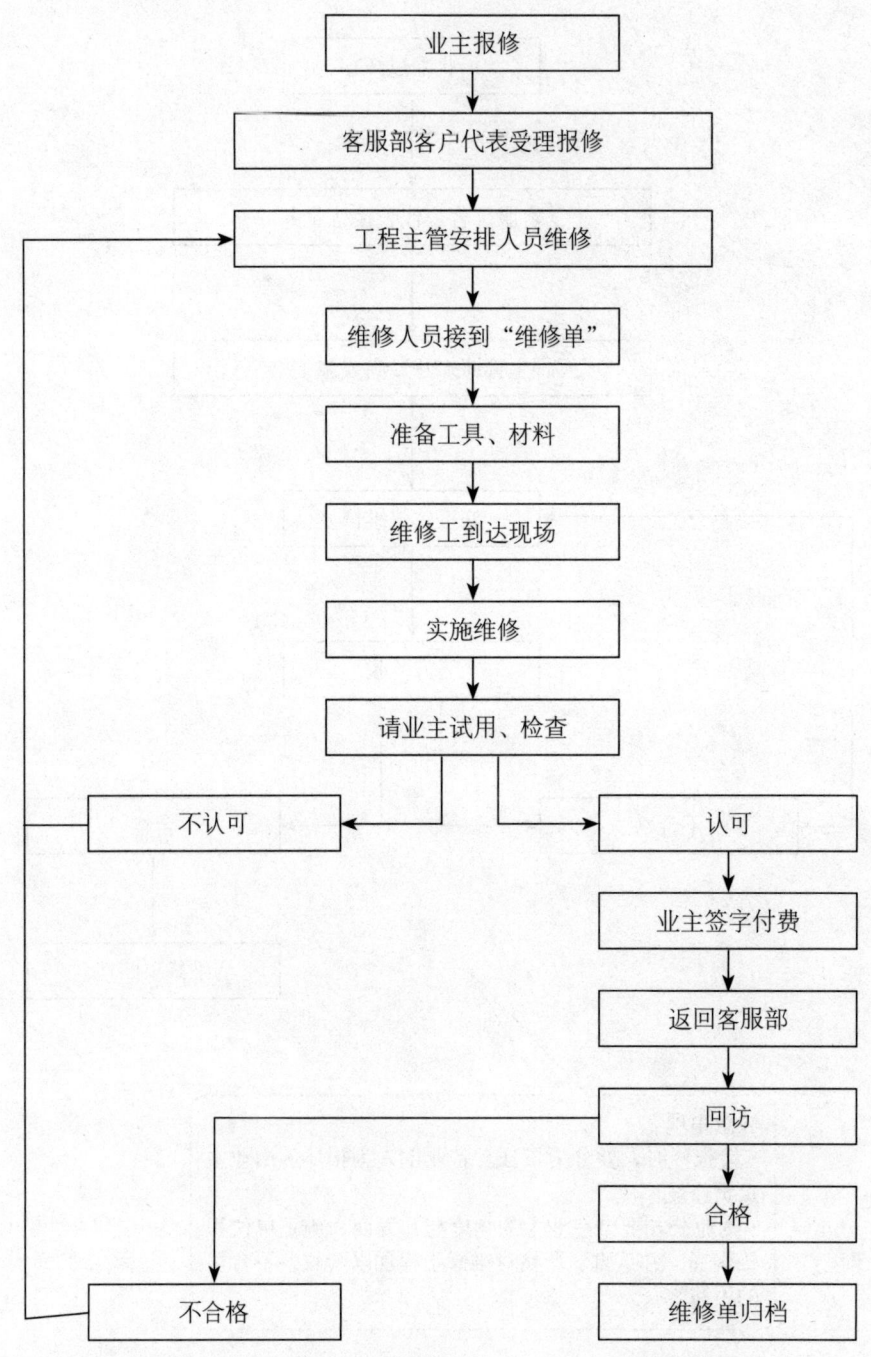

图 15-15　业主房屋自用部位及设施设备报修（保修期外）流程

十六、房屋共享部位及公共区域设施设备报修(保修期外)流程

房屋共享部位及公共区域设施设备报修(保修期外)流程如图15-16所示。

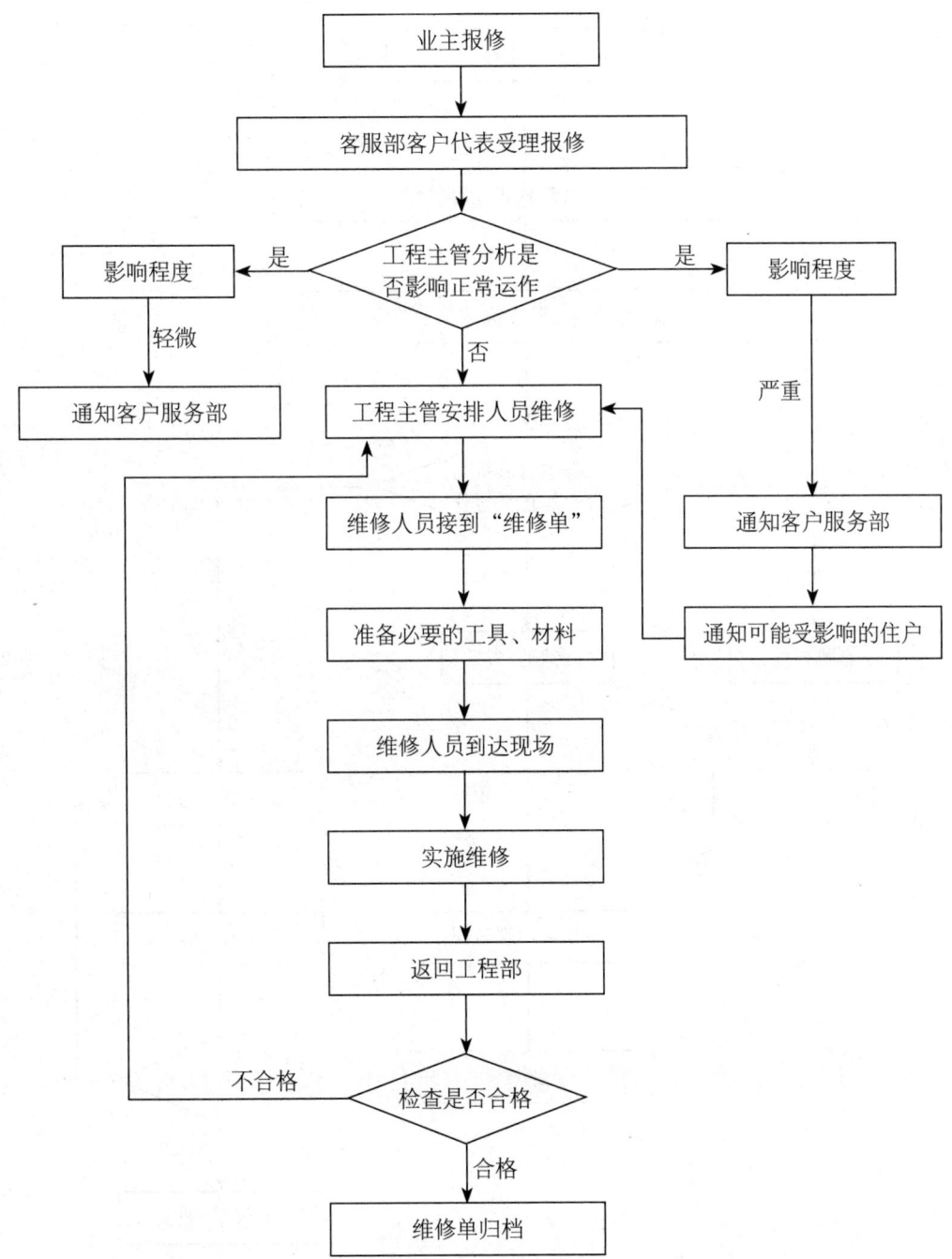

图 15-16 房屋共享部位及公共区域设施设备报修(保修期外)流程

十七、房屋共享部位及公共区域设施设备报修(保修期内)流程

房屋共享部位及公共区域设施设备报修(保修期内)流程如图15-17所示。

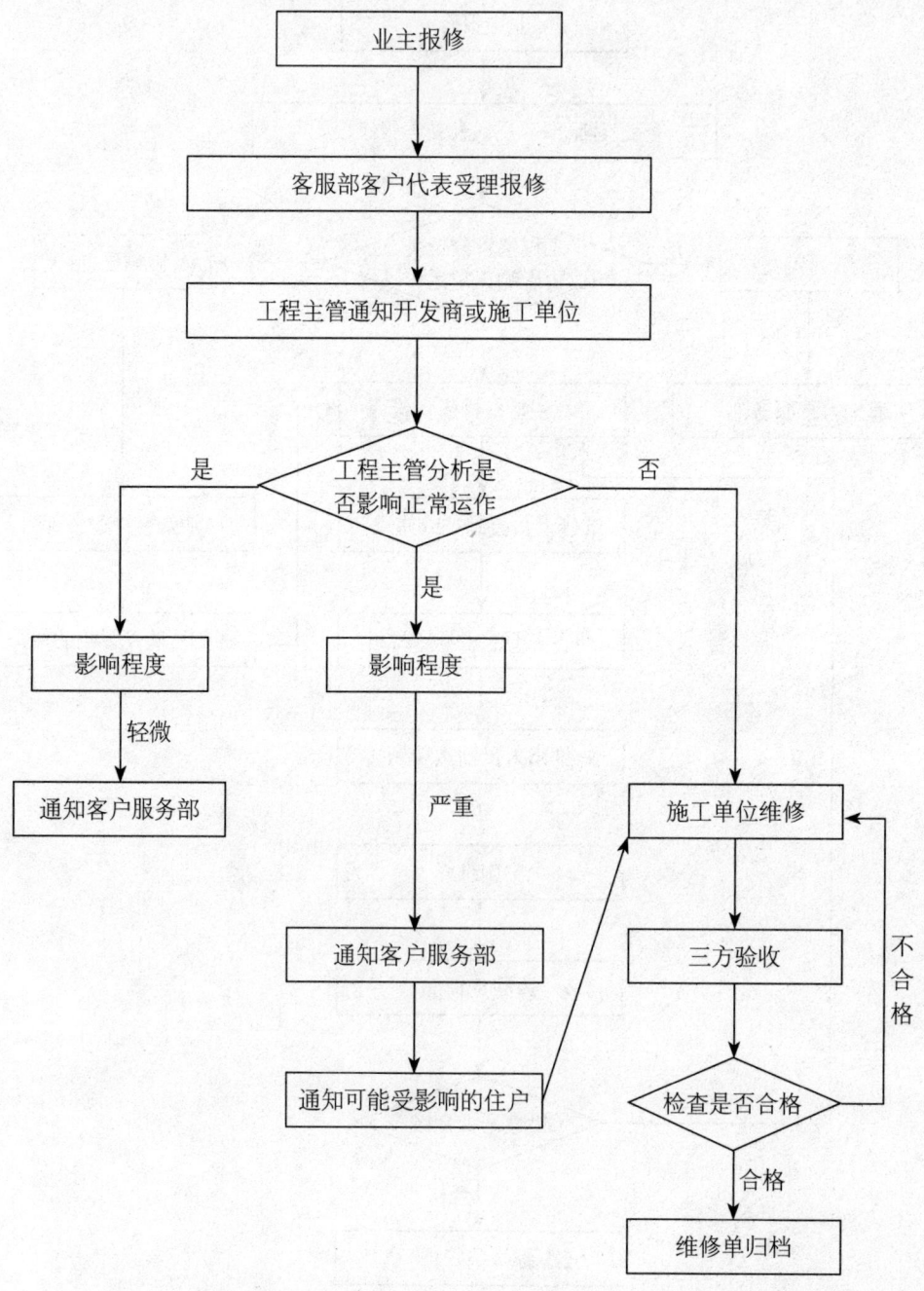

图 15-17　房屋共享部位及公共区域设施设备报修(保修期内)流程

十八、房屋主体设施修缮流程

房屋主体设施修缮流程如图15-18所示。

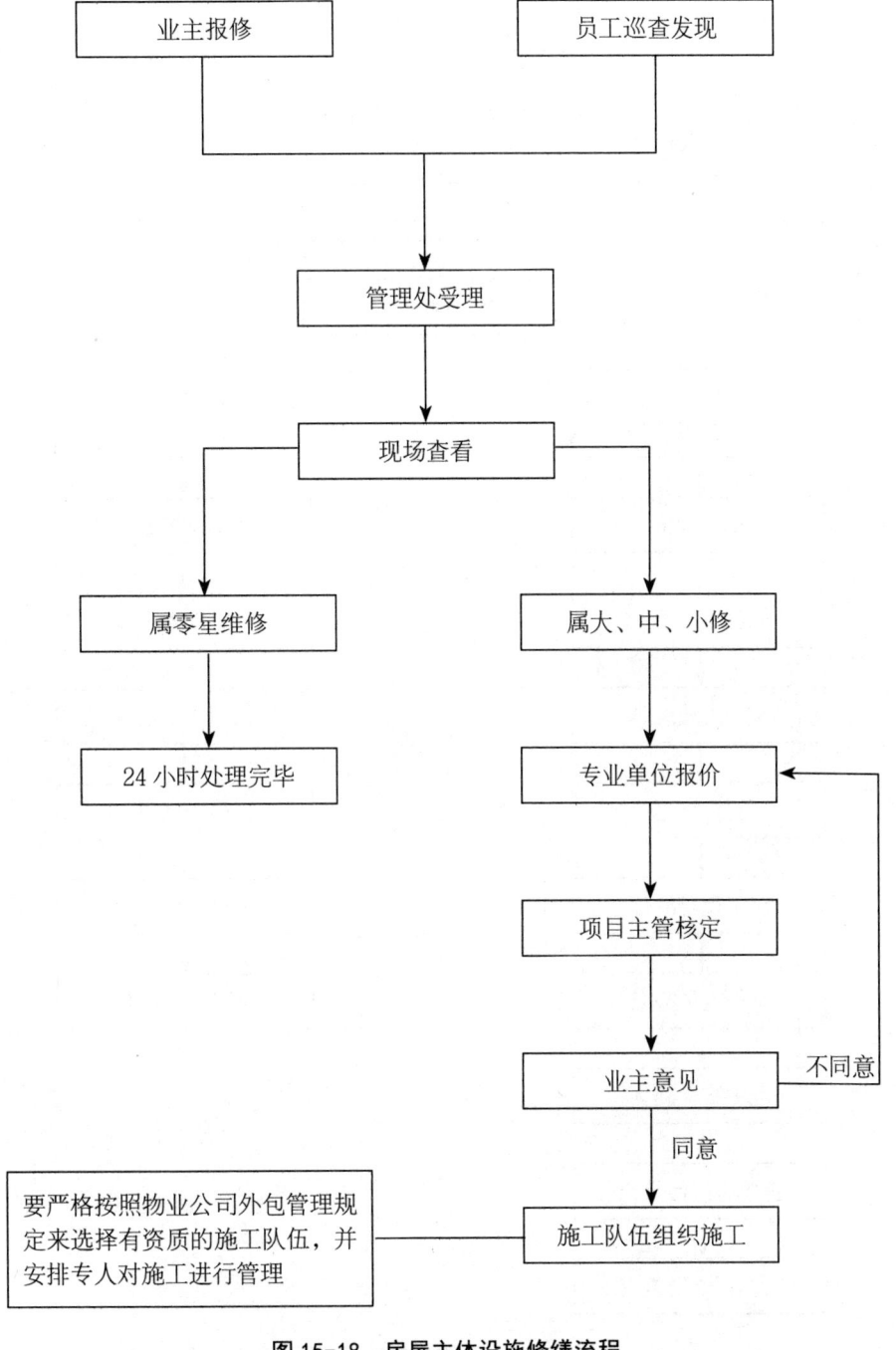

图 15-18　房屋主体设施修缮流程

十九、工程报修处理流程

工程报修处理流程如图15-19所示。

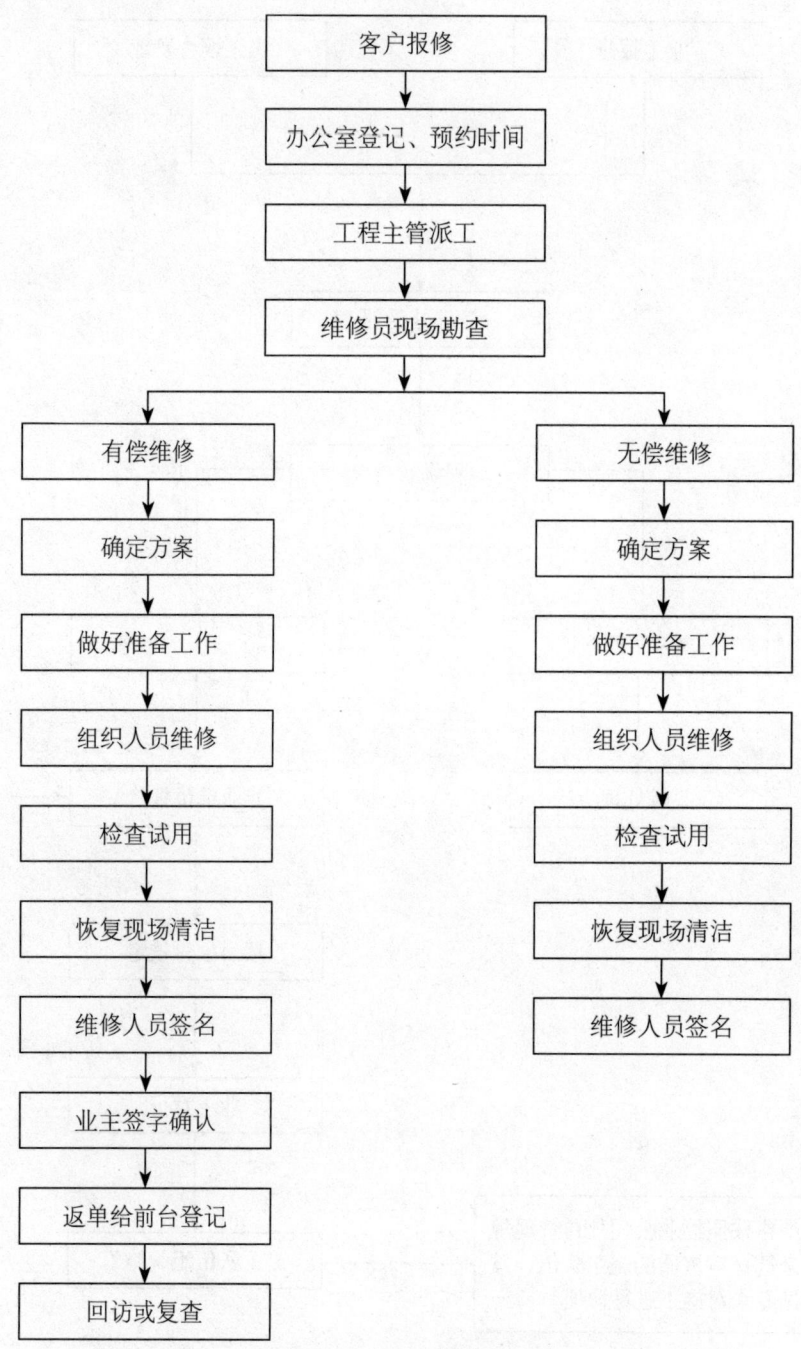

图15-19 工程报修处理流程

二十、日常维修工作流程

日常维修工作流程如图15-20所示。

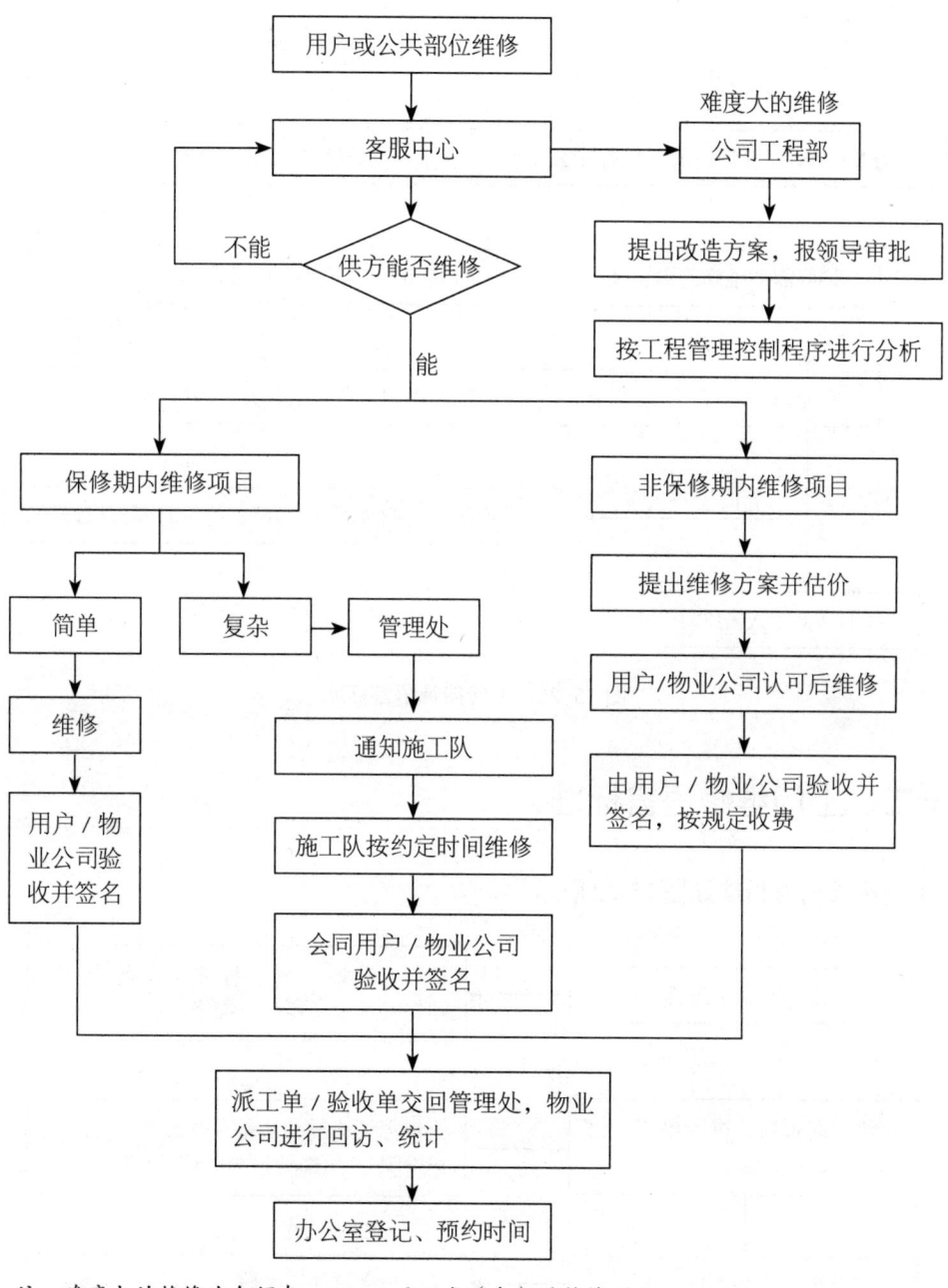

注：难度大的维修为金额在_____元以上（含）的维修项目。

图15-20　日常维修工作流程

二十一、维修接待语言标准

维修接待语言标准如图15-21所示。

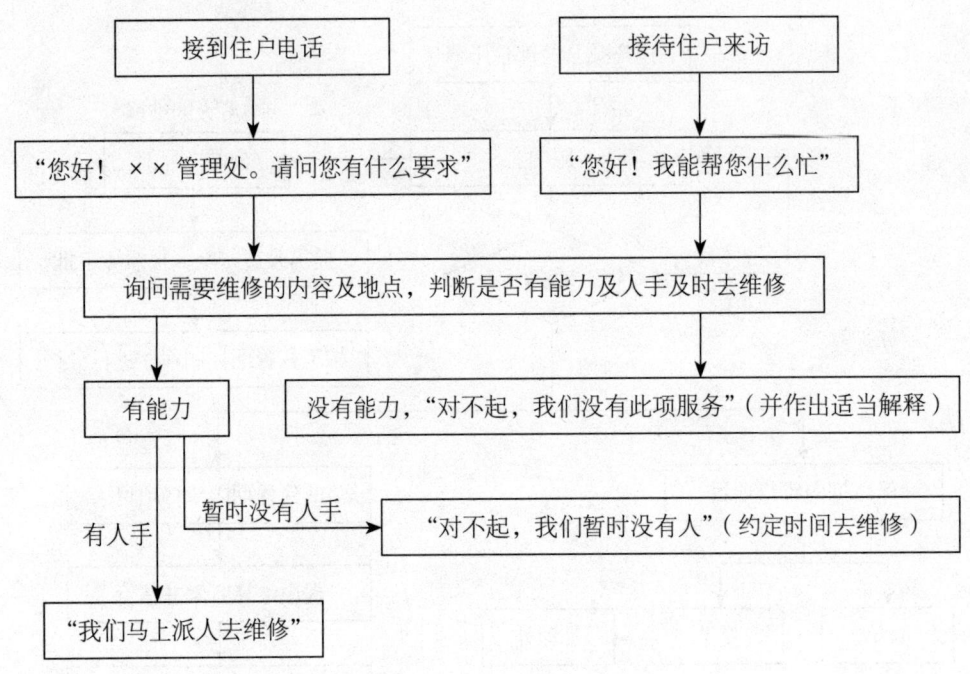

图15-21　维修接待语言标准

二十二、上门维修语言标准

上门维修语言标准如图15-22所示。

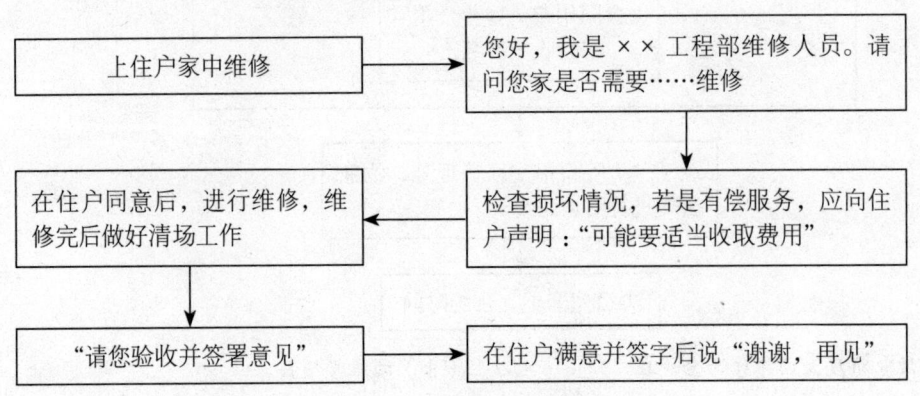

图15-22　上门维修语言标准

二十三、水管爆裂或突发跑水事件应急处理流程

水管爆裂或突发跑水事件应急处理流程如图 15-23 所示。

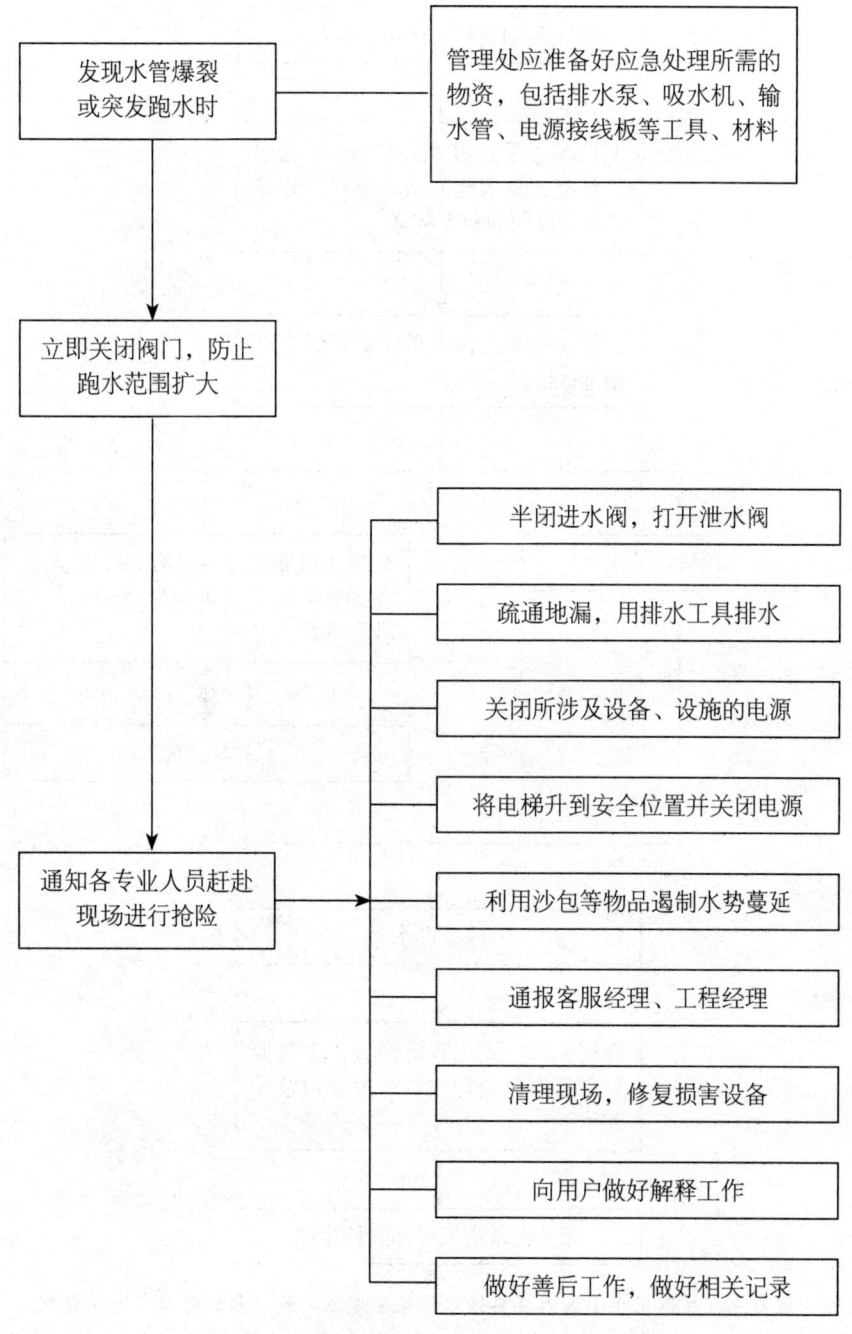

图 15-23　水管爆裂或突发跑水事件应急处理流程

二十四、小区停水应急处理流程

小区停水应急处理流程如图15-24所示。

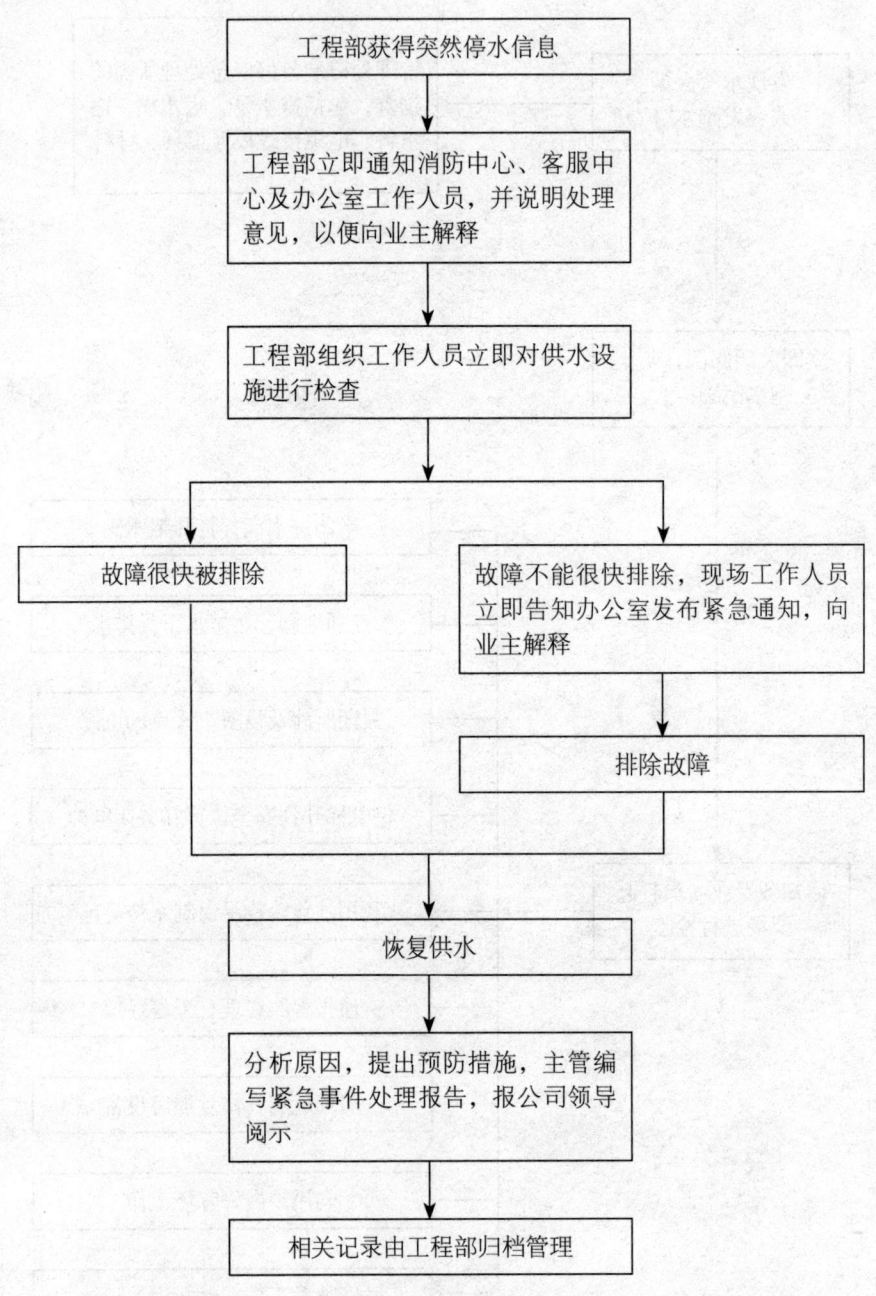

注：该应急程序适用于小区内公共供水设施突发故障而引起的停水事件的处理。

图15-24　小区停水应急处理流程

二十五、小区停电应急处理流程

小区停电应急处理流程如图 15-25 所示。

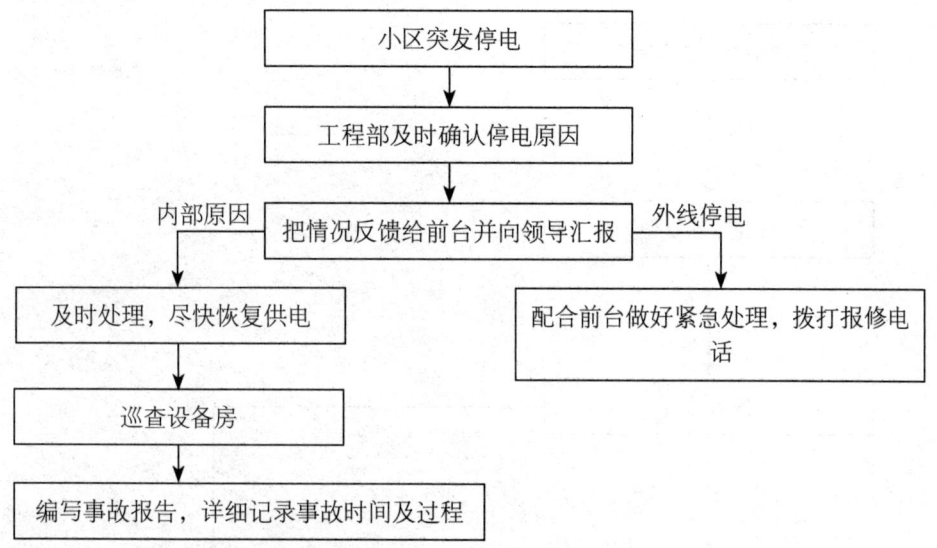

图 15-25 小区停电应急处理流程

二十六、给排水系统故障应急处理流程（排水系统故障）

给排水系统故障应急处理流程（排水系统故障）如图 15-26 所示。

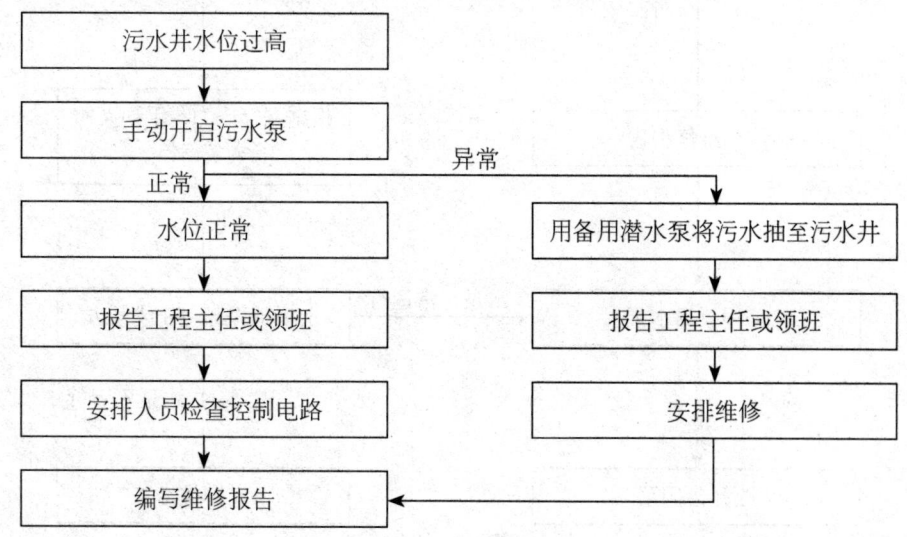

图 15-26 给排水系统故障应急处理流程（排水系统故障）

二十七、给排水设备故障应急处理流程（生活水泵故障）

给排水设备故障应急处理流程（生活水泵故障处理）如图15-27所示。

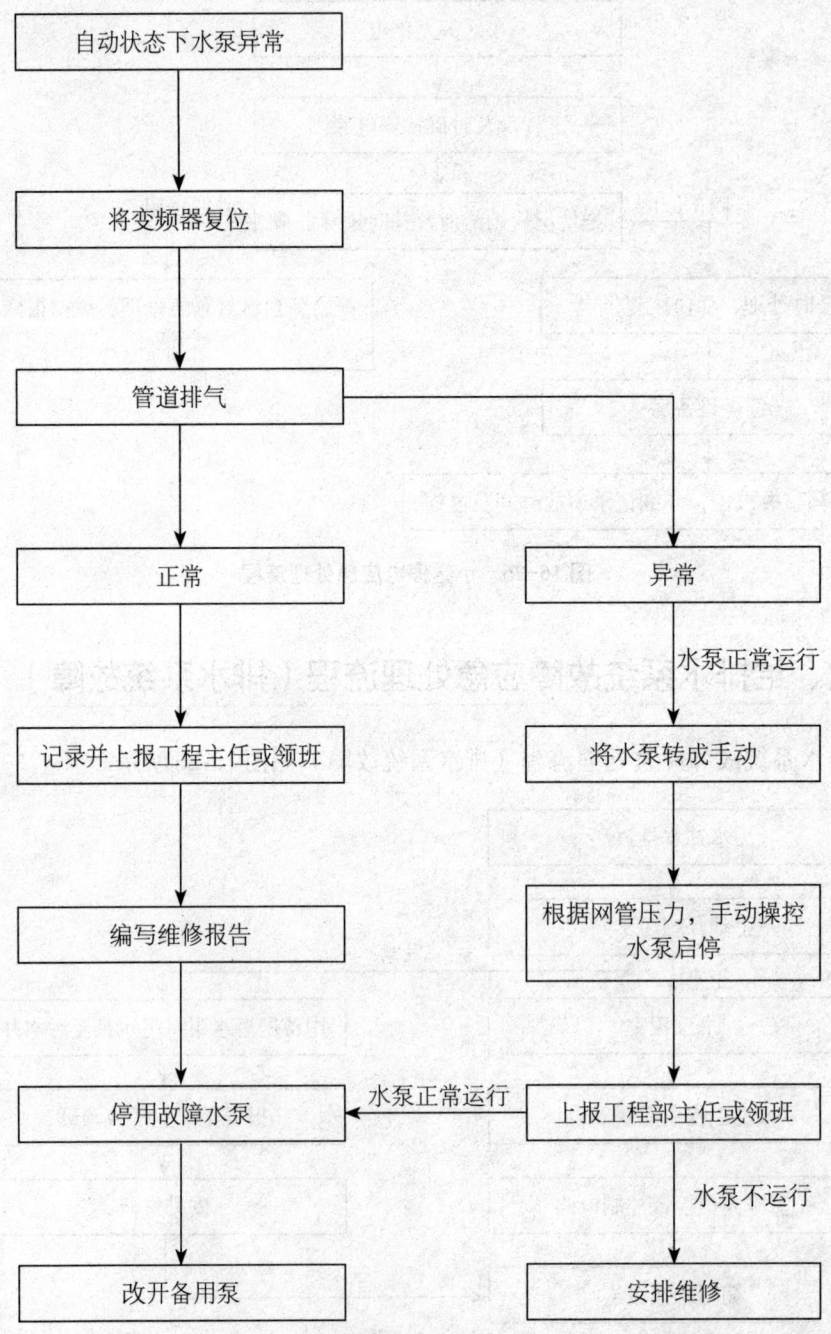

图15-27 给排水设备故障应急处理流程（生活水泵故障处理）

二十八、中央空调系统故障应急处理流程（冷水机组）

中央空调系统故障应急处理流程（冷水机组）如图15-28所示。

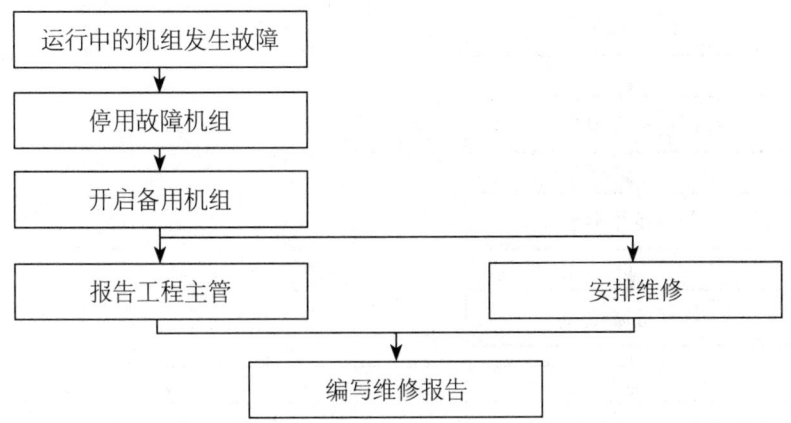

图 15-28　中央空调系统故障应急处理流程（冷水机组）

二十九、中央空调系统故障应急处理流程（水泵）

中央空调系统故障应急处理流程（水泵）如图15-29所示。

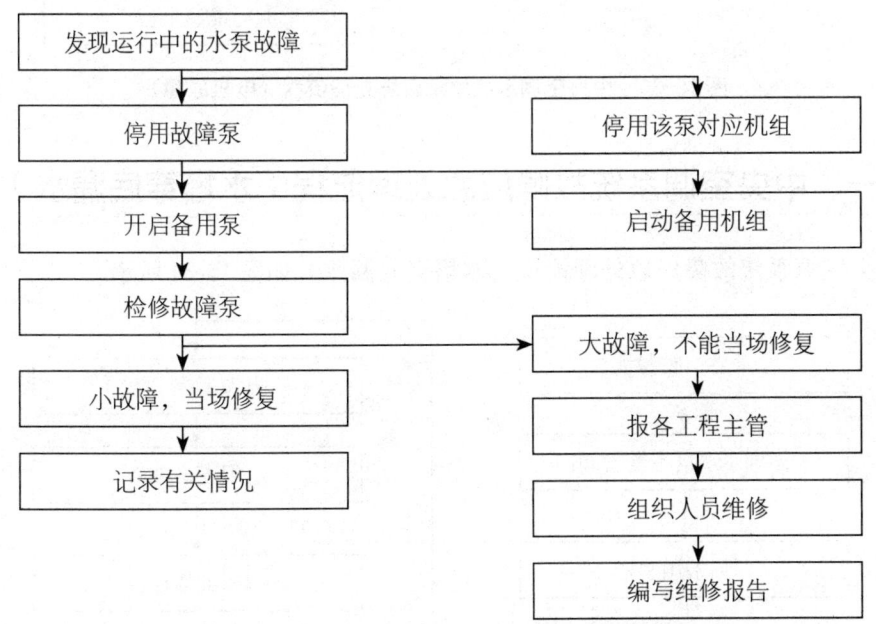

图 15-29　中央空调系统故障应急处理流程（水泵）

三十、中央空调系统故障应急处理流程（电机故障）

中央空调系统故障应急处理流程（电机故障）如图 15-30 所示。

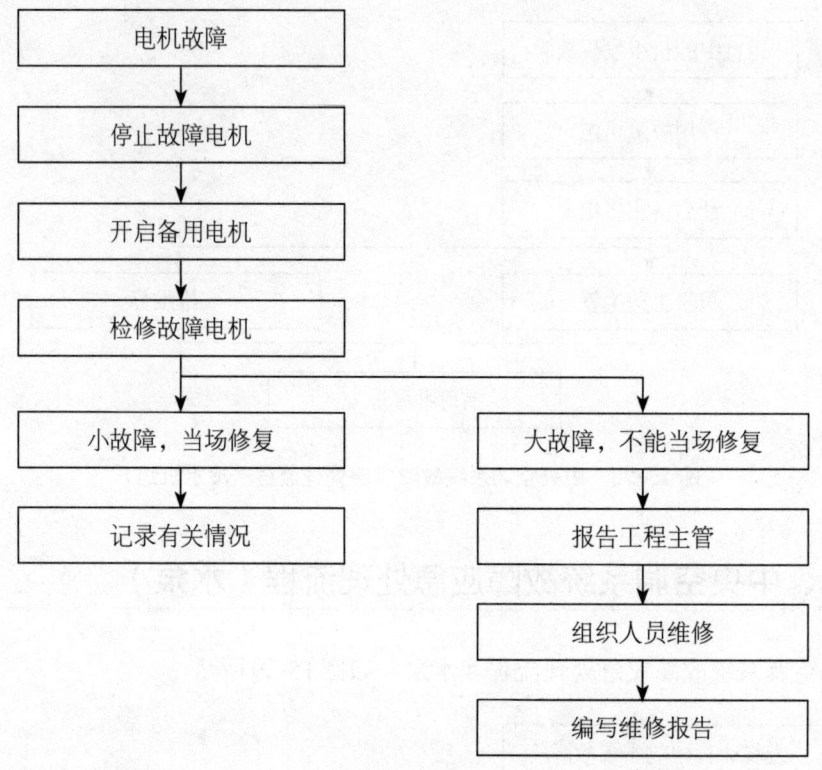

图 15-30　中央空调系统故障应急处理流程（电机故障）

三十一、中央空调系统故障应急处理流程（水塔穿底漏水）

中央空调系统故障应急处理流程（水塔穿底漏水）如图 15-31 所示。

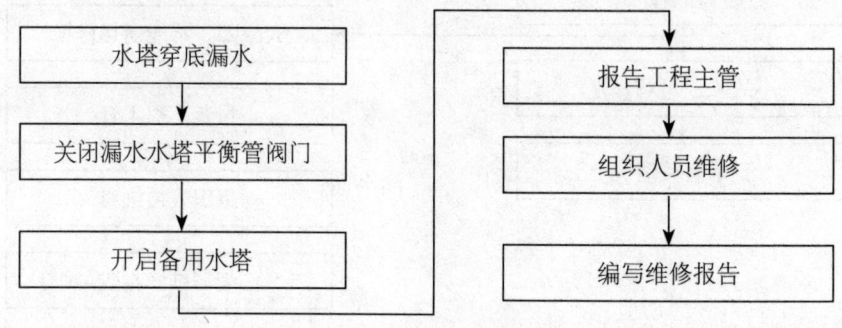

图 15-31　中央空调系统故障应急处理流程（水塔穿底漏水）

三十二、中央空调系统故障应急处理流程（水塔溢漏）

中央空调系统故障应急处理流程（水塔溢漏）如图15-32所示。

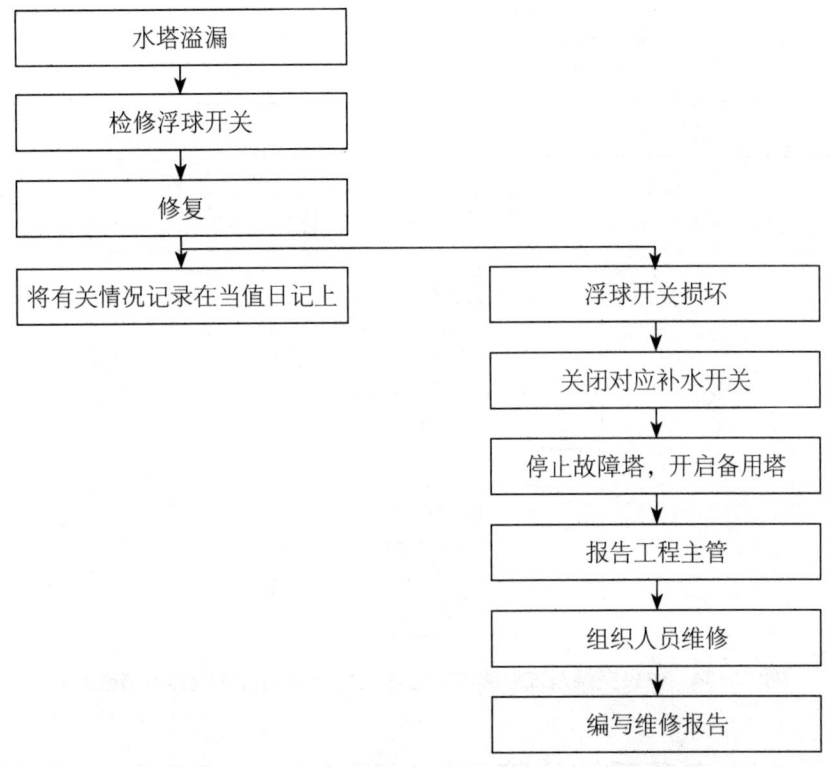

图 15-32　中央空调系统故障应急处理流程（水塔溢漏）

三十三、中央空调系统故障应急处理流程（空调机房内管网漏水）

中央空调系统故障应急处理流程（空调机房内管网漏水）如图15-33所示。

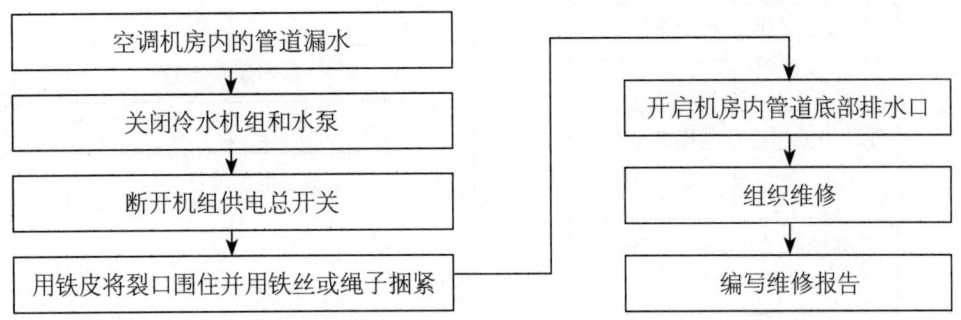

图 15-33　中央空调系统故障应急处理流程（空调机房内管网漏水）

三十四、中央空调系统故障应急处理流程（空调机房内伸缩节破裂）

中央空调系统故障应急处理流程（空调机房内伸缩节破裂）如图15-34所示。

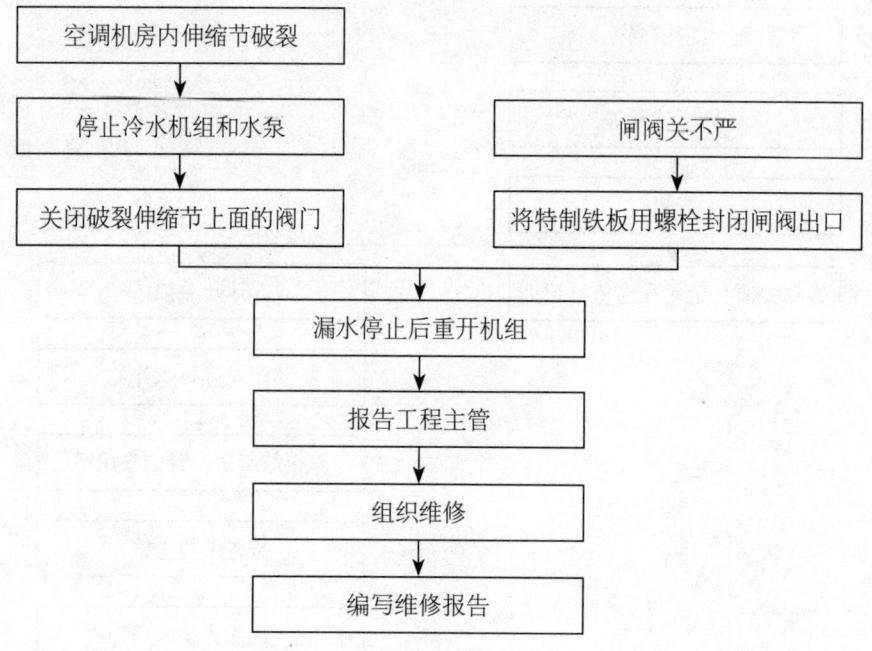

图 15-34　中央空调系统故障应急处理流程（空调机房内伸缩节破裂）

三十五、中央空调系统故障应急处理流程（400毫米管道漏水）

中央空调系统故障应急处理流程（400毫米管道漏水）如图15-35所示。

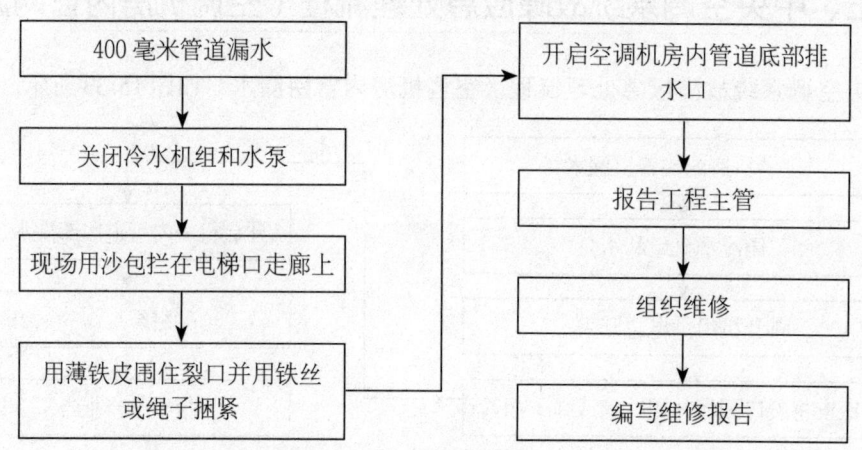

图 15-35　中央空调系统故障应急处理流程（400毫米管道漏水）

三十六、中央空调系统故障应急处理流程（水平管道漏水）

中央空调系统故障应急处理流程（水平管道漏水）如图15-36所示。

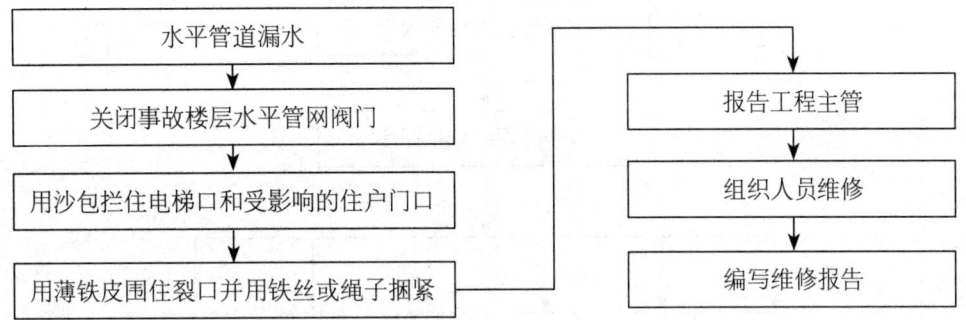

图 15-36　中央空调系统故障应急处理流程（水平管道漏水）

三十七、公共区域分体空调运行管理流程

公共区域分体空调运行管理流程如图15-37所示。

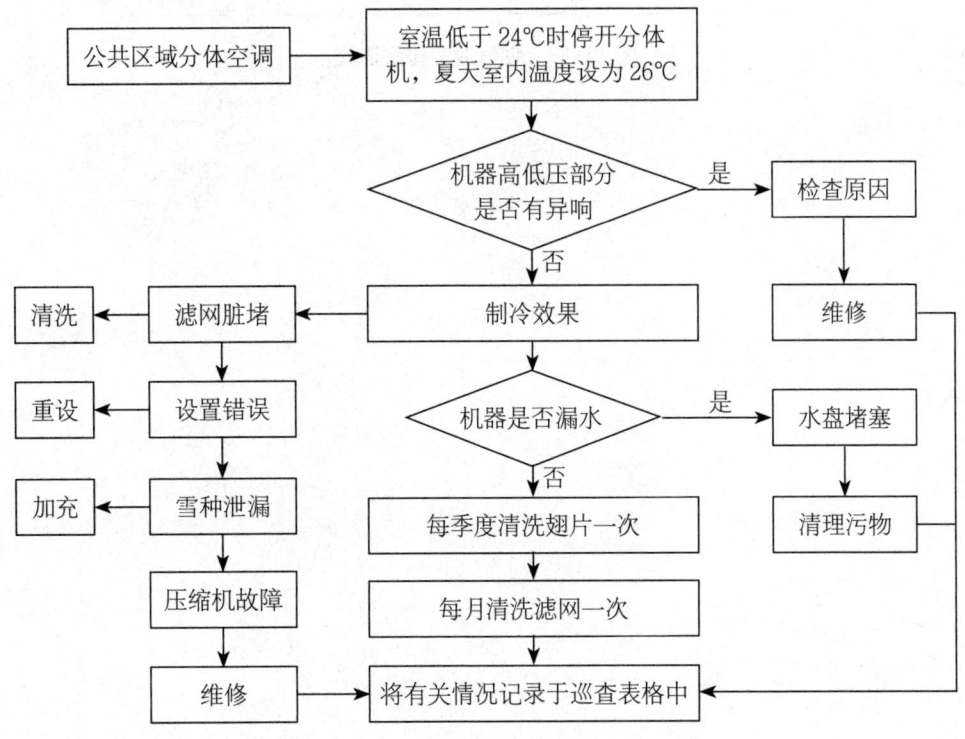

图 15-37　公共区域分体空调运行管理流程

三十八、燃气泄漏排险流程

燃气泄漏排险流程如图15-38所示。

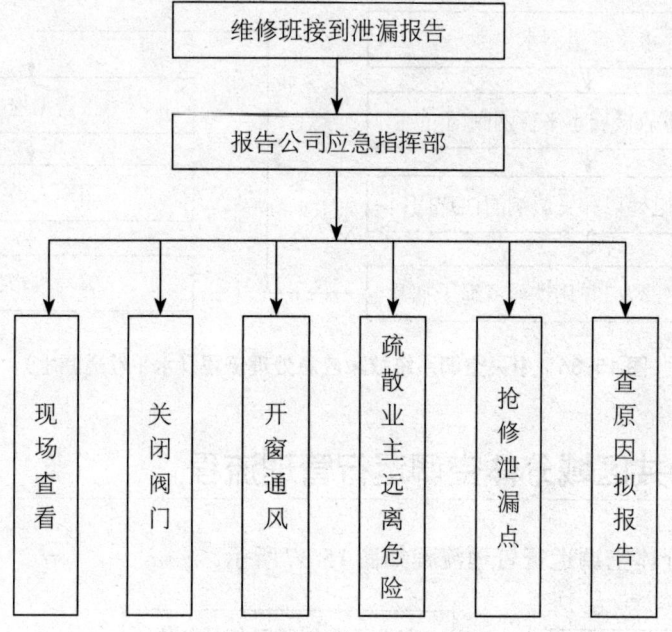

图 15-38　燃气泄漏排险流程

第十六章　作业指导

一、供配电设备设施安全操作规程

（一）适用范围

适用于本公司所有物业项目供配电设备设施的操作。

（二）作业指导

1. 安全操作注意事项

（1）操作高压设备设施时，必须戴绝缘手套、穿绝缘鞋、棉工作服，使用绝缘操作杆。

（2）操作低压设备设施时，必须穿绝缘鞋、戴棉纱手套，避免正向面对操作设备。

（3）严禁带电工作，紧急情况需带电工作时，需具备如下条件。

① 有监护人。

② 工作场地空间充足，光线充足。

③ 所用工具、材料齐全。

④ 工作人员必须戴绝缘手套、穿棉工作衣、绝缘鞋。

（4）自动空气开关跳闸或熔断器熔断时，应查明原因并排除故障后，再恢复供电，不允许强行送电，必要时允许试送电一次。

（5）电流互感器不得开路，电压互感器不得短路，不得用摇表测量带电体的绝缘电阻。

（6）变配电房拉闸、合闸时，应一人执行一人监护。

2. 供配电设备设施操作

（1）配电变压器停电操作要领。

① 拉开各低压出线开关。

② 拉开低压总开关。

③ 拉开配电变压器高压侧开关。

（2）自发电停电操作要领。

① 拉开发电机配电柜总开关。

② 关掉发电机控制电源。

（3）配电变压器送电操作要领。

① 合上配电变压器高压侧开关。

② 合上低压总开关。
③ 合上各低压出线开关。
（4）自发电送电操作要领。
① 合上发电机控制电源。
② 合上发电机配电柜总开关。
（5）在配电柜开关上工作，操作要领如下。
① 拉开开关，有明显的开路点。
② 验电，确认无电。
③ 挂三相短路接地线。
④ 设置绝缘隔板（与邻近带电体距离在6厘米以内）。
⑤ 将"有人工作，禁止合闸"标识牌挂在停电开关处。
⑥ 站在绝缘垫上工作，尽量单手作业。

二、供配电设备设施运行管理规程

（一）适用范围

适用于本公司所有物业项目供配电设备设施的运行管理。

（二）作业指导

1. 巡视监控

（1）水电工每天巡视两次高压开关柜、变压器、配电柜、电容柜、落地箱、电表箱。

（2）水电工应按规定的频次进行检查、巡视、监控，并把每次巡视时间填写在配电房运行记录上。

（3）巡视内容。
① 变压器运行是否超温。
② 有无异常响声或气味。
③ 各种仪表指示是否正常，指示灯是否正常。
④ 单相、三相电压是否在额定值的±10%范围以内，是否超载运行。
⑤ 各种接头是否过热或有烧伤痕迹。
⑥ 防小动物设施是否完好。
⑦ 接地线有无锈蚀或松动。
⑧ 各种临时用电接驳情况。
⑨ 各种标识牌、标识物是否完好。
⑩ 安全用具是否齐全，是否存放于规定位置。

（4）对于巡视中发现的问题，当值水电工应及时采取措施解决，并严格遵守供配电设备设施安全操作规程和供配电设备设施维修保养规程的相关规定。

2. 异常情况处置

（1）触电处置。发现有人触电时，当值水电工应保持镇静，尽快使触电者脱离电源，并进行紧急抢救。

① 拉开电源开关，拔去插头或熔断器。

② 用干燥的木棒、竹竿移开电线或用绝缘工具剪断电线；用干燥的衣服或绝缘塑料布垫住，使触电者脱离电源。

③ 防止触电者在断电后跌倒。

④ 如果触电者尚未失去知觉，则必须让其保持安静，并立即请医生进行诊治，密切注意其身体变化。

⑤ 如果触电者已失去知觉，但呼吸尚存，应使其舒适、安静地仰卧，并将上衣与裤带松开，使其呼吸畅通；若触电者呼吸困难，有抽筋现象，则应积极进行人工呼吸，并及时送往医院。

⑥ 如果触电者的呼吸、脉搏及心跳都已停止，此时不能认为其已死亡，应当立即进行人工呼吸。人工呼吸必须连续不断地进行，直到触电者自行呼吸或医生赶到现场救治。

（2）配电柜自动空气开关跳闸的处置。

① 判断跳闸原因（短路或过载）。

② 查清楚负载种类及分布情况。

③ 对可疑处逐个检查，确认故障部位，排除故障。

④ 故障排除后恢复供电。

（3）变配电房发生火灾按安全管理手册中的应急处理程序处置。

（4）变配电房发生水浸的处置。

① 视进水情况，拉下总电源开关或高压开关。

② 堵住漏水源。

③ 如果漏水较大，应立即通知经理，同时尽力阻止机柜进水。

④ 漏水源堵住后，应立即排水。

⑤ 排干水后，对设备设施进行除湿处理。

⑥ 确认湿水已消除（如各绝缘电阻达到规定要求），开机试运行，如无异常情况出现，则可以投入正常使用。

（5）市电停电且发电机发生故障的应急措施。

① 电梯困人按电梯困人救援规程进行救援。

② 如有突发性火灾，则用灭火器具进行扑救。

3. 市电停电时，当值水电工应按柴油发电机操作规程进行巡视检查

4. 变配电室管理

（1）无关人员不准进入机房，若需要进入，应经管理处经理批准，并由水电工陪同。

（2）机房内严禁存放易燃易爆等危险物品。机房内应备齐消防器材，并严禁吸烟，严禁明火。

（3）每天打扫一次机房卫生，每周清洁一次机房的设备设施，确保配电房地面及设备外表清洁无尘。

（4）机房内应当通风良好、光线充足、门窗开启灵活、防小动物设施完好。

（5）出入机房应当随时上锁，钥匙由水电工保管，其他人不得私自配钥匙。

5. 交接班要求

（1）接班人员应准时接班。

（2）接班人员应认真听取交班人员对上一班运行情况的汇报，并查看配电房运行记录，检查工具、物品是否齐全，确认无误后在配电房运行记录上签名。

（3）有下列情况之一的，不准交接班。

① 上一班运行情况未交代清楚。

② 记录不规范、不完整、不清晰。

③ 机房不干净。

④ 接班人未到岗。

⑤ 事故正在处理中或交班时发生故障，应由交班人继续处理，接班人协助。

6. 记录并存档

当值水电工应将供配电设备设施的运行数据及运行状况清晰、完整、规范地记录在配电房运行记录中，并将记录整理成册后存档，保存期为2年。

三、供配电设备设施维修保养规程

（一）适用范围

适用于本公司所有物业项目供配电设备设施的维修保养。

（二）作业指导

1. 高压开关柜、变压器的维修保养

高压开关柜、变压器的主要维修保养项目委托外部专业机构完成，外部清洁及部分外部附件的维修保养由变配电室值班水电工负责。

2. 低压配电柜维修保养

（1）低压配电柜维修保养。

每年对低压开关柜进行一次维修保养，由水电工负责，并记录在配电柜、控制柜保养记录内。

（2）低压开关柜维修保养。

每年对低压配电柜内外进行两次清洁。

（3）熔断器维修保养。

① 检查新熔体的规格和形状是否与旧熔体一致。

② 检查熔体与保险座是否接触良好，接触部位是否有烧伤痕迹，如有则应进行修整，修整达不到要求的应予以更换。

（4）刀开关维修保养。

① 检查螺栓是否紧固，如松弛则拧紧。

② 检查刀开关转动是否灵活，如有阻滞现象，则应对转动部位加润滑油。

③ 检查刀开关三相是否同步、接触是否良好、是否有烧伤或过热痕迹，如有问题，则进行机械调整或维修处理。

④ 用500伏摇表测量绝缘底板，绝缘电阻如果低于10兆欧，则应进行烘干处理，烘干后达不到要求的则应更换。

（5）交流接触器维修保养。

① 清除接触器表面的污垢，尤其是进线端的污垢。

② 清除灭弧罩内的炭化物和金属颗粒。

③ 清除触头表面及四周的污物，但不要修锉触头，烧伤严重不能正常工作的触头应更换。

④ 清洁铁心表面的油污及脏物。

⑤ 拧紧所有紧固件。

（6）自耦减压启动器维修保养。

① 用500伏摇表测量绝缘电阻，应不低于0.5兆欧，否则要进行干燥处理。

② 外壳应可靠接地，如有松脱或锈蚀，则应在除锈处理后拧紧接地线。

（7）电容器维修保养。

① 清理外壳灰尘，使电容器散热良好。

② 检查电容器有无膨胀、漏油或异常响声，如有则应更换。

③ 检查接头处、接地线是否有松脱或锈蚀，如有则应进行除锈处理并拧紧。

④ 检查电容三相不平衡电流是否超过额定值的15%或电容缺相，如异常则更换电容。

（8）热继电器维修保养。

① 检查热继电器上的绝缘盖板是否完整，如损坏则更换。

② 检查热继电器的导线接头处有无过热或烧伤痕迹，如有则进行维修处理，维修后达不到要求的应更换。

（9）二次回路维修保养。

① 检查号码管是否模糊或掉落，如是则补上新号码管。

② 检查接头处是否松弛，如是则拧紧。

（10）主回路维修保养。

① 检查标识牌是否模糊或掉落，如是则补上新的标识牌。

② 检查接头处是否有过热或烧伤痕迹，如有则修复并拧紧。

③ 检查母线牌油漆是否脱落，如是则重新粉刷。

（11）水电工应将上述维修保养工作过程清晰、完整、规范地记录在低压配电设备设施维修保养记录表内，并整理成册存档，长期保存。

四、给排水设备设施操作规程

（一）适用范围

适用于本公司所有物业项目给排水设备设施的操作管理。

（二）作业指导

1. 启动水泵前的检查

① 检查水泵（潜水泵）进出水闸阀是否打开。

② 排出水泵机组真空筒里面的空气。

③ 检查电压表、信号灯指示情况。

④ 手盘水泵轴转动3圈，应灵活无阻滞。

2. 启动水泵（潜水泵）

（1）合上水泵（潜水泵）控制柜（箱）电源开关，将转换开关置于"手动"位置。

（2）按下"启动"按钮，注意观察启动电流。

（3）如果一次不能启动成功，可以再试两次，每次间隔3分钟，如果3次都未启动成功，则应停下来查找原因，排除故障后才能再启动。

（4）启动成功后，让其运转5分钟，观察运转电流，检查有无异常声响、异常气味，漏水是否严重（漏水成线）。

（5）确认一切正常后，按下水泵（潜水泵）"停止"按钮。

（6）将转换开关置于"自动"位置，水泵（潜水泵）自动启动并运行。

3. 停止水泵（潜水泵）

（1）将转换开关置于"O"（停止）位置，水泵（潜水泵）停止运转。

（2）拉下水泵（潜水泵）控制柜（箱）电源开关。

（3）关水泵（潜水泵）进出水闸阀。

（4）检查有无异常情况，如有则及时处理。

五、给排水设备设施运行管理规程

（一）适用范围

适用于本公司所有物业项目给排水设备设施的运行管理。

（二）作业指导

1. 巡视监控

（1）水电工应每天巡视两次水泵房（包括机房、水池、水箱），每周巡视一次主供水管闸阀。

（2）巡视监控的主要内容。

① 水泵房有无异常声响或较大振动。

② 电机、控制柜有无异常气味。

③ 电机温度是否正常（应不烫手），变频器散热通道是否顺畅。

④ 电压表、电流表指示是否正常，控制柜上信号灯显示是否正确，控制柜内各元器件工作是否正常。

⑤ 机械水压表与电脑上显示的压力是否大致相符，是否满足供水压力要求。

⑥ 水池、水箱水位是否正常。

⑦ 闸阀、法兰连接处是否漏水，水泵是否漏水成线。

⑧ 主供水管上闸阀的井盖、井裙是否完好，闸阀是否漏水，标识是否清晰。

⑨ 止回阀、浮球阀、液位控制器动作是否可靠。

⑩ 临时接驳用水情况。

（3）水电工在巡视监控过程中发现排水设备设施有异常情况时，应及时采取措施加以解决；整改时，应严格遵守给排水设备设施维修保养规程。

2. 给排水设备设施异常的处理

（1）主供水管爆裂的处置。

① 立即关闭相关联的主供水管闸阀。

② 如果关闭主供水管上相连的闸阀后仍不能控制住大量漏水，则应关停相应的水泵。

③ 立即联系相关部门进行抢修；通知相关用水单位和用户停水的情况。

④ 尽快挖出爆裂部位水管。

⑤ 修好爆裂水管后由水电工开水试压，看有无漏水或松动现象。

⑥ 确认一切正常后，回填土方，恢复水管爆裂前的状态。

（2）水泵房发生火灾时，按安全管理手册中的应急处理程序处置。

（3）水泵房发生水浸时的处置。

① 视进水情况关掉机房内运行的设备设施，并拉下电源开关。

②堵住漏水源。

③如果漏水较大，应立即通知管理处经理，同时尽力阻止设备进水。

④漏水源堵住后，应立即排水。

⑤排干水后，应对设备设施进行除湿处理，如用干抹布擦拭、热风吹干、自然通风、更换相关管线等。

⑥确认湿水已消除、各绝缘电阻符合要求后，开机试运行；如无异常情况出现，则可以投入正常使用。

（4）市电停电时，水电工应按柴油发电机操作规程立即启动柴油发电机，并按柴油发电机运行管理规程进行巡视检查。

3. 水泵房管理

（1）无关人员不准进入水泵房，若需要进入，应经管理处经理同意并由水电工陪同。

（2）水泵房内严禁存放有毒、有害物品。

（3）水泵房严禁吸烟，严禁明火。

（4）每星期由分管责任人打扫一次水泵房卫生，确保水泵房地面和设备外表清洁。

（5）水泵房内应当通风良好、光线充足、门窗开启灵活。

（6）进出水泵房应当随时上锁，钥匙由水电工保管，其他人不得私自配钥匙。

4. 交接班要求

（1）接班人员应准时接班。

（2）接班人员应认真听取交班人员对上一班运行情况的汇报，并查看水泵房巡查记录，检查工具、物品是否齐全，确认无误后在值班日记上签名。

（3）有下列情况之一的，不准交接班：

①上一班运行情况未交代清楚。

②记录不规范、不完整、不清晰。

③水泵房不干净。

④接班人未到岗。

⑤事故正在处理中或交班时发生故障，应由交班人继续处理，接班人协助。

5. 记录并存档

水电工应将给排水设备设施的运行数据及运行状况完整、规范地记录在水泵房巡查记录中，并于每月3日前将上一个月的记录整理成册存档，保存期为2年。

六、给排水设备设施维修保养规程

（一）适用范围

适用于本公司所有物业项目给排水设备设施的维修保养。

（二）作业指导

1. 水泵机组维修保养

水电工每年应对所有水泵机组进行4次清洁保养。

（1）电动机维修保养。

① 用500伏摇表检测电动机线圈绝缘电阻是否在0.5兆欧以上，否则应进行烘干处理。

② 检查电动机轴承有无阻滞或异常声响，如有，则应更换同型号轴承。

③ 检查电动机风叶有无碰壳现象，如有，则应进行维修处理。

④ 清洁电动机外壳。

⑤ 检查电动机油漆，如脱漆严重，则应彻底铲除脱落层油漆，并重新粉刷。

（2）水泵维修保养。

① 检查水泵轴承是否灵活，如有阻滞现象，则应加注润滑油；如有异常摩擦声响，则应更换同型号轴承。

② 转动水泵轴，如有卡住、碰撞现象，则应更换同规格水泵叶轮；如果轴键槽损坏严重，则应更换同规格水泵轴承。

③ 检查压盘根处是否漏水成线，如是则应加压盘根。

④ 清洁水泵外表。

⑤ 如果水泵脱漆或锈蚀严重，则应彻底铲除脱落层油漆并重新粉刷。

（3）检查电动机与水泵弹性联轴器有无损坏，如损坏则应更换。

（4）检查水泵机组螺栓是否紧固，如松弛则应拧紧。

2. 控制柜维修保养

水电工每年应对水泵房的控制柜进行两次清洁、保养。

（1）用小毛刷、干净干抹布清洁柜内所有元器件及控制柜外壳，使柜内外无积尘、无污物。

（2）检查、紧固所有接线头，烧蚀严重的接头应更换。

（3）检查柜内所有线头的号码管是否模糊或脱落，如是则应整改。

（4）交流接触器维修保养。

① 清除灭弧罩内的炭化物和金属颗粒。

② 清除触头表面及四周的污物（但不要修锉触头），烧蚀严重不能正常工作的触头应更换。

③ 清洁铁心上的油污及脏物。

④ 检查复位弹簧情况。

⑤ 拧紧所有紧固件。

（5）自耦减压启动器维修保养。

① 用500伏摇表测量绝缘电阻，应不低于0.5兆欧，否则应进行干燥处理。

② 外壳应可靠接地，如有松脱或锈蚀，则应在除锈处理后拧紧接地线。

(6) 热继电器维修保养。

① 检查热继电器上的绝缘盖板是否完好无损，如损坏则应更换。

② 检查热继电器的导线接头处有无过热或烧伤痕迹，如有则进行整修处理，达不到要求的，应更换。

(7) 自动空气开关维修保养。

① 用500伏摇表测量绝缘电阻，应不低于100兆欧，否则应进行烘干处理。

② 清除灭弧罩内的炭化物和金属颗粒，如果灭弧罩破裂，则应更换。

③ 自动空气开关在闭合或断开过程中，其可动部分与灭弧室的零件应无卡住现象。

④ 检查触头表面是否有小的金属颗粒，如有，则应将其清除，注意不能修锉，只能轻轻擦拭。

(8) 中间继电器、信号继电器维修保养。

对中间继电器、信号继电器做模拟试验，检查两者的动作是否可靠，输出信号是否正确，如有问题，则应更换同型号的中间继电器、信号继电器。

(9) 信号灯、指示仪表维修保养。

① 检查各信号灯是否正常，如不亮，则应更换同规格的小灯泡。

② 检查各指示仪表是否准确，如有偏差，则应适当调整；调整后偏差仍较大的，则应更换同规格同型号的仪表。

(10) 远传压力表维修保养。

① 检查表内是否有积水，如有，则应进行干燥处理。

② 检查信号线接头处是否腐蚀，如腐蚀较严重，则应重新焊接。

③ 偏差很大或信号线腐烂的远传压力表应拆换。

3. 闸阀、止回阀、浮球阀、液位控制器维修保养

(1) 闸阀维修保养。

① 检查密封胶垫处是否漏水，如漏水，则应更换密封胶垫。

② 检查压黄油麻绳处是否漏水，如漏水，则应重新加压黄油麻绳。

③ 闸阀阀杆处加黄油润滑。

④ 对于锈蚀严重的闸阀（明装），应在彻底铲除底漆后重新粉刷。

(2) 止回阀维修保养。

① 检查止回阀密封胶垫是否损坏，如损坏，则应更换。

② 检查止回阀弹簧弹力是否足够，如太软，则应更换同规格弹簧。

③ 检查止回阀油漆是否脱落，如脱落严重，则应重新粉刷。

(3) 浮球阀维修保养。

① 检查浮球阀密封胶垫是否老化，如老化则应更换。

② 检查浮球阀连杆是否弯曲，如弯曲则应校直。

③ 检查浮球阀连杆插销是否磨损，如磨损严重，则更换。

4. 潜水泵或排污泵维修保养

（1）用500伏摇表检测潜水泵或排污泵绝缘电阻是否在0.25兆欧以上，否则应拆开潜水泵或排污泵，对线圈进行烘干处理。

（2）检查密封圈是否老化，如老化严重，则应更换。

（3）检查轴承磨损情况，如转动时有明显的异常声响或阻滞现象，则应更换同型号同规格的轴承。

（4）清洁潜水泵、排污泵外壳，如锈蚀严重，则应在表面重新粉刷一遍油漆。

（5）检查潜水泵、排污泵上连接的软管是否牢固，如松弛，则应紧固，拧紧潜水泵、排污泵上的所有螺母。

5. 明装给排水管维修保养

（1）检查流向标识是否清晰醒目，否则应整改。

（2）检查支持托架是否牢固，否则应加强。

（3）检查保护漆是否完好，如脱漆较严重，则应重新粉刷一遍油漆。

（4）检查各连接处是否有漏水现象，如漏水，则应处理（更换胶垫）。

6. 突发性设备设施故障

突发性的设备设施故障，可以先组织解决，后编写事故报告并上报公司。

7. 记录并存档

水电工应将上述维修保养工作过程清晰、完整、规范地记录在给排水设备设施维修保养记录表内，并于每次维修保养后的3天内整理成册存档，长期保存。

七、二次供水管理规程

（一）适用范围

适用于本公司所有物业项目的二次供水管理，确保二次供水水质符合卫生检验标准。

（二）作业指导

1. 二次供水管理要求

（1）水电工每月检查一次小区内所有水池（箱），并将检查情况记录在水泵房巡查记录中。

（2）二次供水管理由水电工负责。

（3）每个水池（箱）应结构完好、无渗漏，监视窗应加盖上锁，水池（箱）周围及顶盖应清洁干净。

（4）水池（箱）应每隔6个月清洗消毒一次。

（5）清洗消毒水池（箱）时，应提前两天通知有关部门和用户做好储水准备。

2. 水池（箱）清洗消毒注意事项

（1）在水池（箱）内作业时，光源需采用36伏以下的安全电压，最好使用手电筒或应急灯等光源。

（2）抽污水的潜水泵应安装漏电开关，漏电开关应提前试验并确认动作可靠。

（3）水池（箱）消毒人员需戴防护眼镜和口罩，如果在水池（箱）内感到头晕、气喘，则应马上离开水池（箱），到外面呼吸新鲜空气。

（4）上下水池（箱）时应把紧扶手、踩稳钢梯，严防跌落。

3. 水池（箱）清洗消毒前的准备工作

（1）按1∶100配制灭菌净水溶液或准备好市卫生防疫站配制的消毒液。

（2）准备潜水泵、应急照明灯或手电筒。

（3）准备扫把、尼龙刷、尼龙绳、胶桶、眼镜、口罩、胶手套。

4. 水池（箱）清洗消毒程序

（1）排放水。

① 排放水时应提前关闭水池（箱）进水闸阀，让水池（箱）水位接近消防用水水位，以免浪费。

② 为确保用户正常用水，排干水池（箱）的时间应控制在1.5小时以内。

（2）清洗消毒。

① 清洗

——铲出水池（箱）内泥沙及各种沉积物。

——用扫把或尼龙刷将水池（箱）顶部、四周墙壁、底部依次反复刷洗。

——如果未洗干净，应再次刷洗，直至干净为止。

② 消毒

——用扫把或尼龙刷沾取1∶100的灭菌净水溶液（或防疫站配制的消毒溶液），依次反复刷洗消毒；之后将水池（箱）盖好，封闭半小时。

——用清水反复冲洗整个水池（箱），排出消毒溶液。

③ 注水

清洗消毒工作全部结束后，收拾好所有工具；打开闸阀，向水池（箱）内注水，达到设定的水位后加盖上锁。

5. 取样送检

（1）用干净的矿泉水瓶从水池（箱）内部提取500毫升水，并在瓶子中部贴上标签，标签上应写明送检单位及送样日期。

（2）水样应在当天送至市卫生防疫站进行检测。

（3）如果检测不合格，则应重新清洗消毒水池（箱），直至合格为止。

6. 记录并存档

水池（箱）清洗消毒工作全部结束后，水电工应完整、规范、清晰地把整个过程记录在水池（箱）清洗消毒记录表中，并于每次水池（箱）清洗消毒工作结束后3天内把记录整理成册交管理处存档，保存期为2年。

八、柴油发电机运行管理规程

（一）适用范围

适用于本公司所有物业项目柴油发电机的运行管理。

（二）作业指导

1. 巡视监控

（1）当值水电工应密切监视柴油发电机的运行，并每隔一小时进行一次巡视，巡视部位包括柴油发电机、冷却水箱、排烟系统、回风系统、控制柜（箱）、储油箱、蓄电池、消音系统。

（2）巡视监控内容。

① 有无异常声响或较大的震动。

② 有无异常气味。

③ 排烟颜色是否正常，是否有漏油（机油、柴油）、漏水现象。

④ 机油压力、冷却水温是否正常。

⑤ 频率偏差是否较大。

⑥ 三相、单相电压是否正常，三相电流是否有过载现象。

⑦ 各信号灯是否正常。

⑧ 检查蓄电池状况。

⑨ 回风是否顺畅。

⑩ 紧固件是否有松动现象。

⑪ 检查柴油箱油位。

⑫ 消音效果是否理想。

⑬ 每月应使备用柴油发电机试运行半小时。

（3）对于巡视中发现的不正常情况，当值水电工应及时采取措施予以解决，整改时应遵守柴油发电机维修保养规程。

2. 柴油发电机异常情况的处理

（1）柴油发电机"飞车"的处置。柴油发电机发生"飞车"现象时，当值水电工需沉着冷静，迅速果断地采取措施。

① 切断油路：将油门开关拉到停机位置，如果柴油机停不下来，可以拆掉油泵进油管或高压油管。

② 切断气路：用棉衣等物品直接包住空气滤清器；或将空气滤清器拆下，直接用棉衣等物品塞住进气口（切断气路时，一定要注意安全）。

③ 禁止减少或去掉负载。

④ 柴油机停机后，应立即查找原因。排除故障后进行试运行，一切正常后方可正式使用。

（2）柴油发电机机房发生火灾时，按安全管理手册中的应急处理程序处置。

（3）柴油发电机机房发生水浸的处置。

① 视进水情况关掉机房内运行的柴油发电机。

② 堵住漏水源。

③ 如果漏水较大，应尽力阻止进水。

④ 漏水源堵住后，应立即排水。

⑤ 排干水后，应对设备设施进行除湿处理。如用干抹布擦拭、热风吹干、自然通风、更换相关管线等。

⑥ 确认湿水已消除、各绝缘电阻符合要求后，开机试运行，如无异常情况出现，则可以投入正常使用。

3. 当值水电工应按时开关柴油发电机

对于手动操作的柴油发电机，在停市电时，应在15分钟内启动柴油发电机供电；在来市电时，应在15分钟内关停柴油发电机。

4. 柴油发电机机房的管理

（1）无关人员不准进入机房，若需要进入，应经管理处经理同意，并由水电工陪同。

（2）机房内严禁存放易燃易爆等危险物品。机房内应备齐消防器材，并将消防器材放置在明显位置。机房内严禁吸烟，严禁明火。

（3）每周打扫一次机房卫生，使地面、设备设施表面无积尘、无锈蚀、无油渍、无污物、油漆完好、整洁光亮。

（4）机房应当通风良好、光线充足、门窗开启灵活。

（5）进出机房应当随时上锁，钥匙由水电工保管，其他人不得私自配钥匙。

5. 交接班要求

（1）接班人员应准时接班。

（2）接班人员应认真听取交班人员对上一班运行情况的汇报，并查看柴油发电机运行记录表，检查工具、物品是否齐全，确认无误后在柴油发电机运行记录表上签名。

（3）有下列情况之一的，不准交接班。

① 上一班运行情况未交代清楚。

② 记录不规范、不完整、不清晰。

③ 机房不干净。

④ 接班人未到岗。

⑤ 事故正在处理中或交班时发生故障，应由交班人继续处理，接班人协助。

6. 记录并存档

当值水电工应将柴油发电机的运行情况规范、详细、清晰地记录在柴油发电机运行记录表中，并于每月3日之前将上一个月的记录整理成册存档，保存期为2年。

九、柴油发电机操作规程

（一）适用范围

适用于本公司所有物业项目柴油发电机的操作管理。

（二）作业指导

1. 启动前检查

（1）检查机油油位是否在标示刻度线以内，不够的，加同型号机油至标示线位置。

（2）检查冷却液液位是否在水箱盖以下8厘米左右，不够的，加清水至上述位置。

（3）检查电池液液位是否在极板面上15厘米左右，不够的，加蒸馏水至上述位置。

（4）清理发电机组现场，把有碍操作或运行的物品搬开，确保冷却通风道顺畅。

（5）确保柴油发电机组总空气开关在"OFF"（关）状态。

2. 柴油发电机启动、停机操作

（1）手动启动。

① 确保控制屏上各按钮已经复位，把运转/停机/自动按钮切换到"RUN"（运转）位置，柴油发电机启动。

② 正常情况下，柴油发电机可一次自动启动着车，或最多3次自动启动着车；如果柴油发电机3次都不能启动着车，控制屏面板上的故障指示灯会亮，此时，查明原因并排除故障后才能再启动。

③ 启动着车后，应检查有无异常噪声或震动，有无漏油、漏水、漏气现象，控制屏有无异常显示，在开机后10～15秒内，油压应达到正常范围。如果有异常情况，则应进行相应整改，待一切正常后，合上柴油发电机总空气开关开始供电。

（2）手动停机。

① 先扳下柴油发电机总空气开关，让发电机空载运行5分钟，然后把运转/停机/自动按钮切换到"STOP"（停）位置，柴油发电机停机。

② 如果有紧急情况需停车，可以不扳下柴油发电机总空气开关，而是直接按下红色紧急停车按钮，使柴油发电机停机。

（3）自动启动。

① 把控制屏面板上的各按钮复位。

② 把运转/停机/自动按钮切换到"AUTO"（自动）位置。

③ 把柴油发电机总空气开关合上。

④ 如果市电停电，柴油发电机在8秒内便会自动启动并送电。

⑤ 如果柴油发电机不能自动启动，控制屏面板上会亮故障灯，此时应把运转/停机/自动按钮切换到"STOP"（停）位置，查明原因并排除故障后再切换到"AUTO"（自动）位置，柴油发电机便会自动启动。

（4）自动停机。

市电供电后，双电源转换柜立即自动切换成市电，柴油发电机在空载下运转3分钟后自动停机。

十、柴油发电机维修保养规程

（一）适用范围

适用于本公司所有物业项目柴油发电机的维修保养。

（二）作业指导

1. 柴油发电机维修保养

（1）进行维修保养时，应注意可拆卸零件的相对位置及顺序（必要时应进行标记）、不可拆零件的结构特点，并掌握重新装回时的用力力度。

（2）空气滤清器每运行50小时进行一次维修保养。

① 空气滤清器显示器：当显示器的透明部分出现红色时，表明空气滤清器已达到使用限度，应立即进行清洁或更换；处理完毕后，轻按显示器顶部按钮，使显示器复位。

② 空气滤清器：

——松开铁环，拆下储尘器及滤芯，由上至下小心清洁。

——滤芯不太脏时，可直接用压缩空气吹净，但应注意空气压力不能太大，喷嘴不可太接近滤芯。

——如果滤芯太脏，应使用专用清洁液清洗，然后用电热风筒吹干（注意不能过热）。

——清洁完毕，应进行检查。检查的方法是，用灯泡从内往外照，在滤芯外部观察，如发现有光点出现，则说明滤芯已穿孔，此时则应小心更换同型号的滤芯。如果没有光点出现，则表示滤芯未穿孔，此时应小心安装好空气滤清器。

（3）蓄电池每运行50小时进行一次维修保养。

① 用验电器检查蓄电池电量是否充足，否则应充电。

② 检查电池液液位是否在极板上15毫米左右，如果不够则加蒸馏水至上述位置。

③ 检查电池接线柱是否被腐蚀或有打火痕迹，否则应进行修复或更换，并涂上黄油。

（4）皮带每运行100小时进行一次维修保养。

① 检查每条皮带，发现有损坏或失效，应及时更换。

② 在皮带中段加40牛顿压力，皮带应能被按下12厘米左右，太松太紧都应当进行调整。

（5）散热器每运行200小时进行一次维修保养。

① 外部清洗

——用热水（加入清洁剂）喷洗，从散热器前面向风扇方向喷射（如从反方向喷射只会把污物逼近中心位置），使用此方法时，要用胶布挡住柴油发电机。

—— 如果上述方法不能清除顽固的沉积物，则应把散热器拆下，浸在热碱水中约20分钟，然后用热水清洗。

② 内部除垢

——把水从散热器中排干，然后把散热器与管子相连的地方拆开并封口。

——向散热器中倒入45℃的4%酸溶液，过15分钟后排干酸溶液，检查散热器。

——如果仍有水垢，则用8%的酸溶液再洗一次。

——除垢后用3%的碱溶液中和2次，然后再用清水冲洗3次以上。

——所有工作完成后，检查散热器是否漏水，如果漏水，则申请由外部专业机构修补。

——如果不漏水，则重新装回，散热器装回后应重新灌清水并加入防锈剂。

（6）润滑机油系统每运行200小时进行一次维修保养。

① 启动柴油发电机，让其运行15分钟。

② 当柴油机高热时，从油底壳螺塞处排出机油，待其排完后，用110牛米（用扭力扳手）旋紧螺栓，然后向油底壳加同型号新的机油，涡轮增压器内也应添加相同型号机油。

③ 拆除两个粗机油滤清器，换上两个新的机油滤清器，新滤清器内应注满与机内型号相同的机油。

④ 更换精滤清器滤芯，添加新的与机内型号相同的机油。

（7）柴油滤清器每运行200小时应进行拆除，换上新的滤清器，加满新的柴油后装回。

（8）充电发电机和启动电机每运行600小时进行一次维修保养。

① 清洗各机件、轴承，吹干后加注新的润滑油。

② 清洁碳刷，如果碳刷磨损厚度超过新装时的1/2，则应进行更换。

③ 检查传动装置是否灵活以及启动电动机齿轮磨损情况，如果齿轮磨损严重，则

应申请维修。

（9）发电机控制屏每半年进行一次维修保养。用压缩空气清除里面的灰尘，拧紧各接线头，对生锈或过热的接头进行处理并拧紧。

2. 其他事项

① 对于柴油发电机的拆机维修或调整，应填写外委维修保养申请表，经公司经理批准后，由外委单位完成。

② 对于突发性的柴油发电机故障，先组织解决，后编写事故报告并上报公司。

③ 对于上述所有维修保养工作，水电工都应清晰、完整、规范地记录在柴油发电机月保养记录表中，并于每次维修保养后的3天内将记录存档，长期保存。

十一、电梯运行管理规程

（一）适用范围

适用于本公司所有物业项目电梯的运行管理。

（二）作业指导

1. 巡视监控

（1）水电工每天应对所有电梯的主要部位至少巡视一次。

（2）巡视监控的主要内容

① 曳引机有无异常噪声或气味，温度是否过高（烫手），曳引电机轴承是否需要加注润滑油，螺栓是否松动。

② 减速箱是否需要加注润滑油，油色、油位是否正常，联轴器是否牢固可靠，螺栓有无松动。

③ 指示仪表、指示灯是否正确，各继电器、接触器动作是否正常，有无异常声响。

④ 变压器、电阻器、电抗器温度是否正常，有无过热现象。

⑤ 制动器动作是否正常，制动线圈是否过热，制动轮上是否有油污。

⑥ 曳引轮、曳引绳、限速器、测速机等运行是否正常，有无异常声响。

⑦ 通信设施是否灵敏畅通，指示牌、标识牌是否完好，盘车手轮、开闸扳手等救援工具是否已放置在指定位置。

⑧ 轿厢照明是否正常，轿内指层、指令及指示灯是否正常。

⑨ 厅门及轿门踏板是否清洁干净。

⑩ 轿厢运行有无异常振动或声响，舒适感有无明显变化。

⑪ 电梯运行有无异常（顺畅）。

⑫ 开关门有无异常（顺畅）。
⑬ 底坑限速器、张紧装置、开关和碰铁距离是否正常。
⑭ 补偿链是否有异响。
⑮ 底坑有无积水或脏物。
（3）巡视过程中如发现异常情况，水电工应及时采取措施予以解决；整改时应严格遵守电梯维修保养规程。

2. 异常情况处理

（1）发生火灾的处置。

① 楼层发生火灾时，水电工应立即击碎玻璃按动"消防开关"，使电梯进入消防运行状态；电梯运行到基站后，应疏导乘客迅速离开轿厢。

② 井道内或轿厢发生火灾时，水电工应即刻停梯，疏导乘客迅速离开轿厢，切断电源，用干粉灭火器控制火势蔓延。

③ 对于上述两种情况，水电工应及时通知消防中心，按安全管理手册中的应急处理程序处置。

（2）电梯浸水处置。

① 坑内少量进水或浸水时，应将电梯停在二层以上，断开电梯总电源。

② 当楼层发生水淹而使井道或底坑进水时，应将轿厢停在进水层的上一层，并断开电梯总电源。

③ 当底坑、井道或机房进水较多时，应立即停梯，断开电梯电源总开关。

④ 发生浸水时，应迅速阻断水源。

⑤ 对浸水电梯应进行除湿处理，如用干抹布擦拭、热风吹干（湿度不能太高）、自然通风（用工厂用鼓风机）、更换管线等。确认湿水已消除、各绝缘电阻达到要求，并且试梯运行无异常后，方可正式使用。

（3）停电或故障造成停梯困人时，按电梯困人救援规程处理。

3. 电梯机房管理

（1）无关人员不准进入机房，若需要进入，应经管理处经理同意，并由水电工陪同。

（2）机房内严禁存放易燃易爆等危险物品。机房内应备齐消防器材，并将消防器材放置在明显位置。机房内严禁吸烟，严禁明火。

（3）每周打扫一次机房卫生，使地面、设备设施表面无积尘、无锈蚀、无油渍、无污物、油漆完好、整洁光亮。

（4）机房应当通风良好、光线充足、门窗开启灵活。

（5）进出机房应当随时上锁，钥匙由水电工保管，其他人不得私自配钥匙。

4. 交接班要求

（1）接班人应准时接班。

（2）接班人员应认真听取交班人员对上一班运行情况的汇报，并查看电梯运行记录，检查工具、物品是否齐全，确认无误后在电梯运行记录上签名。

（3）有下列情况之一的，不准交接班。

① 上一班运行情况未交代清楚。

② 记录不规范、不完整、不清晰。

③ 机房不干净。

④ 接班人未到岗。

⑤ 事故正在处理中或交班时发生故障，此时由交班人继续处理，接班人协助。

5. 其他事项

当值管理员应将电梯的运行情况规范、详细、清晰地记录在电梯运行记录中，并将记录整理成册存档，保存期为2年。

十二、电梯日常维修保养规程

（一）适用范围

适用于本公司所有物业项目电梯的日常维修保养。

（二）作业指导

1. 维修保养前的准备工作

（1）在电梯基站门口处放置"检修停用"标牌。

（2）关好厅门，不能关厅门时，用合适的护栏挡住入口，防止无关人员进入电梯轿厢或电梯井道。

（3）有人在轿顶进行检修作业时，必须按下轿顶检修箱上的检修开关，并关好厅门。

2. 检修过程中的注意事项

（1）给转动部位加油、清洗或观察钢丝绳的磨损情况时，必须停闭电梯。

（2）人在轿顶上工作时，站之处应有选择，脚下不得有油污，以防滑倒。

（3）人在轿顶上准备开动电梯观察电梯部件的工作情况时，必须牢牢握住钢丝绳，并将整个身体置于轿厢外框尺寸之内，防止被其他部件碰伤。需由轿内检修人员开电梯时，要与其配合好，未经许可，不准开动电梯。

（4）禁止在井道内和轿顶上吸烟。

（5）检修电器部件时应尽可能避免带电作业，必须带电操作或难以在切断电源的情况下操作时，应将底坑检测灯箱上的急停开关或限速器张紧装置的断绳开关断开。

（6）使用的手灯必须是带护罩的、电压为36伏以下的安全灯，最好使用手电筒。

（7）严禁维修人员站在井沿处向井道内探身，严禁维修人员两只脚分别站在轿厢顶与门厅上坎进行长时间的维修操作。

（8）底坑深度超过1.5米的，维修人员应用梯子上下，禁止攀附随行线和轿底其他部位上下。进入底坑后，应将底坑检视灯箱上的急停开关或限速器张紧装置的断绳开关断开。

（9）应尽量避免在井道上下同时作业，必须同时作业时，下方作业人员应戴上安全帽。

（10）检修未结束且检修人员需暂时离开现场时，应做到：

① 关闭所有厅门，暂时关不上的，必须设置明显标识进行安全围挡，同时在该厅门口悬挂"危险，切勿靠近"警告牌，并派人看守。

② 切断电梯总电源开关。

③ 排除热源，如烙铁、电焊、喷灯等。

（11）检修保养工作结束后，应做到：

① 将所有开关恢复到原来状态，检查工具、材料有无遗落在设备上。

② 清点工具、材料，打扫工作现场，摘除悬挂的告示牌。

③ 送电试运行，观察电梯运行情况，发现异常及时整改。

④ 通知有关人员电梯恢复正常运行。

3. 电梯的日常保养维修由外委单位完成

4. 电梯的每月例行检查

每月对电梯各部位进行2次检查、清洁、润滑（着重对各安全装置效能检查）；对电梯进行保养时，可以将一台电梯的全部保养项目一次性进行，也可以对所有电梯分项目进行保养。

（1）检查曳引电动机、减速箱有无异常响声，如有，则应对曳引电动机轴承加注润滑油，对减速箱加入蜗轮蜗杆润滑油。

（2）检查曳引电动机和减速箱联轴器弹性圈有无损坏，如有，则应更换弹性圈；检查曳引电动机、减速箱地脚螺栓有无松动现象，如有，则应拧紧。

（3）检查制动器电磁铁与铜套间润滑是否良好、动作是否灵活无阻碍，否则应加润滑剂；检查各固定螺栓、弹簧调节螺母是否紧固无松动，如松动，则应拧紧。制动器温度不超过60℃。

（4）门机直流电动机碳刷磨损厚度如果超过新装时的1/3，则应更换。

（5）限速器转动处应加润滑油，限速器轮、张紧轮轮槽应无异常磨损，如磨损严重，则应更换并做必要调整；钢丝绳应完好无油污；限速器夹绳钳口应无油污或异物，地脚螺栓应紧固。

（6）检查张紧装置动作是否正常，否则应做机械调整；检查限位器开关是否处于正常位置，如未在正常位置，则应扳回。

（7）检查安全钳传动连杆动作是否灵活无卡阻，如果有阻滞现象，则应加注润滑油。安全钳楔块与导轨间隙应为2～4毫米。安全钳钳口应清洁无油污。

（8）清洁控制柜内各元器件；检查接触器、继电器动作是否正常、有无异常声响，触点有无打火、熔焊、积碳现象，如有，则应进行整修，整修达不到要求的，则应更换同型号同规格的接触器、继电器；检查熔断器有无松动、发热现象，如有，则应处理并拧紧；检查各仪表、信号灯是否正常，如损坏，则应予以更换。

（9）检查机械选层器钢带有无断齿、开裂和扭曲现象，如有，则应更换钢带；检查各传动机构动作是否灵活无阻滞，否则应对各传动部位加润滑油；检查电气触头或开关接触是否良好，否则应擦拭和修理。

（10）清除轿门、各厅门导轨的灰尘、油污。

（11）检查各厅门门锁接触是否良好，否则应对门锁转动部位加注润滑油；检查操纵箱按钮、开关操作是否灵活可靠，失效的，应及时更换。

（12）检查自动门传动机构、安全触板传动机是否正常，各部位螺钉、定位装置是否紧固，门机皮带有无损坏，开关门动作是否灵活可靠，轿厢门限位开关、减速开关、门锁接点、电阻器等有无损坏。要求门刀距厅门地坎5～8毫米，运行中门刀不能碰门辘轳，门刀与门辘轳间隙为3毫米，厅门不能从外面用手扒开。对各转动轴加润滑油，保证转动自如，安全触板动作灵敏可靠。

（13）检查轿厢和对重导靴油盒中油量（正常应为2/3油盒），缺油应及时补充；检查滚轮导靴胶皮有无开裂、膨胀，如有，则应更换。

（14）检查断相保护、超速保护、机械联锁、厅门和轿门机电联锁、油压缓冲器复位开关、急停开关、安全开关、检修开关、终端限位安全装置动作是否可靠，不符合要求的，要调整或更换，传动部位应加润滑油。

（15）清除对重架、对重块、缓冲器上的杂物，清扫底坑，清洁接油盒。

（16）检查紧固感应器各部位螺栓，清除各部位尘土、污物。

（17）检查曳引钢丝绳张力是否一致，如伸长，则应做相应调整。曳引轮绳槽应清洁无油污。

（18）检查导轨连接板、压道板螺栓是否紧固，如松动，则应拧紧。

（19）做好中间接线盒外部清洁，紧固各端子板压线螺母。

5. 电梯的每年例行检查

每年对电梯进行一次全面的综合性检查、清洗、润滑、修理、调整和测试。

（1）每年对减速箱更换一次新的蜗轮蜗杆油。

（2）检查制动片磨损情况，如磨损厚度超过新装时厚度的1/2，则应更换。

（3）清洁限速轮、张紧轮，并加润滑油。

（4）张紧轮底平面距底坑地面距离应为500毫米±50毫米，超过规定的应予以调整。

（5）检查安全钳楔块和导靴的间隙（正常值为2～4毫米），检验安全钳动作是否灵敏可靠，如不满足要求，则应做机械调整。

（6）清洁机械选层器，对各转动部位加润滑油，损坏的元器件应予以更换。

（7）清洁门吊门轮、轨道和钢丝绳，更换磨损的门轮、地脚滑块，调整门机速度。

（8）调整轿门位置、门锁位置，紧固各部位螺栓，门刀与层门地坎、门锁滚轮与轿厢的间隙应保证在5～8毫米。

（9）紧固对重块锁紧装置、绳头板及各部位螺栓，紧固补偿链，确保运行时无撞击声。

（10）加缓冲器油，进行缓冲器复位试验时，复位开关动作应准确，传动部分应灵活。

（11）对终端极限开关做越程试验，其越程距离为上下端站厅门地坎以外50～70毫米。

（12）检查动力部分绝缘电阻是否在0.5兆欧以上，其余电气线路电阻是否在0.25兆欧以上，电气设备金属外壳接地是否在4兆欧以上，如果达不到要求，则应进行干燥处理。

（13）检查各熔断器、熔断体、热继电器、相序继电器等保护装置是否工作正常，否则应更换。

6. 电梯突发情况的处理

突然发生的电梯故障，先组织解决，后编写事故报告，并上报公司。

7. 记录并存档

水电工应对上述维修保养工作进行监督，并要求外委公司清晰、完整、规范地记录在电梯维修保养检查报告内，于每次维修保养后的3天内交管理处，由水电工整理成册存档，长期保存。

十三、电梯故障维修规程

（一）适用范围

适用于本公司所有物业项目电梯故障的维修作业。

（二）作业指导

1. 总要求

（1）电梯发生故障后，电梯维修工应快速到达现场。

（2）查看故障现象，分析故障原因，确定故障的位置。

（3）根据不同的故障，分别进行处理。

2. 常见机械故障及处理措施

（1）机房。

① 电机轴承故障：电机运转时发出异常响声，如果是轴承故障，应拆下电机检查轴承；如发卡、磨损过大，则应更换轴承。

② 选层器故障：

——滑链，应调整链条长度及带轮位置。

——选层器三角触头不动,多为污尘太多所致,应用除污剂清除(除污剂除污快、去污强,而且还有润滑作用)。

——上下滑杆不灵活,主要是导向轴承(锈死、导轨没有润滑、主导轴生锈)缺少润滑油所致,应更换导向轴承、给导轨加润滑油、去除主导轴锈污。

③ 制动器故障:制动闸瓦与制动轮之间有摩擦现象,应调整或更换制动闸瓦,除去制动轮上的油污。

④ 限速器故障:夹绳钳口及绳槽处有杂物、轴承损坏,应清洗杂物、更换轴承。

(2)井道与轿厢。

① 轿厢门和自动门机构故障:开关门时有抖动声,不能开门、关门,开门时有碰撞声、门隙过大等,应清除地坎滑槽杂物,调整安全触板,给连杆转动处加油等。

② 厅门故障同上。

③ 开门刀故障:运行时有碰撞声或突然停车,应调整开门刀位置(开门刀与厅门地坎间隙、开门刀与厅门挂轮间隙)。

④ 导轨故障:运行不平稳,有发抖、震动等现象,应调整轨道尺寸,用找道尺调整、用轨道锉修平接口。

⑤ 导靴故障:运行不平稳,有磨铁声、振动等现象,导靴片磨损严重,导靴座位置不正确等,应更换导靴,调整导靴座位置。

⑥ 安全钳故障:运行时有碰铁声,严重时还会动作刹车或单边刹车,应调整安全间隙、安全联动机构,加润滑油,确保各活动部位灵活。

(3)底坑。

① 补偿链故障:运行时有碰链声,应调整补偿链长度。

② 安全钳钢丝绳张紧轮故障:运行时有钢丝绳摩擦声或有异常响声,应调整安全钳钢丝绳,更换轴承。

③ 缓冲器故障:缓冲器生锈、不活动,液压油量不足,应除去铁锈,补充液压油。

3. 常见的电气故障及维修方法

(1)机房。

① 保险丝故障:

——缓冲器、底坑急停,断绳开关短路。应排除底坑积水,消除短路点,换上相同型号保险丝,厅门、轿门安全回路。

——井道有水,回路有短路点。应断开电源,消除短路点,换上相同型号保险丝,指示灯回路。

——厅外指示有水或线路破裂断路。应排干水分,消除短路点,更换保险丝,控制回路。

——控制线圈被烧、控制元件内部断路。应更换控制线圈和控制元件,消除线路断路点,换上相同型号保险丝。

② 接触器和断路器故障：接触器或断路器不工作，是接触器和继电器线圈烧坏、控制线路或插件有断点、控制线路保险烧坏等原因所致，应更换接触器或继电器，消除断点，更换保险丝。

（2）井道与轿厢。

① 上下限位及极限开关故障：电梯不能走车，一般是开关接触不好或断路等原因所致，应清洁接触点或消除断点等。

② 轿门、厅门联锁开关故障：电梯只关门不走车，一般是联锁开关接触不好或开关损坏、线路断路等原因所致，应清洁接触点，更换开关，消除线路断点等。

③ 安全钳开关、安全窗开关故障，轿厢急停：电梯不走车，一般是开关接触不良或损坏等原因所致，应清洁接触点，更换开关。

（3）底坑。

① 缓冲器开关、底坑急停开关故障：电梯不走车，一般是接触不良、缓冲器复位不到位、主钢丝绳过长、缓冲器开关损坏所致。应清洁接触点，复位缓冲器，缩短主钢丝绳，更换开关。

② 张紧轮断绳开关故障：电梯不走车，一般是开关接触不良、安全钳钢丝过长、开关损坏等原因所致，应清洁接触点，缩短安全钳钢丝，更换开关。

4. 记录并存档

电梯故障排除后，电梯维修工应将维修情况填写在设备维修记录中，归档后长期保存。

十四、电梯困人救援规程

（一）适用范围

适用于本公司所有物业项目电梯困人的救援管理。

（二）作业指导

（1）当发生电梯困人事故时，安管员应通过电梯对讲机或喊话与被困人员取得联系，务必使其保持镇静，不要惊慌，静心等待救援人员的救援；同时立即通知相关人员进行处理。被困人员不可将身体任何部位伸出轿厢以外。如果轿厢门处于半关闭状态，应设法将轿厢门完全关闭。

（2）根据指层灯、电脑显示、选层器横杆，或打开厅门判断轿厢所在位置。

（3）轿厢停在距厅门0.5米左右（高于或低于）位置时的救援。

① 进入机房切断电梯电源。

② 用专用厅门钥匙开启厅门。

③ 在轿顶用人力开启轿厢门。

④ 协助乘客离开轿厢。
⑤ 重新关好厅门。
（4）轿厢停在距门厅 0.5 米以外位置的救援。
① 进入机房切断电梯电源。
② 拆除电动机尾轴罩盖，安上旋柄座及旋柄。
③ 救援人员一人把旋柄，另一人手持释放杆，轻轻撬开制动器，利用轿厢自重向正方向移动。为了避免轿厢移动太快发生危险，操作时应一撬一放，使轿厢逐步移动，直至最接近厅门。
（5）遇有其他复杂情况，应请电梯公司协助救援。
（6）救援工作完毕后，水电工应将情况完整、规范地记录在电梯运行记录内。

十五、中央空调操作规程

（一）适用范围

适用于本公司所有物业项目中央空调的管理。

（二）作业指导

1. 开机前的检查
确认下列情况正常后方可开机。
（1）电压表指示是否在额定值的 ±10% 范围内。
（2）各种信号灯显示是否正常。
（3）各种阀是否均已打开。
2. 开机
（1）启动压缩机（冷却塔风机、冷却塔水泵、冷冻泵联动启动）。
（2）观察压缩机运行电流、吸排气压力，检查有无异常震动、噪声或气味，确认一切正常后才算启动成功。
3. 停机
（1）关停压缩机。
（2）确认无异常情况后才算停机成功。

十六、中央空调运行管理规程

（一）适用范围

适用于本公司所有物业项目中央空调的运行管理。

(二)作业指导

1. 巡视监控

(1)当值水电工每天巡视2次中央空调机组,巡视部位包括中央空调主机、冷却塔、控制柜(箱)及管路、闸阀等附件。

(2)巡视监控的主要内容

① 检查高压。

② 检查低压。

③ 冷却水进水温度(正常<35℃)。

④ 冷却水出水温度(正常<40℃)。

⑤ 检查中央空调主机运转是否有异常振动或噪声。

⑥ 检查冷却塔风机运转是否平稳、冷却塔水位是否正常。

⑦ 检查管道、闸阀是否有渗漏,冷冻保温层是否完好。

⑧ 检查控制柜(箱)各元器件动作是否正常,有无异常噪声或气味。

(3)巡视过程中发现异常情况时,当值管理员应及时采取措施予以解决,整改时,应严格遵守中央空调维修保养规程。

2. 异常情况的处置

(1)中央空调制冷剂泄漏的处置。

① 立即关停中央空调主机,关闭相关的阀门。

② 加强现场通风,或用水管喷水淋浇(应注意不要淋在设备上)。

③ 救护人员应身穿防毒衣、头戴防毒面具进入现场,并两人为一组,以确保安全。

④ 对于不同情况的中毒者,采取不同的方法。

——对于头痛、呕吐、头晕、耳鸣、脉搏与呼吸加快者,应立即将其转移到通风良好的地方休息。

——如中毒者出现痉挛、神志不清、昏迷等状态,应立即将其转移到空气新鲜的地方进行人工呼吸,并送医院治疗。

——如氟利昂制冷剂溅入眼睛,应用2%的硼酸加消毒食盐水反复清洗眼睛,并送医院治疗。

⑤ 排除泄漏源后,启动中央空调试运行,确认无泄漏后,方可投入正式运行。

(2)中央空调机房发生水浸的处置。

① 视进水情况关掉中央空调机组,拉下总电源开关。

② 堵住漏水源。

③ 如果漏水较大,应尽力阻止设备进水。

④ 漏水源堵住后,应立即排水。

⑤ 排干水后，应对设备设施进行除湿处理。

⑥ 确认湿水已消除、各绝缘电阻符合要求后，开机试运行；如无异常情况出现，则可以投入正常使用。

（3）中央空调发生火灾时，按安全管理手册中的应急处理程序处置。

（4）当值水电工应按时开关中央空调，并根据负荷情况启用相应的中央空调机组，调整相应的制冷温度，最大限度地节省能源。

3. 中央空调机房管理

（1）无关人员不准进入中央空调机房，若需要进入，应经管理处经理同意，并由水电工陪同。

（2）中央空调机房内严禁存放易燃易爆等危险品。

（3）中央空调机房内应备齐消防器材、防毒用品，并将其放置在明显位置。中央空调机房内严禁吸烟，严禁明火。

（4）每天打扫一次中央空调机房的卫生，每周清洁一次中央空调机房的设备设施，使地面、设备设施表面无积尘、无油渍、无锈蚀、无污物、油漆完好、整洁光亮。

（5）中央空调机房内应当通风良好、光线充足、门窗开启灵活。

（6）出入中央空调机房应当随时上锁，钥匙由水电工保管，其他人不得私自配钥匙。

4. 交接班要求

（1）接班人应准时接班。

（2）接班人员应认真听取交班人员对上一班运行情况的汇报，并查看中央空调系统运行记录，检查工具、物品是否齐全，确认无误后在中央空调系统运行记录上签名。

（3）有下列情况之一的，不准交接班。

① 上一班运行情况未交代清楚。

② 记录不规范、不完整、不清晰。

③ 机房不干净。

④ 接班人未到岗。

⑤ 事故正在处理中或交班时发生故障，应由交班人继续处理，接班人协助。

5. 其他事项

水电工应将中央空调的运行情况规范、详细、清晰地记录在中央空调系统运行记录中，并将上一个月的记录整理成册存档，保存期为2年。

十七、中央空调维修保养规程

（一）适用范围

适用于本公司所有物业项目中央空调的维修保养。

(二)作业指导

1. 冷却塔维修保养

水电工每半年对冷却塔进行一次清洁保养。

(1) 用500伏摇表检查电机绝缘电阻,应不低于0.5兆欧,否则要对电机线圈进行干燥处理,干燥处理后仍达不到0.5兆欧以上的,则应拆修电机线圈。

(2) 检查电机、风扇转动是否灵活,如有阻滞现象,则应加注润滑油;如有异常摩擦声,则应更换同型号的轴承。

(3) 检查皮带是否开裂或磨损严重,如是,则应更换同规格皮带;检查皮带是否太松,如是,则应进行调整(每半个月检查一次);检查皮带轮与轴配合是否松动,如是,则应整修。

(4) 检查布水器布水是否均匀,否则应清洁管道及喷嘴。

(5) 清洗冷却塔(包括填料、集水槽),清洁风扇风叶。

(6) 检查补水浮球阀动作是否可靠,否则应修复(不定期)。

(7) 拧紧所有紧固件。

(8) 清洁整个冷却塔外表。

2. 风机盘管维修保养

水电工每隔半年对风机进行一次清洁保养。

(1) 检查风机转动是否灵活,如有阻滞现象,则应加注润滑油;如有异常摩擦响声,则应更换风机轴承。

(2) 每周清洗一次空气过滤网,排出盘管内的空气(不定期)。

(3) 用500伏摇表检查风机电机线圈绝缘电阻,应不低于0.5兆欧,否则应进行维修处理;检查电容有无变形、膨胀或开裂,如是,则应更换同规格电容;检查各接线头是否牢固,是否过热,如是,则应做相应维修。

(4) 清洁风机风叶、盘管、积水盘上的污物。

(5) 用盐酸溶液(内加缓蚀剂)清除盘管内壁的水垢。

(6) 拧紧所有紧固件。

(7) 清洁风机盘管外壳。

3. 冷凝器、蒸发器维修保养

水电工每半年对冷凝器、蒸发器进行一次清洁保养。

(1) 柜式蒸发器维修保养。

① 每周清洗一次空气过滤网。

② 清洁蒸发器散热片。

③ 清洁接水盘。

（2）水冷式冷凝器、蒸发器维修保养（清除污垢）。

① 配制10%的盐酸溶液（每1千克酸溶液里加0.5克缓蚀剂）。

② 拆开冷凝器、蒸发器两端进出水法兰封闭，然后向里注满酸溶液，酸洗时间为24小时；也可用酸泵循环清洗，清洗时间为12小时。

③ 酸洗完毕后用1%的NaOH溶液或5%的Na_2CO_3溶液清洗15分钟，最后再用清水冲洗3次以上。

④ 全部清洗完毕后，检查是否漏水，如漏水，则应出外委单位维修；如不漏水，则应重新装好；如法兰的密封胶垫已老化，则应更换。

4. 冷却水泵机组、冷冻水泵机组维修保养

水电工每半年对冷却水泵机组、冷冻水泵机组进行一次清洁保养。

（1）电动机维修保养。

① 用500伏摇表检查电动机线圈绝缘电阻是否在0.5兆欧以上，否则应进行干燥处理。

② 检查电动机轴承有无阻滞现象，如有，则应加润滑油；加润滑油后仍不符合要求的，则应更换同型号轴承。

③ 检查电动机风叶有无擦壳现象，如有，则应进行修理。

（2）水泵维修保养。

① 转动水泵轴，观察是否有阻滞、碰撞、卡壳现象，如轴承有问题，则加注润滑油或更换轴承；如水泵叶轮有问题，则应拆修水泵。

② 检查压盘根处是否漏水成线，如是，则应加压盘根（不定期）。

（3）检查弹性联轴器有无损坏，如损坏，则应更换弹性橡胶垫（不定期）。

（4）清洗水泵过滤网。

（5）拧紧水泵机组所有螺栓。

（6）清洗水泵机组外壳，如脱漆或锈蚀严重，则应重新粉刷。

5. 冷冻水管路等维修保养

水电工每半年对冷冻水管路、送冷风管路、风机盘管管路进行一次保养，检查冷冻水管路、送冷风管路、风机盘管管路处是否有大量冷凝水；同时检查保温层是否已破损，如是，则应重做保温层。

6. 阀类维修保养

水电工每半年对阀类进行一次保养。

（1）节制阀与调节阀的维修保养。

① 检查是否存在泄漏，如存在，则应加压填料。

② 检查阀门开闭是否灵活，如阻力较大，则应对阀杆加润滑油。

③ 如阀门破裂或开闭失效，则应更换同规格阀门。

④ 检查法兰连接处是否渗漏，如是，则应拆换密封胶垫。

（2）电磁调节阀、压差调节阀维修保养。

① 干燥过滤网：检查干燥过滤网是否脏堵或吸潮，如是，则应更换同规格的干燥过滤器。

② 电磁调节阀、压差调节阀：

——通断电检查电磁调节阀、压差调节阀动作是否可靠，如有问题，则更换同规格电磁调节阀、压差调节阀。

——对压差调节阀间阀杆加润滑油，如压填料处泄漏，则应更换密封胶垫。

7. 检测、控制部分维修保养

水电工每半年对检测、控制部分进行一次保养。

（1）检测器件（温度计、压力表、传感器）维修保养。

① 对读数模糊不清的温度计、压力表进行拆换。

② 送检温度计、压力表，合格后方可再使用。

③ 检测传感器参数是否正常，并做模拟实验，对不合格的传感器进行拆换。

④ 检查装检测器的部位是否有渗漏，如发生渗漏，则应更换密封胶垫。

（2）控制部分维修保养。

① 清洁控制柜内外的灰尘、脏物。

② 检查、紧固所有接头，烧蚀严重的接头线应予以更换。

③ 交流接触器维修保养：

——清除灭弧罩内的碳化物和金属颗粒。

——清除触头表面及四周的污物（但不要修锉触头），如触头烧蚀严重，则应更换同规格交流接触器。

——清洁铁心上的灰尘及脏物。

——拧紧所有螺栓。

④ 热继电器维修保养：

——检查热继电器的导线接头处有无过热或烧伤痕迹，如有，则应进行处理，处理后达不到要求的，应更换。

——检查热继电器上的绝缘盖板是否完整，如损坏，则应更换。

⑤ 自动空气开关维修保养：

——用500伏摇表测量绝缘电阻，应不低于0.5兆欧，否则应进行烘干处理。

——清除灭弧罩内的碳化物或金属颗粒，如灭弧罩损坏，则应更换。

——清除触头表面上的小金属颗粒（不要修锉）。

⑥ 信号灯、指示仪表维修保养：

——检查各信号灯是否正常，如不亮，则应更换同规格的小灯泡。

——检查各仪表指示是否正确，如偏差较大，则应做适当调整，调整后偏差仍较大的应更换。

⑦ 中间继电器、信号继电器维修保养：对中间继电器、信号继电器做模拟实验，

检查两者的动作是否可靠、输出的信号是否正常，否则应更换同型号的中间继电器、信号继电器。

8. 压缩机维修保养

水电工每年对压缩机进行一次检测保养。

（1）检查压缩机油位、油色。如油位低于观察镜的1/2位置，则应查明漏油原因并排除故障后再加注润滑油；如油已变色，则应彻底更换润滑油。

（2）检查制冷系统内是否存在空气，如有，则应排放空气。

（3）具体检查压缩机如下参数。

① 压缩机电机绝缘电阻（正常为0.5兆欧以上）。

② 压缩机运行电流（正常为额定值，三相基本平衡）。

③ 压缩机油压 [正常为10～15千克力/平方厘米（1千克力/平方厘米＝0.098兆帕）]。

④ 压缩机外壳温度（正常为85℃以下）。

⑤ 吸气压力（正常值4.9～5.4千克力/平方厘米）。

⑥ 排气压力（正常值12.5千克力/平方厘米）。

⑦ 检查压缩机是否有异常噪声或振动。

⑧ 检查压缩机是否有异常的气味。

通过上述检查，综合判断压缩机是否有故障，如有，则应更换压缩机（外委单位维修）。

9. 其他事项

水电工应将上述维修保养工作清晰、完整、规范地记录在中央空调维修保养记录表内，并于每次维修保养后的3天内整理成册存档，长期保存。

十八、消防系统运行管理规程

（一）适用范围

适用于本公司所有物业项目消防系统的运行管理。

（二）作业指导

1. 运行监控

（1）消防管理中心保安24小时对消防主机、消防联动柜、动力配电箱、灭火显示器、防火防盗闭路电视等设备进行监控。

（2）运行监控内容：

① 消防主机显示屏是否显示"系统正常"。

② 消防主机是否正常（正常时 I=1.2安，U=25伏）。

③"运行"和"电源"灯是否亮，不亮时，查找线路接头有无松动，如松动，应紧固。

④ 巡视喷淋泵和消防泵管网系统，查看接头有无松动（松动时给予紧固）、油漆是否脱落（脱落的补刷油漆）、水流指示器是否正常。

⑤"故障"灯亮时，说明出现故障，应立即到现场查明原因。

⑥"低水位"信号灯亮时，立即通知水电工查看水位并加水。

⑦"破玻"信号灯亮时，应到楼层查看原因。

⑧ 查看闭路电视画面是否清晰，出现故障时及时通知水电工维修。

⑨ 巡视固定式气体灭火系统管网接口、紧急按钮，发现重量减轻时，应进行密封、紧固、更换、充气，并消除防火区的一切杂物。

⑩ 检查设备有无出现烧焦、异味、异常声响。

（3）在运行监控中发现异常情况时，应进行登记，同时报告管理处经理，并进行整改。

2. 异常情况处置

（1）当消防主机出现异常情况（如有水浸入）时，应立即切断消防主机的主电源和备用电源，以免引起联动装置启动而造成消防主机部件烧毁。

（2）当配电箱线路发生短路（过负荷）起火时，立即关掉相关设备电源，迅速用干粉灭火器扑救。

3. 机房管理

（1）无关人员不准进入室内（巡查、检修人员除外），若需进入，应经管理处经理同意，并由当值保安陪同，进入时间不宜超过5分钟。

（2）当值保安每班打扫室内卫生，擦拭设施设备，始终使地面、墙壁、设备保持无积尘、无油渍、无污物、无蜘蛛网、光亮整洁。

（3）室内严禁存放一切与工作无关的物品，但应配备2瓶干粉灭火器。

（4）室内严禁吸烟，严禁明火。

（5）室内应当通风良好、光线充足、门窗开启灵活。

（6）必须保证24小时监视消防系统，值班员暂时离开时，需由班长暂时替换，并向其交代值班注意事项，离开时间不得超过10分钟。

4. 交接班要求

（1）交接班时应：

① 巡视各类系统，查看各类系统是否处于正常运行状态。

② 按操作键查看消防主机内容有无改动，有无增删操作员姓名，密码是否正确。

（2）出现下列情况，不接班。

① 上一班运行情况未交代清楚。

② 记录不正规。

③ 消防主机无法进行操作。

④ 室内存放与工作无关的物品。
⑤ 设备上积尘未除尽，有水杯、腐蚀品。
⑥ 地面不干净、不整洁。
⑦ 物品不齐全。
⑧ 故障正在处理中或未处理完毕，应由交班人负责处理，接班人协助。

5. 资料保存与审核

（1）保安员应将每班次运行情况填写在监控室值班记录中，交接班时确认各系统均正常后，双方在值班记录上签字确认。

（2）管理处经理监督各类记录的填写，每周将用完的记录本收集到办公室归档保存，保存期为3年。

十九、消防系统维修保养规程

（一）适用范围

适用于本公司所有物业项目消防系统的维修保养。

（二）作业指导

1. 检查

（1）日检：消防管理中心保安每班次在班长的指导下对火灾报警系统进行下列检查。

① 对消防系统设备进行外观检查。

② 火警功能。误报火警时，应检查火灾探测器探头现场有无蒸汽、烟雾、粉尘等干扰，如有，应设法排除。对于误报频繁且又无其他干扰影响探头的情况，可能是探头显示灯不亮，不能接收信号，应及时清洗更换。

③ 自检功能。按自检键进行复位，让系统处于正常状态；不能复位的，应查明原因。

④ 故障功能：

——主电源故障，检查输入电源是否正常，熔丝有无烧断、接触不良等情况。

——备用电源故障，检查充电装置、电池是否损坏，有无断线。

——探测回路故障，检查该回路至火灾探测器的接线是否完好，有无探头被取下，终端监控器有无损坏。

（2）月检：每月由安管队长及水电工对消防自动系统进行下列检查，并填写消防系统月检查保养记录表。

① 日检全部内容。

② 测试探测器主要工作电压是否正常。

③ 火灾探测器（温感、烟感、破玻）安装倾斜度应不大于45度，检查其与底座接触是否良好，外观是否清洁完好，指示灯是否闪亮。随机抽取5%的烟感进行喷烟测试，检查消防主机是否收到报警信号。

④ 对楼层消火栓泵进行外观检查，查看外接线是否牢固；油漆脱落的，应补刷新漆。

⑤ 检查手动报警按钮、紧急旋钮安装是否牢固，有无破损及丢失；任选两个手动报警按钮进行测试，检查报警功能是否正常。

⑥ 对消防主机、联动柜、动力配电箱、灭火显示器及其附属设施进行除尘；线路松动的，应予以紧固。

⑦ 对主电源和备用电源做自动转换试验。

(3) 季检：每季度检查和测试自动报警系统的下列功能，并填写消防系统年（季）检查保养记录表。

① 采用专用检测仪器分批测试火灾探测器的动作及灯光显示。

② 测试火灾报警的声光显示。

③ 测试水流指示器、压力开关等报警功能及信号显示。

④ 对备用电源进行1～2次充放电试验，对主要电源和备用电源进行1～3次自动切换试验。

⑤ 手动或自动检查防火卷帘的关闭情况，观察防火卷帘有无变形、扭曲情况。

⑥ 手动或自动检查消火栓泵、自动喷淋灭火系统的控制设备。

⑦ 对固定式灭火系统进行外观巡视，查看管网系统的密封情况，读取压力表指针数值；手动或自动检查固定灭火系统的控制设备。

⑧ 手动检查消防应急广播、火灾应急照明设备及疏散指示标志灯。

⑨ 从消防联动柜上按下强制"消防"开关键，使客货梯停于首层。

⑩ 在消防管理中心进行消防通信设备对讲通话试验。

⑪ 检查所有转换开关，强制切断非消防电源功能。

(4) 年检：每年由水电工及安管队长对火灾自动报警系统的功能进行检查和试验，并填写消防系统年（季）检查保养记录表。

① 用专用检测仪器对所安装的火灾探测器探头（抽取50%）进行实效模拟试验；对电缆、接线盒、设备做直观检查，并清理灰尘。

② 季检内容（①与②除外）。

③ 测试火灾应急广播设备的功能。

(5) 对于本规程季度和年度的检查内容，合同期内由安装厂家指导进行，合同期满后委托公安消防部门（或安装厂家）检查。

2. 维修保养

(1) 消防系统的外部清洗及部分附件的维修保养由水电工指导完成。

每班次，保安应对消防设备外部清洁一次，先进行吹污、吹尘，再用干抹布擦拭，以保持设备光洁。

（2）需委托外单位维修的，由管理处经理委托安装厂家或公安消防部门进行。

（3）消防泵维修保养见给排水设备设施维修保养规程的相关内容。

（4）消防系统设备的检查、维修保养均应有完整的记录，并分类归档管理，保存期为5年。

二十、弱电系统维修规程

（一）适用范围

适用于本公司所有物业项目弱电系统的维修管理。

（二）作业指导

1. 遵守规定

维修员入户进行弱电系统维修时，应遵守住户家庭安装/维修规程的规定。

2. 注意事项

（1）维修员应熟悉维修设施的电路原理及功能方框图。

（2）应注意安全操作。

① 确保人身安全。维修时如需带电作业（电压高于36伏时），应做好相应的绝缘措施。

② 确保维修设施的安全。测量某焊点电压时，切忌与相邻焊点相碰；维修设施印刷线路板底面切忌与金属物件相碰，最好用绝缘板托起。注意合理放置维修工具，以免引起意外。

3. 基本维修方法

（1）观察法。

① 有无虚焊、松脱、烧焦的元器件。

② 有无异常的声音。

③ 观察图像效果。

（2）静态测量法。

① 短路电阻测量法。

② 电流测量判断法。

③ 电压测量判断法。

4. 楼层防盗对讲机维修

（1）室内听不到铃声。

① 检查主机开关按钮是否接触良好，否则应更换按钮开关。

② 检查室内分机待机转换开关是否接触良好，如接触不良，则应进行维修。

③ 采取上述两个步骤如仍不振铃，则应重点检查振铃放大电路。

（2）不能对讲。

① 检查通话线是否接触良好，如接触不良，则应重新焊接。

② 检查室内分机扩音器、扬声器是否正常，如不正常，则应更换。

③ 检查室内分机放大电路，重点检查三极管。

（3）不能开楼下大闸门。

① 检查锁舌部件是否灵活，如阻滞，则应加润滑油。

② 检查开锁磁线圈接线是否良好、线圈是否烧坏，否则应重新连接线头或更换电磁线圈。

③ 检查分机开锁按钮是否接触良好、开锁继电器动作是否可靠、开锁电路有无元器件损坏，如有问题，则应逐一维修。

（4）主机无电源。

① 检查桥式整流二极管有无损坏，如损坏，则应更换同规格二极管。

② 检查电源变压器是否烧坏，如是，则应更换同规格的变压器。

5. 可视对讲机维修

（1）无图像、声音，但开锁正常。

① 调节亮度电位器，观察屏幕有无光栅，如有光栅，则应检查室内机与门口机的图像信号连接线是否接牢，否则应重新接好。

② 调节亮度电位器后屏幕仍无光栅，此时应检查室内机电路板，对振荡电路、推动电路、输出电路、图像显示电路等逐级排查。

（2）通话无声音。

① 检查听筒与室内机接线是否牢固，否则应重新连接。

② 调节音量电位器，如扬声器里有交流声，则说明室内机的放大电路正常，此时应检查门机上的麦克风，如损坏，则应更换同规格麦克风。

③ 调节音量电位器，如扬声器里什么声音都没有，则说明室内机的放大电路有问题，应逐一排查音频输出电路、前置放大电路、功放电路。

6. 其他事项

（1）维修工作结束后，维修员应及时清洁工作场地，把垃圾装入塑料袋内，用干抹布擦拭脏污的部位。

（2）向住户测试维修后的效果，试验应不少于3次，并向住户说明使用中应注意的事项；如住户有不满意的地方，维修员应及时进行整改。

（3）一切正常后，请住户在用户维修服务单上签名确认。最后签上维修员的姓名以备查询。

二十一、正压风机维修保养规程

（一）适用范围

适用于本公司所有物业项目正压风机的维修保养。

（二）作业指导

1. 正压风机维修保养

水电工每年应对所有正压风机进行4次清洁保养。

（1）电动机维修保养。

① 用500伏摇表检测电动机线圈绝缘电阻是否在0.5兆欧以上，否则应进行烘干处理。

② 检查电动机轴承有无阻滞或异常声响，如有，则应更换同型号轴承。

③ 检查电动机风叶有无碰壳现象，如有，则应进行维修。

④ 清洁电动机外壳。

⑤ 检查电动机是否脱漆严重，如是，则应彻底铲除脱落层油漆并重新粉刷。

（2）控制柜维修保养。水电工每年应对正压风机的控制柜进行清洁保养。

① 用小毛刷、干净的干抹布清洁柜内所有元器件及控制柜外壳，务必使柜内外无积尘、无污物。

② 检查、紧固所有接头，对于烧蚀严重的接头，应更换。

③ 检查柜内所有线头的号码管是否清晰，是否有脱落现象，如是，则应整改。

（3）交流接触器维修保养。

① 清除灭弧罩内的碳化物和金属颗粒。

② 清除触头表面及四周的污物（但不要修锉触头），烧蚀严重不能正常工作的触头应更换。

③ 清洁铁心上的油污及脏物。

④ 检查复位弹簧情况。

⑤ 拧紧所有紧固件。

（4）热继电器维修保养。

① 检查热继电器上的绝缘盖板是否完好无损，如损坏，则应更换。

② 检查热继电器的导线接头处有无过热或烧伤痕迹，如有，则进行维修，达不到要求的，应更换。

（5）自动空气开关维修保养。

① 用500伏摇表测量绝缘电阻，应不低于100兆欧，否则应进行烘干处理。

② 清除灭弧罩内的碳化物或金属颗粒，如果灭弧罩破裂，则应更换。

③ 自动空气开关在闭合或断开过程中，其可动部分与灭弧室的零件应无卡住

现象。

④ 检查触头表面是否有小的金属颗粒,如有,则应将其清除,但不能修锉,只能轻轻擦拭。

(6) 信号灯维修保养。

检查各信号灯是否正常,如有不亮,则应更换同规格的小灯泡。

2. 突发性的设备设施故障

可以先组织解决,后编写事故报告,并上报公司。

3. 记录并存档

水电工应将上述维修保养工作清晰、完整、规范地记录在维修记录表内,并于每次维修保养后的3天内整理成册存档,长期保存。

第十七章 管理制度

一、设备房管理办法

（一）目的

规范设备房管理，确保各类系统设备安全、正常运行。

（二）适用范围

适用于物业公司所属各物业项目设备房的管理。

（三）管理规定

1. 基本要求

（1）在机房门口醒目位置悬挂机房名称，并张贴"机房重地，非请勿进"的告示牌。

（2）凡易燃易爆、高电压、危险的设备场所，应在外围的入口或通道等位置挂贴规范的警示牌。

（3）必须在各系统设备的明显位置张贴统一规格的标识。

（4）按有利工作和安全原则，在相应的设备管理阀门和电器开关上挂贴表明用途和状态的告示牌。

（5）机房钥匙是专用钥匙，未经领班批准并登记，任何员工不得持有或随意配制。

（6）未经工程组领导批准，外来人员（包括参观学习和施工等）禁止进入机房；经批准进入机房的外来人员必须遵守机房有关规定，服从机房工作人员安排。

（7）政府职能工程部门（如消防局、供电局、电信局）突然到场检查或抽查相应的机房，当班人员在查验证件并核实身份后，应热情接待，主动配合，做好记录，并通知工程主管或上级领导。

（8）保持机房干净、整洁，严禁在机房内聚会、聊天、嬉戏、睡觉、喧哗等，不得有影响工作、分散注意力的行为。

（9）严禁携带火种进入设备场站和电子类设备机房，严禁在机房内吸烟。未经书面批准并落实安全措施，不得在机房内进行动火作业。

（10）机房的内线和外线电话，均为值班专用电话，应时刻保持待机状态；严禁值班人员打私人电话或长时间占用电话。

（11）各机房工作人员必须按要求如实认真填写各种表格，主要设备参数的记录必须齐全，工作记录应清晰明了。

（12）层间配电房管理要求。

① 层间配电房门及房内的电柜、电箱平时应锁闭，房内各种开关应标识清楚。

② 配电房内每月清扫一次，严禁在机房内吸烟、堆放杂物。

③ 工程组每月检查一次内部设备，发现异常立即维修。

④ 工程组根据计划定期保养配电房内设施，重点做好设备清洁，并紧固接线端子。检查和保养结束后应填写设备保养记录表。

（13）设备房防火管理要求。

① 不得在机房内吸烟。

② 维修过程中需使用易燃物品时，要事先清除火源，防止易燃物外泄。机房内不得存放易燃物品。

③ 动火作业时，由技工填写机房动火作业申请表，领班签名同意后方能施工。施工前应清除动火现场的易燃物品；施工后应认真检查，确认无火种后方能离开。

④ 技工在当班期间，应注意检查机房内的灭火自救设施，并熟悉各种灭火器械的性能及处理各种消防信号的方法。

⑤ 当班技工应巡查责任管理辖区内消防报警器和消防设备的运行情况，及时处理火警信号。

⑥ 机房外的楼梯、走道、出入口要保持畅通无阻，严禁堆放物件。

⑦ 机房内的火灾探测器、喷淋头、防火门、防火帘、防排烟设备、灭火器、防烟面罩、疏散标志和指示灯等设施，必须保持完好。保安部应每月对其检查保养一次，确保使用时不出故障，并做好相应记录上报上级领导。

⑧ 发生电气火灾时，当班技工施救时应遵循"先断电，后灭火"的原则；如油路发生火灾，应立即关闭油阀，并用沙袋堵截油路，防止扩散，同时用二氧化碳或其他干式灭火器扑救。

⑨ 技工应按安全操作规程操作设备，并做好防火措施。

⑩ 遇火灾时，要及时上报消防中心，并采取相应的灭火措施。灭火后，要详细记录火灾成因及灭火情况，并上报公司领导。

（14）设备房卫生管理要求。

① 机房内不得吸烟、随地吐痰、乱丢杂物。

② 各班技工必须按时清洁机房地面，做到无明显污渍、无杂物、无粉尘。

③ 必须按时擦拭机房内各设备，使设备表面光洁无尘。

④ 机房值班技工必须按时清洁机房通风系统滤网。

⑤ 必须按时对机房内电气控制箱及电器开关表面进行清洁除尘。

⑥ 领班负责对机房卫生进行检查。
⑦ 工程组主管每月组织一次巡检，对各系统所辖区域进行卫生检查评比。

2. 各设备房的具体规定

（1）配电房。

① 配电房全部机电设备由水电工负责管理，停送电由值班人员操作，无关人员禁止进入配电房。

② 配电设备由水电工负责管理，配电设备的停送电由值班水电工操作，非值班水电工禁止操作。复杂的倒闸操作，必须执行操作票制度、监护制度，严禁对高压环进环出柜进行操作。操作及检修时，必须按规定使用电工绝缘工具、穿绝缘鞋、戴绝缘手套等。高低压柜开关状态应做好警示标识。

③ 室内照明、通风应保持良好，并保持配电房地面及设备外表清洁无尘；室内温度应控制在40℃以下，并在墙壁配挂温度计。

④ 每天巡查、每月细查一次，半年大检修一次。查出问题及时处理，并做好记录，解决不了的问题应书面报告主管部门领导。

⑤ 配电房内禁止乱拉乱接线路，严禁超载供电。

⑥ 保持配电房消防设施的完好齐备，保证应急灯在停电状态下能正常使用。

（2）发电机房。

① 非公司领导或维修人员应经管理处经理同意，在值班水电工的陪同下进入发电机房，其他人员不得随意进入。机房门应加锁。

② 机房内禁止存放易燃易爆物品，严禁吸烟，严禁明火。

③ 发电机平时置于自动待发状态，蓄电池定期充电保养。

④ 配电房值班水电工必须熟悉机组开停操作及机组正常运行参数；发电机运行时，应派专人值班。

⑤ 每月启动机组运转半小时，确保机组正常。

⑥ 对发电机实行定人定机操作保养和每月定期运行检查。非值班或维修人员不得操作。

⑦ 机房及机组的清洁卫生由发电机责任人打扫。

⑧ 机房及油库内消防设施必须定期检查，确保完好、有效。

⑨ 对发电机检查时，应将主令开关置于停止挡，以避免市电意外停电，导致发电机运行，发生意外伤害。

（3）泵房。

① 值班水电工对水泵房进行日常巡视，检查水泵、管道接头和阀门有无渗漏水。

② 定期检查水泵控制柜的指示灯状态，观察停泵时水泵压力表指示。在正常情况下，生活水泵、消防水泵、喷淋泵、潜水泵的选择开关应置于自动位置。

③ 生活水泵应每星期至少轮换使用一次；对消防泵每月自动和手动试机一次，确

保消防泵在事故状态下能正常启动。

④ 每星期由分管责任人打扫一次泵房，确保泵房地面和设备外表清洁无尘。

⑤ 水池观察口应加盖并上锁，钥匙由指定的水电工管理；透气管应用纱布包扎，以防杂物掉入水池中。

⑥ 按照水泵保养要求，定期对水泵进行维修保养。

⑦ 保证水泵房通风、照明良好，应急灯在停电状态下能正常使用。

（4）空调制冷设备房。

① 空调制冷机房的全部设备，必须由指定的水电工管理，无关人员禁止操作。

② 无关人员必须经管理处经理许可，方能进入制冷机设备房。

③ 室内保持良好的卫生、照明、通风，并严禁烟火，严禁明火。

④ 做好设备运行记录，观察机组各压力表、温度计的读数是否正确，发现异常应及时处理并上报。

⑤ 每月抄一次中央空调系统电能表，并进行分析。根据空调负荷的变化调节机组，确保机组运行在节能状态，费用不超标。

⑥ 定期保养检查，及时更换磨损的零件，并做好记录。

⑦ 定期对冷冻水系统、冷却水系统进行清理及水处理。

⑧ 调整冷却塔风扇角度或加挡板，减少冷却塔的飘水。

⑨ 控制冷却塔托盘的水位，避免溢出。

⑩ 空调值班室每天清扫一次，制冷机设备房每周清扫一次，新风空调机房每月清扫一次，制冷冷水机组每月清洁一次。

（5）中控室/消防中心。

① 中控室/消防中心实行24小时值班制度。

② 各种制度、规程、流程、应急电话等应上墙。

③ 值班人员必须熟悉相关工作流程、规定，值班时不得擅离岗位，应密切注视显示器、仪表、信号灯等状态，认真做好记录，交班时双方应对设备状态进行检查。

④ 火灾报警控制、联动系统终端设备（如水泵控制柜、风机控制柜等）的主令开关应置于自动挡，中控室/消防中心联动柜可置于手动挡。值班人员发现报警信号后，应立刻核实信号的真伪，信号为真实时，将其置于自动，并按相关程序对设备进行操作；信号为误报时，及时将设备复位。

⑤ 防盗监视系统的录像带，火灾报警控制器中的报警记录、打印记录，门禁、红外防盗系统报警记录等定期进行保存、更新；纸张记录应妥善保管1年；录像带信息保存7天，无用的可更新；软盘、硬盘信息记录由专业人员检查后，将无用的删除。

⑥ 中控室/消防中心设备应由维修方专业人员进行维修保养。使用者应在使用界面内进行操作，不得擅自修改系统程序、密码等。设备供货商/保修单位技术人员对系统进行调试、维修、升级时必须征得管理处同意，且在管理处水电工在场的情况下

进行操作，无关人员不得操作中控室/消防中心设备。

⑦ 业主申请装修时，管理处应对拟装修部分的火灾报警装置、喷淋装置、弱电装置进行检查，检查结果应由业主签字确认。装修造成的系统故障或损坏，应由业主负责维修。

⑧ 水电工每月要对监控设备进行一次保养。

二、用水、供水管理规定

（一）目的

向住户供应符合卫生标准的生活用水，同时加强供水管理，提高用户节约用水意识。

（二）适用范围

适用于各管理处用水、供水的管理。

（三）管理规定

（1）由管理处指派一名责任心强、作风正派、身体健康的水电工负责楼宇水池、水箱钥匙的保管和水池、水箱的清洗工作。

（2）在非限水季节（以市政府通知为准），管理处应保证随时向住户供水。确实需要临时停水时，应先通知住户。

（3）地下贮水池、天面水箱每年应彻底清洗两次，并由水务局取样检验。水质必须合格。水箱入口应加盖密封并加锁。每年5～10月，每个月加药两次（每15天一次）；1～4月及11～12月，每个月加药一次。

（4）水电工在巡查中发现水泵、阀门、供水管道有跑、冒、滴、漏现象，或水池的水位控制器、浮球阀工作不正常，应立即向管理处报告，由管理处组织人员进行抢修。

（5）随时向住户进行"节约用水、计划用水"宣传，提高全体用户节约用水意识。

（6）执行市政府分段收费规定，用经济手段管理，加强节约用水。

三、设备管理规程

（一）目的

保证所有公共设备满足服务要求。

（二）适用范围

适用于公司管辖的电力（油）拖动设备、电机、电气设备（含强电主线路）、电子设备（含弱电线路）、管道、风道、阀门及其他房屋附属装置。

（三）定义

（1）日常维护保养：指经常性的保养工作，包括定期检查、清洁、防腐、紧固和润滑，对不经常运行的机械进行盘车、试车（正压风机、消防水泵、发电机）。发现小故障应及时排除，并做好记录。

（2）一级保养：对机械设备进行检查、检测，根据实际需要，局部解体设备，进行清洗、调整、维修、更换；对电机进行绝缘摇测；对电气设备清扫，检查仪表、元器件（断路器等）；对电子设备进行除尘、触头研磨、更换、功能检查；对管道、风道局部除锈、防腐、刷漆；对各主要阀门（含风阀、防火阀）的渗漏、故障进行处理。

（3）二级保养：对机械设备进行全面清洗、调整，部分解体检查和局部修理，更换易损件，噪声、振动、泄漏检测，发电机带负荷试车；对电机进行绝缘摇测、抽芯检查、清扫、上油；对电气设备进行全面清扫，母线、导线、电器端子压接面除氧化，电器参数整定，耐压绝缘测试；对电子设备进行除尘、插接件接口清洗，系统功能、参数测试；对管道、风道部分除锈、防腐、刷漆；对各主要阀门（含风阀、防火阀）进行处理或更换。

（4）中修工程：是指对设备进行正常的和定期的全面检修，对设备进行部分解体修理和更换少量磨损零部件，保证设备能恢复和达到应有的标准和技术要求，使设备能正常运转到下一次修理。

（5）大修工程：是指对设备进行定期的全面检修，对设备进行全面解体、更换主要部件或修理不合格的零部件，使设备基本恢复原有性能。

（6）设备更新和技术改造：是指设备使用到一定年限后，技术性能落后、效率低、耗能大或污染（腐蚀、排气、粉尘、噪声）问题严重，应更新设备，提高和改善设备的技术性能。

（7）事后维修（故障维修）：设备发生故障后，对失效、损坏部分进行针对性的维修。

（8）状态维修：监测设备状态参数的变化，在出现明显劣化后实施维修。

（四）管理规定

1. 设备分类

根据设备对业主的重要性，将其分为三级（风机类、泵类、机组类均含相应的电机、电气控制柜)。

(1) Ⅰ级设备：电梯、发电机、生活水泵、消防泵、喷淋泵、稳压泵、低压配电柜、火灾中央报警控制柜、消防联动柜、冷水机组、BA中央管理计算机。

(2) Ⅱ级设备：正压风机、空气处理器、冷却塔、公用天线系统、对讲报警系统、防盗监视系统、气体自动灭火设施、高压开关柜、变压器、车场自动收费装置、泳池水处理装置、DDC现场控制器。

(3) Ⅲ级设备：除Ⅰ、Ⅱ级以外的所有设备，如区域火灾报警控制箱、小型控制箱（配电箱）、交通道闸、排风机、风机盘管、集中抄表装置、维修机具以及办公室、食堂、清洁、保安通信设备等。

2. 设备管理模式

(1) 采用计划预修制（三级保养——日常维护保养、一级保养、二级保养，小修、中修、大修、设备更新和技术改造）与状态维修、事后维修相结合的管理模式。

(2) 对符合磨损规律的Ⅰ、Ⅱ级设备（电梯、水泵、正压风机、电动机、柴油发电机、冷水机组、道闸等），定期做三级保养，定期进行小修、中修、大修。小修包含在三级养护中。中修、大修周期见附表"设备保养、中修、大修周期"。

(3) 对Ⅰ、Ⅱ级电气设备（高压柜、变压器、低压柜、控制柜等）、电子设备（火灾报警控制柜、放大器、计算机等）进行三级保养、探测性维修（功能检查）、状态维修。

(4) 对Ⅲ级设备采取事后维修，每年进行一次保养，并记录在Ⅲ级设备保养、检查记录表内。

3. 设备前期管理

(1) 设备的接管验收。

① 由管理处组织相关技术人员组成验收组，会同开发商、承包商进行设备接管验收。验收依据为设备出厂说明书及国家有关规范、标准。确实达不到上述条件的，应在验收单中写明实际情况及原因，并限期整改，进行复验。设备的接管凭证由公司向地产商办理（验收单接收人签字盖工程部公章）。

Ⅰ、Ⅱ、Ⅲ级设备由管理处检验，并填写验收单报公司复核盖章。验收单盖章后，原件由开发商、管理处各留一份，作为交接凭证。在设备交接验收时，由管理处向开发商收取设备技术资料。对于开发商尚未移交的资料，由管理处跟踪收取，并填写接管验收移交工程资料清单。全部资料收齐后，管理处在清单签字、盖章，并由专人保管。

② 管理处在供电设备、供水设备验收合格并接管后，方可与开发商办理更名、过户手续，最好直接与供电局、自来水公司办理抄表到户手续。办理手续前，管理处应向开发商索要原供用电合同、供水合同、供水合同执行单及近期电费、水费单，并提交公司审核。审核通过后，由管理处具体办理过户、抄表到户事宜，并办理供用电合

同、供水合同、委托银行代收水电费协议书等对外合同的会签手续。

（2）设备的编号。

设备编号由以下四部分组成。

第一部分表示单位的名称，用字母A～Z表示；当管理处数目超过26个时，用双字母表示。

第二部分表示设备的类别，用数字01～99表示。

第三部分表示单位设备序号，用数字1、2、3……表示。

第四部分表示设备的管理等级，用罗马数字Ⅰ、Ⅱ、Ⅲ表示。

（3）设备建账。

① 管理处为所管物业的全部设备编号，并填写机电设备统计表。

② 管理处应对管理的所有设施设备建立设备台账。

（4）设备质量缺陷整改：新入伙的管理处接管机电设备后，应要求原管理处对设备质量缺陷进行3个月的整改。整改达到企业标准后，由工程部验收。

（5）设备标识管理。

① 设备标牌：未隐蔽的设备，应在规定位置粘贴设备标牌。对新接管的物业，管理处可要求进行质量缺陷整改的供方按机电设备统计表填写设备标牌，并按有关规定张贴在设备上。

② 设备的颜色：设备的颜色由各管理处自行统一。

③ 设备状态标识：应对重要的危险设备的工作状态进行标识（如配电柜标识"禁止合闸"等）；报废、封存的设备也应进行标识。

④ 设备标识牌由各管理处统一设计。

4. 设备使用管理

（1）物业公共设备的操作使用权归管理处，供方维修保养设备时，如停电梯、停电、停水、操作设备，应征得管理处同意。

（2）管理处水电工必须按国家规范、公司有关制度及作业指导书对本管理处管理的设备进行操作。应认真、全面、细致地做好设备的运行监视、检查工作，并做好记录，确保记录的准确性、及时性和真实性。

（3）管理处水电工应定期分析各设备状态记录（含水、电抄表记录），确定各系统工作是否正常。同时进行经济性分析，确保设备处于节能状态。

（4）重要设备（如变压器、中央空调等）的投入、报停，应经公司批准。

5. 设备维修保养管理

（1）计划。

① 维修保养计划：供方应在每年12月中旬将委托范围内设备的下一年度保养计划报管理处，保养周期、级别应符合设备保养、中修、大修周期的规定及合同要求。管理处审核、调整后，将设备保养计划表汇总，于每年12月下旬报公司审批。审批后

的设备保养计划由公司、管理处各保留一份。公司负责制订设备中修、大修、更新改造计划，并编制或审查预算方案。

② 检定计划：电梯检定计划由管理处制订，计量器具检定计划由管理处制订。

（2）实施。

① 有关制度、规定及作业指导书要求对设备进行保养维修。供方负责公共机电设备维修保养合同委托范围内的设备维修保养，可采用供方手册中的表格进行记录；管理处水电工负责合同委托范围外的设备维修保养工作。

② 发现设备故障（不属于水电工维修范围内的故障）时，水电工应用故障转呈单通知供方。供方接到转呈单后，应在半个工作日内答复管理处，并确定维修时间；一时无法解决的问题，应向管理处作出书面说明，承诺修复时间。对于重大维修，管理处应组织专业人员进行现场监督、指导。对于供方不能解决的问题，需要委托其他专业公司维修，供方负责人应先填写外委维修申请表，经管理处经理同意、公司总经理批准后，再进行维修。若公司进行发包，由管理处填写外委维修申请表，按上述程序办理审批手续。维修费用较高的项目，由管理处组织招标。关键设备发生故障，造成小区停电、停水、停梯或严重影响业主生活（不含重大设备事故）的，应按应急程序进行抢修。抢修所用的配件、材料可紧急放行，事后应按常规程序补办审批手续。

③ 设备中修、大修、更新改造由管理处选择供方（招标或指定合格的供方），组织订立有关合同，办理合同会签手续，并组织有关人员对工程施工进行监督。

（3）检查。

① 维修保养检查。

——水电工对设备进行日常巡视时，应对重点部位进行检查（点检），并做好记录。发现问题及时解决，无法解决的问题及时报告相关主管。设备（Ⅰ、Ⅱ、Ⅲ级设备）日常维护保养计划的执行情况由管理处经理负责检查。

——设备维修完毕后，应对设备功能进行检测，所有设备检测记录都应在管理处备案。

——设备中修、大修、更新改造工程竣工验收由工程部组织。

② 设备的检定。

——电梯厂家每年对电梯进行一次自检，并按规定时限报送政府有关部门检定。

——有功电能表、无功电能表、水表、燃气表由供电局、自来水公司、燃气公司负责定期检定，管理处应保护好计量表、柜上的铅封。

6. 设备安全管理

（1）持证上岗与安全检查：从事特殊工种的员工（电工、电梯工、司炉工、消防中心值班员等），应持证上岗。公司每季度对设备安全状况进行一次检查，并责成有关单位对安全隐患进行整改。

（2）安全事故处理程序：当发生设备安全事故后，管理处应立即通知公司。在调查人员赶到现场之前，应尽可能地保护好现场，并拍照或录像。管理处应组织人员抢修，事后向工程处提交设备安全事故报告。工程部根据管理处的报告及调查结果，向主管领导和总经理提交设备安全事故调查报告，并提出处理意见。

7. 设备封存及报废管理

（1）设备封存：拟封存的Ⅰ、Ⅱ级设备，由管理处安排封存前的准备工作（防腐、防护等）。封存地点应保持干燥、干净、安全，管理处应定期检查。封存的设备，应张贴封存标记，重新启用时应预先保养一次。

（2）设备报废：对不能修复或维修后检定不合格的设备，由水电工填写设备停用/封存/报废审批表，经管理处经理同意后，报公司总经理批准。应在设备档案中注明报废日期，并封存该设备档案。设备维修过程中更换下来的器件（报废件），应在设备维修记录上写明。报废的设备及器件，管理处应妥善保管。

8. 组织对供方的控制

（1）供方选取标准。

① Ⅰ类：提供设备零星维修的维修方。

② Ⅱ类：提供设备设施大中修、更新改造的承包商。

（2）建立合格供方名单：零星维修及日常养护应外委，由管理处按供方初审记录内容进行评价；符合要求的，拟定为合格供方，列入管理处合格供方名单。设备中修、大修、更新改造、缺陷整改、贵重材料采购等项目，应由管理处组织公开招标或议标。除邀请合格的供方参加投标外，还应邀请新供方参加。管理处组织评标小组，负责开标、评标。凡符合供方初审记录要求的，拟定为合格的供方，经总经理审批后，列入合格供方名单。

（3）供方选择：由管理处从合格供方中初选2～3家符合条件的单位，报公司总经理审核批准后办理合同会签手续。中修、大修、更新改造等工程由管理处组织公开招标，选定2家拟中标单位，报公司总经理决策，确定中标单位。

（4）供方的评审：应每年至少对供方进行一次评审。例保、一保、二保工程的供方由管理处进行评审，公司审核，评审结果为不合格的供方将从管理处合格供方名单上去掉。分包中修、大修、更新改造工程的供方按维修供方监控评价表进行评审。得分率大于85%为合格，经总经理批准后列入合格供方名单，以备选用。评价结果为不合格的分包方，经总经理签字后，将从合格供方名单上去掉。

（5）建立供方档案：管理处应建立并保存设备中修、大修、更新改造项目的合格供方档案，档案内容包括评审记录、资质证书或营业执照复印件及合格供方名单。管理处还应建立例保、一保、二保工程的合格供方档案，以备检查。

（6）工程质量监督及验收：对Ⅰ类设备维修供方的日常检查、监督，由管理处进行。管理处应按合同约定及有关维修标准，对供方是否按维修计划进行维修予以确认，并对照物业公司标准，检查其维修质量是否达标。管理处的确认不免除供方对不合格维修进行返工、返修的责任。公司每月对物业状况进行一次检查，发现质量问题，做好记录并通知管理处。属于供方的问题，由管理处负责监督整改。大中修、更新改造工程由管理处进行现场监督。工程竣工后，由供方、管理处共同组成验收组进行验收。验收时，应核对实物工程量是否与设计图纸相符合，是否满足实际使用功能要求；对工程量进行实测实量；对分部分项工程按国家有关验评标准进行评定，最后评定单位工程是否满足合同约定的质量等级；按实际需要及有关规范交接竣工图及使用说明书。对验收中发现的质量缺陷要求限期整改并进行复验。验收合格后，由三方在工程竣工验收证书签字盖章后，供方凭工程结算协议书才能结清工程款。

9. 设备技术资料管理

（1）设备技术资料：设备技术资料管理按设备接管验收的规定执行，资料借阅时，必须办理相关手续。

（2）质量记录：设备运行记录、巡查记录、值班记录由管理处填写保存。管理处负责保养维修的设备，由管理处水电工填写记录；分包方负责保养维修的设备，由分包方填写记录。保养检查记录、维修鉴定结论的填写按规定执行。管理处水电工应对所在物业的设备质量记录按时间顺序装订成册保存。

10. 设备（机具）的申请、采购、验证、入库建账

（1）申请：根据小区正常运行或维修需要，由管理处填写设备购置申请表，经管理处经理同意后，报公司总经理批准。购置的设备，管理处均应建档。

（2）采购：采购人员应熟悉所采购设备的用途、基本要求、质量标准等，购买时会同设备使用人或申请人共同对设备性能、质量等进行鉴定。确认所购设备质量优良、性能完全符合要求、使用方法清楚、有合格证书、价格合适后，才能办理付款提货手续。

（3）验证：购进设备（机具）后，在合同规定期限内，由管理处水电工会同有关技术人员验证并填写采购设备验收表后，方可办理入库建账手续。所有购置的设备均应在采购记录中登记。

（4）对于临时和紧急维修所需物品的采购，水电工必须做到先验证后使用，以保证购进物品是需要的合格品。事后应及时补办相关手续，填写的采购日期为实际发生日期。

（5）入库建账：建账规定参照设备前期管理的"设备建账"。

（五）设备完好率

$$设备完好率 = \frac{完好设备台数}{设备总台数} \times 100\%$$

公式中的设备均指Ⅰ、Ⅱ级设备。设备的功能和参数能达到产品说明书中的技术性能指标，就视为完好。每年年底由管理处水电工对所管辖设备进行一次检查，将检

查结果按公式进行统计计算，于12月15日之前报公司。公司按10%抽样核查，并统计全公司设备的完好率。

1. 维修及时率

$$维修及时率 = \frac{用户维修服务及时宗数}{用户维修服务总宗数} \times 100\%$$

每年年底，管理处汇总统计用户维修服务单并计算维修及时率。在用户维修服务单中，业主会对用户维修及时性进行评价，若评价为不满意，则该宗维修视为不及时。

2. 维修合格率

$$维修合格率 = \frac{用户维修服务合格宗数}{用户维修服务总宗数} \times 100\%$$

上门维修结束后，由业主在用户维修服务单上对维修服务合格与否签名认可，若业主对维修服务质量的评价为不满意，则该宗维修视为不合格。

附1：设备代码及分类（略）。

附2：设备保养、中修、大修周期

序号	设备编号	名称	日常维护保养周期	一级保养周期	二级保养周期	中修周期	大修周期
01	01	生活水泵	半月	每季	每年	3年	6年
02	01	消防水泵	每月	每季	每年	5年	8年
03	02	风机	每月	每季	每年	5年	8年
04	03	电梯	半月	每半年	每年	3年	6年
05	04	发电机	每月	每季	每年	5年	8年
06	05	干式变压器	每季	每年	—	—	—
07	06	空冷水机组	半月	每半年	每年	3年	6年
08	07	火灾报警系统	每月	每季	每年	—	—
09	07	气体灭火系统	每月	每季	每年	—	—
10	07	消防联动控制柜	每月	每季	每年	—	—
11	08	公共天线系统	每月	每半年	每年	—	—
12	08	对讲报警系统	每月	每季	每年	—	—
13	08	防盗监视系统	每月	每季	每年	—	—
14	09	低压配电柜	半月	半年	每年	—	—
15	09	高压开关柜	每月	每年	—	—	—
16	17	BA系统	每月	每季	每年	—	—

附3：设备颜色规定（略）。

第十八章 管理表格

一、故障转呈单

故障转呈单如表18-1所示。

表18-1 故障转呈单

公司：　　　　　　　　　　　　　　　编号：
现　　　装置/设备发生故障，请于　年　月　日前进行维修养护。
接收人：

序号	存在的问题及位置	检查人	处理结果	复查人

管理处
年　月　日

第一联交专业公司，第二联交管理处，第三联交工程部。

二、外委维修保养申请表

外委维修保养申请表如表18-2所示。

表18-2 外委维修保养申请表

编号：

设备设施名称及编号		外委单位	
申请维修保养时间		要求完成时间	
维修保养内容简述：			
			申请人 日期

续表

需更换的主要材料及预计费用					
序号	材料名称及规格	单价	数量	预计费用	备注
预计总费用：					
工程部意见：					
主管领导意见：					
总经理意见：					

三、设备停用/封存/报废审批表

设备停用/封存/报废审批表如表18-3所示。

表18-3 设备停用/封存/报废审批表

设备所在物业： 编号：

设备名称				设备编号		
型号		已使用年限		产地及生产商		
原值		已大修次数和修理费用		安装位置		
设备现状和报废/停用/封存理由			填报人签名/日期：			
工程部意见			签名/日期：			
主管领导意见			签名/日期：			
总经理意见			签名/日期：			
备注：						

四、设备维修记录

设备维修记录如表18-4所示。

表18-4　设备维修记录

小区名称：　　　　　　　　　　年　月　日　　　　　　　　　　编号：

设备名称	设备编号	开始时间	结束时间	维修人员

设备故障原因：
维修处理（外委、自修）
维修过程及安全措施： 　　　　　　　　　　　　　　　　　　　　　　　维修人：　　　日期：
维修鉴定结论： 　　　　　　　　　　　　　　　　　　　　　　　检定人：　　　日期：
备注：

五、操作票

操作票如表18-5所示。

表18-5　操作票

小区名称：　　　　　　　　　　年　月　日　　　　　　　　　　编号：

操作顺序	操作内容	备注

操作人：　　　　　　监护人：　　　　　　批准人：

六、采购设备验收表

采购设备验收表如表18-6所示。

表18-6 采购设备验收表

编号：

设备名称			设备编号					
型号			产地及生产商					
供货商			出厂编号					
附属设备、附件、工具、仪表等						接收的有关资料		
名称	型号规格	数量	有关技术参数		说明书	产品出厂合格证	维修保养手册	其他相关技术资料
行政部意见： 签名：　　　　日期：									
接管使用管理处意见： 签名：　　　　日期：									
工程部经理意见： 签名：　　　　日期：									

七、用户维修服务单

用户维修服务单如表18-7所示。

表18-7 用户维修服务单

物业名称：　　　　　　　　　　　　　　　　　　　　　　　编号：

用户名称		地址		电话	
受理时间		预约时间		维修人	
维修项目				预计费用	
				实际费用	
维修情况及管理员意见： 　　　　　　　　　　　　　　　　　　维修服务人员签名：					

续表

物业名称：			维修人：			编号：	
用户名称		地址			电话		
预约时间		上门时间			完工时间		
材料费		人工费			合计金额		
维修项目							
序号							
维修材料名称							
单价							
业主提供维修材料是否已验证：□是　□否							
维修情况：							
					维修服务人员签名：		
验收意见：							
用户签名：							

八、公共设施维修单

公共设施维修单如表18-8所示。

表18-8　公共设施维修单

地址		预计费用	
维修人		实际费用	
维修项目		派工时间	
		完工时间	
处理结果		管理员验收	

地址		派工时间	
维修人		完工时间	
维修项目及费用			
维修情况：			
			维修人员签名：
验收意见：			
			用户签名：
部门主管意见：			
			部门主管签名：

九、Ⅲ级设备保养、检查记录表

Ⅲ级设备保养、检查记录表如表18-9所示。

表18-9 Ⅲ级设备保养、检查记录表

设备名称		设备编号		保养周期	
安装地点				责任人	
保养内容： 保养人签名： 年 月 日					
检查内容： 检查人签名： 年 月 日					
备注：					

十、机电设备统计表

机电设备统计表如表18-10所示。

表18-10 机电设备统计表

序号	设备名称	设备编号	型号	技术规格	数量	单价	生产厂家	安装地点	备注

十一、设备保养计划表

设备保养计划表如表18-11所示。

表18-11 设备保养计划表

工程部　　　　　　　　　　　　　年　月　日

序号		01	02	03	04	05	06	07	08	09	10
设备名称		低压配电设备	生活水泵	消防水泵	中央空调设备	水池清洗消毒	消防监控系统	柴油发电机	电梯	交通道闸	风机
保养周期	日常保养										
	一级保养										
	二级保养										
保养时间	日常保养										
	一级保养										
	二级保养										
备注：											

十二、水池（箱）加药记录表

水池（箱）加药记录表如表18-12所示。

表18-12　水池（箱）加药记录表

序号	加药时间	加药位置	水池（箱）容积	药物名称	加药量	加药人	备注

注：① 每年5～10月，每个月加药2次（每15天一次）。
② 1～4月及11～12月，每个月加药1次。

十三、维修供方监控评价表

维修供方监控评价表如表18-13所示。

表18-13　维修供方监控评价表

项目名称：　　　　供方：　　　　管理处经理签名：　　　　工程部：

项目	内容、评分标准	应得分	管理处评分	备注
合同履约情况	是否按时报计划，迟报一天扣1分	5		工程部评定（Ⅰ类供方由管理处评定）
	是否按计划进行保养，每推迟一周扣1分，每漏保养1台设备扣1分	10		
	设备保养质量是否符合标准，一处不符合扣0.5分	10		
	保养记录填写是否正确、真实、及时，发现一处错误扣0.5分	5		
	故障维修是否及时，未按约定时间维修，发生一次扣1分	10		
	乙方提供的辅材、配件，质量是否符合要求，三无产品扣5分	5		
	维修成功率，每发生一次无能力维修，扣1分	5		
	月检设备部得分率是否符合合同要求，每低于要求1次，扣1分	10		
	服务质量是否满足市优、省优、国优考评要求，达不到分数线，扣10分	10		
	有无因设备维修保养不到位、不及时而引发的业主投诉，每发生一次有效投诉，扣2分	5		
	对不合格维修是否及时进行返工、返修处理，未及时返工、返修的，每发生一次扣1分	5		
	合同期满，是否及时办理有关手续，未办理的，扣5分	5		

续表

项目	内容、评分标准	应得分	管理处评分	备注
作业情况	是否擅自停电、停水、停机，每发生一次扣1分	5		管理处评定
	维修现场是否有安全警示标识，没有的，发现一次扣1分	5		
	有无违章作业行为，如果有，发现一次扣5分	5		
	有无安全防护措施，如果没有，发现一次扣5分	5		
	固体、液体、气体废物是否妥善处理，未妥善处理的，发现一次扣1分	10		
	有无事故发生，发生一次扣10分	10		
	作业是否对大厦某些部位造成不良影响或损坏，发现一处扣2分	5		
服务态度	是否认真听取投诉，并迅速有效处理，如果没有，发生一次扣1分	5		管理处评定
	维修人员是否积极肯干，如果不积极肯干，发现一次扣1分	5		
	仪容仪表是否符合要求，如果不符，发现一次扣1分	5		
	有无迟到早退现象，如果有，发现一次扣1分	5		
	是否使用文明礼貌用语，如果没有，发现一次扣1分	5		
	供方领导是否能定期来现场解决重要问题，缺席一次扣1分	5		
	维修前后是否与管理处沟通，如果没有，发生一次扣0.5分	5		
设备工作状态	机械部分润滑情况，未润滑的，发现一处扣1分	5		管理处评定
	绝缘老化、触点氧化情况，发现一处扣1分	5		
	设备精度下降、出力下降，发现一处扣1分	5		
	分包方原因造成设备超负荷、极轻负荷工作，发现一处扣2分	5		
	设备经常出现故障，发现一次扣1分	5		
	设备丧失部分功能，发现一处扣1分	5		
供方质量体系	营业执照等资质证书是否有效，如过期，扣5分	5		工程部评定（Ⅰ类供方由管理处评定）
	以往业绩情况，无业绩，不得分	5		
	是否有设备管理方案，无方案，扣5分	5		
	维修装备是否满足维修需求，如果不满足，扣5分	5		
	维修保养人员技术能力是否满足要求，如果不满足，扣5分	5		
	配件储备是否能满足维修需求，如果不满足，扣5分	5		
	供方的质量标准是否低于甲方标准，发现一处扣1分	5		
	服务质量是否持续改进，如果未持续改进，扣5分	5		

续表

项目	内容、评分标准	应得分	管理处评分	备注
	合计	235		
	得分率			
	评定日期			

十四、建筑物和构筑物防雷接地电阻检测记录

建筑物和构筑物防雷接地电阻检测记录如表18-14所示。

表18-14　建筑物和构筑物防雷接地电阻检测记录

工程名称		气候情况		
避雷针与地面高度		工程建筑高度		
测验地点		使用仪表		
设计电阻值		实测电阻值		
接地铁带规格及数量		埋藏		米
接地地极棒规格及数量		深度		米
平面图				
测试人		审核人		

十五、低压配电设备设施日常保养记录表

低压配电设备设施日常保养记录表如表18-15所示。

表18-15　低压配电设备设施日常保养记录表

设备编号：　　　　　　　　　　责任人：
保养方法：检查、清洁、防腐、紧固、润滑、小故障排除

保养项目	日常维护保养内容	日常维护保养周期	日常维护保养记录		
			完成情况	时间	备注
熔断器	更换熔断的熔体（同规格、同形状）	半月			
	修理接触不好的熔体与保险座	半月			

续表

保养项目	日常维护保养内容	日常维护保养周期	日常维护保养记录		
			完成情况	时间	备注
刀开关、空气开关	紧固螺栓	半月			
交流接触器	清洁表面、进出线端的污垢	半月			
	拧紧所有紧固件	半月			
自耦减压启动器	紧固接地线	半月			
	外壳除锈	半月			
电容器	清洁外壳灰尘	半月			
	拧紧接地线	半月			
	接地线除锈	半月			
热继电器	更换不完整的绝缘盖板	半月			
二次回路	补上不清晰或脱落的号码管	半月			
	拧紧所有紧固件	半月			
主回路	补上不清晰或掉落的标识牌	半月			
	拧紧所有紧固件	半月			
维修保养情况审核		保养人		审核人	

注：逢高级保养，低级保养可以不做。已做的项目打"√"，没有的项目打"/"，更换部件在备注记录。

十六、低压配电设备设施一级保养记录表

低压配电设备设施一级保养记录表如表18-16所示。

表18-16 低压配电设备设施一级保养记录表

设备编号： 责任人：
保养方法：（1）电气设备，清扫、检查仪器
（2）电子设备，除尘、触头研磨、更换、功能检查

保养项目	一级保养内容	一级保养周期	一级保养记录		
			完成情况	时间	备注
熔断器	更换熔断的熔体（同规格、同形状）	半年			
	修理接触不好的熔体与保险座	半年			

续表

保养项目	一级保养内容	一级保养周期	一级保养记录		
			完成情况	时间	备注
刀开关、空气开关	紧固螺栓	半年			
	转动部位加注润滑油	半年			
	处理三相不同步、接触不好等问题	半年			
交流接触器	清洁表面、进出线端的污垢	半年			
	拧紧所有紧固件	半年			
	清扫触头表面及四周污物，研磨触头	半年			
	清洁铁心表面的油污及脏物	半年			
自耦减压启动器	紧固接地线	半年			
	外壳除锈	半年			
电容器	清洁外壳灰尘	半年			
	拧紧接地线	半年			
	接地线除锈	半年			
	更换膨胀、漏油、有异常响声的电容器	半年			
热继电器	更换不完整的绝缘盖板	半年			
	修复有过热痕迹或烧伤的导线接头	半年			
二次回路	补上不清晰或脱落的号码管	半年			
	拧紧所有紧固件	半年			
主回路	补上不清晰或掉落的标识牌	半年			
	拧紧所有紧固件	半年			
	修复有烧伤、过热痕迹的接头	半年			
维修保养情况审核		保养人		审核人	

注：逢高级保养，低级保养可以不做。已做的打"√"，没有的项目打"/"，更换部件在备注记录。

十七、低压配电设备设施二级保养记录表

低压配电设备设施二级保养记录表如表18-17所示。

表18-17　低压配电设备设施二级保养记录表

设备编号：　　　　　　　　　　责任人：

保养方法：电气设备，全面清扫、导线与电气端子压接面除氧化、参数设定、耐压绝缘测试；电子设备，除尘、插接件接口清洗、系统功能与参数测试

保养项目	二级保养内容	二级保养周期	二级保养记录		
			完成情况	时间	备注
熔断器	更换熔断的熔体（同规格、同形状）	每年			
	修理接触不好的熔体与保险座	每年			
刀开关、空气开关	紧固螺栓	每年			
	转动部位加注润滑油	每年			
	处理三相不同步、接触不良等问题	每年			
	当绝缘电阻≤10兆欧，进行烘干处理或更换	每年			
交流接触器	清洁表面、进出线端的污垢	每年			
	拧紧所有紧固件	每年			
	更换烧伤严重的触头	每年			
	清洁铁心表面的油污及脏物	每年			
自耦减压启动器	紧固接地线	每年			
	外壳除锈	每年			
	当绝缘电阻≤0.5兆欧，进行烘干处理或更换	每年			
电容器	清洁外壳灰尘	每年			
	拧紧接地线	每年			
	接地线粉刷油漆	每年			
	三相平衡电流超过额定值的15%或缺相，更换电容器	每年			
热继电器	更换不完整的绝缘盖板	每年			
	更换无法修复的热继电器	每年			
二次回路	补上不清晰或脱落的号码管	每年			
	拧紧所有紧固件	每年			
主回路	补上不清晰或掉落的标识牌	每年			
	拧紧所有紧固件	每年			
	修复有烧伤、过热痕迹的接头	每年			
	母线排粉刷油漆	每年			
维修保养情况审核			保养人	审核人	

注：逢高级保养，低级保养可以不做。已做的打"√"，没有的项目打"/"，更换部件在备注记录。

十八、配电房运行记录

配电房运行记录如表18-18所示。

表18-18 配电房运行记录

小区名称：　　　　　　　　　年　月　日　　　　　　　编号：

检查时间						
检查人						
配电房温度（℃）						
电度表总行数						
内容	相序					
	A相	B相	C相	A相	B相	C相
负荷电流（安）						
线电压（伏）						
功率因数（cosΦ）						
照明情况			清洁情况			
					部门主管：签名：	

十九、给排水设备设施日常保养记录表

给排水设备设施日常保养记录表如表18-19所示。

表18-19 给排水设备设施日常保养记录表

设备编号：　　　　　　　　责任人：
保养方法：检查、清洁、防腐、紧固、润滑、盘车、试车、小故障排除

保养项目	日常维护保养内容	日常维护保养周期	日常维护保养记录		
			完成情况	时间	备注
电动机	检查电动机轴承运行情况	半月			
	检查电动机风叶有无碰壳现象	半月			
	清洁外壳	半月			
水泵机组	给轴承加注润滑油	半月			
	对漏水成线压盘根处加压	半月			
	清洁外表	半月			

续表

保养项目	日常维护保养内容	日常维护保养周期	日常维护保养记录		
			完成情况	时间	备注
弹性联轴器	检查弹性联轴器	半月			
水泵机组螺栓	紧固所有螺栓	半月			
控制柜	清洁控制柜外壳	半月			
	紧固所有接线头	半月			
	补上脱落的号码管	半月			
交流接触器	检查复位弹簧情况	半月			
	拧紧所有紧固件	半月			
自耦减压启动器	拧紧接地线	半月			
	接地线除锈	半月			
热继电器	检查绝缘盖板	半月			
	检查导线接头	半月			
自动空气开关	可动部分应灵活无卡住现象	半月			
信号灯、指示仪表	修复不亮的信号灯	半月			
远传压力表	有积水时，进行干燥处理	半月			
	重新焊接腐蚀的信号线接头	半月			
潜水泵、排污泵	更换老化的密封圈	半月			
	轴承转动是否灵活，有无异响	半月			
	紧固所有螺母、软管	半月			
明装给排水管	更换不醒目的流向标识	半月			
	加固不牢固的支持托架	半月			
	处理连接处漏水问题	半月			
维修保养情况审核		保养人		审核人	

注：逢高级保养，低级保养可以不做。已做的打"√"，没有的项目打"/"，更换部件在备注记录。

二十、给排水设备设施一级保养记录表

给排水设备设施一级保养记录表如表18-20所示。

表18-20 给排水设备设施一级保养记录表

保养方法：
（1）机械设备，检查、检测、局部解体、清洗、调整、维修更换
（2）电机，绝缘摇测
（3）电气设备，清扫、检查仪表
（4）电子设备，除尘、触头研磨、更换、功能检查
（5）管道，除锈防腐
（6）阀门，渗漏、故障处理

设备编号：　　　　　　　　　责任人：

保养项目	一级保养内容	一级保养周期	一级保养记录		
			完成情况	时间	备注
电动机	当绝缘电阻≤0.5兆欧，进行烘干处理	每季			
	更换有异响、有阻滞的轴承	每季			
	修理有碰壳现象的风叶	每季			
	清洁外壳	每季			
水泵机组	给轴承加注润滑油	每季			
	更换有卡住、碰撞现象的叶轮	每季			
	对漏水成线压盘根处加压	每季			
	清洁外表	每季			
弹性联轴器	更换损坏的联轴器	每季			
水泵机组螺栓	紧固所有螺栓	每季			
控制柜	清洁控制柜内所有元器件	每季			
	紧固所有接线头，更换烧蚀严重的接头	每季			
	补上脱落的号码管	每季			
交流接触器	清除灭弧罩内碳化物、金属颗粒	每季			
	清除触头表面及四周的污物	每季			
	清洁铁心上的油污及脏物	每季			
	检查复位弹簧情况	每季			
	拧紧所有紧固件	每季			
自耦减压启动器	拧紧接地线	每季			
	接地线除锈	每季			
热继电器	更换损坏的绝缘盖板	每季			
	修理有过热痕迹、烧伤的导线接头	每季			

续表

保养项目	一级保养内容	一级保养周期	一级保养记录		
			完成情况	时间	备注
自动空气开关	清除灭弧罩内的碳化物、金属颗粒	每季			
	可动部分应灵活无卡住现象	每季			
	清除触头表面小金属颗粒	每季			
中间继电器、信号继电器	进行模拟试验,应动作可靠	每季			
信号灯、指示仪表	修复不亮的信号灯	每季			
	调整有偏差的仪表	每季			
远传压力表	有积水时,进行干燥处理	每季			
	重新焊接腐蚀的信号线接头	每季			
	拆换偏差大、信号线腐烂的压力表	每季			
闸阀	更换漏水的密封胶垫	每季			
	更换漏水的加压黄油麻绳	每季			
	阀杆加黄油润滑	每季			
止回阀	更换损坏的密封胶垫	每季			
	更换弹力不足的弹簧	每季			
浮球阀	更换老化的密封胶垫	每季			
	校直弯曲的连杆	每季			
	更换磨损严重的连杆插销	每季			
潜水泵、排污泵	当绝缘电阻≤0.25兆欧,烘干线圈	每季			
	更换老化的密封圈	每季			
	更换有问题的轴承	每季			
	紧固所有螺母、软管	每季			
明装给排水管	更换不醒目的流向标识	每季			
	加固不牢固的支持托架	每季			
	处理连接处漏水问题	每季			
维修保养情况审核		保养人		审核人	

注:逢高级保养,低级保养可以不做。已做的打"√",没有的项目打"/",更换部件在备注记录。

二十一、给排水设备设施二级保养记录表

给排水设备设施二级保养记录表如表18-21所示。

表18-21　给排水设备设施二级保养记录表

保养方法：
（1）机械设备，全面清洗，调整，解体检查，修理，噪声、振动、泄漏检测
（2）电机，绝缘摇测、抽心检查、清扫、轴承上油
（3）电气设备，全面清扫、母线与导线端子压接面除氧化、参数设定、耐压绝缘测试
（4）电子设备，除尘、插接件接口清洗、系统功能与参数测试
（5）管道，除锈、防腐、刷漆
（6）阀门，渗漏、故障处理

设备编号：　　　　　　　　　　责任人：

保养项目	二级保养内容	保养周期	二级保养记录		
			完成情况	时间	备注
电动机	当绝缘电阻≤0.5兆欧，进行烘干处理	每年			
	更换有异响、有阻滞的轴承	每年			
	修整有碰壳现象的风叶	每年			
	清洁外壳	每年			
	外壳粉刷油漆	每年			
水泵机组	更换有异常摩擦声响的轴承	每年			
	更换损坏的轴承	每年			
	更换有卡住、碰撞现象的叶轮	每年			
	对漏水成线压盘根处加压	每年			
	清洁外表	每年			
	重新粉刷油漆	每年			
弹性联轴器	更换损坏的联轴器	每年			
水泵机组螺栓	紧固所有螺栓	每年			
控制柜	清洁控制柜内外，使之无尘、无污物	每年			
	紧固所有接线头，更换烧蚀严重的接头	每年			
	补上脱落的号码管	每年			
交流接触器	清除灭弧罩内的碳化物、金属颗粒	每年			
	清除触头表面及四周的污物，更换烧蚀严重的触头	每年			
	清除铁心上的油污及脏物	每年			
	检查复位弹簧情况	每年			
	拧紧所有紧固件	每年			

续表

保养项目	二级保养内容	保养周期	二级保养记录		
			完成情况	时间	备注
自耦减压启动器	当绝缘电阻≤0.5兆欧，进行烘干处理	每年			
	拧紧接地线	每年			
	接地线粉刷油漆	每年			
热继电器	更换损坏的绝缘盖板	每年			
	更换达不到要求的导线接头	每年			
自动空气开关	当绝缘电阻≤100兆欧，进行烘干处理	每年			
	更换破裂的灭弧罩	每年			
	可动部分应灵活无卡住现象	每年			
	清除触头表面小金属颗粒	每年			
中间继电器、信号继电器	更换动作不可靠的中间继电器、信号继电器	每年			
信号灯、指示仪表	修复不亮的信号灯	每年			
	更换故障的仪表	每年			
远传压力表	有积水时，进行干燥处理	每年			
	重新焊接腐蚀的信号线接头	每年			
	拆换偏差大、信号线腐烂的压力表	每年			
闸阀	更换漏水的密封胶垫	每年			
	更换漏水的加压黄油麻绳	每年			
	阀杆加黄油润滑	每年			
	重新粉刷油漆	每年			
止回阀	更换损坏的密封胶垫	每年			
	更换弹力不足的弹簧	每年			
	重新油漆	每年			
浮球阀	更换老化的密封胶垫	每年			
	校直弯曲的连杆	每年			
	更换磨损严重的连杆插销	每年			
潜水泵、排污泵	当绝缘电阻≤0.25兆欧，烘干线圈	每年			
	更换老化的密封圈	每年			
	更换有问题的轴承	每年			
	紧固所有螺母、软管	每年			
	重新粉刷油漆	每年			

续表

保养项目	二级保养内容	保养周期	二级保养记录		
			完成情况	时间	备注
明装给排水管	更换不醒目的流向标识	每年			
	加固不牢固的支持托架	每年			
	处理连接处漏水问题	每年			
	重新粉刷油漆	每年			
维修保养情况审核			保养人		审核人

注:逢高级保养,低级保养可以不做。已做的打"√",没有的项目打"/",更换部件在备注记录。

二十二、中央空调日常维修保养记录表

中央空调日常维修保养记录表如表18-22所示。

表18-22 中央空调日常维修保养记录表

设备编号: 责任人:
保养方法:检查、清洁、防腐、紧固、润滑、盘车、试车、小故障排除

保养项目	日常维修保养内容	日常维修保养周期	日常维修保养记录		
			完成情况	时间	备注
冷却塔	电机、风扇加润滑油	半月			
	调整松动的皮带、皮带轮	半月			
	更换开裂、磨损严重的皮带	半月			
	检查布水器是否布水均匀	半月			
	修复动作不可靠的补水浮球阀	半月			
	拧紧所有紧固件	半月			
	清洁整个冷却塔外表	半月			
风机盘管	风机加注润滑油	半月			
	清洗空气过滤网	每周			
	清洁风机风叶、盘管、积水盘	半月			
	清除盘管内壁水垢	半月			
	拧紧所有紧固件	半月			
	清洁风机盘管外壳	半月			

续表

保养项目	日常维修保养内容	日常维修保养周期	日常维修保养记录		
			完成情况	时间	备注
冷凝器、蒸发器	清洗空气过滤网	半月			
	清洁蒸发器散热片	半月			
	清洁接水盘	半月			
冷却水泵机组、冷冻水泵机组	电机轴承加注润滑油	半月			
	修整有碰壳现象的电机风叶	半月			
	水泵轴承加注润滑油	半月			
	加压盘根（漏水成线）	半月			
	更换弹性联轴器弹性橡胶垫	半月			
	拧紧所有紧固件	半月			
控制部分（交流接触器）	清洁控制柜内外灰尘、脏物	半月			
	清除触头表面、四周污物	半月			
	清洁铁心的脏物	半月			
	拧紧所有紧固件	半月			
控制部分（自动空气开关）	清除灭弧罩内的碳化物、金属颗粒	半月			
	清除触头表面金属小颗粒	半月			
控制部分（信号灯、指示仪表）	更换不亮的信号灯	半月			
	检查各指示仪表	半月			
中间、信号继电器	检查动作是否可靠，信号输出是否正常	半月			
压缩机	检查油位、油色	半月			
	排放制冷系统内空气	半月			
	测量绝缘电阻（正常为0.5兆欧以上）	半月			
	测量运行电流	半月			
	测量油压（正常为10～15千克力/平方厘米）	半月			
	测量外壳温度（85℃以下）	半月			
	测量吸气压力（正常为4.9～5.4千克力/平方厘米）	半月			

续表

保养项目	日常维修保养内容	日常维修保养周期	日常维修保养记录		
			完成情况	时间	备注
压缩机	测量排气压力（正常为12.5千克力/平方厘米）	半月			
	噪声、振动是否异常	半月			
	是否有异常气味	半月			
维修保养情况审核			保养人	审核人	

注：逢高级保养，低级保养可以不做。已做的打"√"，没有的项目打"/"，更换部件在备注记录。

二十三、中央空调一级保养记录表

中央空调一级保养记录表如表18-23所示。

表18-23 中央空调一级保养记录表

保养方法：
(1) 机械设备，检查、检测、局部解体、清洗、调整、维修更换
(2) 电机，绝缘摇测
(3) 电气设备，清扫、检查仪表
(4) 电子设备，除尘、触头研磨、更换、功能检查
(5) 管道，除锈、防腐
(6) 阀门，渗漏、故障处理

设备编号：　　　　　　　　　　责任人：

保养项目	一级保养内容	一级保养周期	一级保养记录		
			完成情况	时间	备注
冷却塔	当电机绝缘电阻≤0.5兆欧，进行干燥处理	半年			
	更换有异响的电机、风扇轴承	半年			
	调整松动的皮带与皮带轮	半年			
	更换开裂、磨损严重的皮带	半年			
	清洁布水器管道及喷嘴	半年			
	清洗冷却塔、风扇扇叶	半年			
	修复动作不可靠的补水浮球阀	半年			
	拧紧所有紧固件	半年			
	清洁整个冷却塔外表	半年			

续表

保养项目	一级保养内容	一级保养周期	一级保养记录		
			完成情况	时间	备注
风机盘管	更换有异响的风机轴承	半年			
	当电机线圈绝缘电阻≤0.5兆欧，进行整修	半年			
	更换变形、膨胀、开裂的电容	半年			
	修理有过热痕迹的接线头	半年			
	清洁风机风叶、盘管、积水盘	半年			
	清除盘管内壁水垢	半年			
	拧紧所有紧固件	半年			
	清洁风机盘管外壳	半年			
冷凝器、蒸发器	清洗空气过滤网	半年			
	清洁蒸发器散热片	半年			
	清洁接水盘	半年			
冷却水泵机组、冷冻水泵机组	当电机线圈绝缘电阻≤0.5兆欧，进行干燥处理	半年			
	更换有阻滞、有异响的轴承	半年			
	修理有碰壳现象的电机风叶	半年			
	更换有阻滞、碰撞、卡住现象的轴承	半年			
	更换有问题的水泵叶轮	半年			
	加压盘根（漏水成线）	半年			
	更换弹性联轴器弹性橡胶垫	半年			
	清洗水泵过滤网	半年			
	拧紧所有紧固件	半年			
节制阀、调节阀	加压填料（泄漏）	半年			
	阀杆加润滑油	半年			
	更换破裂、开闭失效的阀门	半年			
	更换法兰处密封胶垫	半年			
电磁调节阀、压差调节阀	更换脏堵、吸潮的过滤网	半年			
	通断电检查，动作不可靠的应更换	半年			
	阀杆加润滑油	半年			
	更换密封胶垫	半年			

续表

保养项目	一级保养内容	一级保养周期	一级保养记录		
			完成情况	时间	备注
检测器件	拆换读数模糊不清的温度计、压力表	半年			
	拆换不合格的传感器	半年			
	更换密封胶垫	半年			
控制部分（交流接触器）	清洁控制柜内外灰尘、脏物	半年			
	更换烧蚀严重的接头线	半年			
	清除交流接触器灭弧罩内的碳化物、金属颗粒	半年			
	更换烧蚀严重的触头	半年			
	清洁铁心的脏物	半年			
	拧紧所有紧固件	半年			
控制部分（热继电器）	修理有过热、烧伤痕迹的导线接头	半年			
	更换损坏的绝缘盖板	半年			
控制部分（自动空气开关）	更换损坏的灭弧罩	半年			
	清除触头表面金属小颗粒	半年			
控制部分（信号灯、指示仪表）	更换不亮的信号灯	半年			
	调整偏差	半年			
中间、信号继电器	更换动作不可靠、信号输出不正常的继电器	半年			
压缩机	排除漏油故障，加注润滑油（低于1/2）	半年			
	排放制冷系统内空气	半年			
	测量绝缘电阻（正常为0.5兆欧以上）	半年			
	测量运行电流	半年			
	测量油压（正常为10～15千克力/平方厘米）	半年			
	测量外壳温度（85℃以下）	半年			
	测量吸气压力（正常4.9～5.4千克力/平方厘米）	半年			
	测量排气压力（正常12.5千克力/平方厘米）	半年			
	噪声、振动是否异常	半年			
	是否有异常气味	半年			
维修保养情况审核			保养人	审核人	

二十四、中央空调二级保养记录表

中央空调二级保养记录表如表18-24所示。

表18-24 中央空调二级保养记录表

设备编号：   责任人：

保养方法：
  （1）机械设备，全面清洗、调整，解体检查，修理，噪声、振动、泄漏检测
  （2）电机，绝缘摇测、抽心检查、清扫、轴承上油
  （3）电气设备，全面清扫，母线与导线端子压接面除氧化、参数设定、耐压绝缘测试
  （4）电子设备，除尘、插接件接口清洗、系统功能与参数测试
  （5）管道，除锈、防腐、刷漆
  （6）阀门，渗漏、故障处理

保养项目	二级保养内容	二级保养周期	二级保养记录 完成情况	时间	备注
冷却塔	干燥处理仍不能达到要求的，拆修电机线圈	每年			
	更换有异响的电机、风扇轴承	每年			
	调整松动的皮带与皮带轮	每年			
	更换开裂、磨损严重的皮带	每年			
	清洁布水器管道及喷嘴	每年			
	清洗冷却塔、风扇扇叶	每年			
	修复动作不可靠的补水浮球阀	每年			
	拧紧所有紧固件	每年			
	清洁整个冷却塔外表	每年			
风机盘管	更换有异响的风机轴承	每年			
	当电机线圈绝缘电阻≤0.5兆欧，进行整修	每年			
	更换变形、膨胀、开裂的电容	每年			
	整修有过热痕迹的接线头	每年			
	清洁风机风叶、盘管、积水盘	每年			
	清除盘管内壁水垢	每年			
	拧紧所有紧固件	每年			
	清洁风机盘管外壳	每年			

续表

保养项目	二级保养内容	二级保养周期	二级保养记录 完成情况	时间	备注
冷凝器、蒸发器	清洗空气过滤网	每年			
	清洁蒸发器散热片	每年			
	清洁接水盘	每年			
冷却水泵机组、冷冻水泵机组	干燥处理仍达不到要求的，进行修复	每年			
	更换有阻滞、有异响的轴承	每年			
	修整有碰壳现象的电机风叶	每年			
	更换有阻滞、碰撞、卡住现象的轴承	每年			
	更换有问题的水泵叶轮	每年			
	加压盘根（漏水成线）	每年			
	更换弹性联轴器弹性橡胶垫	每年			
	清洗水泵过滤网	每年			
	拧紧所有紧固件	每年			
	重新粉刷油漆	每年			
冷冻水管路、送冷风管路、风机盘管管路	保温层破损的，重做保温层	每年			
节制阀、调节阀	加压填料（泄漏）	每年			
	阀杆加润滑油	每年			
	更换破裂、开闭失效的阀门	每年			
	更换法兰处密封胶垫	每年			
电磁调节阀、压差调节阀	更换脏堵、吸潮的过滤网	每年			
	通断电检查，动作不可靠的应更换	每年			
	阀杆加润滑油	每年			
	更换密封胶垫	每年			
检测器件	拆换读数模糊不清的温度计、压力表	每年			
	送检压力表、温度计	每年			
	拆换不合格的传感器	每年			
	更换密封胶垫	每年			

续表

保养项目	二级保养内容	二级保养周期	二级保养记录		
			完成情况	时间	备注
控制部分（交流接触器）	清洁控制柜内外灰尘、脏物	每年			
	更换烧蚀严重的接头线	每年			
	清除交流接触器灭弧罩内的碳化物、金属颗粒	每年			
	更换烧蚀严重的触头	每年			
	清洁铁心的脏物	每年			
	拧紧所有紧固件	每年			
控制部分（热继电器）	更换达不到要求的导线接头	每年			
	更换损坏的绝缘盖板	每年			
控制部分（自动空气开关）	当绝缘电阻≤0.5兆欧，进行烘干处理	每年			
	更换损坏的灭弧罩	每年			
	清除触头表面金属小颗粒	每年			
控制部分（信号灯、指示仪表）	更换不亮的信号灯	每年			
	更换不准的指示仪表	每年			
中间、信号继电器	更换动作不可靠、信号输出不正常的继电器	每年			
压缩机	更换变色润滑油	每年			
	排放制冷系统内空气	每年			
	测量绝缘电阻（正常为0.5兆欧以上）	每年			
	测量运行电流	每年			
	测量油压（正常为10～15千克力/平方厘米）	每年			
	测量外壳温度（85℃以下）	每年			
	测量吸气压力（正常为4.9～5.4千克力/平方厘米）	每年			
	测量排气压力（正常为12.5千克力/平方厘米）	每年			
	噪声、振动是否异常	每年			
	是否有异常气味	每年			
维修保养情况审核		保养人		审核人	

二十五、水泵房巡查记录

水泵房巡查记录如表18-25所示。

表18-25 水泵房巡查记录

管理处：
设备编号： 责任人：

巡查日期		_月_日	_月_日	_月_日	_月_日	_月_日	_月_日
巡查时间							
生活水泵控制	A电流值（安）						
	B电流值（安）						
	C电流值（安）						
	电压值（伏）						
	电器件正常使用，无烧坏，无异味						
	变频器工作正常						
	控制柜各操作开关正常使用						
	接线牢固，无松动、无焦点						
水泵	水泵启动、运转正常，无异味						
	水泵开关轴无松动，噪声小						
	轴承、电机发热温度不烫手						
	水泵运行振动情况正常						
	水泵启动正常出水						
水压表	水压正常						
照明灯	灯泡、灯头、线路、开关完好						
水阀	各水阀开关正常，无漏水						
球阀	进水球阀控制正常						
泵房	卫生清洁，无杂物，不潮湿						
蓄水池	水量充足，水质干净、卫生						
	水池盖完好，池内无蚊虫、杂物						
巡查人							
备注							

注意："√"——正常，"×"——不正常，不正常的在备注中注明。

二十六、水池（箱）清洗消毒记录表

水池（箱）清洗消毒记录表如表18-26所示。

表18-26　水池（箱）清洗消毒记录表

编号：

水池（箱）名称		蓄水量（立方米）			责任人	
排水时间	从		至	止	共	小时
清洗消毒时间	从		至	止	共	小时
注水时间	从		至	止	共	小时
消毒水配制（购买）人				见证人		
消毒水投放人				见证人		
清洗消毒人员				见证人		
清洗消毒过程						
水质取样人		取样地点		取样数		取样时间
送检人		送检地点		送检数		送检时间
取报人		取报地点		取报告数		取报告时间
水质检测结果		合格□　不合格□		报告编号		
不合格处理意见						
水泵房管理员				管理处经理		

二十七、发电机运行记录表

发电机运行记录表如表18-27所示。

表18-27　发电机运行记录表

日期	运行原因	操作方式		运行时间		运行电流（安）	运行电压（伏）	油压（帕）	水温（℃）	操作人	运行时间	备注
		自动	手动	启动	停机							

二十八、电梯运行故障记录

电梯运行故障记录如表18-28所示。

表18-28 电梯运行故障记录

开机时间		故障情况	停机时间		维修人	值班员签字
日/月	时/分		日/月	时/分		

二十九、中央空调系统运行记录

中央空调系统运行记录如表18-29所示。

表18-29 中央空调系统运行记录

值班员：　　　　班次：　　　　年　月　日

项目		时间	冷却水温度		显示（帕）		压力（帕）		运行状态		控制板温度（℃）
			出水（℃）	进水（℃）	低压显示	高压显示	入水压力	出水压力	冷冻	风机	
主要参数	1#										
	2#										
	3#										
	4#										
	5#										
	6#										
	7#										
备注											

三十、监控室值班记录

监控室值班记录如表18-30所示。

表18-30　监控室值班记录

交接班时间：　　时　　分至　　时　　分

消防监控中心观察记录	火灾系统（报警）	闭路监控系统	消火栓系统	喷淋系统	防排烟系统	对讲系统	电梯系统	电源系统	周边防范系统	可视对讲系统	燃气系统	其他
报警（事故）记录	序号	类别	时间	地点		实际情况		处理过程			验证人	
异常现象描述												
交接班记录	交班人：　　　　　　　　　　　　接班人：											

三十一、消防系统月维护保养记录表

消防系统月维护保养记录表如表18-31所示。

表18-31　消防系统月维护保养记录表

管理处防火责任人：

项目	保养内容	维护保养记录		
		完成情况	时间	备注
火灾探测器	主要工作电压（24伏）是否正常			
温感探测器	安装倾斜度不大于45度			
	与底座接触是否良好			
	外观是否清洁			
	指示灯是否闪亮			

续表

项目	保养内容	维护保养记录		
		完成情况	时间	备注
烟感探测器	安装倾斜度不大于45度			
	与底座接触是否良好			
	外观是否清洁			
	指示灯是否闪亮			
	随机抽取10%烟感，进行喷烟试验			
	消防主机是否收到报警信号			
破玻报警器	安装倾斜度不大于45度			
	与底座接触是否良好			
	外观是否清洁			
	指示灯是否闪亮			
消火栓	外接线是否固定良好			
	油漆脱落补漆			
手动报警按钮紧急按钮	安装是否牢固			
	有无破损			
	数量是否齐全			
	任选2个手动报警按钮，进行模拟试验			
主、备电源	进行自动转换试验			
消防主机、联动柜、动力配电柜、灭火显示器及其附属设施	擦拭灰尘			
	紧固线路			
维修保养情况审核		保养人	审核人	

注：已做的打"√"，没有的项目打"/"，更换部件在备注记录。

三十二、消防系统年（季）维护保养记录表

消防系统年（季）维护保养记录表如表18-32所示。

表18-32　消防系统年（季）维护保养记录表

防火责任人：

保养项目	保养内容	维护保养记录		
		完成情况	时间	备注
火灾探测器	分批（全部）进行喷烟试验			
水流指示器压力开关	测试报警功能			
	信号显示情况			
备用电源	1～3次充放电			
主、备电源	1～3次自动切换			
防火卷帘门	自动关闭情况			
	手动关闭情况			
	有无变形、扭曲情况			
消火栓泵	手动检查控制设备			
	自动检查控制设备			
自动喷淋灭火系统	手动检查控制设备			
	自动检查控制设备			
管网系统	密封情况			
	压力表指示是否正常			
	管网油漆养护（一年）			
消防应急广播	手动检查			
火灾应急照明	手动检查			
疏散标志灯	手动检查			
电梯	联动强制客货梯停于首层			
消防通信	消防管理中心与各点通话正常			
转换开关	强制切断非消防电源，进行功能试验			
电缆	直观检查，清理灰尘			
接线盒	直观检查，清理灰尘			

续表

保养项目	保养内容	维护保养记录		
		完成情况	时间	备注
设备	直观检查,清理灰尘			
维修保养情况审核		保养人		审核人

注:已做的打"√",没有的项目打"/",更换部件在备注记录。

三十三、柴油发电机月保养记录表

柴油发电机月保养记录表如表18-33所示。

表18-33 柴油发电机月保养记录表

设备编号: 责任人:

保养项目	月保养内容	维护保养记录		
		完成情况	时间	备注
地面、墙面	地面无杂物、灰尘,墙面无灰尘、光亮			
机组外表	外表无油污、灰尘、掉漆、生锈			
电瓶	电解液应高出极板10～15毫米,不足补加电解液。电压应在24伏左右,保证能够启动。电极柱无腐蚀现象			
水箱水	水应在水盖下50毫米处,不够加满。水无锈迹,换水后加防锈水			
机油	机油位接近油尺(HI),不够补加,机油无杂质			
机油滤清器	每运行200小时,更换滤清器2个			
燃油滤清器	每运行200小时,更换滤清器2个			
水滤清器	每运行200小时,更换滤清器1个			
空气滤清器	每运行50小时拆下清洗,晒干后装上			
断路器电缆接点	拆开侧板,紧固断路器螺栓,电源输出端与电缆线耳螺丝应牢固,各接线头无焦味、焦迹			
维修保养情况审核		保养人		审核人

注:已做的打"√",没有的项目打"/",更换部件在备注记录。

三十四、正压风机日常保养记录表

正压风机日常保养记录表如表18-34所示。

表18-34 正压风机日常保养记录表

管理处
设备编号：　　　　　　　　　　　责任人：
保养方法：检查、清洁、防腐、紧固、润滑、盘车、试车、小故障排除

保养项目	日常维护保养内容	日常维护保养周期	日常维护保养记录		
			完成情况	时间	备注
电动机	检查电动机轴承运行情况	每月			
	检查电动机风叶有无碰壳现象	每月			
	清洁外壳	每月			
控制柜	清洁控制柜外壳	每月			
	紧固所有接线头	每月			
	补上脱落的号码管	每月			
交流接触器	检查复位弹簧情况	每月			
	拧紧所有紧固件	每月			
热继电器	检查绝缘盖板	每月			
	检查导线接头	每月			
自动空气开关	可动部分应灵活无卡住现象	每月			
信号灯	修复不亮的信号灯	每月			
维修保养情况审核		保养人		审核人	

注：逢高级保养，低级保养可以不做。已做的打"√"，没有的项目打"/"，更换部件在备注记录。

三十五、正压风机一级保养记录表

正压风机一级保养记录表如表18-35所示。

表18-35 正压风机一级保养记录表

设备编号： 责任人：
保养方法：
（1）机械设备，检查、检测、局部解体、清洗、调整、维修更换
（2）电机，绝缘摇测
（3）电气设备，清扫、检查仪表
（4）电子设备，除尘、触头研磨、更换、功能检查
（5）管道，除锈防腐
（6）阀门，渗漏、故障处理

保养项目	一级保养内容	一级保养周期	一级保养记录		
			完成情况	时间	备注
电动机	当绝缘电阻≤0.5兆欧，进行烘干处理	每季			
	更换有异响、有阻滞的轴承	每季			
	修理有碰壳现象的风叶	每季			
	清洁外壳	每季			
控制柜	清洁控制柜内所有元器件	每季			
	紧固所有接线头，更换烧蚀严重的接头	每季			
	补上脱落的号码管	每季			
交流接触器	清除灭弧罩内的碳化物、金属颗粒	每季			
	清除触头表面及四周的污物	每季			
	清洁铁心上的油污及脏物	每季			
	检查复位弹簧情况	每季			
	拧紧所有紧固件	每季			
热继电器	更换损坏的绝缘盖板	每季			
	修复有过热痕迹、烧伤的导线接头	每季			
自动空气开关	清除灭弧罩内的碳化物、金属颗粒	每季			
	可动部分应灵活无卡住现象	每季			
	清除触头表面小金属颗粒	每季			
信号灯	修复不亮的信号灯	每季			
维修保养情况审核			保养人		审核人

注：逢高级保养，低级保养可以不做。已做的打"√"，没有的项目打"/"，更换部件在备注记录。

三十六、正压风机二级保养记录表

正压风机二级保养记录表如表18-36所示。

表18-36 正压风机二级保养记录表

设备编号：　　　　　　　　　　责任人：

保养方法：
（1）机械设备，全面清洗、调整、解体检查、修理、噪声、振动、泄漏检测
（2）电机，绝缘摇测、抽心检查、清扫、轴承上油
（3）电气设备，全面清扫、母线与导线端子压接面除氧化、参数设定、耐压绝缘测试
（4）电子设备，除尘、插接件接口清洗、系统功能与参数测试
（5）管道、除锈、防腐、刷漆
（6）阀门、渗漏、故障处理

保养项目	二级保养内容	二级保养周期	二级保养记录		
			完成情况	时间	备注
电动机	当绝缘电阻≤0.5兆欧，进行烘干处理	每年			
	更换有异响、有阻滞的轴承	每年			
	修整有碰壳现象的风叶	每年			
	清洁外壳	每年			
	外壳粉刷油漆	每年			
控制柜	清洁控制柜内外，使之无尘、无污物	每年			
	紧固所有接线头，更换烧蚀严重的接头	每年			
	补上脱落的号码管	每年			
交流接触器	清除灭弧罩内的碳化物、金属颗粒	每年			
	清除触头表面及四周的污物，更换烧蚀严重的触头	每年			
	清洁铁心上的油污及脏物	每年			
	检查复位弹簧情况	每年			
	拧紧所有紧固件	每年			
热继电器	更换损坏的绝缘盖板	每年			
	更换达不到要求的导线接头	每年			

续表

保养项目	二级保养内容	二级保养周期	二级保养记录		
			完成情况	时间	备注
自动空气开关	当绝缘电阻≤100兆欧,进行烘干处理	每年			
	更换破裂的灭弧罩	每年			
	可动部分应灵活无卡住现象	每年			
	清除触头表面小金属颗粒	每年			
信号灯	修复不亮的信号灯	每年			
维修保养情况审核			保养人	审核人	

注:逢高级保养,低级保养可以不做。已做的打"√",没有的项目打"/",更换部件在备注记录。

三十七、监控设备月保养记录表

监控设备月保养记录表如表18-37所示。

表18-37 监控设备月保养记录表

设备编号: 责任人:

保养项目	月保养内容	维护保养记录		
		完成情况	时间	备注
摄像机	对摄像机镜头及外壳进行除尘			
	对摄像机云台部位加润滑油			
	调整摄像机角度			
录像机	外部清洁除尘			
	磁头清洗			
	清洁电路板			
主机	对显示器进行除尘			
	对控制柜进行除尘			
	检查各接线头			
维修保养情况审核		保养人	审核人	

注:已做的打"√",没有的项目打"/",更换部件在备注记录。

三十八、消防水泵日常保养记录表

消防水泵日常保养记录表如表18-38所示。

表18-38　消防水泵日常保养记录表

设备编号：　　　　　　　　　　责任人：
保养方法：检查、清洁、防腐、紧固、润滑、盘车、试车、小故障排除

保养项目	日常维护保养内容	日常维护保养周期	日常维护保养记录		
			完成情况	时间	备注
电动机	检查电动机轴承运行情况	每月			
	检查电动机风叶有无碰壳现象	每月			
	清洁外壳	每月			
水泵机组	给轴承加注润滑油	每月			
	对漏水成线压盘根处加压	每月			
	清洁外表	每月			
弹性联轴器	检查弹性联轴器	每月			
水泵机组螺栓	紧固所有螺栓	每月			
控制柜	清洁控制柜外壳	每月			
	紧固所有接线头	每月			
	补上脱落的号码管	每月			
交流接触器	检查复位弹簧情况	每月			
	拧紧所有紧固件	每月			
自耦减压启动器	拧紧接地线	每月			
	接地线除锈	每月			
热继电器	检查绝缘盖板	每月			
	检查导线接头	每月			
自动空气开关	可动部分应灵活无卡住现象	每月			
信号灯、指示仪表	修理不亮的信号灯	每月			
远传压力表	有积水时，进行干燥处理	每月			
	重新焊接腐蚀的信号线接头	每月			

续表

保养项目	日常维护保养内容	日常维护保养周期	日常维护保养记录		
			完成情况	时间	备注
潜水泵、排污泵	更换老化的密封圈	每月			
	轴承转动是否灵活，有无异响	每月			
	紧固所有螺母、软管	每月			
明装给排水管	更换不醒目的流向标识	每月			
	加固不牢固的支持托架	每月			
	处理连接处漏水问题	每月			
维修保养情况审核		保养人		审核人	

注：逢高级保养，低级保养可以不做。已做的打"√"，没有的项目打"/"，更换部件在备注记录。

三十九、消防水泵一级保养记录表

消防水泵一级保养记录表如表18-39所示。

表18-39 消防水泵一级保养记录表

设备编号： 责任人：
保养方法：
（1）机械设备，检查、检测、局部解体、清洗、调整、维修更换
（2）电机：绝缘摇测
（3）电气设备，清扫、检查仪表
（4）电子设备，除尘、触头研磨、更换、功能检查
（5）管道，除锈、防腐
（6）阀门，渗漏、故障处理

保养项目	一级保养内容	一级保养周期	一级保养记录		
			完成情况	时间	备注
电动机	当绝缘电阻≤0.5兆欧，进行烘干处理	每季			
	更换有异响、有阻滞的轴承	每季			
	修理有碰壳现象的风叶	每季			
	清洁外壳	每季			

续表

保养项目	一级保养内容	一级保养周期	一级保养记录		
			完成情况	时间	备注
水泵机组	给轴承加注润滑油	每季			
	更换有卡住、碰撞现象的叶轮	每季			
	对漏水成线压盘根处加压	每季			
	清洁外表	每季			
弹性联轴器	更换损坏的联轴器	每季			
水泵机组螺栓	紧固所有螺栓	每季			
控制柜	清洁控制柜内所有元器件	每季			
	紧固所有接线头,更换烧蚀严重接头	每季			
	补上脱落的号码管	每季			
交流接触器	清除灭弧罩内的碳化物、金属颗粒	每季			
	清除触头表面及四周的污物	每季			
	清洁铁心上的油污及脏物	每季			
	检查复位弹簧情况	每季			
	拧紧所有紧固件	每季			
自耦减压启动器	拧紧接地线	每季			
	接地线除锈	每季			
热继电器	更换损坏的绝缘盖板	每季			
	修理有过热痕迹、烧伤的导线接头	每季			
自动空气开关	清除灭弧罩内的碳化物、金属颗粒	每季			
	可动部分应灵活无卡住现象	每季			
	清除触头表面小金属颗粒	每季			
中间继电器、信号继电器	进行模拟试验,确认动作是否可靠	每季			

续表

保养项目	一级保养内容	一级保养周期	一级保养记录		
			完成情况	时间	备注
信号灯、指示仪表	修复不亮的信号灯	每季			
	调整有偏差的仪表	每季			
远传压力表	有积水时，进行干燥处理	每季			
	重新焊接腐蚀的信号线接头	每季			
	拆换偏差大、信号线腐烂的压力表	每季			
闸阀	更换漏水的密封胶垫	每季			
	更换漏水的加压黄油麻绳	每季			
	阀杆加黄油润滑	每季			
止回阀	更换损坏的密封胶垫	每季			
	更换弹力不足的弹簧	每季			
浮球阀	更换老化的密封胶垫	每季			
	校直弯曲的连杆	每季			
	更换磨损严重的连杆插销	每季			
潜水泵、排污泵	当绝缘电阻≤0.25兆欧，烘干线圈	每季			
	更换老化的密封圈	每季			
	更换有问题的轴承	每季			
	紧固所有螺母、软管	每季			
明装给排水管	更换不醒目的流向标识	每季			
	加固不牢固的支持托架	每季			
	处理连接处漏水问题	每季			
维修保养情况审核		保养人		审核人	

注：逢高级保养，低级保养可以不做。已做的打"√"，没有的项目打"/"，更换部件在备注记录。

四十、消防水泵二级保养记录表

消防水泵二级保养记录表如表18-40所示。

表18-40 消防水泵二级保养记录表

设备编号：　　　　　　　　　　　责任人：
保养方法：
　　（1）机械设备，全面清洗，调整，解体检查，修理，噪声、振动、泄漏检测
　　（2）电机，绝缘摇测、抽心检查、清扫、轴承上油
　　（3）电气设备，全面清扫、母线与导线端子压接面除氧化、参数设定、耐压绝缘测试
　　（4）电子设备，除尘、插接件接口清洗、系统功能与参数测试
　　（5）管道，除锈、防腐、刷漆
　　（6）阀门，渗漏、故障处理

保养项目	二级保养内容	二级保养周期	二级保养记录		
			完成情况	时间	备注
电动机	当绝缘电阻≤0.5兆欧，进行烘干处理	每年			
	更换有异响、有阻滞的轴承	每年			
	修理有碰壳现象的风叶	每年			
	清洁外壳	每年			
	外壳粉刷油漆	每年			
水泵机组	更换有异常摩擦声响的轴承	每年			
	更换损坏的轴承	每年			
	更换有卡住、碰撞现象的叶轮	每年			
	对漏水成线压盘根处加压	每年			
	清洁外表	每年			
	重新粉刷油漆	每年			
弹性联轴器	更换损坏的联轴器	每年			
水泵机组螺栓	紧固所有螺栓	每年			
控制柜	清洁控制柜内外，使之无尘、无污物	每年			
	紧固所有接线头，更换烧蚀严重接头	每年			
	补上脱落的号码管	每年			
交流接触器	清除灭弧罩内的碳化物、金属颗粒	每年			
	清除触头表面及四周的污物，更换烧蚀严重的触头	每年			

续表

保养项目	二级保养内容	二级保养周期	二级保养记录		
			完成情况	时间	备注
交流接触器	清洁铁心上的油污及脏物	每年			
	检查复位弹簧情况	每年			
	拧紧所有紧固件	每年			
自耦减压启动器	当绝缘电阻≤0.5兆欧，进行烘干处理	每年			
	拧紧接地线	每年			
	接地线粉刷油漆	每年			
热继电器	更换损坏的绝缘盖板	每年			
	更换达不到要求的导线接头	每年			
自动空气开关	当绝缘电阻≤100兆欧，进行烘干处理	每年			
	更换破裂的灭弧罩	每年			
	可动部分应灵活无卡住现象	每年			
	清除触头表面小金属颗粒	每年			
中间继电器、信号继电器	更换动作不可靠的中间继电器、信号继电器	每年			
信号灯、指示仪表	修复不亮的信号灯	每年			
	更换达不到要求的仪表	每年			
远传压力表	有积水时，进行干燥处理	每年			
	重新焊接腐蚀的信号线接头	每年			
	拆换偏差大、信号线腐烂的压力表	每年			
闸阀	更换漏水的密封胶垫	每年			
	更换漏水的加压黄油麻绳	每年			
	阀杆加黄油润滑	每年			
	重新粉刷油漆	每年			
止回阀	更换损坏的密封胶垫	每年			
	更换弹力不足的弹簧	每年			
	重新粉刷油漆	每年			

续表

保养项目	二级保养内容	二级保养周期	二级保养记录		
			完成情况	时间	备注
浮球阀	更换老化的密封胶垫	每年			
	校直弯曲的连杆	每年			
	更换磨损严重的连杆插销	每年			
潜水泵、排污泵	当绝缘电阻≤0.25兆欧,烘干线圈	每年			
	更换老化的密封圈	每年			
	更换有问题的轴承	每年			
	紧固所有螺母、软管	每年			
	重新粉刷油漆	每年			
明装给排水管	更换不醒目的流向标识	每年			
	加固不牢固的支持托架	每年			
	处理连接处漏水问题	每年			
	重新粉刷油漆	每年			
维修保养情况审核		保养人		审核人	

注:逢高级保养,低级保养可以不做。已做的打"√",没有的项目打"/",更换部件在备注记录。

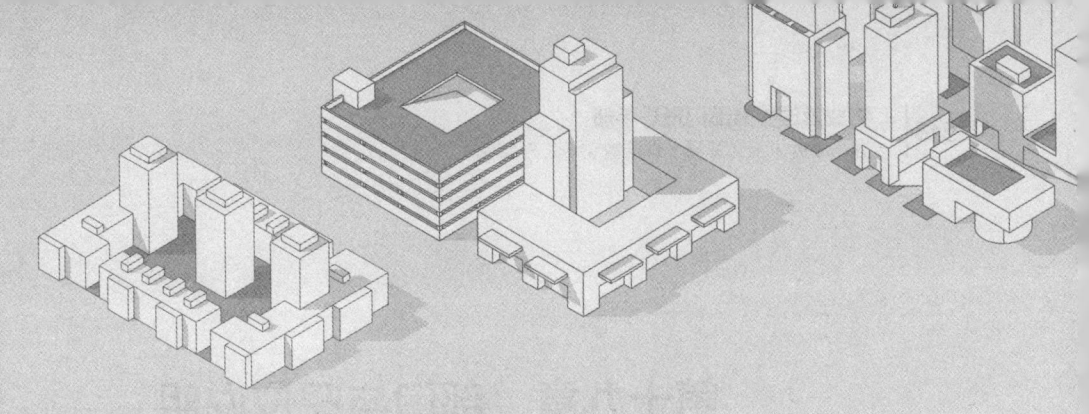

第四部分 | 保洁绿化

第十九章　部门与职位说明

一、环境管理部的职能

环境管理部主要负责辖区内的保洁与绿化，为业主、用户提供干净、整洁、优美的工作和生活环境。

（一）清洁管理的范围

1. 公共区域的保洁

这是一个平面的概念，指物业范围内，楼宇前后左右公共区域，包括道路、广场、空地、绿地等的清扫保洁。

2. 共用部位的保洁

这是一个垂直的概念，指楼宇地层到顶层屋面上下空间共用部位，包括楼梯、走道、电梯间、大厅、平台等的清扫保洁。

3. 生活垃圾的处理

这是指日常生活垃圾（包括装修垃圾）的分类收集、处理和清运。业主、用户应按规定的地点、时间和要求，将日常垃圾倒入专用容器或者指定的垃圾收集点，不得擅自乱倒。

（二）物业环境绿化管理的内容

物业环境绿化管理，既是日常性的工作，又具有阶段性的特点，如花草树木的栽种、修剪、整形、浇水、施肥、松土和防治病虫害等。物业环境绿化管理的主要内容有：绿化管理人员的招聘与培训；物业区域绿化用地的设计、营造与日常养护；物业区域空间绿化的设计、营造与日常养护等。一般来说，物业区域环境绿化规划的审批、建设施工的质量监督和竣工验收由园林绿化部门负责；绿化的日常养护和管理由物业管理企业的环境绿化管理部门负责，园林绿化部门会对其进行技术指导、监督和检查。

二、环境管理部组织架构

（一）大型物业公司环境管理部

规模较大的物业公司在物业管理部下单独设保洁部和绿化部。

保洁部一般设部门经理（保洁主管）、技术员、仓库（保洁设备、工具与物料）保管员和保洁员等岗位，如图19-1所示。其下属班组可以根据所辖物业的规模、类型、布局以及清洁对象的不同而灵活设置。规模较大的物业管理公司其保洁部可以下设楼宇清洁服务班、高空外墙清洁班和公共区域清洁班等班组，各班组还可配置保洁领班和若干经过专业培训的保洁员。

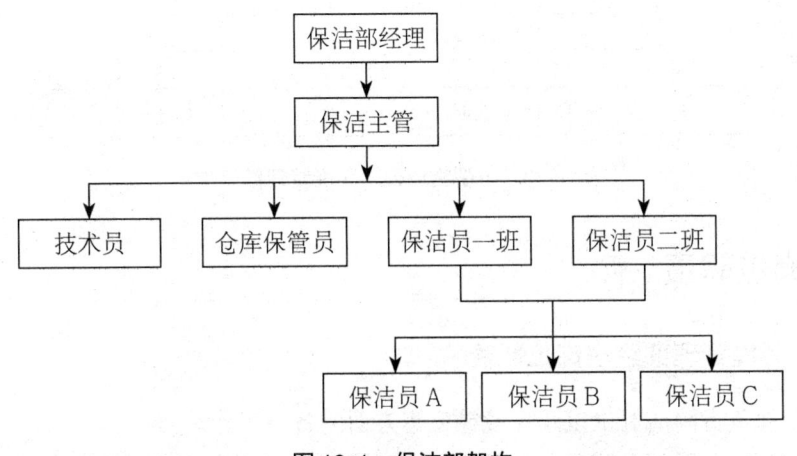

图 19-1　保洁部架构

绿化养护的机构设置应根据实际需要出发，可设专门部门，也可与保洁部合并。绿化部一般至少设一个护养组，其主管兼负管理职责。因为绿化部是生产管理部门，最好配备工程技术人员。如果现有管理人员3名，工人10名，则成立的绿化部可设经理1名，主管1名，办事员1名，绿化部下设花圃组、绿地组、服务组，如图19-2所示。

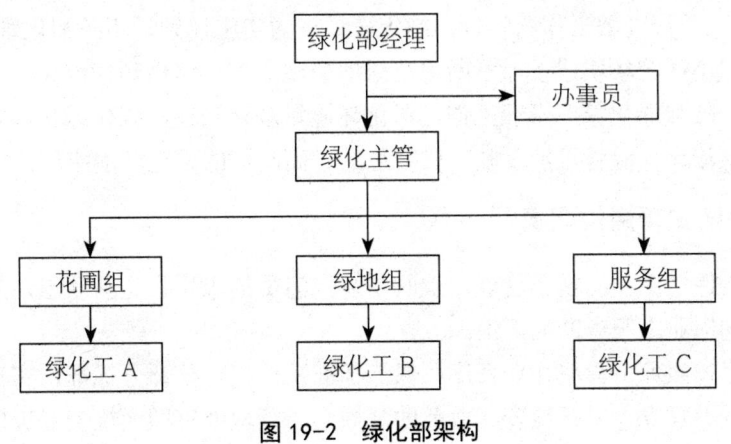

图 19-2　绿化部架构

（二）小型物业公司环境管理部

对于小型物业公司，保洁与绿化并不设单独部门，而是合并在一起，其组织架构如

图 19-3 所示。

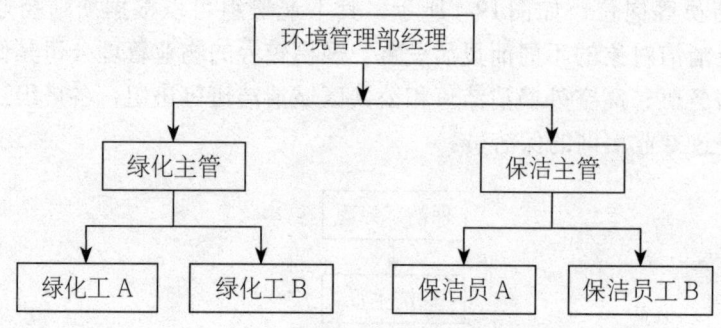

图 19-3　小型物业公司环境管理部架构

三、各岗位职责

（一）环境管理部经理岗位职责

（1）全面负责清洁卫生以及环境绿化等方面的各项工作。

（2）定期向公司领导和业主委员会汇报环境管理部工作情况，听取公司领导和业主委员会的意见和要求，并全力贯彻实施。

（3）定期主持部门例会，有计划地培训员工。在工作中经常深入现场，检查各项工作的落实情况，及时发现问题，解决问题。

（4）坚持不懈地提高小区环境保洁度，努力营造一流的卫生环境。

（5）实行科学化管理，建立一整套行之有效的量化管理运作流程，不留卫生"死角"，掌握季节及淡旺季工作的特点，制定最经济的实施计划，不断细化管理层次。

（6）加强小区的环境建设，不断提高绿地景观效应。坚持环境绿化"三分种、七分养"的原则，加强绿化养护管理工作，深化环境景观化管理，强化绿化园容景观，为业主、用户提供和谐、温馨且能反映时代特色的、高品位的绿色环境空间。

（二）保洁主管岗位职责

（1）负责保洁工作的现场管理，及时了解保洁员的思想和生活动态，为其解决疑难问题，并定期向业主服务助理汇报。

（2）严格按照保洁管理作业程序、保洁标准及检查考核评分标准，实施工作检查制度，包括自查、互查、主管检查、业务助理抽查、管理处定期大检查五级检查制度，切实将考核结果与员工工资挂钩。

（3）合理配置保洁人员、保洁器具及清扫工具，确保住宅区内不留卫生死角。

（4）坚持每天巡视管理区域，有效制止各种违章行为，现场督导保洁工作。

（5）定期检查商场、店铺"门前三包"责任制的落实情况，严禁其摆摊设点，占道经营。

（6）负责保洁各班的内务管理工作，每月组织召开保洁情况分析会，总结一个月的保洁工作。

（7）负责保洁员的岗位技能培训工作。

（8）负责业主家庭钟点服务的安排及落实工作，确保服务质量。

（9）带领保洁各班完成管理处安排的临时任务。

（三）环境绿化主管岗位职责

（1）熟悉小区绿化布局及各区域绿化养护现状。

（2）做好绿化工程的施工管理、合同管理及工程材料档案管理等工作。

（3）合理安排绿化工的工作，并定期检查。

（4）定期巡查绿地及小区卫生现状，发现问题及时处理，不能立即解决的，向上级汇报。

（5）安排专业人员负责绿化设施及器具的养护。

（6）做好绿化工的考勤工作。

（7）组织定期或不定期的业务知识培训，提高绿化工养护、管理水平。

（四）保洁领班岗位职责

（1）接受保洁主管的监督，按照清洁工作程序带领下属员工完成当日清洁工作。

（2）合理调配员工，并督导员工做好责任片区清洁工作，不留卫生死角。同时对每天的保洁工作做好记录。

（3）查看本班员工出勤情况，对缺勤员工要查明原因，及时采取补救措施；合理安排下属员工，确保当日工作任务按时完成，并向主管汇报相关情况。

（4）督导员工爱护保洁工具，合理使用各种器具，以免造成损坏；科学使用各种清洁药剂，以免污染、腐蚀公共设施、保洁器具，或对人体造成伤害。

（5）检查所辖范围的清洁成果。

（6）检查各种保洁用品存量，协助主管编制材料和器具购置计划，最大限度地减少损耗，控制成本。

（7）掌握下属员工的工作情绪，评估下属员工的工作成绩。

（五）绿化领班岗位职责

（1）协助绿化主管做好绿化员工的招聘工作。绿化员工应该具有丰富的园艺经验，对绿化布局有一定的审美，并且思想品德好、身体健康。招聘绿化员工时，不得徇私情，应择优录用。

（2）负责员工的上岗培训工作，组织员工学习各项规章制度、岗位责任制和园林艺术知识。

（3）负责日常工作安排，划分责任区，把工作具体落实到个人；负责员工平衡调配，定期组织员工修枝、除杂草、对大棵树木造型等。

（4）负责员工的考勤管理，协助主管每月进行一次考核；认真抽查下属员工负责的片区，公平公正地评价每一个员工的工作情况。

（5）每日巡视所管理的区域，检查树木花草的养护情况，并做好详细记录，以此作为每月岗位考核的依据之一。

（6）检查员工宿舍的卫生，督促员工搞好个人卫生，整齐着装，使绿化队保持良好的形象。

（7）定期回访业主，向业主提供栽培花草树木的技术和知识，并向业主征求小区绿化的建议，详细做好记录。

（8）定期组织员工参加管理处的消防训练，帮助每个员工都能达标。

（9）完成主管交代的其他任务。

（六）保洁员岗位职责

（1）遵守公司各项管理制度，统一着装，树立良好的形象。

（2）听从上级领导指挥，按照卫生管理要求，高品质地完成所分管区域的保洁工作。

（3）清洁过程中若发现异常现象，如漏水、设备设施故障等，应及时报告主管（领班）或专管人员，必要时应安排专业人员排除故障。

（4）发现事故隐患和可疑迹象时，立即报告上级领导，并监视事态进展，及时采取有效措施。

（5）妥善保管清洁工具和用品，控制易耗品的使用量，不得将清洁工具和用品私借他人或带回家中。

（6）认真听取业主、住户对保洁工作提出的意见和建议，不得与其发生争执。

（7）认真完成上级主管临时交办的其他任务。

（七）绿化工岗位职责

（1）对花草树木定期清除杂草、防治病虫害、松土、施肥，并修理枯病枝、伤害枝、更换死亡苗木等。

（2）在小区内发现下列行为，要加以劝阻和及时报告。

① 未经许可，随意侵占公用绿地。

② 攀折、损坏花草树木、园林小品。

③ 在绿地上停放各类车辆或堆放杂物。

对于上述3款行为，保安人员和主管人员有权要求违章者赔偿，并酌情处以罚款。

（3）要妥善保管各种工具和公用设备设施，如三轮脚踏车、喷淋设备、割草机、橡胶管等，如有遗失或损坏，应照价赔偿。

（4）及时做好每天的工作记录，并详细记录违章情况以及解决办法等。

（5）服从主管人员的安排，并做好整个管理区域的卫生清洁工作。

（6）接受主管人员和各级领导对绿化工作的巡视检查。

第二十章　服务标准

一、保洁绿化人员行为标准

（一）保洁人员

保洁人员行为规范标准如表20-1所示。

表20-1　保洁人员行为规范标准

项目	规范标准
仪容仪表	（1）工作时间内，按照公司内务管理规定统一着本岗位制服及相关饰物、胸牌，不可擅自改变制服的穿着形式或私自增减饰物等，并保持制服干净、平整，无明显污迹、破损。正确佩戴工牌 （2）保持个人卫生清洁，并统一穿深色平底鞋 （3）对讲机统一佩戴在身体右侧腰带上，对讲时用左手持对讲机
工具	（1）保洁、绿化工具应放置在规定位置，并摆放整齐 （2）在楼道等区域进行清洁服务时，应放置或悬挂"此区域正在清洁中"的标识，以知会相关人员
礼仪礼节	（1）在保洁过程中，如遇业主迎面而来，应暂时停止清洁，主动让路，并向业主点头问好 （2）保洁时遇到业主询问时，要立刻停止工作，耐心仔细地回答业主提问 （3）不大声说话、聊天

（二）绿化管理员

绿化管理员行为规范标准如表20-2所示。

表20-2　绿化管理员行为规范标准

项目	规范标准
仪容仪表	工作时间内，按岗位规定统一着工装、佩戴工牌
服务态度	举止端庄，谈吐文雅，主动热情，礼貌待人
浇灌水	（1）浇灌水时，摆放相关标识，以提醒业主 （2）路上不能留有积水，以免影响业主行走 （3）节约用水 （4）有业主路过，及时停止工作让路，并点头致意或问好

续表

项目	规范标准
施肥、除虫害	（1）喷药时要摆放消杀标识 （2）不使用有强烈气味或臭味的药剂 （3）有业主经过，要停止工作 （4）药水不能遗留在马路或者叶片上，如有遗留，需及时清扫干净 （5）喷洒药水时，应佩戴口罩；如药水有气味，应向业主做好相关解释工作，说明药物没有毒性 （6）不在炎热的时候喷洒药水
修剪和除草	（1）检查所用设备是否能正常工作，避免有漏油等情况发生 （2）及时清除绿化垃圾，不能将其摆放在路边，影响景观 （3）节假日及中午休息时间不能进行操作，以免影响业主休息 （4）有业主经过，要停止工作

二、保洁绿化服务检查标准

（一）保洁服务检查标准

保洁服务检查标准如表20-3所示。

表20-3 保洁服务检查标准

类别		序号	检查内容
保洁	公共部位	1	楼梯、走道、天台、地下室、会所等公共部位保持清洁，无纸屑、烟头、蜘蛛网、乱贴乱画以及擅自占用和堆放杂物等情况
		2	房屋雨棚、消防楼梯等公共设施保持清洁、畅通，地面无积水、纸屑、烟头、蜘蛛网、异味、积尘以及擅自占用和堆放杂物等情况
		3	停车场、立体车库、架空层、车行道、走道等部位无污迹、杂物、积水、明显油迹、明显灰尘、异味、蜘蛛网
	设施	4	各类设施（包括灭火器、消火栓、开关、灯罩、管道、扶梯栏、室外休闲娱乐设施、座椅、雕塑、装饰物、倒车架、电话亭、宣传栏、标志牌等）手摸无污迹感
		5	排水沟、明沟部分无异味、蚊蝇、杂物、污水，盖板完好，盖板间缝隙不大于3厘米，排污井、暗沟部分无明显蚊蝇蟑螂活动、无堵积，沉淀物不超过管径1/5，井盖完整，覆盖紧贴
	大堂	6	地面光亮并显本色，无脚印、污迹，环境美观
	玻璃	7	距地面2米范围内，洁净、光亮、无积尘，用白色纸巾擦拭无明显污迹
		8	距地面2米以外玻璃，目视无积尘
		9	通风窗侧视无明显灰尘，呈本色
	地面	10	需打蜡的地面光亮，显本色
		11	大理石地面目视无明显脚印、污迹
		12	瓷砖地面目视无明显污迹、灰尘、脚印

续表

类别		序号	检查内容
保洁	地面	13	胶质地面无明显灰尘、污迹，办公场所地面光亮，无明显蜡印
		14	水磨石地面目视无灰尘、污渍、胶迹
		15	水泥地面目视无杂物、油迹、污迹
		16	广场砖地面目视无杂物、油迹、污迹以及大面积龟纹及青苔
		17	车道线、斑马线清晰，无明显油迹、污迹
	地毯	18	目视无变色、霉变，不潮湿，无明显污迹，无沙、泥、虫蛀
	绿地	19	植物干体和叶片上无明显积尘和泥土，绿地无纸屑、烟头、石块等杂物，无积水
	天花	20	无蜘蛛网、污迹、灰尘，无变形、缺损
	墙面	21	涂料墙面无明显污迹、脚印
		22	大理石贴瓷内墙面无污渍、胶迹，用白色纸巾擦拭50厘米无灰迹；外墙面无明显积尘
		23	水泥墙面目视无蛛网，呈本色
		24	不锈钢内墙面目视无指印、油迹，光亮，用白色纸巾擦拭50厘米无污迹
		25	不锈钢外墙面无积尘，呈本色
		26	玻璃幕墙无积尘，呈本色
	水景	27	水质清澈，无青苔、明显沉淀物和漂浮物
		28	沟渠、河道等无异味、杂物，无污水横流和大量泡沫，无漂浮异物，孑孓（蚊的幼虫）每100毫升不超过1只
	洗手间	29	空气清新，无异味、积水、污迹、堵塞，设备完好
		30	地面、台面、镜面无积水、水迹、污迹，无纸屑、烟头等杂物
		31	便池无污垢、异味，纸篓不过满
		32	洗手液、纸巾用品充足（合同无约定的除外），各项设施完好
	垃圾箱和清运	33	箱体无积尘、痰迹、污迹、胶迹
		34	箱体外观光亮，箱体无变形破损
		35	烟灰盅内置物（水、石米、沙）保持清洁，烟头及时清理
		36	垃圾房（站）无明显积尘、痰迹、污迹、胶迹、污水、异味和蚁蝇滋生
		37	垃圾清运实行责任制，有专职的清洁人员和明确的责任范围，收倒过程不干扰客户，垃圾日产日清，垃圾箱无满溢
		38	垃圾车停放点干净整洁，车辆摆放整齐，无污迹、油迹，垃圾实行袋装，运送过程无散装、超载、滴漏洒等现象
	空置房	39	空置房无蜘蛛网、异味、杂物、明显积尘，水电总阀关闭，巡查记录完整
	电梯	40	电梯门无明显污迹、手印、灰尘，轿厢无砂粒、杂物、污迹，用白色纸巾擦拭50厘米无污迹，无异味，通风性能良好，电梯门沟槽无杂物

续表

类别		序号	检查内容
保洁	其他	41	开关盒、电源插座、各类标识牌和指示牌无污迹、积尘
	除雪	42	有明确的除雪要求和除雪工具
		43	清理积雪及时,在相应场所悬挂路滑提示标志,根据需要在单元入口设置防滑垫,及时清除出入口和路径上方斜面屋顶积雪,或采取其他防止雪块滑落伤人的措施
		44	大门出入口及停车场坡道等重要部位的雪随时清理,行车道不存有积雪,积雪随下随清
		45	其余部位在雪停后立即清扫
		46	除雪后人行通道露出边石和草坪灯,露天广场无雪覆盖;康乐设施无积雪,清扫堆积的积雪成型见方堆放并及时清运出去
消杀	标志	1	投放消杀药品的场所设置醒目、符合消杀工作要求的警示牌,必要时采取有效措施防范
	灭四害	2	房屋共用部位、共用设施设备部分无白蚁虫害
		3	无明显的鼠洞、鼠粪、鼠迹
		4	暗沟、阴渠无明显蟑、鼠、蚊、蝇等
		5	消杀机构及人员有专业资质,定期作业,记录完整
游泳池	卫生	1	对泳池的管理符合国家和当地法规政策的要求
		2	游泳池及过水沟无青苔、砂粒等异物
		3	无青苔、纸屑、烟头、枝叶,栏杆无水迹、灰尘
	安全	4	泳池周围无锋利有棱角硬物;照明灯具完好,使用安全电压,无外露管线
		5	配有足够救生员,在开放时间内按规定不间断值勤
		6	有水深标志和安全告示
	水质	7	按要求做水质处理和测试,并保存相关记录
		8	水质清澈透明无异味,pH值为6.5~8.5,池水浑浊度不大于5度;或站在游泳池两岸能看清水深1.5米的池底及四、五泳道线
		9	泳池尿素浓度不大于3.5毫克/升。泳池细菌总数每毫升不超过1000个,大肠杆菌含量每升不超过18个
		10	游离余氯保持在0.3~0.5毫克/升,化合余氯保持在1.0毫克/升以上
	温度	11	冬季室内泳池池水温度控制在22~26℃,室内温度控制在24~28℃,冬季室温高于水温1~2℃
	标志	1	清洁过程中有安全隐患或造成使用不便的,设有明显标志或采取有效防范措施;玻璃门上有明显的防撞标志
供方监管		1	保洁、绿化服务合同在有效期内
		2	保洁、绿化供方选择符合规定
		3	保洁、绿化供方在服务合同中约定,或以其他形式提交服务计划或方案

续表

类别	序号	检查内容
供方监管	4	供方按照约定或计划、方案开展作业活动,无违约记录
	5	供方若有违约记录,按照约定进行有效处理
	6	对供方进行评价和监管的区域、部位、项目、时段、频次等符合规定
	7	对供方进行评价和监管的记录清晰完整,发现的问题,及时有效解决
	8	对供方的人员素质、服务资源、服务价格、服务质量等进行有效评价
	9	评价结果对供方监管、考核和再次选择供方提供参考依据

注:本表中的"客户",包括业主和非业主使用人。

(二)绿化服务检查标准

绿化服务检查标准如表20-4所示。

表20-4 绿化服务检查标准

类别	序号	检查标准
计划	1	根据植物生长习性编制植物年度养护计划,对植物进行定期养护。外包的绿化项目,由供方提供植物年度养护计划,并对其进行监督检查
病虫害预防及消杀	2	针对不同的品种和季节进行病虫害预防及消杀,有完整的作业记录
物料控制	3	对绿化用肥料、有毒药物进行严格控制
作物长势	4	花草树木(包括室内、室外、土植、盆栽、水景、天面等绿化植物)长势良好,修剪整齐美观,无明显病虫害,无折损现象,无斑秃、灼伤,枝干无机械损伤,叶片大小、薄厚正常,无卷、黄、异常落叶现象
	5	小区无枯死乔木,枯死灌木、枯萎地被植物每1000平方米范围内累计面积不超过2平方米,且枯死灌木、枯萎地被植物每块不超过0.5平方米。枯死乔木可只保留树干,但应能见青皮,新移植乔木需保留部分树叶
	6	乔木、灌木形状美观,造型植物形态明显,枝条无杂乱现象
	7	草坪长势良好,目视平整,生长季节浓绿,本地区茎叶高度在4厘米左右,立春前可修剪为2厘米左右。其他地区草坪茎叶高度可在6~8厘米
	8	绿地和花坛无杂草,无破坏占用、积水、枯枝、践踏、鼠洞及黄土裸露

第二十一章 工作流程

一、清洁管理流程

清洁管理流程如图21-1所示。

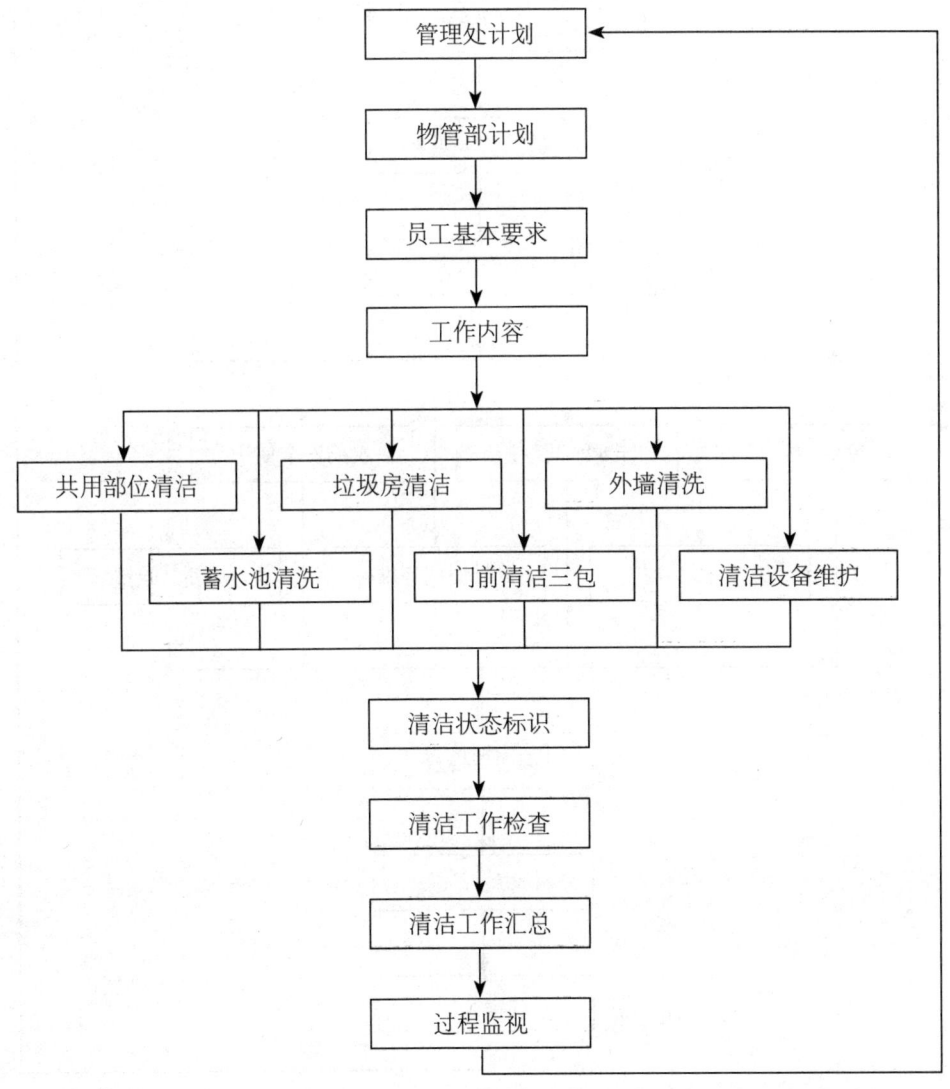

图21-1 清洁管理流程

二、绿化管理流程

绿化管理流程如图21-2所示。

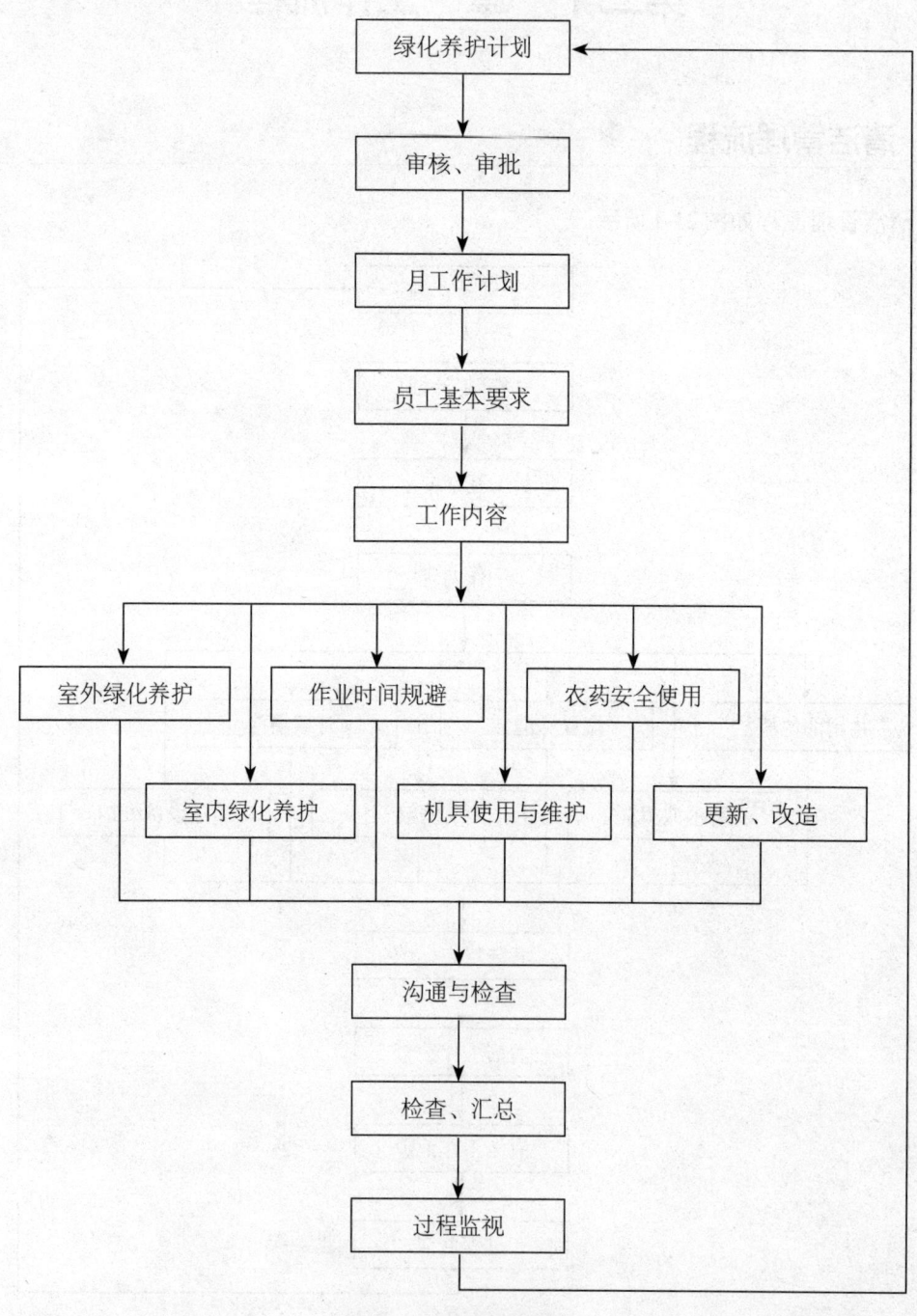

图 21-2　绿化管理流程

三、保洁、绿化、消杀外包控制流程

保洁、绿化、消杀外包控制流程如图21-3所示。

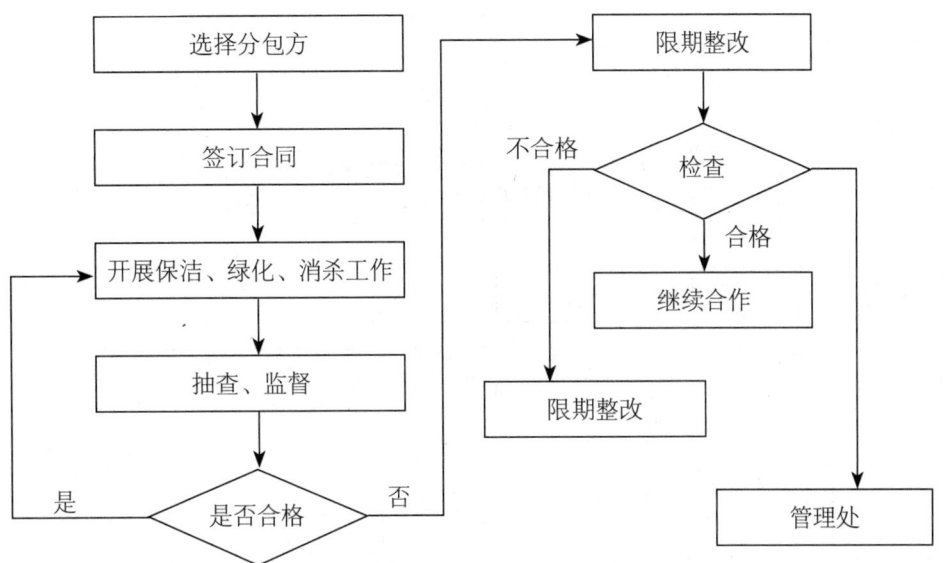

图21-3 保洁、绿化、消杀外包控制流程

四、消杀工作管理流程

消杀工作管理流程如图21-4所示。

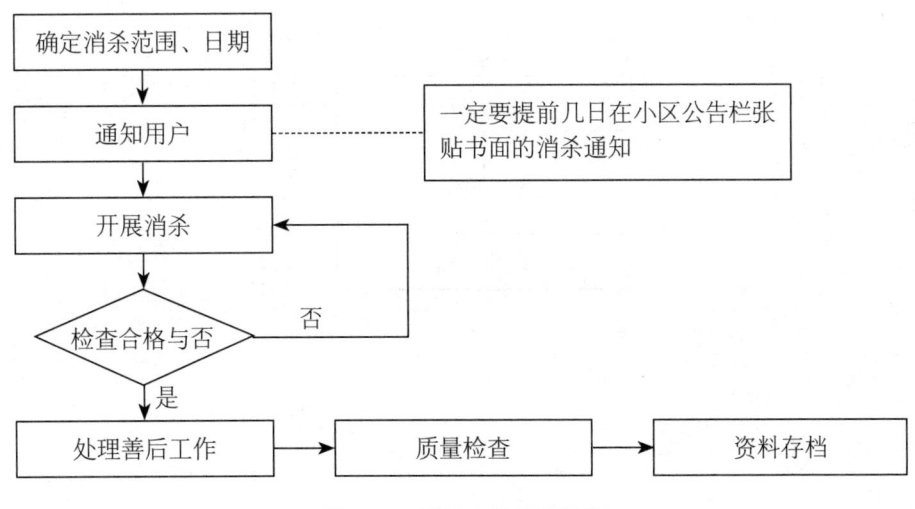

图21-4 消杀工作管理流程

五、绿化管理流程

绿化管理流程如图21-5所示。

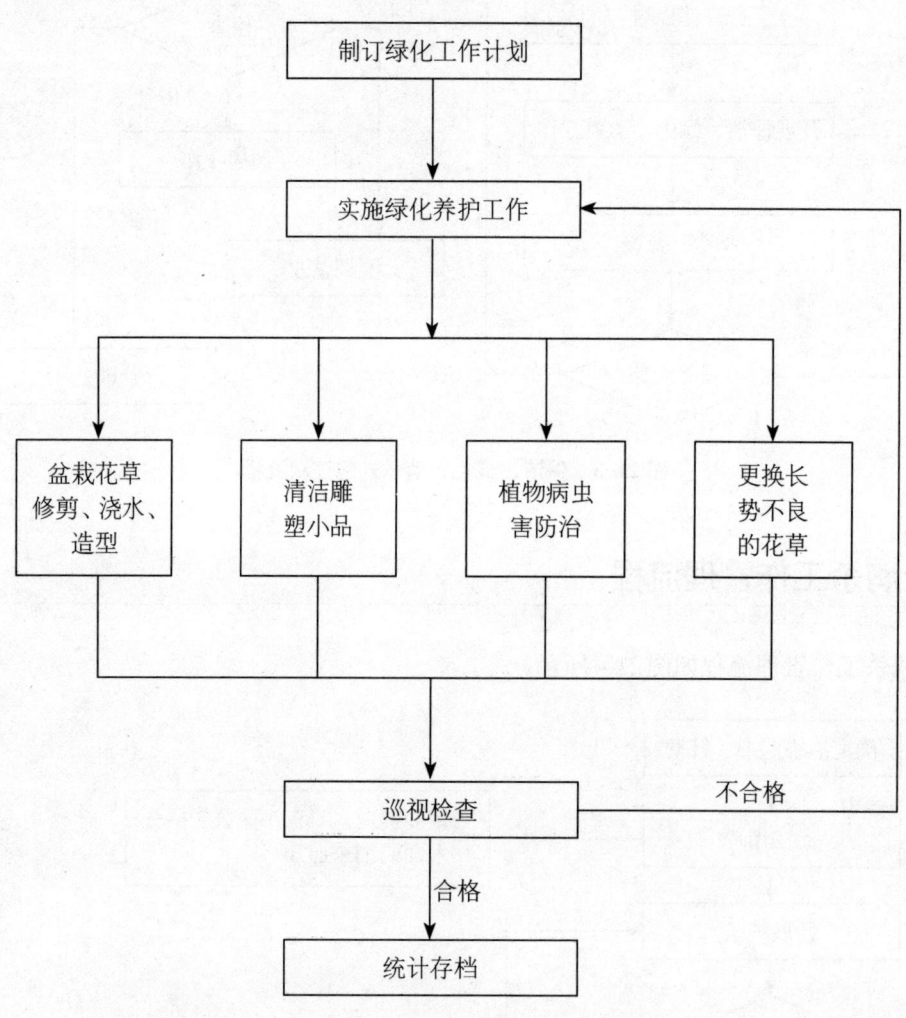

图21-5 绿化管理流程

六、清洁服务不合格处理流程

清洁服务不合格处理流程如图21-6所示。

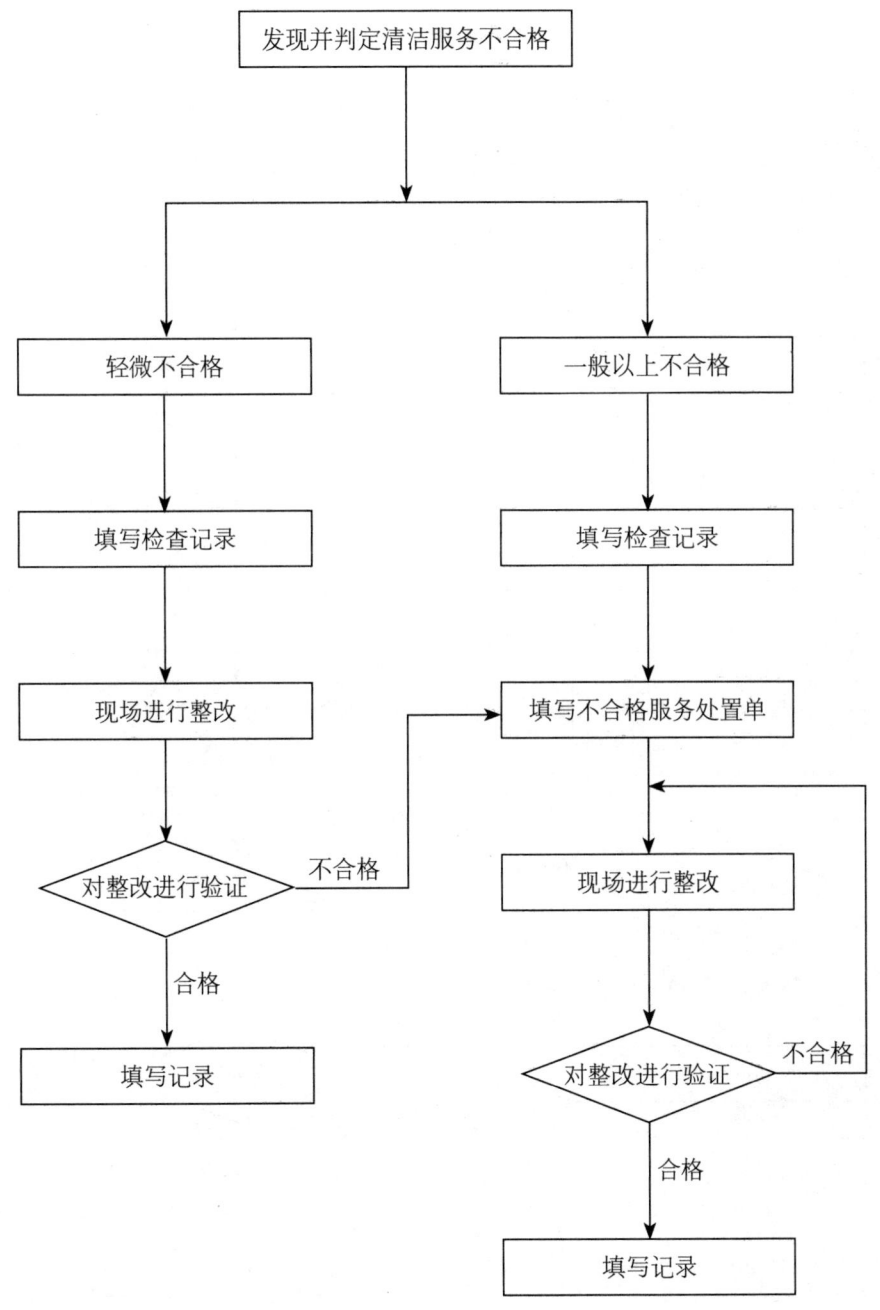

图 21-6 清洁服务不合格处理流程

七、绿化服务不合格处理流程

绿化服务不合格处理流程如图21-7所示。

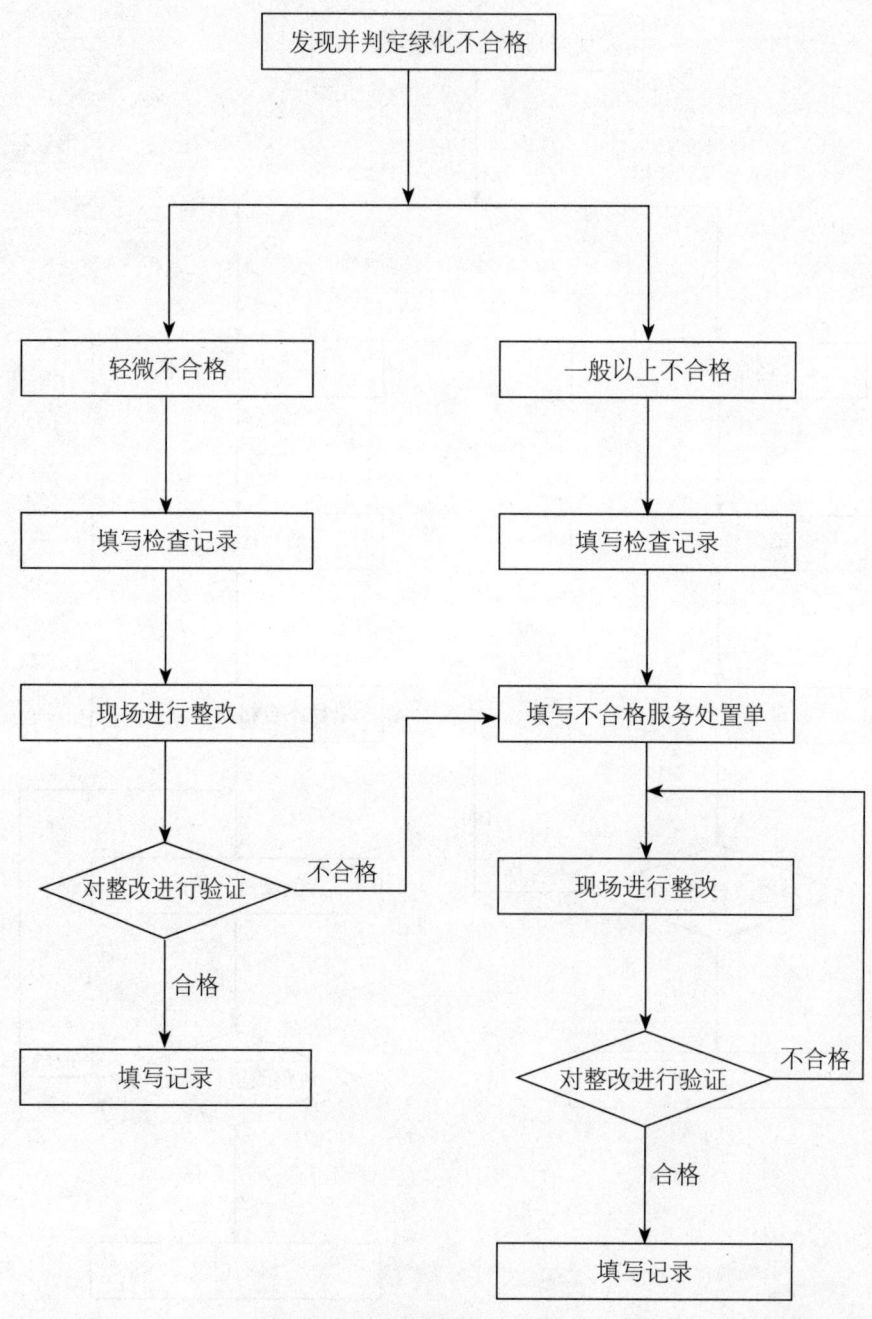

图21-7 绿化服务不合格处理流程

八、清洁、绿化主管检查流程

清洁、绿化主管检查流程如图21-8所示。

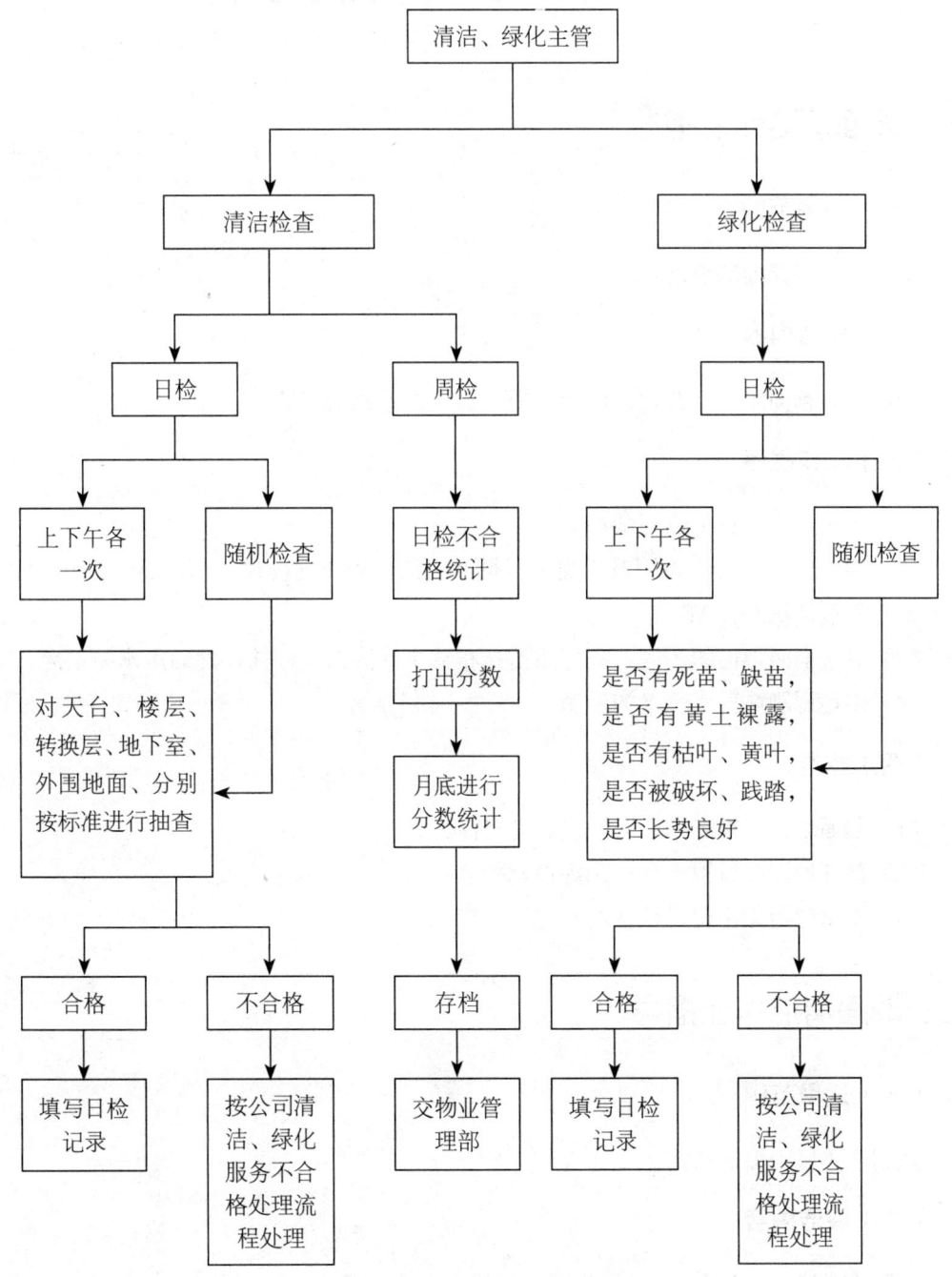

图 21-8　清洁、绿化主管检查流程

第二十二章　作业指导

一、天面清洁作业指导

（一）适用范围

适用于小区天面的清洁。

（二）保洁内容

天面所有釉面地砖、普通地面砖、雨水管（沟）道的清洁。

（三）工作程序

（1）每日上午用扫把进行清扫。

（2）用去污粉、长柄手刷对天面进行彻底清洁。瓷砖地面每月清洗 1～2 次，普通地面砖每季度清洗 1～2 次。

（3）对于瓷砖地面的污迹，应先用湿拖布沾少许洁瓷灵拖抹，然后用水冲干净。

（4）用地刷刷洗雨水管（沟）道。

（四）标准

（1）釉面地砖目视干净、无污渍、有光泽。

（2）普通地面砖目视干净、无污渍。

（3）雨水管道无污泥、积水。

二、地面清洁作业指导

（一）适用范围

适用于小区地面的清洁。

（二）保洁内容

小区内道路（含停车场）、绿化带、红线内的清洁保养。

（三）工作程序

1. 每日工作

（1）先用扫帚对责任区内明显的垃圾清扫一遍。

（2）再用胶扫把对责任区内砂土、垃圾进行清扫，清洁地面污渍、香口胶等杂物。

（3）将垃圾桶内的垃圾装上垃圾车，送到垃圾中转站。

（4）清洗一次垃圾桶（车）。

（5）对宣传栏、通告栏、路灯、绿化带石凳、警示牌、指示牌、娱乐设施、有线电视箱等地面公共设施用湿毛巾进行擦拭。

（6）每30～40分钟对责任区巡回检查一次，清扫出现的垃圾、杂物，清理乱张贴的广告等。

2. 每周清洁一次花池、垃圾池等处瓷（地）砖，去除污迹

3. 每月对有地（瓷）砖的地面冲洗一次

4. 每年彻底清洗一次小区围墙瓷砖面

（四）标准

责任区出现垃圾、杂物，在30～40分钟内必须清除；保持宣传栏等地面公共设施无灰尘、污渍。

三、标准层保洁作业指导

（一）适用范围

适用于公司所管理物业楼层的保洁。

（二）保洁内容

楼层（包括首层门厅、电梯厅、天面）公共场所、消防箱、消防楼梯、公共门窗、瓷砖墙面及附属设施的保洁。

（三）工作程序

1. 每日工作

（1）收集每层楼垃圾桶内的垃圾袋，并套上新的垃圾袋。

（2）将收集的垃圾袋运至地面，集中到垃圾车上，或在指定时间内送至垃圾周转站。

（3）清洗垃圾桶（车）。

(4)清扫各楼层（天面）的楼道及消防通道。

(5)用拖布沾清洁剂拖擦楼层地面、消防楼梯等。

(6)用抹布擦抹公共门窗、路灯开关、电表盘、消火栓、楼梯扶手、排风口、管线、管道、阀门等附属设施。

(7)清除电梯内垃圾，擦抹电梯轿厢，更换地毯，对不锈钢部位按"不锈钢保养作业指导书"进行保养。

(8)每40～50分钟对责任区巡回检查一次，清扫出现的垃圾、杂物。

2. 每周对楼层灯具清洗擦抹一次

3. 每月对通道走廊、楼梯天棚除尘、除蛛网一次

（四）标准

电梯内出现垃圾、杂物，20～30分钟内必须清除；楼层地面出现垃圾、杂物，40～50分钟内必须清除；确保各种管道系统、公共设施、墙面无明显污垢。

四、地下室保洁作业指导

（一）适用范围

适用于公司所管理物业小区地下室的保洁。

（二）保洁内容

小区内地下停车场及附属设施的清洁保养。

（三）工作程序

(1)先用扫帚把地下室内明显垃圾清扫一遍。

(2)再用胶扫把把地下室内砂土、垃圾进行清扫，并倒入垃圾桶。

(3)将垃圾桶内的垃圾装上垃圾车，送到垃圾中转站。

(4)清洗垃圾桶（车）。

(5)用毛刷或掸子清理地下室各转角积尘、蜘蛛网等。

(6)对消防箱、挡车器及各种管道系统、反光镜、交通标识、防火门、指示灯罩等公共设施用毛巾进行擦拭。

(7)每30～40分钟对责任区巡回检查一次，清扫出现的垃圾、杂物。

（四）标准

责任区出现垃圾、杂物，40～50分钟内必须清除；确保各管道系统、公共设施无明显污垢。

五、写字楼保洁作业指导

（一）适用范围

适用于公司所管理写字楼的保洁。

（二）人员配备

普通写字楼，按建筑面积每3500～4500平方米安排1名保洁员。高档写字楼、办公区按建筑面积每1200～1500平方米安排1名保洁员。

（三）保洁内容

各楼层（天面）公共场所、走道、消防楼梯、公共门窗、瓷砖墙面及附属设施的保洁。

（四）工作程序

（1）收集各楼层及洗手间垃圾桶内的垃圾袋，并套上新的垃圾袋。
（2）将收集的垃圾袋运至地面，集中到垃圾车上，或在指定时间内运至垃圾中转站。
（3）清洗垃圾车、桶。
（4）用胶扫把清扫楼道、消防走道。
（5）用拖布沾洗洁精溶液（1%～2%比例）拧干后拖抹楼层、消防楼梯。
（6）用抹布沾洗洁精溶液（1%～2%比例）拧干后抹擦公共门窗、消火栓、瓷砖墙面、楼梯扶手等公共设施。
（7）洗手间的保洁，详见洗手间保洁作业指导书。
（8）对大堂地面每隔20～30分钟，对楼层、消防通道每隔40～50分钟巡回检查1～2次。

（五）注意事项

对大理石、云石进行抛光打蜡或对保洁地面做晶面处理时，应禁止使用强酸、强碱及洁瓷灵，以免损伤地面。

六、洗手间保洁作业指导

（一）适用范围

适用于公司所管理物业小区所有公用洗手间的保洁。

（二）工作程序

（1）将"正在保洁、暂停使用"的塑料牌放置于洗手间门口。
（2）用胶扫把扫净地面垃圾、杂物，并清理纸篓里的废物。
（3）向便器内倒入洁瓷灵，用刷子擦拭，然后用水冲洗尿槽、大便器。
（4）尿槽清洁完毕后，放3～5个卫生球。
（5）用干的清洁巾把镜面、洗手盆上水珠抹干净。
（6）用消毒水进行消毒杀菌，并用干拖布把地面的水拖干。
（7）如发现洗手盆有水锈，应使用酸性清洁剂清理干净。
（8）喷上少许空气清新剂，点燃卫生香。

（三）标准

（1）目视地面、墙壁干净，便器洁净，无污垢、水锈渍，室内无异味。
（2）每天多次打扫，时刻保持干净。

（四）注意事项

禁止使用强碱性清洁剂，以免损坏地面及设备。

七、游泳池保洁作业指导

（一）适用范围

适用于公司所管理物业小区游泳池的保洁。

（二）工作程序

（1）游泳池启用前，用胶地刷和水刷洗池壁、池底及游泳池周围。
（2）用速消净（三氯异氰尿酸）按1：300的比例兑水，每天对泳池四壁及附属设施进行喷雾消杀1～2次。
（3）用速消净按1：30000的比例兑水，将泳池注满水，每天操作1次。
（4）泳池人流量大时，应及时更换池水，并按以上程序进行消杀。

（三）标准

（1）清洗泳池后，泳池内目视无杂物、无污迹、无污水残留。
（2）泳池及附属设施刷洗后按规定进行消杀。

八、人工湖保洁作业指导

（一）适用范围

适用于公司所管理物业小区人工湖的保洁。

（二）工作程序

（1）每天用扫把清扫湖周围的堤面垃圾。
（2）每天用抹布擦拭湖周围的休闲椅。
（3）每天驾船用过滤网兜打捞湖面上漂浮的落叶、垃圾袋等杂物。
（4）检查湖周围防护堤的绿化是否损坏、缺株，如有损坏，应及时补植。
（5）检查并防止污染性的水源流入人工湖中。

（三）标准

（1）堤面及湖面无垃圾、杂物。
（2）配置的休闲椅无灰尘、无损坏、无锈蚀。
（3）湖水清澈无污染。

（四）注意事项

（1）雨季应打开控制湖水最高限度的阀门，以控制湖水的容量，防止湖水四溢。
（2）经常检查防护堤，发现白蚁应及时消杀。

九、喷泉保洁作业指导

（一）适用范围

适用于公司所管理物业小区喷泉的保洁。

（二）保洁内容

喷泉内外池壁，给排水、电路系统终端的清洁。

（三）工作程序

（1）喷泉日常清洁：每天用长柄过滤网打捞池水中的树叶、纸皮等杂物。
（2）每月进行一次池壁（内外）的清洗：将喷泉池水排干，在池壁上涂抹洗洁精，用长柄地刷刷洗，然后放水冲洗排干。
（3）用胶刷刷洗水泵、管道系统喷头等机件，清除进水口滤网上的附着物，使进水流畅。

(4) 洗净后打开进水阀门，将池水高度放至距喷头口 3～7 厘米处即可。

（四）标准

(1) 喷泉池内无明显杂物、树叶等。
(2) 喷泉池壁无明显青苔、污渍等。

十、瓷砖（片）保洁作业指导

（一）适用范围

公司管理的大厦所有标准层通道地面的瓷砖（片）保洁。

（二）工作程序

(1) 每日清晨用扫把清扫。
(2) 对铺设瓷砖的墙面用拖布擦拭一遍。
(3) 用洗洁精、长柄手刷对墙面、通道、地面彻底刷洗。
(4) 保洁次数：瓷砖地面每月 1～2 次，普通地面砖每季度 1～2 次，水磨石地面每半年 1～2 次。
(5) 对油漆、胶水污染的墙面、地面，可用少许天那水浸湿后，用铁铲清除后用清水洗净。

（三）标准

(1) 釉面地砖目视干净、无污迹、有光泽。
(2) 玻化地砖目视干净、无杂物、无污染，可倒映出通道照明灯轮廓。
(3) 水磨石地面目视干净、无垃圾、无明显污迹、黑印。

（四）注意事项

(1) 使用清洁剂刷洗通道时，提前放置"路面保洁，注意防滑"的工作牌。
(2) 在刷洗过程中，要防止污水流入住户家中。
(3) 使用天那水时，应注意烟火，防止火灾发生。

十一、大理石、云石、花岗岩、人造石保洁作业指导

（一）适用范围

适用于公司所管理物业小区大堂、门厅、台阶的大理石、云石、花岗岩、人造石的保洁。

（二）工作程序

（1）对经过抛光、打蜡、晶面处理的石材地面，用胶扫把清扫。

（2）用静电吸尘大宽拖布对地面进行拖抹除尘。

（3）对石材表面的胶水、油漆，可先用少许SR202活性清洁剂起渍去污，然后用半干的拖布擦拭。

（4）对表面粗糙、做过防滑处理的石材地面可先用竹扫把、胶扫把清扫，然后用清水拖抹。

（5）未经过抛光处理的石材表面的污渍，可先用少许洁瓷灵浸润污渍表面，然后用长柄胶刷和水冲洗干净。

（三）标准

（1）抛光、打蜡处理过的大理石、云石、人造石材的表面保洁后，3米内可清晰倒映人影。

（2）表面无细小砂粒、尘土、污迹。

（3）经过防滑处理的各种石材表面无积尘、无垃圾。

（四）注意事项

去除经过抛光处理的石材地面污渍时，禁止使用强酸、强碱去污剂，以防石材表面变色、失去光泽。

十二、木地板保洁作业指导

（一）适用范围

适用于公司所管理物业小区木地板的保洁。

（二）工作程序

（1）工作前应准备柔软干净的拖布。

（2）用拖布擦拭木地板表面的垃圾。

（3）用拖布（拧干）按从内向外的顺序，对木地板进行逐行无间隔擦拭。

（4）每工作10～15平方米，应将拖布放入洗洁精水溶液中搓揉，然后用清水洗净拧干，重复以上步骤，直至木地板全部拖净。

（三）标准

（1）保洁后，木地板洁净、有光泽，恢复原有清晰木纹。

（2）无尘埃、头发残留。

（四）注意事项

（1）拖布清洗并拧干后方可进行清洁工作。
（2）拖布上吸附的头发必须放入垃圾筐中，以免堵塞下水管道。

十三、地毯保洁作业指导

（一）适用范围

适用于公司所管理物业小区地毯的保洁。

（二）保洁内容

地毯表面灰尘、杂物及水溶性污渍（如茶渍、污水渍、饮料汁等）、油溶性污渍（如机械用油等）、胶质类污渍（如香口胶、玻璃胶及漆油渍等）的清理。

（三）工作程序

1. 清洁

（1）用直立式吸尘器吸尘（如无直立式吸尘器，可用常用的无桶式吸尘器）。
（2）清除明显的污渍（水溶性、油溶性、胶质类污垢除外）。
（3）将清洁液装入擦地机，并将兑好水的干泡液倒入箱内。
（4）将擦地机推到所要清洗场所的最里面，插上电源线头，调试好擦地机升降杆的位置，然后开始工作，由室内至室外，每行隔叠1/3进行擦洗，先由左至右，然后移动至另一行由右至左，不断重复上述操作，直至地毯全面擦洗干净。

2. 复原性清洁保养

（1）先用直立式吸尘器全面吸尘。
（2）清除油溶性污渍、水溶性污渍（地毯除渍剂）及香口胶污渍。
（3）将除渍剂（与水的比例为1∶5）加入打气喷壶，均匀喷在地毯表面，污渍重的地方多喷，约5分钟后（将污渍溶解）用抽洗机抽洗。
（4）将电动滚刷连接高压喉，将吸水软管接到抽洗机主机上，移动滚刷到地毯的最里面位置，将清水小心倒入抽洗机的清水箱内，加入少许地毯清洁剂。为防止污水箱因吸回污水泡沫而影响机器工作，污水箱内应加入少许化泡剂。

（四）标准

（1）无灰尘、杂物、尘粒污染。
（2）水溶性及胶质类污渍清除干净。

(3)地毯水被抽干,且恢复原状。

(五)注意事项

(1)所有设备在使用之前应先检查电源插头及开关。
(2)机器停止运行后,先拔掉电源,再用干净毛巾将机身及电源线擦抹干净,并将接触过清洁剂的机件用清水擦干。
(3)抽洗机使用后,要用清水洗净污水箱,清理电动喷嘴,并把箱内水放干。
(4)清洁设备使用完毕后应存放在干燥的地方。
(5)工作中如发现吸尘器有异常的响声,应停机检查、检修。

十四、玻璃门窗、幕墙保洁作业指导

(一)适用范围

适用于公司所管理物业小区玻璃门窗、幕墙的保洁(大厦里的玻璃窗及宣传栏,写字楼、裙楼的玻璃门窗、幕墙)。

(二)工作程序

(1)先用玻璃刀铲除玻璃边缘上的污渍。
(2)把刷头套在伸缩杆上,两端分别浸入玻璃水中。
(3)把刷头按在玻璃顶端上下垂直刷洗。
(4)污染较重的地方应重点刷洗。
(5)用另一支伸缩杆套好玻璃刮,刮去玻璃上的水分。
(6)一洗一刮连贯进行,当玻璃的位置和地面比较近时,可以将玻璃刮横向移动。
(7)用无绒毛巾抹去玻璃框上的水珠。
(8)最后用地拖拖抹地面上的污水。

(三)标准

玻璃面上无污迹、水珠;镀膜玻璃半米内能映出人影。

(四)注意事项

在清洗镀膜玻璃时,应防止玻璃刮的金属部分刮花玻璃。

十五、不锈钢制品保洁作业指导

（一）适用范围

适用于公司所管理物业小区信报箱、公共防盗门、不锈钢装饰柱、护栏、电梯门（框）、宣传栏等不锈钢装饰品的保洁。

（二）工作程序

（1）先用手动喷雾枪将不锈钢清洁剂喷洒于不锈钢表面。
（2）然后用半干毛巾从上往下反复擦拭不锈钢表面。
（3）用无绒干毛巾沾少许不锈钢油（保护剂），从上往下对不锈钢表面进行涂抹、擦拭。
（4）面积较大的不锈钢制品，可用手动喷雾枪将清洁液喷在不锈钢表面，然后用无绒干毛巾擦拭。

（三）标准

（1）亚光面不锈钢表面无污迹、无灰尘，半米内可映出人影。
（2）镜面不锈钢表面光亮，3米内能清晰映出人物影像。

（四）注意事项

（1）在电梯内操作时，应避开电梯使用高峰期。
（2）上不锈钢油时不宜太多，以防沾染他人衣物。

十六、皮革保洁作业指导

（一）适用范围

适用于公司所管理物业小区皮革制品的保洁。

（二）工作程序

（1）先用鸡毛掸或干布条将皮革制品表面灰尘擦净。
（2）在距离皮革20厘米左右处将皮革清洁剂均匀喷于皮革表面，然后用干软的抹布均匀擦抹皮革。
（3）清洁后再将润革剂或光亮剂均匀喷于皮革表面，轻轻擦拭。

（三）注意事项

（1）勿用湿毛巾去擦皮革制品。

(2)使用清洁剂及保养剂时,要涂抹均匀,不要堆积。
(3)对皮革制品拐角和褶皱处要加倍护理。

(四)标准

(1)皮革表面目视无灰尘,保持皮革光泽。
(2)用手触及皮革表面,无油腻感觉。
(3)皮革毛孔通透,无异味。

十七、雨天保洁作业指导

(一)适用范围

适用于公司所管理物业小区电梯大堂、门厅、行政办公区走廊、楼道首层走廊及楼层外围地面雨天的保洁。

(二)工作程序

(1)穿着雨衣、雨靴,按规定的保洁顺序清扫地面垃圾和地面积水。
(2)大理石广场地面积水应用塑料刮水器推刮。
(3)电梯内、电梯大堂、门厅、行政办公室门前走廊及台阶的水渍,用拧干的拖布进行拖抹。
(4)道路、广场、停车场的积水,用大竹扫帚清扫入沙井内。

(三)标准

(1)目视门厅、电梯内、电梯大堂、走廊、人流量大的台阶无积水。
(2)广场、道路、停车场低洼处无积水。

(四)注意事项

拖抹、清扫积水时,注意避让行人、车辆。

十八、保洁用品使用作业指导

(一)适用范围

适用于公司所管理物业小区常用保洁工具及清洁剂的使用。

(二)工作内容

1. 玻璃刮、玻璃水的使用

（1）将玻璃水均匀地喷洒在玻璃面上，勿使其流淌。
（2）用玻璃刮沿玻璃的一侧从上往下刮，刮至最低处时，将玻璃刮移至上次刮过的玻璃边沿，重复以上的步骤，直至将全部玻璃刮净。
（3）用清水喷洒玻璃，将玻璃刮在清水中洗净后，按以上步骤刮净玻璃上的水珠。
（4）刮洗时不要停顿，否则会留下刮痕；清洗楼层玻璃时，身体切勿探出窗外。

2. 静电吸尘剂、尘推的使用
（1）静电吸尘剂适用于大堂、电梯厅的大理石、云石等经打蜡、晶面处理后的保洁。
（2）将静电吸尘剂均匀地喷洒在尘推底部，双手握住尘推手柄，按从边缘至中间、从内到外的顺序，逐行推抹，直至全部工作完成。
（3）尘推必须保持干燥，切勿沾水。

3. 安全铝梯的使用
（1）升降型铝梯可用绳索进行升降，必须由两人以上操作。
（2）解开铝梯绳索，将铝梯平放在地上，一人拉动梯子的一端，另一人固定梯脚，使铝梯拉长至需要的高度。
（3）将铝梯固定卡子全部卡在两侧的凹槽内，将绳索捆绑在梯级两侧。
（4）两人合力将铝梯扶起后，必须有专人在梯侧双手扶住铝梯，方可开始工作。
（5）工作完毕后，将铝梯放倒，解开捆绑的绳索。
（6）拔出铝梯固定卡子，压缩顶端梯级，使铝梯收缩到原位；将梯索绑在梯级两侧，将铝梯存放至库房。
（7）注意事项：使用铝梯前应检查固定卡子（2个）是否全部卡在梯侧的凹槽。

4. 常见保洁清洁剂的使用
（1）使用具有强腐蚀性的酸、碱清洁剂（粉）前，保洁员应穿长袖、长裤、防滑水靴，戴好胶手套，并储备好清水。
（2）保洁员应将清洁剂倒在污染的地面上，并用长地刷对地面进行刷洗，然后用大量清水冲净，不留残液。
（3）标准：使用清洁剂清洁的地面无变色、无损坏。
（4）注意事项：
① 保洁员在穿水靴、戴胶手套前应检查水靴、胶手套是否有破损及漏洞。
② 保洁员只能在水泥地面和表面经过防滑处理的大理石、花岗石、广场砖上使用强酸或强碱类清洁剂。
③ 未用完的酸、碱清洁剂应及时收回并妥善保管。

5. 不锈钢油的使用
（1）适用范围：不锈钢制品，如电梯门、信报箱等。
（2）准备工作：清水1桶、干抹布3块，不锈钢油少许。
（3）用湿抹布擦拭不锈钢制品，去除表面灰渍。

（4）用干抹布将不锈钢表面的水渍抹除。

（5）用干抹布沾少许不锈钢油从上至下、从左至右全面、均匀地涂抹不锈钢表面。

（6）用无油的干净抹布擦拭不锈钢表面，将多余的不锈钢油擦掉。

（7）标准：使用不锈钢油后，用手触摸工作面，不粘手，无痕迹。

6. 洁尔亮的使用

（1）适用范围：瓷砖、不锈钢、塑料、玻璃钢表面。

（2）准备工作：清水1桶，干抹布3块，洁尔亮1瓶。

（3）用湿抹布擦拭保洁面，去除灰渍，晾干。

（4）用干抹布沾少许洁尔亮均匀擦拭工作面，污渍多的部分（如玻璃胶水），可多沾洁尔亮反复擦拭。

（5）污渍去除后，用干抹布擦除残留的洁尔亮（不锈钢面去污后使用不锈钢油保养，效果更佳）。

（6）注意事项：使用完洁尔亮后，瓶盖要盖紧。

7. 全能清洁剂的使用

（1）适用范围：高档物业地面（木地板除外）、瓷砖墙面、浴室及厨房设备、门窗、玻璃幕墙等（不损伤保洁面）。

（2）准备工作：清水、桶、刷子、抹布。

（3）一般性保洁（如工作桌、厨具、浴室保洁），将清洁剂按1∶20的比例兑水，可以起到强力杀菌的作用。

（4）清洁地面、墙壁时，将清洁剂按1∶40的比例兑水，可以起到杀菌、除渍的作用。

（5）大面积清洗幕墙、瓷砖表面时，将清洁剂按1∶120的比例兑水，可以起到清洁、除渍的作用。

（6）注意事项：勿使全能清洁剂直接与皮肤、眼睛接触，如不慎接触，用清水清洗即可。

十九、保洁设备使用作业指导

（一）适用范围

适用于公司所管理物业小区常用保洁设备，如吸尘机、单擦机、吸水机、高压清洗机等的使用。

（二）工作内容

1. 吸尘器使用作业指导

（1）使用前先检查机器是否完好正常。

(2) 选择适合清洁项目的配件。
(3) 装好尘袋及尘隔、软管、吸头。
(4) 用胶扫把全面清扫大垃圾和杂物。
(5) 插好电源,开机,从内到外吸尘。
(6) 吸尘结束后,将尘袋内尘灰倒净,清理干净尘隔。
(7) 用抹布抹干净吸尘器机身和配件,并放回指定位置。
(8) 注意事项:
① 吸尘机不能吸水,以免烧坏马达。
② 吸尘机不能吸大垃圾,以免堵塞管道,影响吸力。

2. 单擦机使用作业指导
(1) 使用前先检查机器是否完好正常。
(2) 选择适合清洗项目的配件。
(3) 装上适合的地刷或针座。
(4) 将清水倒入水箱中,按比例倒入清洁剂。
(5) 插好电源,将单擦机手柄调整到适合操作的高度。
(6) 先放水,后开机,手柄放低,横向左边;手柄抬高,横向右边。左右横向应重叠1/3清洗。
(7) 清洗完毕后,先将水箱清洗药剂放干,然后卸下洗地刷,再收好电源线。
(8) 将水箱及洗地刷冲洗干净,用抹布抹干净机身,放回指定位置。
(9) 注意事项:
① 在清洗过程中,电源线不能靠近转盘,以免转盘磨烂电源线发生漏电,从而造成意外事故。
② 手柄没有调整到合适高度时,不能开机,以免打坏机器。
③ 在工作过程中,机器出现异常响声时,应立即停机检查,以免带病工作,损坏机器。

3. 吸水机使用作业指导
(1) 使用前检查机器是否完好正常、安全阀是否可自由活动。
(2) 装好吸水软管,选择适合吸水项目的配件并安装好。
(3) 插好电源,开机吸污水,由前往后刮拉。
(4) 如污水会产生泡沫,可在污水箱中加入消泡剂。
(5) 污水箱污水吸满时,安全阀会自动封闭吸风口,这时应立即停机将污水倒干净。
(6) 将污水箱的污水倒净后,重新开机吸污水。
(7) 吸污水完毕后,冲洗干净污水箱,收好软管和电源线。

(8) 用抹布抹干净机身，放回指定位置。
(9) 注意事项：
① 工作时，不能将污水箱装得过满，以免污水进入机器内，造成设备损坏。
② 污水会产生泡沫时，污水箱内应放入消泡剂，以免污水进入机器内，烧坏马达。

4. 高压清洗机使用作业指导
(1) 使用前先检查机器是否完好正常。
(2) 装好高压软管、喷枪、喷头、喷杆。
(3) 接好水管并放水，打开喷枪开关，将水管内空气排净。
(4) 插好电源开机，检查压力表水压力值。
(5) 用调压按钮，适当调节压力。
(6) 对准需清洁的表面进行喷射。
(7) 清洁完毕后，先关闭开关，再按下喷枪开关，将机器内压释放。
(8) 拆卸所有配件，用抹布抹干净机身、配件后，放回指定位置。
(9) 注意事项：不可对准人和动物喷射。

二十、卫生消杀作业指导

（一）适用范围

适用于物业管理公司各小区卫生消杀工作的管理。

（二）工作程序

1. 卫生消杀工作计划的制订
(1) 保洁部主管应根据季节的变化制订出卫生消杀工作计划。
(2) 消杀工作计划应包括以下内容。
① 消杀对象。
② 消杀区域。
③ 消杀方式与消杀药物。
④ 消杀费用预算。

2. 灭蚊、蝇、蟑螂
(1) 每年的1～4月、11～12月，应每天进行一次灭虫消杀工作。其他月份可参照各标准工作程序的要求进行消杀。
(2) 消杀区域：
① 各楼宇的梯口、梯间及楼宇周围。

② 别墅住宅的四周。
③ 会所及配套的娱乐场所。
④ 各部门办公室。
⑤ 公厕、沙井、化粪池、垃圾箱、垃圾周转箱等室外公共区域。
⑥ 员工宿舍和食堂。

（3）消杀药物一般为敌敌畏、灭害灵、敌百虫、菊酯类杀虫剂等。

（4）消杀方式以喷药触杀为主。

（5）喷杀操作要点：
① 穿戴好防护衣帽。
② 将喷杀药品按要求进行稀释后注入喷雾器里。
③ 对上述区域进行喷杀。

（6）喷杀时应注意：
① 梯间喷杀时，不要将药液喷在扶手或住户门面上。
② 员工宿舍喷杀时，不要将药液喷在餐具及生活用品上。
③ 食堂喷杀时，不要将药液喷在食品和餐具上。
④ 不要在客户出入高峰期喷药。

（7）办公室、会所等场所的消杀应在下班或营业结束后进行，并注意：
① 关闭门窗。
② 将药液喷在墙角、桌下或壁面上，禁止将药液喷在桌面、食品和器具上。

3. 灭鼠

（1）灭鼠工作每月应进行2次。

（2）灭鼠区域：
① 别墅、楼宇四周。
② 员工宿舍内。
③ 食堂和会所。
④ 小区中常有老鼠出没的区域。

（3）灭鼠方法：主要投放拌有鼠药的饵料和粘鼠胶。

（4）饵料的制作：
① 将米或碾碎的油炸花生米等放入专用容器内。
② 将鼠药按说明剂量均匀撒在饵料上。
③ 制作饵料时，作业人员必须戴上口罩、胶手套，禁止裸手作业。

（5）在灭鼠区域投放饵料时应注意：
① 先放一张写有"灭鼠专用"的纸片。
② 将鼠药成堆放在纸片上。

③ 尽量放在隐蔽处或角落。
④ 禁止成片或随意撒放。
（6）必须在保证安全的前提下投放鼠药，必要时挂上明显的标识。
（7）一周后，撤回饵料，捡拾死鼠，并记录在"消杀服务记录表"中。
4. 消杀作业完毕，应将器具、药具统一清洗保管
5. 消杀工作标准
（1）检查仓库或地下室，目视无明显蚊虫。
（2）检查商场和办公室，目视无苍蝇滋生地。
（3）检查室内和污雨井，每处蟑螂数不超过5只。
（4）抽检楼道、住户家，无明显鼠迹；用布粉法检查老鼠密度，应不超过1%；鼠洞每2万平方米不超过1个。
6. 消杀工作的管理与检查
（1）消杀前，保洁部主管必须详尽地告诉作业人员应注意的事项。
（2）保洁部主管应每天检查消杀工作的开展情况，并将详细情况记录在每天的工作日记中。
（3）保洁部领班现场跟踪检查，确保消杀操作正确。
（4）保洁部主管应每月会同有关人员对消杀工作进行检查，并填写"消杀服务质量检验表"。上述资料由部门归档保存1年。

二十一、固体废弃物管理作业指导

（一）适用范围

适用于全公司固体废弃物的管理。

（二）固体废弃物的分类

（1）可回收利用的废弃物，如金属制品、玻璃塑料制品、木制品、废纸等。
（2）不可回收利用的废弃物，如食物残渣、动物骨类、鱼刺等。
（3）有害废弃物，即具有毒性、易燃性、腐蚀性、反应性、放射性及含有病原体的废弃物，如油漆、废旧电池、废旧医疗用品、化工产品等。

（三）工作内容

1. 公司（管理处）办公区
（1）公司（管理处）办公区应设置垃圾分类收集装置，并设立可回收、不可回收、有害垃圾分类标志。

（2）由行政事务部负责（管理处由环境组负责）处理可回收垃圾，并收集、保管有害垃圾。

（3）公司（管理处）职员应将固体废弃物按分类标准投放在分类垃圾箱内。

2.所管小区

（1）在公司管理的小区楼层内放置不可回收垃圾收集装置，并明确分类标识；在公共区域设置可回收、有害垃圾收集装置（数量以方便客户投放为标准），并设立分类标识。

（2）管理处通过环保宣传活动，鼓励业主及其他人员按标准分类投放固体废弃物，将有害废弃物投放在专用收集箱内。

（3）管理处保洁员在收集垃圾时，尽可能将可回收垃圾、有害垃圾分类投放在垃圾收集装置内。

3.固体废弃物的处理

（1）不可回收利用的废弃物由保洁员集中收至垃圾中转站，然后由市环卫部门统一回收。保洁员应做好垃圾中转站的清洁与消杀工作。

（2）可回收垃圾由保洁员收集后，集中送废品回收单位。

（3）公司（管理处）设置有害垃圾存放室，并设立标识、建立有害垃圾台账。

（4）保洁员每日将有害的废弃物按不同类型交管理处环境主管或物管员（公司行政事务部服务员），由其放入有害垃圾存放室，并做好出入库记录。

（5）有害废弃物集中保存，定期送交有害废弃物处理点进行处理。

二十二、化粪池管理作业指导

（一）适用范围

适用于各管理处化粪池的管理。

（二）工作程序

1.化粪池及井盖检查

（1）化粪池每月由管理处环境组检查一次，确定是否需要清理。

（2）环境组日常巡查时应注意污水井盖、化粪池井盖是否完好，是否有松动现象。

（3）对有问题的污水井盖、化粪池井盖设置警示牌，并及时通知工程组维修。

2.化粪池清理

（1）化粪池积满应及时清理，可由专业公司实施，环境组负责确认。

（2）专业公司的选择，按服务供方管理程序及作业指导书执行。

（3）专业公司清理时，由管理处环境组采取相关的防护措施。

3.防护措施

（1）化粪池清理时应在井口四周用围栏围住，并在离井口3米处的人行路两边设置警示牌，以免行人发生危险。

（2）化粪池清理时，打开井盖后必须进行沼气测试，待井内沼气充分散发后才可作业。作业现场周围严禁烟火，以防爆燃。

（3）在进行化粪池清理作业时，需有专人看护。

（4）化粪池清理完毕后，环境组应检查井口铁盖是否盖好，场地是否清理干净。

（5）清理化粪池的工作应安排在白天进行。

（三）标准

井内污物清理干净，地面干净无污物，整洁，无明显异味。

二十三、草坪养护作业指导

（一）适用范围

适用于公司所管理物业小区草坪的养护。

（二）工作程序

（1）清除草坪内的杂物、石块、砖头、干枯枝叶等，保持草坪卫生清洁。

（2）修剪草坪：春夏两季草坪生长迅速，要经常修剪。一般在3～11月份，每月修剪1～3次；在12月～次年2月份，每月修剪1次，如遇枯黄期，可不修剪。

（3）修剪高度：结缕草保持在1.5～3.5厘米，天堂草保持在1.5～2.5厘米，地毯草保持在3.5～5厘米。平时草高不超过8厘米。修剪后要及时清除残枝碎叶，保持草坪清洁。

（4）草坪切边：要向下斜切3～4厘米深，切断草根（茎），然后清除切下的草坪。

（5）除草。

① 人工除草：用特制的手刨刀将杂草连根挖掉，并将小坑填平，踩实，同时也要及时将挖（拔）出的杂草清除出去。

② 化学药剂除草：应选用适合草坪的除草剂（如二甲四氯等），使用除草剂除草前必须先试验除草剂的安全性，以免造成危害。

（6）施肥。

① 基肥：春秋（秋末、冬初）施用有机肥（堆肥、厩肥或蘑菇肥），亩施600～700千克。先将粉碎的肥料撒入草坪中，然后灌水。

② 追肥：在生长季节，可施用化肥，最好在小雨天进行，每亩追施尿素17.5～20

千克；秋末冬初可追施复合肥，每亩用量15～20千克。

③ 根外追肥：浓度不宜过大，硫酸钾浓度不可高于0.5%，过磷酸钙浓度不得高于3%。

④ 追肥次数：一般在生长季节，每1.5个月追肥一次，或剪两次草追一次肥；秋冬季节可减少追肥次数，也可根据草坪生长情况增减追肥次数。

(7) 灌水：砂性土应多灌，黏土应少灌，灌水要以湿透根系层且不发生地面经流为原则，一般情况下，灌水以浸湿土层8～10厘米为宜。春夏季无雨天气应每2天灌一次水，秋冬干旱季节应每3～4天灌一次水。雨季应做好排水工作，以防积水淹死草坪。

(8) 病虫害防治：病虫害防治应贯彻防重于治的方针，常见的病虫害有锈病、叶斑病、斜纹夜蛾、地老虎、金龟子及其幼虫等。对于食叶害虫（斜纹夜蛾、夜盗虫），可用50%DDV乳油1000～1500倍液喷杀。对于锈病，可用粉锈宁15%可湿性粉剂500～600倍液进行喷雾。对于褐斑病，可用多菌灵400～500倍液喷雾。对于地老虎、金龟子幼虫，可用呋喃丹拌土撒施，每亩用3%颗粒剂1.5～2千克。

(9) 补植裸露地：草坪经过长期使用或病虫害危害会发生退化，必须及时进行补植。

(10) 打孔：为了使草坪土壤内空气流通、渗透水分，应在秋冬季节使用草坪打孔机给草坪打孔。

(11) 垫土（撒河沙）：为了促进草坪生长，防止草根露出土面，使草坪保持平坦，垫土（撒沙）是非常必要的。垫土或撒沙应在每年秋末、冬初进行（休眠期或萌发前），厚度为0.5厘米左右。

(12) 滚压：在生长季节滚压，使叶丛紧密而平整。

二十四、乔木、灌木养护作业指导

(一) 适用范围

适用于公司管理的所有花园中乔木、灌木的养护。

(二) 工作程序

(1) 中耕（松土）除草：春秋季节要刨树盘（或刨灌木丛下土壤）进行松土。生长季节要每月进行一次中耕除草，以保持树下和灌木丛下土壤疏松无杂草。

(2) 灌水：在春、秋、冬干旱季节，要每1～2个月灌一次水，灌水前要修好水窝，水要湿透根系层，以保证乔木、灌木对水分的需要。雨季要注意排水，以免积水淹死树木。

(3) 施肥。

① 在春季或秋末、初冬施入基肥，根据树的大小每株可施有机肥25～50千克或复合肥0.5～1.25千克，灌木每亩可施有机肥1000千克或复合肥30千克。

② 夏季根据乔木、灌木的生长情况进行1～2次追肥，肥料以速效性氮肥为主。特别是花灌木，应注意花前和花后的追肥，花前追肥应满足花期对养分的需要，花后追肥应满足生长和花芽分化所需的营养，为下次开花打下基础。高生长属前期生长型乔木在3～4月份追肥，高生长属全期生长型乔木在5～6月份枝叶速生期追肥。

(4) 病虫害防治：根据所发生的病虫种类，选择最有效的杀虫剂或杀菌剂，按农药说明进行使用，以达到有效的防治（参照病虫害防治部分）。

(5) 修剪和造型：要根据不同树种的生长特性进行修剪和造型，如松柏类宜修剪成塔形，木棉宜修剪成层形，榕树类宜修剪成半圆形或圆头形，果树类宜修剪成疏层形、开心形等。灌木应按人为造景的需要修剪成几何形状或鸟、兽、犬等仿生形状。

① 修剪：参照整形修剪作业指导书。

② 修剪次数：生长快的乔木、灌木，应每月修剪1～2次；生长慢的树种，2～3个月修剪1～2次。

(6) 随时清除死亡树木或死亡灌木，并及时补植。

(7) 每年要松绑一次护树带，以免护树带嵌入树皮内。

二十五、花卉养护作业指导

（一）适用范围

适用于公司管理的所有露地花卉与盆花的养护。

（二）工作程序

1. 露地花卉的养护作业

(1) 土地的选择与整地：应选择疏松肥沃的砂壤土，且土质不宜过黏和过砂，要求为中性或微酸性。一、二年生花卉根系较浅，翻耕深度宜为15～20厘米；宿根花卉和球根花卉可翻耕深一些。

(2) 施基肥：翻地时施入基肥，一般可选用腐熟的厩肥、堆肥、饼肥等，施肥量视土壤肥力而定，一般每亩可施厩肥或蘑菇肥1000千克。

(3) 定植：带土坨（袋苗）的定植，栽植深度应与原来土印相平或比其稍深；定植的株行距，可根据植株生长发育成成株所占的营养面积而定，一般为20厘米×25厘米或30厘米×30厘米。

(4) 灌水与施肥：浇花用水首选河水、湖水、塘水，其次是自来水和井水。浇花时间，夏季应在早晨或晚上，冬季可在中午前后进行，以免水温和土温相差过大，影响植物对水分的吸收。使用自来水和井水时，通常晒1～2天再用。

（5）夏季蒸发量大，应早晚各浇一次水；春秋两季应每天浇一次水；冬季应1～2天浇一次水。幼苗期少浇水，以后逐渐增多，花期应保持湿润，进入果期可适当控制浇水。

（6）追肥：为了补充基肥，满足花卉在不同生长发育时期对养分的需要，追肥应掌握"少肥勤施"的原则。一般腐熟的人粪尿兑水5～10倍，饼肥兑水20～30倍，稀释后再用。化学肥料的施用浓度一般不超过1%～3%。苗期施肥浓度要小，大苗可适当提高施肥浓度。也可在小雨天撒施化肥，亩追肥量为20千克。

（7）根外追肥：使用的化肥通常有尿素、过磷酸钙、硫酸亚铁以及微量元素等，喷施浓度一般在0.1%～0.5%，根外追肥时间应选择清晨、傍晚或阴天进行，花卉进入开花期之后不宜进行根外追肥。

（8）中耕除草：中耕能疏松表土，减少水分蒸发，改善土壤表层理化性质。中耕（松土）深度，以不伤根系为宜，幼苗应浅，以后逐渐加深；近根处宜浅，远根处宜深，一般以2～5厘米深为宜。

（9）除草应本着"除早、除小、除了"的原则进行，也可结合中耕进行除草。用除草剂除草时，要先经过试验，以免造成不良后果。

（10）摘心：摘除枝条顶梢叫摘心，一般花卉可摘心1～3次，适合摘心的花卉有一串红、翠菊、千日红、万寿菊等。

（11）除芽与剥蕾：除芽是除去过多的侧芽，限制枝条增加和发出过多的花蕾。剥蕾是剥去侧蕾，保留顶蕾或除去过早发出的花蕾。

（12）病虫害防治：可根据病虫害种类及发生情况选择农药，要按照使用说明进行喷施和土壤消毒。吸吮式口器害虫如蚜虫，可选用内吸剂农药氧化乐果；食叶害虫，可选用胃毒剂和接触杀虫剂，如敌敌畏、辛硫磷等。发生病虫害时，可选用杀菌剂，如炭疽病，可选用福美炭疽进行喷雾。

2. 盆栽花卉的养护作业

（1）培养土的配制：培养土是根据所栽培植物的习性临时配制的。一般盆花用土，腐叶土1份，园土1.5份，厩肥土0.5份，草木灰0.2份；耐阴湿的植物用土，园土2份，厩肥土1份，腐叶土0.5份，草木灰0.2份。

（2）上盆与换盆的方法：第一次把苗栽于盆内叫上盆；把花株由原来的盆里移出来，更换土壤后重新栽于另一盆中叫换盆（翻盆）。上盆与换盆的方法基本相同，用瓦片铺在花盆的排水孔上，将营养土的粗粒放于盆的下部，再加填较细的培养土，然后把花栽于盆中，轻蹾花盆，使土下沉，并从盆边压紧植株根部泥土。栽完后充分浇水，置于半阴处，以后逐渐多见阳光。1～2年生实生苗至开花换2～3次盆，花木类2～3

年换一次盆。

（3）浇水：参照露地花卉浇水方法，喜湿种类的花木多浇水，反之少浇水；生长期多浇，休眠期少浇；开花期保持湿润，种子成熟期少浇；夏季多浇，冬季少浇；疏松土壤多浇，黏土壤少浇。浇水时间，夏季早晨和傍晚各浇一次水，冬季以上午9～10时浇水为宜。

（4）施肥.

① 基肥：每年春季或秋季将腐热的有机肥料与土壤充分混合、拌匀。

② 追肥：将固体肥料均匀地撒在盆土表面上，然后浇水。液肥，先将化肥融化于水中，配成一定浓度溶液后再浇入盆中。如用有机肥（蹄角、豆饼等），必须先将其浸水发酵，用水稀释后浇灌。

③ 根外追肥：将稀薄的无机肥料或微量元素溶液喷洒在植物叶面上。使用尿素进行根外追肥，浓度在0.5%以下（幼苗0.2%以下）较为安全。使用过磷酸钙进行根外追肥，可先用10倍清水浸泡一昼夜，然后取澄清液稀释为1%～2%的浓度喷施叶面。

④ 追肥时间：主要看植物发育情况，植株发育较弱，叶片发黄变薄，视为缺肥表现，应及时追肥；木本花卉在花前10～15天和落花后应进行追肥。

⑤ 施肥量：应根据土壤，植物种类、大小、发育情况等，决定施肥量；同时贯彻"少施、勤施"的原则，避免一次多施烧伤根系。

（5）修剪。

① 短截：将枝条先端的一部分剪去，主要用于调整枝条生长方向，形成良好株形。

② 疏剪：从枝条基部剪除，疏剪的对象是病虫枝、枯枝、重叠枝以及其他不需要枝。

③ 缩剪：剪去两年以上的枝条，主要为了更新修剪。

④ 剪梢与摘心：是将植物正在生长的顶部去掉，其作用是使枝条组织充实，调节生长，增加侧芽及花枝数，使株形圆满。

⑤ 除芽与摘蕾：将枝条无用的侧芽摘除，也叫抹芽，抹芽应随时进行。摘蕾也是除芽的一种，摘侧蕾或摘主蕾应根据各花卉栽培要求而定。

⑥ 疏果：为了使观果植物结出鲜艳的大果供观赏，应在幼果期（果实膨大期）进行疏果，将多余的果摘掉。

⑦ 剪根：在移植换盆时剪去过长的主侧根、老残根和病腐根，以促发新根。

⑧ 绑扎与支缚：攀缘性和茎干柔弱的花卉，除修剪以外，还要进行绑扎与支缚，使枝条固定、匀称，同时改善通风与采光，利于花卉生长。可绑扎成各种造型，提高观赏价值，如三角花、蟹爪兰、金银花等。

(6) 防治病虫害：可参照露地花卉。

3. 盆栽花卉的室内管理

(1) 采光：对于喜光花卉，可直接在室内光照好的条件下栽培。对于喜阴暗的花卉，应采取避光或遮光栽培。原产热带、亚热带的喜阴植物，可在室内靠墙边栽培。

(2) 空气湿度：原产热带、亚热带地区的各种花卉，除多浆花卉外，应保持室内空气湿润，可经常在地面上淋水，或向叶面喷雾。

(3) 通风换气：室内必须保持空气流通，以利于花卉生长。

(4) 浇水：参照盆栽花卉。喜欢潮湿的蕨类、秋海棠类、兰科植物、瓜叶菊、龟背竹类应多浇水，保持土壤湿润；叶片革质、球根类及肉质根的植物不宜多浇水。室内开空调时，应多给叶面喷水并减少浇水。一般幼苗期应少量多次浇水，壮苗期需水量大，要多浇；观花观果期适当控制浇水，可延长观赏。冬季生长缓慢，不需要大量水分，应严格掌握"干透浇透"的原则，切不可浇半截水，即表土虽湿而底土仍干，浇半截水不利于根系和植株生长。

二十六、藤本植物养护作业指导

(一) 适用范围

适用于公司管理的所有花园中藤本植物的养护。

(二) 工作程序

(1) 中耕（松土）除草：春夏两季每月进行一次中耕（松土）、2～3次除草。雨后应及时进行中耕，以达到保墒的目的。秋冬两季可适当减少中耕除草的次数。

(2) 灌水：地植藤本植物，春、秋、冬干旱季节每月灌1～2次水，以湿透根系分布层为准。花槽内栽植的藤本植物，每3～4天浇一次水，以防干旱；但花期要适当控水，应见干见湿浇水，以防提早谢花。落叶性藤本植物如葡萄等，春季萌芽前，应浇催芽水，以利萌芽抽梢。

(3) 施肥

① 在春季或冬季施茎肥，茎肥以有机肥为主，如厩肥、蘑菇肥等。列植的藤本植物，可在株旁开沟施肥料，也可将肥料撒到地面，结合松土翻入土壤。每亩施茎肥1000千克或复合肥30千克，孤植的藤本植物视植株大小酌量施肥。

② 春夏季节根据植株发育情况进行2～3次追肥，主要在花前10～15天追施速效肥或N、P、K混合肥，以利于花坐果。花后追施N肥为主的肥料，以利恢复植株生长。但簕杜鹃花前、花后均应追施P、K为主的肥料，以防徒长。

(4) 病虫害防治：根据病虫种类，选择对口、高效、低毒的农药进行防治（参照病虫害防治部分）。

（5）整形修剪：参照整形修剪作业指导书。

二十七、浇水、施肥作业指导

（一）适用范围

适用于公司管理的所有花园中草坪、乔木、灌木、绿篱、花卉等绿化植物的浇水与施肥。

（二）工作程序

1. 草坪浇水

（1）在干旱少雨季节，要经常进行草坪浇水，一般每1～3天浇一次水，以保证草坪正常生长所需的水分。

（2）草坪浇水，最重要的是一次浇足，避免少浇、勤浇及只浇表土，要湿透根系分布层的8～10厘米。

（3）对于踩踏严重、表层土壤已干硬坚实的草坪，一时难以浇透，应于浇水前用滚齿耙滚耙草坪，使草坪增加一些刺孔。

（4）草坪浇水最好在上午10点前进行，不要在中午阳光暴晒下进行，傍晚浇水易引起病害发生。

（5）草坪浇水要喷浇均匀，以免漏浇。无固定喷灌设备的，浇水要先远后近，逐步后移，避免重复浇水和重复踩踏。

2. 草坪施肥

（1）基肥：每年冬季或早春施有机肥料，如厩肥、堆肥、蘑菇肥等，每亩施肥量为700～1000千克，适宜于在冬季结合草坪加土（撒沙）填注进行。

（2）追肥：多以化肥为主，春夏两季以氮肥为主，氮肥使植物茎叶繁茂；秋冬两季以磷肥、钾肥为主，磷肥、钾肥可充实植物组织，提高抗病能力。春夏两季每次每亩追施尿素17.5～20千克，秋冬两季每次每亩追施复合肥15～17.5千克。氮、磷、钾三种元素的比例以10∶6∶4为宜。

（3）施用化肥应在小雨天气进行，将化肥均匀撒在草坪上，或与草坪灌水（浇水）结合进行，以防施用不当烧伤草坪。

（4）春夏两季应每1.5个月追肥一次，特别是在剪草后，应及时追肥，补充剪掉部分损失的营养。一般每剪两次草追一次肥，秋冬两季可减少追肥次数，应每2～3个月追肥一次。

（5）草坪施肥要适量、均匀，防止过量或不均匀引起肥害。

3. 乔木、灌木浇水

（1）浇水时间：一般应于3、4、5月各浇水一次，干旱季节应增加浇水次数。浇水应在每日上午和傍晚进行，避免在中午浇水。

（2）漫灌：群植、片植的树木，当株行距小而地势平坦时，采用漫灌。

（3）树盘灌溉：在每株树冠投影圈内，扒开表土，做一圈土埂，埂内灌水至满，待水慢慢渗入土中后，将土埂扒平覆土。

（4）喷灌或滴灌：在草坪、花坛、树丛内安装喷灌或滴灌系统。

（5）沟灌：在片林中，可于行间挖沟灌溉。

4. 乔木、灌木施肥

（1）行道树、庭荫树和针叶树等以观叶为主，应从早春开始施入以氮肥为主的肥料，以使其枝叶迅速生长，叶色浓绿光亮，遮阴效果好。夏季也可多施氮肥。

（2）高生长属前期生长型的树木，如油松、银杏等，枝叶生长和树冠迅速扩大期在3～6月，冬季施基肥及早春追肥非常重要，为树木全年的体量增长打下了基础，而过迟施肥则效果不大。

（3）高生长属全期型的树木，如亚热带的大部分树种，枝条全年生长，除施基肥外，在5～6月份枝叶速生期还应追肥，这样才能保证养料的充足供应，使树木全年生长良好。

（4）早春开花的乔木、灌木，如白兰树、梅、桃、迎春等，应在花前半个月施肥；或在冬季施基肥，花后树木进入营养生长旺期，施以氮肥为主的肥料；7月份以后要控氮肥施磷钾肥，促使植物顺利通过花芽分化。

（5）夏花植物，春季施以氮肥为主的基肥，使其枝叶生长茂盛，为开花打下基础；5月份多施磷、钾肥，促使花芽正常分化开花。

（6）一年多次抽梢多次开花的植物，如月季、紫薇等，除休眠期施基肥外，每次开花后应及时补充因抽梢、开花消耗掉的养料；观果植物的施肥期，基本与观花植物相似，但在果实膨大期应追肥，补充果实、枝叶生长所需的养料。

5. 施肥方法

（1）采用环状、放射状或穴状施肥法，在树冠外缘投影线下挖环状沟或距树干0.5米处挖放射状沟。最常用的是在树冠外缘投影线下挖穴，穴的规格为30厘米×30厘米×40厘米；灌木挖穴的规格为20厘米×20厘米×30厘米。

（2）将肥料均匀撒入沟内，覆土后浇水。

（3）根外追肥：为解决某一元素缺乏而造成的缺素症，或为了保花保果等，常采用根外追肥。如葡萄、杜鹃等缺铁时，叶片发黄，可喷施0.1%～0.5%的硫酸亚铁或柠檬酸，重复喷2～3次，即可恢复绿色。为了保花保果，可在花期喷0.005%～0.01%的硼酸。

(4) 施肥量。

① 基肥：胸径8～10厘米的树，每株施堆肥25～50千克或腐熟饼肥1.5千克；胸径10厘米以上的树，每株施浓粪尿25～50千克。

② 追肥：可根据树木大小、生长情况自行确定。一般每株可施复合肥0.5～1千克，每次追施化肥不宜过多，以免烧伤根系。

二十八、病虫害防治作业指导

（一）适用范围

适用于公司管理的所有草坪、乔灌木、花卉绿篱、藤本等绿化植物的病虫害防治。

（二）工作程序

1. 病虫害调查

（1）病虫害调查取样方法：采用随机取样法，以每个花园为单位，根据面积大小，每隔20～30米设一个调查点（也可以采用对角线取样法或棋盘取样法）。每次调查的灌木、乔木应取30株以上，草坪应取50平方米以上。

（2）四种病虫调查法。

① 地下根茎病虫危害调查法：用锹在树下挖30～40厘米深的坑，检查病虫危害植物根、地下茎的情况。

② 树干木质部、髓部病虫危害调查法：截断树木分叉枝，检查病虫危害情况，或查看树皮表面有无排粪孔以及碎木屑排出。

③ 树木枝干表皮病虫危害调查法：检查枝干表皮有无虫口及病状、症状发生。

④ 叶、花、果实病虫危害调查法：检查叶、花、果实有无虫口及病状、症状发生。

2. 植株受害情况表示

根据病虫害调查的记录，计算植株受害情况。

（1）被害率（病虫率）：表示植株根、茎、花、果实等受害的普遍程度，不考虑每株受害轻重，计算时按株对待。

$$被害率(病虫率) = \frac{被害株(根、茎、叶、花、果)}{调查总株(根、茎、叶、花、果)数} \times 100\%$$

（2）被害指数（虫情指数或病情指数）：表示发病（虫）普遍程度和严重程度的综合指数。

$$被害指数 = \frac{\sum[病株(叶)数 \times 严重度代表值]}{调查总株(根、茎、叶、花、果)数} \times 100\%$$

3. 喷施药物

（1）在喷施农药前一天，张贴通知，告知住户（业主）施药范围、可能造成的危害，提请住户（业主）不要进入施药区域，避免对人、畜造成危害。

（2）根据病虫危害的普遍程度和严重程度及病虫种类和危害方式，确定所需使用农药的种类、配比、使用方法。由绿化人员实施喷药，并做好农药使用记录。

（3）详细阅读农药使用说明，根据要求的浓度，计算喷雾器每次应加入的原药量。

（4）将原药倒入盛水的喷雾器中，用木棒搅拌2～3分钟。

（5）喷药务必做到均匀，面面俱到，树上、树下、树里、树外，叶正面、叶背面都要喷到。

4. 农药使用要求

（1）所使用的农药必须是法规允许范围内的药物，园艺供方应在有正式资质的农药供应商处采购农药。

（2）园艺供方每年应向管理处提供一份所有农药的成分功能表（即MSDS表），内容应包括农药名称、主要成分、使用配比、所产生的影响、使用时的注意事项等。

（3）配药时，配药人员要戴胶皮手套，必须用量具称取规定剂量的药液或药粉，不得任意增加用量，严禁用手拌药。

（4）配药时应选择远离饮用水源、居民点的安全地方，要有专人看管，严防农药丢失或被人、畜、家禽误食。

（5）使用手动喷雾器喷药时应隔行喷。使用手动和自动药械时均不能左右两边同时喷。大风和中午高温时应停止喷药。药桶内药液不能装得过满，以免晃出桶外，污染施药人员的身体。

（6）喷药前应仔细检查药械开关、接头、喷头等处螺丝是否拧紧，药桶有无渗漏，以免漏药污染。喷药过程中如药械发生堵塞，应先用清水冲洗后再排除故障。绝对禁止用嘴吹吸喷头和滤网。

（7）施药过程中，在有高毒农药的地方要设立标志，以防人、畜中毒。

（8）用药工作结束后，要及时将喷雾器清洗干净，连同剩余药剂一起交回仓库保管。清洗药械的污水应选择安全地点妥善处理，不准随地泼洒，防止污染饮用水源。盛过农药的容器，不准用于盛粮食、油、酒、水等食品和饲料。装过农药的空箱、瓶、袋等要集中处理。浸种用过的水缸要洗净集中保管。

5. 施药人员的选择和个人防护

（1）施药人员需选择工作认真负责、身体健康的青壮年，并经过一定的技术培训。

（2）体弱多病者、皮肤病患者、农药中毒及其他疾病尚未康复者、皮肤损伤未愈者，不得喷药。

（3）施药人员打药时，必须戴防毒口罩，穿长袖上衣、长裤和鞋、袜。在操作时禁止吸烟、喝水、吃东西，不能用手擦嘴、脸、眼睛，绝对不准互相喷射取闹。每日工作后用肥皂彻底清洗手、脸并漱口。有条件的应洗澡。被农药污染的工作服要及时换洗。

（4）施药人员每天喷药一般不得超过6个小时。使用背负式机动药械喷药时，要两人轮换操作。连续施药3～5天后应休息1天。

（5）操作人员如有头痛、头昏、恶心、呕吐等症状时，应立即离开施药现场，脱去污染的衣服，漱口、擦洗手、脸和皮肤等暴露部位，并及时去医院治疗。

二十九、整形修剪作业指导

（一）适用范围

适用于公司管理的所有花园中乔木、灌木、绿篱、藤本等植物的整形修剪。

（二）工作程序

1. 修剪时期

（1）冬季修剪：从12月到第二年3月初，原产热带和亚热带的乔木、灌木生长速度明显放慢，有些树木处于半休眠状态，所以此时为修剪的适宜期。

（2）夏季修剪：在植物的生长期进行修剪。

2. 修剪方法

（1）短截：把一年生枝条的一部分剪去，目的是刺激剪口下的侧芽萌发，增加枝条数量，多发枝叶，多开花。剪去当年生枝条长度的1/3叫轻剪，剪去当年生枝条长度的1/2叫中剪，剪去当年生枝条长度的2/3叫重剪。

（2）缩剪（又称回缩）：剪掉2年以上生枝条叫缩剪，多用在更新修剪方面。

（3）摘心和剪梢：为限制新梢继续生长，可将生长点摘去或将新梢的一段剪去。

（4）疏剪：把枝条从分枝点基部剪去。疏剪能使枝条分布趋于均匀合理，可增强树冠内膛的通风与采光，减少病虫害的发生。

3. 乔木修剪

（1）在要修剪的植株前、后、左、右仔细观察该植株生长情况，株形是否完整，有无偏体，多枝或少枝部位有无蘖枝。

（2）疏除无用的萌蘖枝：棕榈科植物要疏除无用的萌蘖枝。

（3）疏除密集多余的大辅枝，改善树冠的通透性。

（4）疏除密集的主枝（骨干枝），使主枝（骨干枝）在树干上均匀分布，同时疏除树冠内膛的纤细枝、下乘枝、重叠枝、病虫枝，棕榈科植物应及时剪除老化叶片。

（5）修剪主枝

① 短截主枝长枝，剪口芽朝确定的生长方向留侧枝、开张树形留内芽（上芽）、直

立树形留外芽（下芽）。

②疏除主枝上过密的一、二级侧枝，短截各侧枝的延长枝，促使其生长出理想的发育枝或开花结果枝。

（6）对于花芽过多的花木，要适当地剪除花芽，或在花期、初果期疏花、疏果，以便于第二年或下次开花结果。

（7）对于萌芽力和成枝力弱的树种，为了不使枝条下部光秃，可采用摘心和剪梢的方法促使枝条下部芽眼萌发成枝。

（8）针叶树要保护好领导枝和各级主侧枝的顶芽（整形的针叶树除外）。

（9）剪形的乔木，每次修剪时要将超出整形面的部分枝梢剪除，空缺部位短截附近枝梢，以便于重新发枝，填补空位。

（10）大枝剪截方法及伤口保护：首先从枝干基部下方向上锯入枝粗的1/3左右，再从上方锯下，这样可避免劈裂与夹锯。大枝锯除后，留下的伤口较大，表面粗糙，应先用利刀削平，再用2%的硫酸铜溶液消毒，最后涂上保护剂（豆油铜素剂或铅油），以便于伤口愈合。

（11）乔木移植时的修剪：乔木移植时必须截干，在留干高度截干或截枝，即在主枝长度的40～60厘米处截枝，以便于移植乔木的成活。

4. 灌木修剪

（1）剪除枯枝、弱枝、病虫枝、过密枝，不留作更新的徒长枝、蘖枝也要剪除。

（2）缩剪老枝、弱枝，以便于更新。

（3）花后及时剪除花枝（采种的除外），以利生长和下次开花。

（4）整形的花灌木及时剪除超整形面部分的枝梢，空缺部位短截附近枝梢，以便于重新发枝叶，填补空位。

（5）修剪要控制好株形，不可剪成集体形状，要使枝条分布均匀，株形圆满。

5. 绿篱修剪

（1）剪除超整形面部分的枝叶。

（2）新植绿篱一次剪平，以后逐次放高3～4厘米，直到预留高度为止。

（3）整形绿篱，每次按要求形状留剪枝叶。

6. 藤本植物整枝修剪

（1）整枝：采用单蔓、双蔓或多蔓整枝法，主蔓上每隔40～50厘米留一侧蔓。无论采用哪种整形法，都应使枝蔓在墙垣或篱笆、棚架架面上均匀分布。

（2）冬剪。

①回缩裹老枝，留下部枝芽，以便于更新。

②疏剪过密枝、弱枝、病虫枝。

③短截发育枝，保持每平方米留15～20个芽，这样才能使枝梢、叶片、花果均匀

覆盖整个墙垣、篱笆、棚架架面。

（3）复剪。

① 疏除过密枝叶、病虫枝叶，及时剪除过长枝蔓。

② 在侧蔓上每隔15～20厘米留一个新梢。

③ 引缚（绑蔓）：爬蔓和缠绕型植物要引缚上架，及时将一定长度的枝蔓引缚（绑蔓）上架，自力攀缘型（爬山虎）植物在幼嫩时要引缚上墙（墙面可拉细铁线或附铁丝网）。

7. 花木整形的主要形式

（1）圆柱形：中心主干明显，主枝长度从下至上相差甚小，植株上下几乎同粗。修剪四周的枝叶，要去大留小，保持圆柱形，如龙柏、桧柏、整形垂榕。

（2）圆球形：将米兰、九里香、簕杜鹃、大红花等花木，从树冠中心向四周等距修剪，剪去突出的枝叶，逐步形成枝叶丰满、浑圆的圆球形。

（3）平整式：将九里香、福建茶、大红花等花木上方和四个侧面修剪平直，给人以简洁、整齐的感觉。

（4）棚架式：将炮仗花、金银花、紫藤等藤本花卉的枝蔓牵引上花架、荫棚，用修剪的方法调整枝叶密度，使其均匀布满架面。

（5）篱垣式：将藤本花卉（簕杜鹃、凌霄等）的枝蔓牵引上篱笆、围墙，用修剪的方法调整枝叶密度，使其蔓延覆盖，形成篱垣式。

（6）仿照花瓶、飞鸟、走兽的形状，将花木修剪成仿生图像。

（7）各种几何图形：常将绿篱修剪成梯形、矩形、杯形、半圆形等。

（8）塔形（圆锥形）：花木有明显的主干且任其不断生长，修剪其四周的枝叶，保持下大上小的塔形，如雪松、水杉等。

（9）卵圆形：在定干高度以上的中心干上，使其均匀分布主枝，主枝上的侧枝密度适当，将其修剪成卵圆形树形，如白兰树。

（10）垂枝形：在定干高度以上很短的整形带内留3～5个主枝，使主枝上长出的所有枝条似长丝垂悬，如垂柳、垂枝榆等。用修剪的方法控制枝条密度，并更新衰老枝。

（11）杯状形：主干上，树冠分为3股（3个主枝）、6杈（在每个主枝上各留2个侧枝）、12枝（每个侧枝上各留2个副侧枝），即形成杯状。桃树常采用杯状形。

三十、防台风作业指导

（一）适用范围

适用于公司（有台风区域）所有绿化植物的防台风管理。

（二）工作程序

（1）台风来临前应对高大过密的树冠进行检查，疏除多余大枝和过密的枝叶，以确保树冠通透，减少台风的阻力，从而减少台风危害。

（2）对树干基部培土，加固植株，使树木牢固直立于土壤中，减少被台风刮倒的可能性。

（3）加固护树架或牵引拉线，以增强树木抵御台风的能力。

（4）台风期间组织人力加强巡查，发现风吹倒树木危及电线、建筑物、交通时，应及时组织人力进行抢修和处理，以保证住户和员工的安全。

（5）台风过后，将吹倒、吹斜或连根拔起的树木及时扶起，修剪去除密枝及部分树冠和根系，并打上泥浆重新栽植好。

三十一、园艺肥料使用作业指导

（一）适用范围

适用于公司管理的所有园艺肥料的施用和保存。

（二）工作程序

1. 施肥方法

（1）普遍施肥或全面施肥：栽植花卉、地被植物前，将肥料均匀撒施土壤表面，随整地将肥料与土壤混合；盆栽花卉装盆前，应先将肥料施入土壤中，这是施基肥普遍采用的方法。

（2）穴施或沟施方法：露地花卉，在花卉根际周围开穴或在行间开沟，将肥料施入、埋土后，充分浇水。

（3）液体肥料施肥方法：盆栽花卉，先将盆土表面耙松，然后浇灌稀薄的肥水。

（4）根外追肥：为快速补给植物所缺少的某种元素，可采取根外追肥。如防止柑橘、石榴等落果，可在花谢后喷0.05%～0.1%的磷酸二氢钾；杜鹃、山茶花、栀子花等，在生长期间，喷0.2%～0.5%的硫酸亚铁，可使叶色浓绿光亮。

（5）环状施肥法：在树冠投影圈的外缘，挖30～40厘米宽的环状沟，深20～40厘米，将肥料均匀撒在沟内，然后填土平沟。

（6）放射状施肥法：以树干为中心，距树干0.5米远，向树冠外缘挖放射状沟，由浅而深，每株挖4～6条沟，将肥料均匀撒入沟内，然后覆土填平。

（7）穴状施肥法：在树冠投影圈内，按一定距离挖穴，穴的多少根据树冠大小而定，近外缘多一些，近树干少一些，穴的规格以30厘米×30厘米×30厘米为宜，施入肥料后覆土填平。

（8）施肥时期、施肥量：参照草坪、乔灌木、花卉等作物养护作业指导书。

2. 肥料的存放

（1）化肥应堆放在干燥、通风良好的肥料库里。

（2）有机肥料应堆放在背风、干燥的地方，上面覆盖塑料薄膜等防雨设施，以防被雨水淋洗，损失肥效。

第二十三章　管理制度

一、环境卫生管理办法

（一）目的

为了对环境卫生实施控制，确保物业内外清洁卫生，为业主（客户）营造一个舒适、洁净的居住和工作环境，特制定本办法。

（二）适用范围

适用于各管理处管辖区域内卫生服务的管理。

（三）职责

（1）公司根据供方管理要求，确定各管理处管辖区域的清洁服务承包方。

（2）管理部负责制定承包合同和考核标准以及承包费用预算。

（3）管理处负责对供方的清洁服务进行日常管理和考核。

（四）实施程序

1. 卫生检查与考核

（1）大厦管理员（以下简称管理员）每天根据卫生检查标准对辖区内的卫生进行不定时的检查，把检查发现的问题记录在卫生检查记录表上，并告知承包方现场负责人（以下简称现场负责人）及时整改。

（2）管理员会同现场负责人每日不定时对辖区内的卫生进行检查，并对已告知需整改的问题进行复查。对于整改后达不到要求的情况或检查时发现的问题，管理员应根据相应的卫生检查标准进行扣分，并在卫生检查记录表中注明扣分原因，同时要求现场负责人继续整改。若整改仍达不到要求，则加倍扣除相应的分值，同时由双方在卫生检查记录表上签字确认。

（3）管理处经理每周不定时地对辖区内的卫生情况进行检查，并将检查发现的问题告知管理员，由其通知现场负责人及时整改，同时对整改情况进行跟踪。整改后未能达到要求的，管理员按卫生检查标准进行扣分。

（4）管理部每月不定时地对综合室的卫生进行抽查，并把检查情况记录在卫生检查记录表中，作为对承包方工作的评价。对于检查发现的问题，应要求现场负责人及时整改,由管理员负责对整改情况进行跟踪。对于整改后未能达到要求的,则按卫生检查标准进行扣分。

(5)管理员每月底将卫生检查记录表中存在的问题和得分情况进行汇总统计,报管理处经理审核签字后,填写卫生质量评定表和卫生费计算表,经管理处经理和现场负责人签字确认后,上报管理部审核并计算费用。

2. 卫生承包费的核算

(1)管理部每月底按各管理处提交的卫生质量评定表和卫生费计算表、清洁承包合同对卫生承包费进行核算,并把核算结果分别填写在卫生质量评定表和卫生费计算表的"卫生承包费"栏和"付款申请书"中。

(2)管理部把经有关领导签字确认的"付款申请书"连同卫生质量评定表和卫生费计算表转交财务部结算付款。

(3)管理处在卫生承包合同期满前一个月对供方的清洁实施情况和管理工作进行全面评定,为公司对供方进行评审提供依据。

3. 质量要求

(1)辖区内的卫生达到各类物业的卫生检查标准,垃圾日产日清。

(2)各类表格填写规范合理。

4. 监督检查

(1)管理员对清洁工作进行检查与记录。

(2)管理处经理对管理员的卫生检查工作进行监督。

(3)管理部对管理处的卫生管理工作和表格记录情况进行监督指导。

5. 分析改进

(1)管理处对卫生检查过程中发现的问题进行分析,并提出改进建议。

(2)管理部对文件的适宜性、可行性进行分析与改进。

二、消杀管理办法

(一)目的

为规范消杀工作,控制小区内苍蝇、蚊子、老鼠、蟑螂等害虫的密度,营造良好的工作和生活环境,特制定本办法。

(二)适用范围

适用于公司管辖范围内的消杀管理工作。

(三)职责

(1)公司根据供方管理规定确定各物业区域消杀服务的承包方。

（2）消杀服务供方负责物业区域的消杀服务工作。

（3）管理部或各管理处负责制定不同物业区域的消杀标准，并对消杀服务供方进行评定。

（4）管理处负责对供方的消杀服务工作进行日常管理和考核。

（四）实施程序

1. 消杀工作的实施

（1）管理处经理根据供方管理规定的要求，组织相关部门选定供方，并签订消杀服务承包合同。

（2）管理处根据承包合同和消杀服务工作考核标准对辖区的消杀情况进行不定期检查和考核，及时纠正工作中不正确的方式方法或存在的问题，并要求供方每次消杀完成后在消杀记录表上做好相应记录。

（3）管理员每月末根据整月的消杀工作填写消杀服务工作考核记录，合计分值后报管理处经理审核，经供方代表签字确认后，上报物业管理部或分支机构主管单位。

（4）管理部经理按照消杀服务工作考核记录的评分和合同约定的付款方式进行费用评定和核算后转财务结算。

（5）管理处在消杀服务承包合同期满前一个月对供方的消杀实施和管理工作进行全面评定，并按供方管理规定的程序确定下一年度的供方单位。

2. 消杀时的注意事项

（1）楼梯间、走道消杀时，不要将药物喷在扶手或住户的门窗上。

（2）不要在人流高峰期喷药。

（3）办公室、走道、死角、消防走梯、卫生间等处要认真消杀；会所娱乐配套设施应在下班或营业结束后进行消杀，并注意关闭门窗，将药液喷在墙角、桌下或壁面上，禁止喷在桌面、食品和器具上。

（4）灭鼠药应尽量放在隐蔽处或小孩拿不到的地方，必要时应进行提示。

3. 质量要求

（1）消杀工作按××市除"四害"管理办法的规定执行。

（2）管理员按消杀服务工作考核标准对承包方的消杀工作进行评分。

4. 监督管理

（1）管理员定期对消杀工作进行监督检查。

（2）管理处经理对管理员的工作进行监督检查。

5. 分析改进

管理处经理根据执行过程中出现的问题，及时与消杀管理单位协调并提出改进意见。

三、园林绿化管理规定

（一）目的

为保持小区优美环境，并做好绿化工作，特制定本规定。

（二）适用范围

适用于本公司所管辖物业范围内的园林绿化管理工作。

（三）管理规定

（1）环境管理员是小区绿化管理工作的责任人，负有监督、维护、管理绿化的权利和义务。

① 充分发展绿地面积，保证绿地率在35%以上，并且合理配置花草树木的品种和数量。

② 熟悉花草树木的名称、特性和培植方法，并对较为名贵、稀有或数量较大的品种，在适当的地方公告名称、种植季节、生长特征、管理办法等，以方便居民观赏。

③ 对花草树木定期进行培土、施肥、除杂草和防病虫害，并修枝剪叶、补苗、淋水。大棵的灌木要予以造型，丰富绿化内容。

④ 保持绿地清洁，保证不留杂物、不缺水、不死苗，花木生长茂盛。

⑤ 对违反有关绿化管理规定的行为进行劝阻和处罚。

（2）小区住户是小区绿化的享用人，负有爱护、管理本小区绿化的权利和义务，必须遵守：

① 不得砍伐或攀折花木、划树皮、摘花果，不得用树木晾晒衣物或在树木上扎铁丝、打钉等，禁止在绿地倒污水和垃圾杂物，禁止损坏花木的保护设施及花台。

② 行人和车辆不得跨越和通过绿化带，不得损坏绿篱栅栏。

③ 不得在绿化范围内堆放任何物品，不得损坏树木及在绿化带内设置广告牌。

（3）人为造成花木及保护设施损坏的，根据市政府有关规定处理。

① 未经批准而有下列行为的，由市城市管理行政主管部门责令其改正、赔偿损失，并可处以罚款。

a. 占用、损坏城市绿地的，每平方米罚款200元。

b. 私自砍伐、迁移城市树木的，每株罚款500元。

c. 在公园、风景区摆摊设点破坏园林总体规划和园林景观，或占用绿地、妨碍交通的，罚款200元以上2000元以下。属经营主管单位责任的，处罚经营主管单位。

d. 在绿地周围施工而损坏绿地的，每平方米罚款200元；损坏树木花卉的，每株罚款100元以上500元以下。

　　e. 对盗伐、滥伐城市防护林、风景林、生产林树木的处罚，法律法规另有规定的，从其规定。

　　② 违反规定，有下列行为之一的，由城市管理行政主管部门或其委托的绿化专业管理机构责令改正，并处以罚款。

　　a. 往城市绿地抛撒果皮、纸屑、易拉罐及其他废弃物的，罚款50元。

　　b. 践踏、穿行有禁令标志的绿地的，罚款100元。

　　c. 在城市规划区内狩猎、打鸟的，罚款100元。

　　d. 在城市绿地采石取土、填埋废弃物、停放车辆、堆放物品的，罚款200元。

　　e. 损坏绿化设施、禁令标志、公益广告标志、绿地雕塑物及其他美化物的，罚款200元。

　　f. 向城市绿地倾倒垃圾、排放污水的，罚款100元以上500元以下。

　　g. 在公共绿地设置广告牌、指路牌和其他招牌的，每块罚款1000元。

　　因上述行为造成经济损失的，行为人应予赔偿。

四、环境服务业务外包监督管理办法

（一）目的

为环境服务（清洁、四害消杀、绿化）外包的监督管理提供指引，保证业务现场的质量。

（二）适用范围

适用于对环境服务（清洁、四害消杀、绿化）外包工作的监督。

（三）职责

环境服务外包各岗位的职责如表23-1所示。

表23-1　环境服务外包各岗位职责

部门/岗位	职责
品质部	（1）与服务供方进行沟通 （2）对服务情况进行年度评估
客户服务中心	（1）对服务供方的服务质量进行全面检查与监督 （2）每月对服务供方的合同履行情况进行评估
监控人员	（1）日常检查服务供方的合同履行情况 （2）监督服务供方消耗资源的情况

（四）方法与过程控制

1. 监督人员

部门负责人依据小区的实际情况，指定1名或多名监控人员，负责与环境服务供方进行沟通协调，并对其工作进行监督管理。

2. 监督检查方法

（1）内部监督检查。

内部监督检查如表23-2所示。

表23-2　内部监督检查

项目	业务类别	检查频次	检查内容	检查方法
专门监督检查	清洁	以日检为主	（1）员工到岗情况及岗位礼仪 （2）工作完清场情况 （3）岗位工作质量、问题点落实情况 （4）工作计划落实情况 （5）工作过程中的安全防护措施 （6）合同的履行情况	员工到岗情况以考勤记录及现场人员不定时清点方式进行检查。每日岗位工作质量以抽样方式进行检查，应同时满足3个条件：覆盖高层、多层、别墅等不同区域；覆盖楼道、院落、架空层、停车位等区域；抽样点分布均匀
	消杀	以每次消杀后检查为主	（1）消杀药品的针对性，消杀药品浓度的合适性 （2）消杀区域设置警示标识 （3）消杀饵料、死鼠及时清理 （4）消杀计划落实情况，消杀药品定期更换情况 （5）员工岗位礼仪 （6）工作过程中的安全防护措施 （7）合同的履行情况	在消杀前，检查药品使用、药品配比、警示标识放置等情况；在消杀后，对当次消杀效果进行检验与评估
	绿化	以周检为主	（1）修剪、施肥、浇水、松土、除草、补种、病虫害防治等工作的质量与结果，以及问题点落实情况 （2）台风、暴雨、大雪后的树木修复情况 （3）年度与月度养护计划的落实情况 （4）员工岗位礼仪 （5）工作完清场情况 （6）工作过程中的安全防护措施 （7）合同的履行情况	每周必须对所有区域进行巡查，检查对象包括草地、乔木、灌木、绿篱、盆栽等各类型的绿化植物

续表

项目	业务类别	检查频次	检查内容	检查方法
其他监督			(1) 管理处是环境业务外包的管理负责人,分别按1次/周、1次/月的频率进行质量抽样检查 (2) 部门的安全、技术等岗位人员,在工作现场检查清洁、绿化或消杀方面的问题点 (3) 公司/集团组织各种形式的定期与临时检查	

（2）外部监督检查。

① 客户评估。客户投诉、客户意见调查、客户恳谈会及其他形式的客户意见反馈。

② 社会评查。外部质量审核机构的监督检查,优秀小区（大厦）的验收检查,政府有关部门的检查,物业公司组织的参观、评比和检查等。

（3）各类检查结果,在确定不合格并约定不合格的纠正要求与纠正期限后,由甲乙双方共同签字确认。

3. 不合格的判定

（1）日常监督检查的结果,分为合格与不合格两种情况,不合格按性质轻重、出现频次等,又分为轻微不合格与严重不合格。

（2）轻微不合格直接以合同约定的服务质量标准为依据进行判定。严重不合格的判定依据如表23-3所示。

表23-3 严重不合格的判定依据

业务类别	严重不合格情形
清洁	（1）在同一天检查中,发现同一区域（指同一单元或方圆10平方米,下同）出现严重脏污,或同一区域有3个或以上的保洁项目不到位 （2）在同一天的检查中,发现3处或以上区域出现相同项目的不合格 （3）连续3日检查,同一区域出现2次及以上相同项目的不合格 （4）质量不符合合同约定的质量标准或合同约定的其他要求,经过与现场负责人沟通后,未按要求整改（不可抗因素除外） （5）员工在工作时间离岗半小时以上（特殊情况经项目允许除外） （6）员工离岗时间超过半小时,或当值时间内发生与工作明显无关的行为 （7）不按承诺进行用水作业,浪费水资源 （8）乙方新进员工未经甲方面试直接上岗（包括实习人员） （9）月检、月度评估会,外包公司区域负责人或以上级别负责人未按时到场 （10）未按要求配合公司的各专项活动（除扣减费用还承担相应损失） （11）未按要求递交工作计划及工作记录 （12）员工未按要求节约用电,浪费电能 （13）在服务区域及其他相关工作场所未按要求实施清洁作业 （14）公司级品质检查的一般不合格项 （15）计划性工作未完成且未告知甲方

续表

业务类别	严重不合格情形
消杀	（1）月实际消杀次数低于工作计划，每少一次记一项不合格 （2）连续2个月未更换消杀药品（视消杀药品的好坏而定） （3）白天在公共区域内发现老鼠活动 （4）消杀药品与计划使用药品不符 （5）药品调配浓度低于使用说明书，致使蚊蝇滋生；药品不符合要求，使蚊、蝇、鼠密度超过国家规定标准
绿化	（1）在同一周的检查中，发现3处以上区域出现相同项目的不合格 （2）连续一个月的检查中，同一区域出现2次以上相同项目的不合格 （3）在约定的整改时间内未完成整改项目（排除不可抗力） （4）作业过程中出现因服务供方原因引起的有效顾客投诉 （5）连续3个月不剪草，草皮杂草面积超过10%或覆盖率低于90% （6）因养护原因造成的乔木、灌木枯死

4. 对服务供方的考核

（1）对服务供方考核的依据。

① 内外部监督检查中发现的问题点（不合格）。

② 人员缺岗、清洁材料未满足约定标准。

③ 客户投诉。

④ 供方员工在物业管理区域内发生吵架、打架斗殴及其他不符合礼仪的行为。

⑤ 供方公司对我司人员的贿赂行为，供方员工在物业管理区域内的偷盗等违法违规行为。

⑥ 客户满意度调查结果。

（2）由品质部编制服务外包合同文本，明确具体的考核指标、考核方式，并根据情况及时更新。

（3）在服务外包合同中，可同时约定正向激励的条件与方法。

5. 工作计划与服务评估

工作计划与服务评估如表23-4所示。

表23-4 工作计划与服务评估

	保洁类	各服务供方于每月28日前，向服务中心提交下月工作计划、人员岗位编排、轮休计划
工作计划	绿化类	绿化服务供方于每年12月25日前，提交绿化养护年度计划，由部门环境负责人审核、部门负责人审批，同时抄送品质部备案

续表

工作评估	日常保洁	每月5日前，管理处分别对清洁、消杀月度服务工作进行评估 月度评估报告包括月度履约情况综述、存在的不足与改进要求、考核依据及考核结果、应付款额等
	开荒保洁	每次清洁开荒结束后3个工作日内，服务中心撰写开荒工作评估报告；工作评估报告包括预算工程量与实际工程量、工作质量、人员状况及配合情况、考核依据及考核结果、应付款额等
	绿化类	每月5日前，管理处分别对绿化月度服务工作进行评估；月度评估报告包括月度履约情况综述、存在的不足与改进要求、考核依据及考核结果、应付款额等
评估报告	\multicolumn{2}{l	}{管理处每年对服务供方进行一次评估总结}
	\multicolumn{2}{l	}{评估报告由部门负责人审批，抄送品质部 评估报告必须由供方现场负责人手写签收 评估报告为结算、付款的依据}
	\multicolumn{2}{l	}{服务供方在每月10日前，针对月度评估报告提交纠正措施}

6. 风险控制与防范

（1）当地政策法规对特种作业有资质要求的，外包供方及其人员必须满足法规要求，管理处需将公司及其员工的资质证书随同外包服务合同一并存档，并实时更新。比如，四害消杀服务单位及其员工必须持有四害消杀资格证、四害消杀上岗证；高空作业人员必须持有高空作业许可证。

（2）常驻现场的供方工作人员，在进场后3天内需向管理处提交身份证复印件，并留指模备案。

（3）对于危险性的作业，如高空作业、有限空间作业，与服务外包单位签订的外包合同中应包括安全管理相关内容。

（4）四害消杀、绿化消杀所用药品，必须符合国家标准和要求。

（5）在进行消杀、高空作业，以及进行地面清洗、石材处理、绿化修剪等机械作业时，需做好现场围隔，并放置警示标识。

第二十四章　管理表格

一、主要清洁设备设施表

主要清洁设备设施表如表 24-1 所示。

表 24-1　主要清洁设备设施表

设备设施名称	数量	单价	专/共用	使用年限

二、主要清洁材料（月用量）记录表

主要清洁材料（月用量）记录表如表 24-2 所示。

表 24-2　主要清洁材料（月用量）记录表

1. 主要清洁剂

清洁剂名称	包装规格	月用量

2. 主要清洁耗材

耗材名称	规格	数量

三、垃圾（固体废弃物）清运登记表

垃圾（固体废弃物）清运登记表如表24-3所示。

表24-3　垃圾（固体废弃物）清运登记表

部门：　　　　　　　年　月

日期	清运时间		固体废弃物清运数量（车）			清运合计	清运效果	检查人	备注
	早上	下午	一般垃圾	可回收垃圾	有害垃圾				

四、工具、药品领用登记表

工具、药品领用登记表如表24-4所示。

表24-4　工具、药品领用登记表

工具/药品名称	领用人	领用日期	发放人	备注

五、消杀服务记录表

消杀服务记录表如表24-5所示。

表24-5　消杀服务记录表

　　　　　　　年　月　日

地点	灭蚊蝇、蟑螂		灭鼠			消杀人	监督人	备注
	喷药	投药	放药	堵洞	死鼠数量			
垃圾池								
垃圾中转站								
污雨水井								
化粪池内								
管道、管井								

续表

地点	灭蚊蝇、蟑螂		灭鼠			消杀人	监督人	备注
	喷药	投药	放药	堵洞	死鼠数量			
沉沙井								
绿地								
楼道								
车库								
食堂、宿舍								
地下室								
设备房								
仓库								
商业网点								
会所								

制表:

六、消杀服务质量检验表

消杀服务质量检验表如表24-6所示。

表24-6 消杀服务质量检验表

年　月　日

地点	项目				不合格处理结果
	灭蚊	灭蝇	灭鼠	灭蟑螂	
垃圾池					
垃圾中转站					
污雨水井					
化粪池内					
管道、管井					
沉沙井					
绿地					
楼道					
车库					
食堂、宿舍					
地下室					

续表

地点	项目				不合格处理结果
	灭蚊	灭蝇	灭鼠	灭蟑螂	
设备房					
仓库					
商业网点					
会所					

审核：　　　　　制表：

七、保洁员工作质量检查表

保洁员工作质量检查表如表24-7所示。

表24-7　保洁员工作质量检查表

检查项目	检查细则	等级			
		优	良	中	差
服务规格	1.对进入大厦的客人是否问候				
	2.迎接客人是否使用敬语				
	3.使用敬语时是否点头致意				
	4.在通行道上行走是否妨碍客人				
	5.回答客人提问，声音是否清脆、流利、悦耳				
	6.发生疏忽或不妥时，是否向宾客道歉				
	7.客人讲话时，是否仔细聆听并复述				
	8.能否正确解释客人的提问				
	9.招呼领导或客人时，是否站立问候或点头致意				
	10.是否检查会所和大堂桌椅及地面有无客人遗失的物件				
	11.各岗位员工工作时的站立、行走、操作等服务姿态是否合乎规程				
卫生环境	1.玻璃门窗及镜面是否清洁、无灰尘、无裂痕				
	2.窗框、工作台、桌椅有无灰尘和污斑				
	3.地面有无碎屑及污痕				
	4.墙面有无污痕或破损				
	5.盆景花卉有无枯萎、带灰尘现象				

续表

检查项目	检查细则	等级			
		优	良	中	差
卫生环境	6.墙面装饰物有无破损				
	7.天花板有无破损、漏水现象				
	8.天花板是否清洁，通风是否正常				
	9.通风口是否清洁，通风是否正常				
	10.灯泡、灯管、灯罩有无脱落、破损、污痕				
	11.吊顶照明是否正常，是否完好无损				
	12.各通道有无障碍物				
	13.所有桌椅是否无破损、无灰尘、无污痕				
	14.广告宣传品有无破损、灰尘及污痕				
	15.总体卫生环境是否能吸引客人				
仪表仪容	1.保洁员是否按规定着装并穿戴整齐				
	2.工作服是否合体、干净，无破损、油污				
	3.工作牌是否端正地挂于左胸前				
	4.保洁员打扮是否过分				
	5.保洁员是否留有怪异发型				
	6.男保洁员是否蓄胡须、留大鬓角				
	7.女保洁员头发是否清洁、清爽				
	8.外衣是否烫平、挺括，无皱折				
	9.指甲是否修剪整齐、不露出指头之外				
	10.牙齿是否清洁				
	11.口中是否发出异味				
	12.衣裤口袋中是否放有杂物				
	13.女保洁员是否涂有彩色指甲油				
	14.女保洁员发（式）样是否过于花哨				
	15.除手表、戒指外，是否还戴有其他首饰				
	16.是否有浓妆艳抹现象				
	17.使用的香水是否过浓				
	18.衬衫领口是否清洁并扣好				
	19.男保洁员是否穿深色鞋袜				
	20.女保洁员是否穿肉色袜				

续表

检查项目	检查细则	等级			
		优	良	中	差
工作纪律	1.工作时间是否相聚闲谈或窃窃私语				
	2.工作时间是否大声喧哗				
	3.是否有人上班打私人电话				
	4.是否在别的岗位（串岗）随意走动				
	5.有无交手抱臂或手插入口袋的现象				
	6.有无在工作区吸烟、喝水、吃东西的现象				
	7.有无在上班时看书、做私事的行为				
	8.有无在客人面前打哈欠、伸懒腰的行为				
	9.上班时是否倚、靠、趴在工作台或工具上				
	10.有无随背景音乐哼唱现象				
	11.有无对宾客指指点点的动作				
	12.有无嘲笑客人的现象				
	13.有无在宾客投诉时进行辩解				
	14.有无不理会客人询问的行为				
	15.有无向客人撒气的行为				
	16.有无对客人过分亲热的现象				
	17.有无对熟客过分随便的现象				
	18.对客人能否做到一视同仁，同时又开展个性化服务				
	19.有无对老、幼、残顾客提供服务，或在特殊情况下提供针对性服务				
备注：					

八、垃圾清运服务质量记录表

垃圾清运服务质量记录表如表24-8所示。

表24-8 垃圾清运服务质量记录表

日期	垃圾清运效果	清运人签名	监督人签名	不合格记录
1日				
2日				
3日				

续表

日期	垃圾清运效果	清运人签名	监督人签名	不合格记录
……				
31日				

备注：垃圾清运如未达到清运标准，监督人员记录后应要求清运人员签字认可。

九、园林绿化养护工作日记录表

园林绿化养护工作日记录表如表24-9所示。

表24-9　园林绿化养护工作日记录表

日期	地点	项目	执行人	工作结果	检查人	监督人	备注

十、绿化现场工作周记录表

绿化现场工作周记录表如表24-10所示。

表24-10　绿化现场工作周记录表

管理处：　　　　　岗位责任人：　　　　　岗位范围：

检查项目		日期					
		__月__日	__月__日	__月__日	__月__日	__月__日	__月__日
绿化工工作（此格由绿化班长填写，无绿化班长的，由绿化工填写）							
绿化工着装整洁，符合要求							
草坪	修剪平整，在2～8厘米						
	无黄土裸露						
	无杂草、病虫和枯黄						
乔灌木	无枯枝残叶和死株						
	修剪整齐，有造型						
	无明显病虫和粉尘污染						

续表

检查项目		日期						
		__月__日	__月__日	__月__日	__月__日	__月__日	__月__日	__月__日
绿篱	无断层缺株现象							
	修剪整齐，有造型							
	无明显病虫和粉尘污染							
花卉	无病虫							
	无杂草，花期花开正常							
	修剪整齐							
藤本	枝蔓无黄叶，长势良好							
	蔓叶分布均匀							
	无明显病虫和粉尘污染							
浇水施肥	及时							
	方法正确							
	无浪费现象							
	按时查病虫							
园艺设施	护栏、护树架、水管、龙头良好							
	供水设施、喷灌设施等完好							
	园艺设施维修及时							
绿化药剂符合标准								
作业过程佩戴安全防护用具								
通知住户并设置相应标志								
管理处环境组								
管理处经理								
其他各级督导								

备注：

1. 此表使用完后由管理处环境组负责保存，并填写管理处名称、岗位责任人、岗位范围及日期。

2. 各级督导发现无不合格现象的，在格内打"√"，有不合格现象的，在格内打"×"，并在相应位置签名。

十一、绿化工作周、月检查表

绿化工作周、月检查表如表24-11所示。

表24-11 绿化工作周、月检查表

检查人：　　　　　　　　　　　　年　月　日　　　　　　　　编号：

检查项目	不合格原因	责任人	处理结果	备注
除杂草				
松土				
清理枯枝落叶				
清理绿地石块				
树木草地浇水				
叶面清洁				
树木施肥				
乔木整枝				
灌木整枝				
绿篱修缮				
防寒工作				
防台风工作				
草坪修整				
草坪补缺				
草坪填平				

十二、绿化养护春季检查表

绿化养护春季检查表如表24-12所示。

表24-12 绿化养护春季检查表

检查项目	内容	评分标准	评分要求	扣分部位	得分	整改后得分
冬季翻土春季平整	冬季翻土的深度应在20厘米以上，春季应平整	20	发现翻土的深度不在20厘米以上，每平方米扣1分；绿地平整分为好、较好、一般、差四级，分别扣0～10分			
草坪养护	草坪加土护根	10	草坪加土护根分为好、较好、一般、差四级，分别扣0～10分			
	草坪除草	10	发现草坪上有大型野草，每平方米扣1分			

续表

检查项目	内容	评分标准	评分要求	扣分部位	得分	整改后得分
乔木、灌木	清除乔木、灌木枯枝烂头	10	发现乔木、灌木有枯枝烂头,每棵扣1分			
修剪	乔木、灌木整形修剪	20	乔木、灌木整形修剪的,质量分为好、较好、一般、差四级,分别扣0～20分			
病虫害防治	清除树上的蛀虫	10	发现树上有虫害,每棵扣1分			
保洁	花坛、中心绿地保持整洁	10	保洁工作分为好、较好、一般、差四级,分别扣0～10分			
树木调整	根据园林布置要求进行调整	10	及时调整得10分,未完成扣10分			
合计得分		100				

检查人：　　　　　　检查时间：　　年　月　日

十三、绿化养护夏季检查表

绿化养护夏季检查表如表24-13所示。

表24-13　绿化养护夏季检查表

考核项目	内容	评分标准	评分要求	扣分部位	得分	整改后得分
修剪	剪除冬春季干枯的枝条	10	发现树上有枯枝,每棵扣1分			
	修剪常绿树篱（绿篱）,修剪时要注意绿篱表面的平整	10	发现未修剪绿篱,每米扣0.05分;修剪不符合要求,每米扣0.02分			
中耕除草	及时消灭树下的杂草,草高应控制在10厘米以下	20	发现绿地草高超过10厘米,每平方米扣0.05分			
病虫害防治	做好病虫害的防治工作,及时消灭树上的害虫	10	发现树上有虫害,每棵扣1分			
草坪	做好草坪的挑草工作,使草坪无大型杂草	10	发现草坪有大型杂草,每平方米扣0.05分			

续表

考核项目	内容	评分标准	评分要求	扣分部位	得分	整改后得分
养护	做好草坪的割草工作,草高一般保持在6～10厘米	10	发现草高在10厘米以上,每平方米扣0.05分			
保洁工作	做好绿地内的保洁工作,保持绿地整洁	10	绿地的保洁分为好、较好、一般、差四级,分别扣0～10分			
做好排涝工作	做好排涝的准备工作	10	排涝工作分为好、较好、一般、差四级,分别扣0～10分			
树木调整	根据园林布置要求进行调整	10	及时调整得10分,未完成扣10分			
	合计得分	100				

检查人：　　　　　　　　　　　检查时间：　年　月　日

十四、绿化养护秋季检查表

绿化养护秋季检查表如表24-14所示。

表24-14　绿化养护秋季检查表

考核项目	内容	评分标准	评分要求	扣分部位	得分	整改后得分
修剪	对乔木、灌木进行修剪,同时剪除所有树木上的枯枝条	10	发现乔木、灌木未修剪,每棵扣0.05分			
修剪	修剪常绿树篱（绿篱）,修剪时要注意绿篱表面的平整	10	发现未修剪绿篱,每米扣0.05分；修剪不符合要求的,每米扣0.02分			
草坪养护	做好草坪的除草工作,使草坪无大型杂草	10	发现草坪有大型杂草,每平方米扣0.05分			
草坪养护	做好草坪的割草工作,草高一般保持在6～10厘米	10	发现草高在10厘米以上,每平方米扣0.05分			
中耕除草	在10月1日前,应消灭绿地内所有杂草	15	发现绿地草高超过10厘米,每平方米扣0.05分			
病虫害防治	做好病虫害的防治工作,及时消灭树上的害虫	15	发现树上有虫害,每棵扣1分			

续表

考核项目	内容	评分标准	评分要求	扣分部位	得分	整改后得分
保洁工作	清除绿地内的垃圾杂物，保持绿地的整洁	10	绿地的保洁分为好、较好、一般、差四级，分别扣0～10分			
做好抗旱和排涝工作	做好抗旱、排涝的准备工作，随时对绿地进行抗旱或排涝	10	抗旱、排涝工作分为好、较好、一般、差四级，分别扣0～10分			
做好防台风、防汛工作	对树木进行检查，发现险情及时处理	10	防台风、防汛工作分为好、较好、一般、差四级，分别扣0～10分			
合计得分		100				

检查人：　　　　　　检查时间：　年　月　日

十五、绿化养护冬季检查表

绿化养护冬季检查表如表24-15所示。

表24-15　绿化养护冬季检查表

考核项目	内容	评分标准	评分要求	扣分部位	得分	整改后得分
修剪	对落叶乔木、灌木进行整形、修剪，剪除树木上的枯枝、病虫枝和过密枝	10	发现树木未修剪，每棵扣1分；发现树上有枯枝、病虫枝，每棵扣0.5分			
草坪养护	对草坪低洼处进行覆土，使草坪不积水	10	发现草坪有明显低洼处，每平方米扣0.05分			
	彻底清除草坪上的杂草	10	发现草坪有杂草，每平方米扣0.05分			
	草坪割草，草高保持在6～10厘米	10	发现草高在10厘米以上，每平方米扣0.05分			
中耕除草	在12月31日前，应消灭绿地内所有杂草	10	发现绿地草高超过10厘米，每平方米扣0.05分			
病虫害防治	消灭越冬病虫害	10	发现树上有虫害，每棵扣1分			

续表

考核项目	内容	评分标准	评分要求	扣分部位	得分	整改后得分
保洁工作	做好绿地保洁工作，使绿地保持整洁	10	绿地的保洁分为好、较好、一般、差四级，分别扣0～10分			
树木调整	根据小区绿地需要，做好小区树木移植工作	10	移植工作分为好、较好、一般、差四级，分别扣0～10分			
翻土	做好绿地翻土工作，土深要在20厘米以上	10	绿地深翻工作分为好、较好、一般、差四级，分别扣0～10分			
清除死树	做好死树的挖掘工作	10	每发现一棵死树扣1分			
合计得分		100				

检查人：　　　　　　　　检查时间：　　年　　月　　日